Die Frau ist die Quelle der Weisheit

Weibliches Selbstverständnis in der Frauenmystik
des 12. und 13. Jahrhunderts

Claudia Eliass

Centaurus-Verlagsgesellschaft
Pfaffenweiler 1995

Zur Autorin:

Dr. Claudia Eliass ist nach ihrem Studium der Lateinischen Philologie und evangelischen Theologie freiberufliche Mitarbeiterin in der Erwachsenenbildung.

Die Deutsche Bibliothek – CIP-Einheitsaufnahme

Eliass, Claudia:
Die Frau ist die Quelle der Weisheit : Weibliches Selbstverständnis in der Frauenmystik des 12. und 13. Jahrhunderts / Claudia Eliass. – Pfaffenweiler : Centaurus-Verl.-Ges., 1995
  (Frauen in Geschichte und Gesellschaft ; Bd. 28)
  Zugl.: Kassel, Universität - Gesamthochsch., Diss., 1992
  ISBN 3-89085-956-9
NE: GT

ISSN 0933-0313

Umschlagabbildung: Hildegard von Bingen, Hildegardis »Scivias«,
                    Corpus Christianorum, cont. med. 43–43A
Satz: Vorlage der Autorin
Druck: Difo-Druck GmbH, Bamberg

VORWORT

Die vorliegende Arbeit wurde im September 1992 vom Fachbereich Erziehungswissenschaften/Humanwissenschaften der Gesamthochschule Kassel – Universität als Dissertation angenommen.

Meinen Eltern möchte ich dafür danken, daß sie mich in der Zeit meiner Mittelalterforschungen großzügig finanziell unterstützt haben. Weiter gilt mein Dank Prof. Dr. Luise Schottroff, Prof. Dr. Hannelore Erhart und Prof. Dr. Elisabeth Gössmann für die engagierte Betreuung meiner Dissertation.

Besonders danken möchte ich denen, die meiner Leidenschaft für Hildegard von Bingen mit Verständnis begegneten, sich stets Zeit für Kritik und Ermunterung nahmen und damit zur Fertigstellung dieser Arbeit wesentlich beitrugen.

Hannover, im April 1994   C.E.

INHALT

EINLEITUNG

Wie nicht zuletzt durch die Entwicklung der feministischen Theologie deutlich wurde, hat sich in den letzten Jahren die Notwendigkeit gezeigt, die Rolle der Frau in Theologie und Kirche neu zu bewerten. Dabei kommt einer Re-Vision der Kirchen- und Theologiegeschichte aus weiblicher Perspektive und der Suche nach der Frauengeschichte innerhalb des Christentums eine große Bedeutung zu. Weil die Geschichte der Frauen weitgehend eine Geschichte des Verdrängten und Nicht-Überlieferten ist, hat eine theologiegeschichtliche Tradition, die wie die Frauenmystik überwiegend von Frauen getragen wurde, einen besonderen Stellenwert. Unter dieser Bezeichnung wird ein Phänomen zusammengefaßt, das sich besonders im 13. und 14. Jahrhundert in erstaunlicher Vielfalt fast im gesamten europäischen Raum entfalten sollte. Überall finden sich in dieser Zeit Frauen, die in Visionen, Erscheinungen und Auditionen eine unmittelbare Begegnung mit dem Göttlichen erfahren und diese Erfahrungen aufzeichnen.

Entscheidend ist, daß ein großer Teil dieser frauenmystischen Texte uns heute noch erhalten ist und es uns damit ermöglicht, einen Zugang zu der religiösen und spirituellen Erfahrung von Frauen im Mittelalter zu finden.

Die traditionelle Kirchen- und Theologiegeschichtsschreibung vernachlässigte bisher jedoch wesentliche Aspekte dieses Phänomens und wurde so seiner inhaltlichen Vielfalt nicht gerecht. Bis heute fehlt eine wirklich umfassende Darstellung der Frauenmystik als theologiegeschichtlicher Tradition, die über die isolierte Betrachtung einzelner Mystikerinnen und ihrer Werke hinausgeht. Insbesondere ist es notwendig, die Frauenmystik als Literatur von Frauen, als Zeugnis weiblicher Religiosität und Spiritualität zu lesen und ihr Verhältnis zu Sprache und Traditionen der sie umgebenden männlich bestimmten Kultur herauszuarbeiten. Von besonderer Bedeutung ist in diesem Zusammenhang die Frage nach dem weiblichen Selbstverständnis in der Frauenmystik, also im weitesten Sinn nach einer Eigenreflexion schreibender Frauen im Mittelalter.

Unter dieser Fragestellung sollen im Rahmen dieser Untersuchung die Visionsschriften Hildegards von Bingen (1098 – 1179), Elisabeths von Schönau (1129 – 1164/5) und Gertruds von Helfta (1256 – 1301/2) analysiert werden, drei Visionärinnen, die am Anfang der Entwicklung der Frauenmystik stehen und ihrer lateinischen Tradition zuzurechnen sind.

Die Konzeption von Mystik, die den Werken dieser drei visionär begabten Frauen zugrundeliegt, differiert in vielen Punkten. Es wird danach zu fragen sein, inwieweit diese Unterschiede ihre Entsprechung auch in der Darstellung des Selbstkonzepts finden. Welche Entwicklungen lassen sich für den überschaubaren Zeitraum eines Jahrhunderts nachzeichnen?

Im wesentlichen wird sich die Untersuchung in drei Schritten vollziehen. Zunächst möchte ich mich unter methodisch-methodologischen Gesichtspunkten dem Thema annähern. Eine feministisch-theologische Rekonstruktion von Frauengeschichte muß vor dem Hintergrund der Entwicklung und Schwerpunktsetzung feministischer Wissenschaft und historischer Frauenforschung gesehen werden, d.h., es ist notwendig, in diesem Zusammenhang Probleme und Konzepte einer Beschäftigung mit Frauengeschichte zu entwickeln. Die Tragfähigkeit dieser methodisch-methodologischen Vorüberlegungen soll in der Arbeit an historischem Quellenmaterial – ausgewählten Texten der Frauenmystik – exemplarisch überprüft werden.

In einem weiteren Schritt gilt es, die frauenmystischen Texte in den historischen Kontext des 12. und 13. Jahrhunderts einzuordnen. Dabei wird auch deutlich werden, inwiefern das Leben in einem Frauenkloster die notwendigen Bedingungen für die Entstehung frauenmystischer Literatur bietet. In welchem Maß erlaubt der Alltag in einem Kloster eine künstlerische oder literarische Betätigung? Welche Möglichkeiten haben Nonnen, an der Bildung ihrer Zeit zu partizipieren? Neben Aspekten der weiblichen Lebensrealität gilt es auch die Weiblichkeitskonstruktionen mittelalterlicher Kirche und Theologie zu berücksichtigen, mit denen schreibende Frauen sich auseinanderzusetzen hatten.

Vor diesem Hintergrund muß die Frage nach dem weiblichen Selbstverständnis in der Frauenmystik des 12. und 13. Jahrhunderts gestellt werden. Wie thematisieren Hildegard von Bingen, Elisabeth von Schönau und Gertrud von Helfta in Selbstaussagen ihre Rolle als Autorin? Dabei wird insbesondere das Problem der weiblichen Autorität anzusprechen sein. Wie legitimieren visionär begabte Frauen angesichts eines kirchlichen Lehr- und Predigtverbots das eigene Auftreten und den Schritt in die Öffentlichkeit?

Eine Legitimation des visionären Autoritätsanspruches kann auf verschiedene Weise erfolgen, wobei etwa an die Identifikation mit alttestamentlichen Frauengestalten oder auch an die Orientierung am Modell des alttestamentlichen Prophetentums zu denken ist. Zentral ist dabei die Frage, wie die Visionärinnen das Verhältnis zwischen charismatischer und institutioneller Autorität bestimmen.

Die Frage nach dem weiblichen Selbstverständnis in der Frauenmystik des 12. und 13. Jahrhunderts wird den Blick öffnen für die Komplexität und Vielschichtigkeit der Frauengeschichte des Hochmittelalters, das als eine Blütezeit weiblicher Religiosität und Literatur gelten kann.

DER WEIBLICHE BLICK IN DIE GESCHICHTE – METHODISCHE ÜBERLEGUNGEN

>»Wenn jemand sagt, daß wir Büchern Glauben schenken sollen, die von berühmten Männern geschrieben wurden, welche noch niemals die Unwahrheit gesagt hätten, und die gleichwohl immer nur die Schwächen der Frauen herausstellten, so sage ich darauf, daß solche Autoren niemals etwas anderes im Sinn hatten, als die Frauen zu verleumden und zu betrügen ... Ich erwidere ihnen (den Männern), daß nicht die Frauen diese Bücher schrieben und daß sie es auch nicht waren, die das, was allerorten über sie und ihr Verhalten verbreitet wird, dort notiert haben ..., aber hätten die Frauen selbst geschrieben – das weiß ich gewiß – sie hätten es anders gemacht.«
>
> *Christine de Pizan, 14. Jahrhundert*[1]

Historische Frauenforschung und Feministische Geschichtswissenschaft

Ein wichtiges Anliegen der feministischen Theologie war von Anfang an eine kritische Re-Vision der traditionellen Kirchen- und Theologiegeschichtsschreibung, die aufgrund ihres androzentrischen Ansatzes die Beteiligung von Frauen am Leben und an der Geschichte der Kirche, ihre religiösen Erfahrungen und ihre theologische Kreativität für unbedeutend erachtet. Allerdings steht die Entwicklung einer feministischen Kirchengeschichtsschreibung im deutschsprachigen Raum noch in ihren Anfängen[2], ist die Frauengeschichte innerhalb des Christentums bis heute trotz vielfältiger Forschungsbemühungen weitgehend verschüttet und nur bruchstückhaft erschlossen. Dabei wird man dem Postulat, Frauen zum Mittelpunkt feministisch-theologischer Forschung zu machen, wie SCHAUMBERGER feststellt, nicht durch eine lediglich frauenspezifische Themenwahl gerecht.

---

1   Epitre au Dieu d'Amour, zit. nach OPITZ 1990:108f.
2   Vgl. ALBRECHT 1986 und 1988, VALERIO 1985, BROOTEN 1985.

»Es beinhaltet statt dessen eine radikale und schwierige Herausforderung an feministisch-theologische Theoriebildung und Methodenreflexion: Die Aufgabe heißt, theoretische Modelle, Methoden und Kriterien zu entwickeln und zu überprüfen, die eine
aufmerksame und parteiliche, zugleich kritische, selbstkritische und liebevolle Sichtweise auf die bisher unsichtbaren Frauen eröffnet« (1987:221).

Gefordert ist eine neue Konzeption der Geschichte des Christentums insgesamt
aus »ver-rückter Perspektive« (SCHAUMBERGER 1987:237). Tatsächlich ist
jedoch festzustellen, daß sich – trotz der Fortschritte in der Bearbeitung einzelner
historischer Fragestellungen – die feministisch-theologische Diskussion in diesem
Bereich durch eine weitgehende Theorieabstinenz auszeichnet. Eine Ausnahme
stellt hier Elisabeth SCHÜSSLER FIORENZAs Entwurf einer feministisch-theolo-
gischen Rekonstruktion von Frauengeschichte dar, in dem sie – ausgehend von
einer umfassenden methodisch-methodologischen Reflexion – zur Entwicklung
einer feministischen Hermeneutik kommt. Dabei sieht SCHÜSSLER FIORENZA
eine Parallele zwischen feministischen Historikerinnen und den Historikern anderer
unterdrückter Gruppen, so verweist sie in diesem Zusammenhang auf die schwarze
und lateinamerikanische Befreiungstheologie.[3] Da es gerade die Macht der Unterdrückung sei, die die Menschen ihrer Geschichte beraube, ist es demnach Aufgabe
einer feministischen Geschichtsbetrachtung, den Unterdrückten ihre Geschichte
wiederzugeben.[4]

Darüber hinaus bezieht SCHÜSSLER FIORENZA bei der Suche nach einer
Frauengeschichte innerhalb des Christentums auch von Historikerinnen entwickelte
Ansätze und Konzepte einer Frauengeschichtsschreibung mit ein. Da ein Blick auf
diesen Bereich, insbesondere um die methodisch-methodologischen Voraussetzungen feministischer Kirchen- und Theologiegeschichtsschreibung zu klären, uner-
läßlich ist, möchte ich im folgenden einen Überblick über Probleme, Entwicklungen und Schwerpunkte historischer Frauenforschung und feministischer Geschichtswissenschaft geben.

Historische Objektivität

Geschichte als Bericht über vergangene Ereignisse hat nie den Zugriff auf die Zeit
und die Menschen selbst, mit denen sie sich befaßt, sondern sie ist auf die Spuren
des Vergangenen verwiesen, auf Überreste, auf das, was tradiert und dokumentiert
ist. Wer Geschichte schreibt, wählt hieraus das ihm/ihr wichtig Erscheinende aus,
analysiert, strukturiert und verbindet es zu einer neuen Erzählung der Vergangen-

---

3   1988b:18.
4   Vgl. in diesem Zusammenhang auch die feministisch-sozialgeschichtliche Bibelauslegung,
    wie sie von Luise SCHOTTROFF verstanden wird: »Unter sozialgeschichtlicher Bibelausle-
    gung ... verstehe ich eine Bibelauslegung, die aus der Gemeinschaft von Menschen, die für
    Befreiung arbeiten, erwächst. Sie hat also einen Ort in der communio sanctarum et sanctorum
    der Gegenwart, sie bezieht sich auf die Arbeit in Befreiungsbewegungen« (1994:75).

heit. Dabei werden auch die historischen Fakten lediglich durch die Tätigkeit der HistorikerInnen konstituiert.

Eine objektive Geschichtsschreibung, deren Aufgabe darin besteht herauszufinden, was wirklich geschehen ist, oder nach den Worten Leopold von RANKEs lediglich »zu zeigen, wie es gewesen«[5], kann es nicht geben.[6] Dies würde voraussetzen, daß die HistorikerInnen gleichsam zu einem vorurteilsfreien, voraussetzungslosen Spiegel würden, der in der Lage wäre, eine vergangene Wirklichkeit wahrheitsgetreu abzubilden.

Statt dessen ist jede historische Darstellung unter bestimmten Aspekten und aus einem bestimmten Erkenntnisinteresse heraus verfaßt, werden Auswahl und Analyse der Quellen durch subjektive Faktoren bestimmt. Theoretisches Konzept, Sprache und Erzählperspektive spiegeln dabei nicht nur die persönlichen Vorlieben der einzelnen HistorikerInnen wider, sondern darüber hinaus das Selbstbild der gesellschaftlichen Gruppe, der sie angehören.

> »Explizit oder implizit tritt Geschichtsschreibung als Rechtfertigung vorgegebener Normensysteme und zweckhafter Einstellungen der Historiker und ihres Publikums auf ...« (RÜSEN 1975:70).

Nicht alle gesellschaftlichen Gruppen sind gleichermaßen am historischen Diskurs beteiligt oder haben Zugang zur offiziellen Geschichtsschreibung. Geschichte wird im Interesse der Mächtigen und Siegreichen geschrieben, aus ihrer Perspektive wird Vergangenheit gedeutet. Dabei legitimiert die Rückprojektion gegenwärtiger Verhältnisse in die Geschichte die Herrschaftsstrukturen der Gegenwart. Die Geschichte der Unterdrückten, der Randgruppen der Gesellschaft bleibt dagegen unsichtbar, denn sie ist aus der Perspektive der Mächtigen nicht existent.

In besonderer Weise trifft dies für die Geschichte der Frauen zu, obwohl sie im eigentlichen Sinn keine Randgruppe der Gesellschaft darstellen. Nur wenige Frauen haben Geschichte geschrieben[7], der Bericht über die vergangenen Ereignisse und ihre schriftliche Überlieferung war in der Regel eine männliche Domäne. Damit prägte der männliche Standpunkt die Darstellung der Vergangenheit: Männer entschieden, welche Ereignisse der Überlieferung wert waren, deuteten die Fakten, entwickelten Geschichtskonzeptionen. Was für eine Rekonstruktion der

---

5   »Man hat der Historie das Amt, die Vergangenheit zu richten, die Mitwelt zum Nutzen zukünftiger Jahre zu belehren, beigemessen: so hoher Ämter unterwindet sich gegenwärtiger Versuch nicht: er will bloß zeigen, wie es eigentlich gewesen« (1885:VII).
6   RANKEs Standpunkt blieb allerdings schon zu seiner Zeit nicht unwidersprochen; vgl. DROYSEN 1960:287. Das Problem der historischen Objektivität ist bis heute in der Diskussion der Geschichtstheorie von großer Bedeutung, ohne daß allerdings die Problematik eines lediglich androzentrischen Blicks in die Geschichte thematisiert würde; vgl. RÜSEN 1975. Eine Ausnahme stellt RÜSEN 1988 dar, der sich auch um eine Auseinandersetzung mit der Entwicklung einer Frauengeschichtsforschung bemüht.
7   Für das Mittelalter sind hier etwa die Geschichtsepen – *Gesta Oddonis* und *Primordia Coenobii Gandeshemensis* – Hrotsvits von Gandersheim zu nennen. Zu Hrotsvit vgl. WILSON 1988.

Lebenswirklichkeit von Frauen bedeutsam gewesen wäre, wurde, weil es aus der männlichen Perspektive unbedeutend schien, nicht überliefert.

Auch mit der Entwicklung der Geschichtswissenschaft im 19. Jahrhundert änderte sich dies nicht. Auswahl der Themen und Inhalte der Geschichtswissenschaft und ebenso die Gewichtung und Bewertung der Forschungsergebnisse sind bis heute überwiegend männlich bestimmt.

Solange sich nach herkömmlichem Geschichtsverständnis die Menschheitsgeschichte als eine Geschichte der Weitergabe von Macht präsentiert, sind Subjekte der Geschichte die »großen« Männer, deren Taten die Geschichtsbücher füllen. Ihre Handlungen sind geschichtsprägend gewesen, ihre Erfahrungen bestimmten die Entwicklung von Kunst, Kultur, Theologie, Religion und Wissenschaft. Frauen vollbrachten dagegen scheinbar nichts, was der Überlieferung wert gewesen wäre. Während die Männer auf der Bühne der Weltgeschichte agierten, waren sie nicht mehr als schweigende Statisten und leisteten ihren Beitrag zum Prozeß geschichtlicher Entwicklung im Verborgenen, hinter den Kulissen des Welttheaters, in der Sphäre des Häuslichen, Privaten, der Reproduktion. Mit den Kategorien traditionellen Geschichtsverständnisses läßt sich ihre Bedeutung nicht ermessen. Zusammenfassend ist also die Unsichtbarkeit der Frau als Geschichtsträgerin, ihre angebliche Geschichtslosigkeit als »das Ergebnis androzentrischer Sprache, androzentrischer Texte und androzentrischer Rekonstruktionsmodelle« (SCHÜSSLER FIORENZA 1988a:168) zu sehen.

In den letzten Jahrzehnten vollzog sich allerdings in der Geschichtswissenschaft durch die Entwicklung neuer historischer Konzepte wie der Sozial- und Alltagsgeschichte und vor allem der Mentalitätengeschichtsschreibung eine Veränderung. Diese Ansätze bieten in größerem Ausmaß die Möglichkeit, Aspekte des Alltagslebens, Erfahrungen von Randgruppen und der Menschen auf der Unterseite der Geschichte zu berücksichtigen, und können auch von großer Bedeutung sein, um die weibliche Lebenswirklichkeit zu rekonstruieren.[8] Die Suche nach einer Geschichte der Frauen läßt sich hier scheinbar problemlos als ein Teilgebiet unter vielen integrieren. Dennoch kann es auch hier nicht zu einer wirklichen Neubewertung der Rolle der Frau innerhalb der Geschichte kommen, solange der Ausgangspunkt der Betrachtung und damit Konzepte und Begrifflichkeit weiter männlich bestimmt bleiben.[9]

---

8   STUARD hebt die Bedeutung sozialgeschichtlicher Fragestellungen gerade auch für die Untersuchung der Rolle der Frau im Mittelalter hervor (1976:1).

9   Erforderlich ist, wie SCHOTTROFF feststellt, eine feministische Sozialgeschichte (1994:77). Zu einer ausführlichen Kritik am herkömmlichen sozialgeschichtlichen Ansatz aus feministischer Sicht vgl. OPITZ 1984, BOCK 1984. Zur Bedeutung der Schule der »Annales« und der Mentalitätengeschichtsschreibung vgl. STUARD 1981, FAURÉ 1981.

Frauengeschichte

Die Entwicklung der historischen Frauenforschung bzw. einer feministischen Geschichtswissenschaft ist in engem Zusammenhang mit der Entstehung der Neuen Frauenbewegung[10] Anfang der siebziger Jahre zu sehen. Ihr Anliegen war und ist es, den sexistischen Charakter einer Gesellschaft und Kultur aufzudecken, die Frauen keine »eigene« Identität zugesteht. Die Frau wird, wie Simone de BEAUVOIR es formulierte,

> »... bestimmt und unterschieden mit Bezug auf den Mann, dieser aber nicht mit Bezug auf sie, sie ist das Unwesentliche, er ist das Absolute: sie ist das andere« (1968:11).

Im Zuge der Entwicklung einer neuen weiblichen Identität kam der Suche nach einer »eigenen« Geschichte große Bedeutung zu:

> »... was braucht denn eine Frau an Wissen, um ein selbstbewußter, selbstbestimmter Mensch zu werden? Braucht sie nicht ein Wissen von ihrer eigenen Geschichte, von ihrem ach so politisierten Frauenkörper, von dem kreativen Genius der Frauen vergangener Zeiten – den Kenntnissen, Fähigkeiten, Techniken und Visionen, welche Frauen anderer Zeiten und Kulturen besaßen – und davon, wie dies in Anonymität getaucht, zensiert, abgebrochen und abgewertet wurde?« (RICH 1986:128).

Aus der Suche nach einer Her-Story jenseits der His-Story entwickelte sich in den späten sechziger, frühen siebziger Jahren zunächst in den USA und etwas später dann auch in der BRD die historische Frauenforschung.[11]

Dabei war – und ist noch immer – der Versuch, die Frauen in die Geschichte zurückzuschreiben, mit gravierenden Problemen verbunden.

> »... die den Frauen abhanden gekommen eigene Historizität kann – da sie weitgehend unbenannt ist – nicht einfach rekonstruiert werden. Die Benennung von Lücken und Verkehrungen ist ein Anfang – sie gibt noch keine Auskunft über die verborgene Konstitution von weiblicher Realität. Feministische Wissenschaft hat demnach ihren Gegenstand substantiell noch gar nicht – sie muß ihn erst einmal finden, vielleicht überhaupt erst einmal erfinden, entwerfen« (BECKER-SCHMIDT 1985:97).

In vielen Bereichen gibt es nur wenige Quellen, die von Frauen stammen, und auch diese Texte entstanden innerhalb eines männlich geprägten kulturellen Systems, durchliefen einen Prozeß der Redaktion und Selektion und bringen nicht in authentischer Weise die Erfahrung von Frauen zur Sprache.

Anfangs stellte sich Frauengeschichte vielfach als Bericht über die Unterdrükkung von Frauen dar, der ihnen lediglich die Rolle der stummen Opfer der Geschichte zuwies. Aufgabe war es, die Formen der Unterdrückung von Frauen, ihres Ausschlusses von der Macht, ihrer Verdrängung aus der Kulturgeschichte

---

10 Zur Geschichte der Frauenbewegung in Deutschland vgl. SCHENK 1980, WIGGERSHAUS 1979, BOCK,U. 1988:26ff.

11 Die Entwicklung in der BRD verlief wesentlich zögernder als etwa in den USA. Zur historischen Frauenforschung in Frankreich bzw. Großbritannien vgl. FARGE 1989 und MAAS 1988; zur Women's History in den USA vgl. HAUSEN 1981.

aufzudecken, wobei oft, wie FARGE zu Recht bemerkt, »die moralische Entrüstung ... Vorrang vor dem analytischen Urteil« (1989:36) hatte.

Darüber hinaus entwickelte sich aber in den vergangenen fünfzehn Jahren ein breites Spektrum an Fragestellungen und eine Vielzahl von Versuchen, den historischen Prozeß aus der Perspektive von Frauen zu rekonstruieren.

Dementsprechend ist der Begriff »Frauengeschichte« nicht eindeutig. Er kann sowohl eine historische Frauenforschung, die sich auf die Erschließung frauenspezifischer Themen beschränkt und sich als Teilgebiet der jeweiligen historischen Disziplin unterordnen läßt, als auch eine feministische Geschichtsbetrachtung meinen, die sich auf feministische Theoriebildung zurückbezieht und einen Paradigmenwechsel der Wissenschaft fordert.

Als hilfreich, um die in dieser Zeit entstandene Vielfalt zu ordnen, erweist sich die Unterscheidung, die KUHN zwischen den verschiedenen Konzepten einer Frauengeschichte trifft. Sie differenziert zwischen drei Forschungsansätzen[12]: einem additiven, einem frauenspezifischen und einem feministischen. Gleichzeitig betont sie, daß diese Ansätze nicht eindeutig gegeneinander abzugrenzen sind, sondern sich eher gegenseitig ergänzen und befruchten. Es handele sich dabei nicht

> »... um die Bestimmung eindeutig definierbarer Richtungen innerhalb der noch sehr jungen Disziplin der Frauengeschichtsforschung in der Bundesrepublik, sondern vielmehr um unterschiedliche Akzentuierungen der Forschungsprämissen und -interessen und der jeweiligen Forschungsstrategien« (1985a:9f).

Im folgenden sollen diese drei Ansätze in einem Überblick dargestellt werden.

Der additive Forschungsansatz

Dieser Ansatz geht davon aus, daß die androzentrische Perspektive der traditionellen Geschichtsschreibung Forschungslücken zur Folge hatte. Diese Defizite sollen kompensiert werden, indem die Präsenz der Frauen in der Geschichte sichtbar gemacht und Geschichte als Prozeß rekonstruiert wird, zu dem auch Frauen wichtige Beiträge leisteten. Zum einen liegt der Schwerpunkt hier auf der Biographie: Den »großen« Männern werden die »großen« Frauen an die Seite gestellt, d.h., die Gestalten außergewöhnlicher Frauen rücken als Beispiele für weibliches Handeln in den Mittelpunkt.[13] Grundannahme ist dabei, »... daß sich aus den Lebensläufen einzigartiger Frauen eine Art Kollektivbiographie der Frauen einer Epoche zusammensetzen lasse ...« (KLAPISCH-ZUBER 1989:149).

Zum anderen wird die Frage danach gestellt, welchen Beitrag Frauen zu der von Männern bestimmten Geschichte und den hier als geschichtlich bedeutsam gelten-

---

12 BORRIES unterscheidet vier idealtypische Konzepte von Frauengeschichtsschreibung (1985:55f).

13 »In fact the most remarkable women from the medieval period are victims of this tendency« (STUARD 1976:2).

den Bewegungen und Prozessen geleistet haben.[14] Welchen Anteil hatten Frauen etwa an der Französischen Revolution oder der Reformation?

Die inhaltlichen und methodischen Grenzen des additiven Forschungsansatzes sind offensichtlich, denn hier wird lediglich die Frauengeschichte der Männergeschichte hinzuaddiert. Übersehen wird dabei die Komplexität der Geschichte von Frauen, die Tatsache, daß Frauengeschichte sich nur als eine geschichtliche Vielfalt begreifen läßt, bestimmt von einer Vielzahl von Faktoren. So differiert etwa die Situation von Frauen im Mittelalter ganz erheblich abhängig davon, ob sie im 12. oder im 14. Jahrhundert, auf dem Land oder in der Stadt leben, oder welcher gesellschaftlichen Schicht sie angehören. Insofern ist es irreführend, ja geradezu unmöglich, von »der Frau im Mittelalter« zu sprechen.

Darüber hinaus reicht eine frauenspezifische Differenzierung bestimmter Themen auch deshalb nicht aus, weil die Frauen damit Gefahr laufen, lediglich zu einem Sonderfall der allgemeinen Geschichte zu werden, die weiterhin eine Geschichte der Männer bleibt. KUHN betont:

> »Sollen sich durch eine frauengeschichtliche Forschung nur Lücken unseres bisherigen Geschichtsbildes schließen, so gehen wir bewußt oder unbewußt von einem abgeschlossenen Geschichtsbild aus. Diese Annahme schließt unweigerlich die Akzeptanz einer von Männern, von männlichen Begriffen, von männlichen Wahrnehmungsweisen geprägten Geschichte mit ein« (1985a:10).

Insgesamt wird dadurch das von der männlichen Geschichtsschreibung etablierte Geschichtsbild nicht verändert, sondern lediglich verfestigt.

Der frauenspezifische Ansatz

Es ist jedoch notwendig, über die Benennung der Defizite einer androzentrischen Geschichtsbetrachtung hinaus spezifische weibliche Eigenräume in der Geschichte zu erschließen, die anders strukturiert sind als die männliche Geschichte und dementsprechend nicht mit den Maßstäben, die der Männergeschichte zugrundeliegen, erfaßt werden können. Damit wird der Tatsache Rechnung getragen, daß Frauen zwar immer an der dominanten patriarchalischen Kultur partizipierten, aber gleichzeitig auch eine eigene Kultur hatten, die von der männlichen unterschieden werden muß.[15]

Eine solche Betrachtungsweise kann bedeuten, daß sich die herkömmlichen historischen Periodisierungen als unbrauchbar erweisen und Fort- und Rückschritte in der Geschichte deshalb anders als bisher gewertet werden müssen. »Suddenly we see these ages with a new, double vision – and each eye sees a different picture« (KELLY-GADOL 1986:811).

---

14 LERNER bezeichnet diese beiden Vorgehensweisen als kompensatorische bzw. kontributorische Geschichtsschreibung (1979:145ff).

15 LERNER 1984:407.

Auf diese Weise ist es etwa möglich, die Anfänge der Geschichte, die nach herkömmlichem Geschichtsverständnis als männlich bestimmt gelten, als die Leistung von Frauen wahrzunehmen, oder mit Blick auf die mittelalterliche Bildungsgeschichte die Entstehung der Universitäten im 13. Jahrhundert aus weiblicher Sicht als negative Wende, als die Etablierung eines männlichen Bildungsmonopols einzuschätzen.

Nicht nur die Frage nach der Periodisierung und Bewertung geschichtlicher Prozesse stellt sich anders, sondern auch Begriffe wie »Arbeit« und »Produktivität«, die bisher aus männlicher Perspektive gesetzt wurden, bekommen eine neue Bedeutung. Eine Geschichte der Arbeit wird aus weiblicher Sicht zwangsläufig eine andere sein, denn damit rücken Tätigkeiten wie die Hausarbeit von Frauen in den Mittelpunkt, die bisher als unwichtig galten und deshalb unsichtbar blieben.

Einzuwenden bleibt gegen den frauenspezifischen Ansatz, daß die Geschichte der Frauen nicht getrennt von der der Männer verläuft, und ihr insofern eine isolierte Betrachtung nicht gerecht wird. So betont WUNDER mit Recht:

>»Die Ergebnisse historischer Frauenforschung machen keine Frauengeschichte aus; denn ›historische Frauenforschung‹ zielt auf Geschichte und Zukunft der Geschlechterbeziehungen« (1986:25).

Dennoch müssen geschichtliche und kulturelle Traditionen von Frauen erst sichtbar gemacht werden, bevor in einem weiteren Schritt ihr Verhältnis zu der traditionellen androzentrischen Sicht unserer Kultur beschrieben wird.

Der feministische Ansatz

Der feministische Ansatz ist von den hier dargestellten Entwürfen einer Frauengeschichtsschreibung derjenige, der in seiner theoretischen Reflexion am weitesten geht. Deutlich wird hier, daß die Suche nach einer Frauengeschichte über eine lediglich frauenspezifische Themenwahl hinaus eine Anfrage an methodisch-methodologische Grundpositionen bedeutet.

Insgesamt ist damit ein Perspektivenwechsel gefordert: Nicht nur sollen die Frauen in die Geschichte zurückgeschrieben werden und ihre verborgene Präsenz in einzelnen Bereichen sichtbar gemacht werden, sondern es gilt, Geschichte insgesamt als Geschlechtergeschichte zu konzipieren.

Postuliert wird dabei, die Größe »Geschlecht« als eine gleichwertige Analysekategorie neben anderen wie Klassen- oder Schichtzugehörigkeit, Stand oder Verwandtschaft zu etablieren, um eine umfassende Geschichtsbetrachtung zu ermöglichen.[16] Nur so lassen sich die sozialen Beziehungen in einer Gesellschaft

---

16   Dieses Postulat blieb in der traditionellen Geschichtswissenschaft nicht unwidersprochen. So stellt PUHLE fest, »... daß es früher wie heute in der Regel realitätsmächtigere Kriterien der sozialen Statuszuweisung (frei vs. unfrei, ständische Bindung, Klassenzugehörigkeit, ethnische, sprachlich-kulturelle, religiöse Faktoren usw.) gegeben hat und gibt, die den Unterschied der Geschlechter, der gewissermaßen quer zu ihnen liegt, überlagern« (1981:388).

erfassen[17], weil Frauen keine soziale Gruppe wie andere bilden. Ebenso sind sie – obwohl marginalisiert – im eigentlichen Sinn keine Randgruppe der Gesellschaft[18], sondern die Hälfte der Menschheit.

>»Frauen unterliegen zwei Herrschaftsformen: einer patriarchalischen und einer gesell-schaftlichen, die in ›Männerwirtschaft‹ nicht aufgeht. Diese doppelte Abhängigkeit trifft auf keine andere diskriminierte Gruppe zu« (BECKER-SCHMIDT 1985:99).

Das Geschlecht als »historische Kategorie« (KUHN 1983) einzuführen heißt, daß alle Bereiche der Gesellschaft – auch die, an denen Frauen scheinbar nicht unmittelbar beteiligt waren, wie Wirtschaft, Kultur, Religion – erheblich verändert dargestellt werden müssen.

Hierbei wird »Geschlecht« nicht mehr lediglich als das biologische Geschlecht verstanden, sondern als durch sozio-kulturelle Gegebenheiten und gesellschaftliche Rollenerwartung erzeugte Größe.[19] Zwar sind Männer und Frauen biologisch ver-schieden, die inhaltliche Füllung und Konkretion dessen, was »Geschlecht« bedeutet, ist jedoch durch den spezifischen gesellschaftlichen und historischen Kontext bedingt. Der Ursprung der sexuellen Differenzierung kann damit nicht mehr in unveränderlichen Geschlechtscharakteren und scheinbar natürlichen Geschlechtereigenschaften gesehen werden. LERNER schreibt:

>»Biologisch sind Männer und Frauen verschieden, aber die Bedeutungen und Werte, die mit diesem Unterschied einhergehen, sind ein Ergebnis der Kultur. Biologisches Geschlecht ist Tatsache, gesellschaftliches Geschlecht ist eine historische und kultur-bedingte Schöpfung« (1984:406).

Gleichzeitig rekurriert feministische Geschichtswissenschaft auch auf eine Dis-kussion feministischer Methodologie, wie sie etwa in der soziologischen Frauen-forschung stattfindet.

Ausgelöst wurde diese Diskussion durch den programmatischen Aufsatz »Methodische Postulate zur Feministischen Frauenforschung«, den die Sozialwis-senschaftlerin Maria MIES 1978 veröffentlichte. An diesen Postulaten[20] orientiert sich bis heute die wissenschaftstheoretische Auseinandersetzung im feministischen Bereich.[21] Ohne die bisherige Entwicklung in ihren Einzelheiten darstellen zu wollen, lassen sich als gemeinsame Postulate einer feministischen Wissenschaft festhalten:

>»– Die grundlegende und bewußte Parteilichkeit der Forschung für die Sache der Frauen.

---

17 BOCK betont, daß sich so nicht nur die Beziehungen zwischen den Geschlechtern, sondern auch innerhalb der Geschlechter erfassen lassen (1983:46).
18 Anders SHAHAR, die die Frauen im Mittelalter als Randgruppe betrachtet (1988:21).
19 Vgl. im Englischen die Unterscheidung zwischen »sex«, dem biologischen Geschlecht, und »gender«, dem sozial erzeugten Geschlecht. Vgl. BOCK 1988:372ff.
20 Die Postulate wurden inzwischen überarbeitet und weiterentwickelt. Vgl. MIES 1984a und 1984b, GÖTTNER-ABENDROTH 1984.
21 Vgl. BOCK,U. 1988.

– Die Entlarvung der Postulate von Interessenneutralität und Wertfreiheit oder auch
   Objektivität als Ideologie, die den sexistischen Charakter der traditionellen
   Methodologie verdecken soll« (MÜLLER 1984:37).

Dabei kann das erste Postulat als wissenschaftsethischer, das zweite als wissen-
schaftsanalytischer Aspekt gelten.[22]

Die Bezeichnung »feministisch« impliziert also zum einen, daß auch eine feministische Rekonstruktion von Frauengeschichte sich nicht nur wissenschaftlich-
theoretischen Zielen verpflichtet weiß, sondern in die soziale Bewegung von
Frauen eingebunden bleibt, deren Ziel es ist, die patriarchalischen Strukturen der
Gesellschaft zu verändern. Damit bleiben die Ergebnisse der Forschung auf die
gesellschaftliche Praxis bezogen, also auf Kriterien, die außerhalb der Wissenschaft liegen. Davon ausgehend, postuliert feministische Wissenschaft eine bewußte Parteilichkeit, die an die Stelle der Postulate traditionellen Wissenschafts-
verständnisses treten soll. Damit wird der herkömmliche Objektivitätsanspruch von
Wissenschaft durch ein Verständnis von Objektivität ersetzt, dem nur ein methodi-
sches Vorgehen genügen kann, das das eigene Vorverständnis reflektiert und sich
der eigenen Parteilichkeit, Betroffenheit und damit auch der eigenen Subjektivität
bewußt ist.

Dabei kann sich feministisches Wissenschaftsverständnis in seinem Ansatz auf
wissenschaftstheoretische Konzepte wie die Marxistische und die Kritische Theorie[23] beziehen.[24] Die spezifische Differenz zum feministischen Denken liegt
jedoch, wie BEER schreibt, darin,

> »... daß die Anerkennung subjektiver Konstitutienten im Forschungs- und Erkennt-
> nisprozeß in beiden Forschungsrichtungen geschlechtsneutral verhandelt wird, wäh-
> rend Frauenforschung wiederum darauf beharrt, die geschlechtsspezifischen Konno-
> tationen von Forschung und Erkenntnis herauszuarbeiten und als konstitutiv für Er-
> kenntnis zu betrachten« (1989:202).

Bezogen auf ein feministisches Geschichtsverständnis bedeutet dies, daß auch
das traditionelle Verständnis historischer Objektivität in Frage gestellt werden
muß.

Trotz aller Fortschritte hat Frauengeschichte sich bis heute nicht »als eine eigen-
ständige autonome Disziplin mit eigenen Forschungsfragen, -methoden und -prä-
missen in der akademischen Forschung und Lehre durchgesetzt« (KUHN
1985b:86). BORRIES stellt fest:

---

22   MEYER-WILMES 1990:12.
23   Ulla BOCK konstatiert darüber hinaus eine »hohe Affinität ... (zu) Ansätzen der Aktionsfor-
     schung und psychoanalytisch orientierten Subjekttheorien« (1988:60).
24   BEER beklagt, daß eine Auseinandersetzung insbesondere mit der Marxistischen und Kriti-
     schen Theorie bis jetzt nicht erfolgt ist, obwohl die Frauenforschung ihnen bei der Formulie-
     rung ihres Wissenschaftsbegriffes sehr viel verdanke (1989:170).

»Bestenfalls ist eine zusätzliche winzige Spezialdisziplin der Historie entstanden, schlimmstenfalls eine vom Rest der Zunft belächelte und gemiedenen Sekte« (1989:77).

Er macht zwei Haltungen herkömmlicher Geschichtswissenschaft der Frauengeschichte gegenüber aus: »... entweder völlige Auslassung, d.h. Ignoranz, oder ausschnitthafte, isolierte, folgenlose Berücksichtigung, d.h. Domestikation« (1989:77). Angesichts dieser negativen Bilanz ist zu hoffen, daß die Institutionalisierung und strukturelle Verankerung von Frauenstudien und Frauenforschung im Bereich universitärer Forschung und Lehre, die sowohl Basis für weitere Forschungen als auch Ausgangspunkt für eine Etablierung von Frauengeschichte und ihrer Fragestellungen in allen historischen Disziplinen sein kann, weitere Fortschritte macht.

Annäherung an die Frauenmystik

Einer der Schwerpunkte feministisch-theologischer Forschung zur Frauengeschichte ist die Suche nach den Lebenszusammenhängen und religiösen Erfahrungen von Frauen im Mittelalter. Dabei wird die Situation der Frau in dieser Zeit sehr unterschiedlich eingeschätzt: Zum einen gilt das Mittelalter mit Verweis auf die mittelalterliche Geschlechteranthropologie, das Frauenbild in Theologie und Kirchenrecht und nicht zuletzt auf die ab dem 15. Jahrhundert einsetzenden Hexenverfolgungen als frauenfeindlich; zum anderen werden aber auch immer wieder die Entfaltungsmöglichkeiten, die sich Frauen gerade durch das Leben in religiösen Gemeinschaften boten, hervorgehoben. Als ein zentraler Forschungsbereich ist dabei besonders die Frauenmystik des Mittelalters zu berücksichtigen, ein komplexes Phänomen, das bis jetzt noch nicht in allen Bereichen erschöpfend behandelt worden ist.

Im folgenden soll es darum gehen, eine erste Annäherung an die Frauenmystik zu vollziehen. Es wird die Frage danach zu stellen sein, wie die Forschung bisher die Bedeutung der Frauenmystik einschätzte. Wie können hier die im Vorangegangenen dargestellten Fragestellungen historischer Frauenforschung und feministischer Geschichtsbetrachtung fruchtbar gemacht werden? Weiter werden methodische Probleme anzusprechen sein, die sich aus der Eigenart der zu untersuchenden Texte ergeben. Unter welchen Voraussetzungen lassen sie sich auf Selbstbild und Selbstkonzeption der Autorin befragen? Wie weit ist die Erfahrung mittelalterlicher Frauen für uns noch faßbar?

Abschließend sollen Leben und Werk derjenigen drei Mystikerinnen, die in dieser Untersuchung im Mittelpunkt stehen, vorgestellt werden.

Aus der Zeit des frühen Mittelalters gibt es nur wenige Texte, in denen Frauen ihre religiösen Erfahrungen zur Sprache bringen. Dies ändert sich erst ab der Mitte des 12. Jahrhunderts. So hält der Autor der Annales Palidenses für das Jahr 1158 fest:

>»Auch offenbarte Gott in diesen Tagen Zeichen seiner Macht im schwachen Ge-
>schlecht, nämlich in seinen zwei Mägden Hildegard auf dem Rupertsberg bei Bingen
>und Elisabeth in Schönau, die er mit dem Geist der Prophetie erfüllte, und er offen-
>barte ihnen viele Arten von Visionen ...«25

Hier gilt als höchst erstaunlich, daß Gottes Macht sich *in sexu fragili*, also im schwachen Geschlecht, offenbart, daß Frauen mit dem Geist der Prophetie erfüllt, ihnen Visionen zuteil werden. Dabei stehen das Auftreten und die Schriften Hildegards von Bingen und Elisabeths von Schönau, die von ihrer visionären Begabung berichten, erst am Anfang einer Entwicklung, die sich in den folgenden Jahrhunderten – mit einem zahlenmäßigen Höhepunkt im 14. Jahrhundert – in erstaunlicher Vielfalt fast im gesamten europäischen Raum entfalten sollte, und die unter der Bezeichnung Frauenmystik zusammengefaßt wird. Überall finden sich in dieser Zeit Frauen, die in ekstatisch erlebten Visionen, Erscheinungen und Auditionen auf wunderbare Weise eine unmittelbare Begegnung mit dem Göttlichen erfahren. In zahlreichen, zum Teil autobiographischen Texten wird das religiöse Erleben dieser Frauen, werden ihre Gebete, Meditationen, religiösen Betrachtungen und theologischen Reflexionen auch schriftlich festgehalten.

Obwohl die frauenmystischen Schriften sich hinsichtlich ihres historischen bzw. geographischen Kontextes und ihrer inhaltlichen Schwerpunktsetzung und Gestaltung unterscheiden, ist ihnen doch gemeinsam, daß sie in einem ähnlichen sozialen Umfeld entstehen. Denn die mystischen Autorinnen leben alle in religiösen Gemeinschaften, seien es nun Frauenklöster der Benediktiner, Zisterzienser, Dominikaner oder aber Beginengemeinschaften. Es scheint, als habe sich hier in besonderer Weise ein Freiraum konstituiert, der weiblicher Kreativität die Möglichkeit bot, sich zu entfalten.

Gerade angesichts der Feststellung, daß die Geschichte der Frauen eine Geschichte des Vergessenen, des Verdrängten und Nicht-Überlieferten ist, kommt der Frauenmystik eine besondere Bedeutung zu. Denn einerseits handelt es sich hier um eine theologiegeschichtliche Tradition, die überwiegend von Frauen getragen wurde. Die Mystikerinnen rezipieren zwar überkommenes Gedankengut, werden aber selbst zu Subjekten in einem schöpferischen Prozeß. In einem vorher nicht gekannten Ausmaß beginnen Frauen selbst zu schreiben. Auch wenn mitunter Männer an der Entstehung frauenmystischer Texte beteiligt sind – etwa als Seelsorger, Seelenführer oder Mitarbeiter der mystisch begabten Frauen –, ist aber

---

25 »His etiam diebus in sexu fragili signa potentiae sue Deus ostendit in duabus ancillis suis,
    Hildegarde videlicet in monte Roperti iuxta Pinguiam, et Elizabeth in Schonaugia, quas spiritu
    prophetie replevit, et multa eis genera visionum ... revelavit« (*Annales Palidenses*, MGH.SS.
    XVI, S.90).

»... das Wesentliche ..., wie die schöpferische Persönlichkeit, wie die Frauenseele das überkommene Gut umformt und neu prägt« (HEILER 1929:19).

Andererseits ist für uns heute entscheidend, daß die frauenmystischen Texte im Laufe der Jahrhunderte nicht – wie so vieles andere aus der Hand von Frauen – verlorengingen, sondern heute noch in großer Zahl vorliegen. Damit ist es möglich, einen Zugang zu der religiösen und spirituellen Erfahrung von Frauen im Mittelalter zu finden.

Für eine Beschäftigung mit der Frauenmystik erweist es sich jedoch als problematisch, daß die Forschung in der Vergangenheit einzelne Aspekte dieses Phänomens vernachlässigte und auf diese Weise seiner inhaltlichen Vielfalt nicht gerecht wurde. So galt die Bezeichnung »Frauenmystik«, wie BYNUM feststellt, vielfach als Synonym für Brautmystik[26]:

> »... most textbook accounts of medieval mysticism include a short section on ›female mysticism‹, as if it were one among many types of late medieval piety and synonymous with ›nuptial mysticism‹« (1982:171).

Die Frauenmystik wurde vielfach mit Erlebnismystik gleichgesetzt, die, zwar von tiefem religiösem Gefühl getragen, von der persönlichen Gotteserfahrung spricht, die aber jeder weiterreichenden theoretischen Interpretation oder theologischen Reflexion vollständig entbehrt.[27] Der Maßstab, um die Frauenmystik zu messen und zu beurteilen, war die von Männern wie Richard von St. Victor, Bernhard von Clairvaux oder Meister Eckhart bestimmte spekulative Mystik, deren Schwerpunkt auf der Entwicklung theoretischer Systeme oder einer mystischen Theologie liegt. Insbesondere die frauenmystischen Texte aus dem 14. Jahrhundert galten als epigonal[28] verflacht, es wurde ihnen der Charakter wahrer Mystik abgesprochen.[29] Statt dessen wies man auf die pathologischen Züge der Frauenmystik hin[30] und deutete das Visionswesen in den Frauenklöstern als hysterische Erscheinung. Allenfalls gestand man zu, daß »die Visionen und ähnliche Erlebnisse nicht samt und sonders als krankhafte Halluzination eines überreizten Gehirns« (GRABMANN 1926:485) anzusehen seien. Insgesamt erschienen die gefühlvolle Darstellung des *unio*-Erlebnisses mit ihrer oftmals sinnlichen, ja geradezu erotischen Sprache, die Visionen und Ekstasen mit ihren körperlichen Begleiterscheinungen als ein Spezifikum weiblicher Mystik, das darauf zurückzuführen sei, daß das weiche weibliche Gemüt sehr viel leichter zu beeindrucken, für Sensationen

---

26 Sogar in den Texten Hildegards von Bingen und Elisabeths von Schönau glaubt COGNET brautmystische Elemente entdecken zu können (1980:16).

27 ACKLIN ZIMMERMANN weist mit Recht darauf hin, »dass mit der bisherigen Zuweisung dieser Texte zum Typus ›Mystik‹ die Frage nach deren allfälligen philosophischen und theologischen Implikationen ausserhalb des Interessenhorizontes blieb« (1993:14). Sie plädiert deshalb dafür, auf den Begriff Frauenmystik zu verzichten.

28 MUSCHG etwa sieht die Schwesternbücher als Dokumente »epigonischen Fleißes literarischer Industrie« (1935:218).

29 QUINT 1965:550.

30 WENTZLAFF-EGGEBERT 1969:24.

emotionaler und affektiver Art sehr viel offener sei als der männliche Verstand.[31] Diese Einschätzungen treffen insbesondere die Frauenmystik des 14. Jahrhunderts, das Werk einzelner Mystikerinnen wurde davon immer wieder ausgenommen. So galt das Verdikt der theologischen Minderwertigkeit nie für das komplexe Visionswerk der Hildegard von Bingen. Ihr wurde dagegen bescheinigt, daß sich in der Anlage ihres Werkes eine männliche Entschiedenheit zeige.[32] PREGER ging sogar soweit anzunehmen, daß Hildegards Visionsschrift *Scivias* nicht von ihr selbst stammen könne, denn es sei

> »... psychologisch unmöglich ..., dass eine fromme Frauennatur die Geschlechtssünden von Männern und Frauen so bis ins Einzelnste und Anschaulichste beschreibe, oder eine so ins Detail gehende physiologische Untersuchung des Geschlechtslebens anstelle, als es hier der Fall ist. Dergleichen hat nur ein Mann denken können« (1962:20).

Dennoch wurde auch bei Hildegard der Versuch unternommen, ihre Visionen durch den einseitigen Rekurs auf psychoanalytische Theorien als »hysterische Phantasien« (BERTAU 1972:350) zu deuten, ohne daß ein derart reduzierter Interpretationsansatz ihnen gerecht werden könnte.[33]

Bis heute fehlt eine wirklich umfassende Darstellung der Frauenmystik als theologiegeschichtlicher Tradition, die über die isolierte Betrachtung einzelner Mystikerinnen und ihrer Werke hinausgeht. Weiterhin wird der Zugang zu den frauenmystischen Texten dadurch erschwert, daß sie vielfach gar nicht oder nur unzureichend ediert sind. Zwar ist immerhin das Werk der Gertrud von Helfta durch eine neuere Textediton erschlossen[34], aber die Schriften Hildegards von Bingen, einer der bedeutendsten Autorinnen des 12. Jahrhunderts, wenn nicht des Mittelalters überhaupt, liegen mit Ausnahme ihrer Visionsschrift *Scivias*[35], einem Teil ihrer Briefsammlung[36] und der Hildegard-*Vita*[37] bis heute nur in unzureichenden Ausgaben aus dem 19. Jahrhundert vor. Ähnliches gilt für Elisabeth von Schönau.

Erst seit einigen Jahren findet die Frauenmystik verstärkt Beachtung in der Forschung, kam es zu einer Neubewertung dieser Texte, die nach PETERS einem

---

31 Insgesamt wird hier sehr deutlich, daß die Abwertung der Frauenmystik im Vergleich etwa zur spekulativen Mystik in engem Zusammenhang mit der Abwertung als weiblich geltender Eigenschaften, also dem sozialen Geschlecht der Frau, zu sehen ist.

32 DEMPFF 1962:262, BERNHART 1930:254.

33 Daß sich hingegen die Jungsche Archetypenlehre bei der Interpretation von Hildegards Visionen durchaus gewinnbringend einsetzen läßt, zeigt TEUBNER 1980. Hildegards Visionen finden auch aus medizinischer Sicht Aufmerksamkeit: SACKS diagnostiziert als Ursache ihrer Visionen eine Migräne (1990:222).

34 SC 127,139,143,255,331.

35 CCCM 43-43A.

36 CCCM 91.

37 CCCM 126. Diese Ausgabe konnte leider für die vorliegende Untersuchung nicht mehr berücksichtigt werden.

»Paradigmenwechsel in der Einschätzung« (1988:3) gleichkommt. Es handelt sich dabei um interdisziplinäre Forschungsbemühungen, deren Ziel es ist, aus literaturwissenschaftlicher, historischer oder theologischer Perspektive den Platz dieser Texte im Traditionszusammenhang des Mittelalters zu beschreiben, ihre Produktions- und Rezeptionsbedingungen näher zu bestimmen und die Eigengesetzlichkeit dieser Literatur zur Geltung zu bringen.[38] Insbesondere findet die Frauenmystik auch ein neues Interesse als Literatur von Frauen[39], als Zeugnis weiblicher Kreativität, als weibliche Tradition in einer männlich geprägten Kirchen- und Theologiegeschichte.

Einen wichtigen Beitrag leisten hier die Arbeiten von Elisabeth GÖSSMANN und Caroline Walker BYNUM[40], die sich aus einer jeweils verschiedenen Perspektive der Frauenmystik annähern. GÖSSMANN bezieht sich auf ein Konzept der feministischen Literaturwissenschaft, den double-voiced discourse, den zweistimmigen Diskurs. Sie spürt Gegentraditionen von Frauen des Mittelalters und der frühen Neuzeit neben der herrschenden Schultheologie auf, also die zweite Stimme der Frauen, mit der sie die Haupttraditionen in Frage stellen oder ergänzen und vielfach ein anderes Gottes- und Menschenbild entwerfen.[41]

BYNUM legt den Schwerpunkt ihrer Untersuchungen zur Spiritualität des 12. und 13. Jahrhunderts auf die Wechselbeziehung zwischen Bildern, Symbolen, religiösen Praktiken einerseits und der sozialen Realität derer, die sie benutzen andererseits. Auch sie zeichnet eine weibliche Tradition in der Verwendung bestimmter Themen, wie der Verehrung der Menschheit Christi oder der Eucharistie, nach. Sie postuliert allgemein:

> »It is no longer possible to study religious practice or religious symbols without taking gender – that is the cultural experience of being male or female – in account« (1986:1f).

Die Betrachtung der Frauenmystik aus feministischer Perspektive erlaubt, neue Fragen an die Texte heranzutragen: Artikulieren sich hier frauenspezifische Glaubenserfahrungen? Kann man von einer frauenspezifischen Art, Sprache und Traditionen der sie umgebenden Kultur zu verarbeiten, sprechen? Modifizieren Frauen etwa das negative Frauenbild der mittelalterlichen Kultur und Theologie, oder gibt es Eigenheiten im Gebrauch literarischer Topoi? Zentral ist in diesem Zusammenhang die Frage nach dem weiblichen Selbstverständnis in der Frauenmystik, also im weitesten Sinn nach einer Eigenreflexion schreibender Frauen im Mittelalter. Denn die Einbeziehung der Kategorie »Geschlecht« als Analysekriterium macht in besonderer Weise deutlich, daß die frauenmystische Tradition in einem komplexen

---

38 Von besonderer Bedeutung ist in diesem Zusammenhang RINGLER 1980 und die religionssoziologisch orientierte Hagiographieforschung (WEINSTEIN/BELL 1983, GOODICH 1982).

39 ARNOLD 1988, DRONKE 1984, WILSON 1984, BRINKER-GABLER 1988.

40 Vgl. auch DINZELBACHERs Kritik an BYNUM und GÖSSMANN (1988c:43f und 1988b:295, Anm.178) und die Erwiderung GÖSSMANNs (1991:133, Anm.24).

41 Vgl. zu diesem Ansatz GÖSSMANN 1993:498.

Spannungsverhältnis zu der sie umgebenden männlichen Gesellschaft steht. Es besteht ein Widerspruch zwischen der geschlechtsspezifischen Rollenzuweisung und der Zuschreibung weiblicher Eigenschaften innerhalb der mittelalterlichen Gesellschaft einerseits und dem Auftreten und der schriftstellerischen Tätigkeit der Visionärinnen andererseits. Es lassen sich unterschiedliche Versuche feststellen, diese zeitgenössischen Normen zu überschreiten oder sich an sie anzupassen.

Allerdings ist die Untersuchung dieses Aspekts mit gravierenden methodischen Problemen verbunden.

Methodische Probleme

Die frauenmystischen Texte, die dieser Untersuchung zugrundeliegen, stammen aus dem 12. und 13. Jahrhundert, dem Hochmittelalter. Einen Zugang zum *medium aevum* zu finden, den tausend Jahren zwischen dem Untergang der antiken Kultur und dem Beginn der Neuzeit, erscheint oftmals schwierig.

Das Mittelalter gilt als »finstere« Zeit, erscheint lediglich als Übergangsphase, ist für uns heute weiter entfernt und fremder als die klassische Welt der Antike. Auch die Menschen des Mittelalters wirken fremd und erstarrt, seltsam unwirklich »... like the stiff decorative figures in the illuminated manuscripts and stained glass-windows rather than our own flesh-and-blood forebears« (GIES 1978:4).

Ihre Raum- und Zeiterfahrung ist nicht die unsere, ihr Welt ist nach anderen Gesichtspunkten geordnet, ihr Leben an anderen Werten orientiert, sie haben ein anderes Bewußtsein.

Dementsprechend erschließen sich die Texte, die aus dieser Kultur überliefert sind, die Literatur des Mittelalters, einem/r heutigen BetrachterIn nicht unmittelbar. Es ist, als sprächen sie eine andere Sprache, mit deren Zeichen und Regeln wir nicht vertraut sind. Was für einen Menschen des 12. oder 13. Jahrhunderts mit allen Bedeutungsnuancen ohne weiteres verständlich war, müssen wir erst lernen zu entschlüsseln. In einen Dialog mit den Menschen des Mittelalters einzutreten, heißt daher in erster Linie, ihnen aufmerksam zuzuhören, um einen Blick auf die mittelalterliche Wirklichkeit zu werfen.

Dabei kann es sich als problematisch erweisen, an Texte aus dem Mittelalter Einschätzungen und Fragestellungen heranzutragen, die einem heutigen Problembewußtsein entspringen. Die Gefahr ist groß, die mittelalterliche Wirklichkeit mit Maßstäben zu messen, die ihr nicht gerecht werden[42], statt, wie GURJEWITSCH es formuliert,

> »... an sie mit den ihr adaequaten Kriterien heranzugehen, sie immanent zu studieren, ihre eigenen innere Struktur zu erschließen, und uns davor (zu) hüten, ihr unsere modernen Auffassungen und Einschätzungen aufzuzwingen« (1980:9).

---

42 Beispiele dafür lassen sich in der Literatur unschwer finden. Wenn etwa SCHIRMER die Frauenmystik als »feministische Theologie des Mittelalters« (1984:96) bezeichnet, so ist zweifelhaft, ob diese Einschätzung wirklich das Anliegen mittelalterlicher Frauenmystik wiedergibt.

Auch bei der Untersuchung von Selbstkonzept und Selbstverständnis mittelalterlicher Mystikerinnen ist mit einer Differenz zwischen weiblichem Selbst-Bewußtsein in der Gegenwart und der Selbstauffassung mittelalterlicher Frauen zu rechnen.

»Einer verkürzten Aktualisierung und einer auf die Gegenwart zulaufenden finalen Darstellungsperspektive« (BRINKER-GABLER 1988:33) läßt sich daher nur entgehen, wenn auch der historische Kontext in die Betrachtung einbezogen wird. Das heißt zum einen, das Augenmerk auf das soziale Umfeld der jeweiligen Autorin zu richten und nach den Bedingungen der Entstehung und Rezeption frauenmystischer Texte zu fragen. Wie sieht die ökonomische und soziale Situation von Frauenklöstern dieser Zeit aus? Welche Bildungsmöglichkeiten haben Frauen zu dieser Zeit? Entscheidend sind dabei auch Kenntnisse etwa der Theologie oder Kunst dieser Zeit.[43] Gleichzeitig ist aber auch das Verhältnis dieses Umfelds zu der umfassenden gesellschaftlichen Entwicklung zu bestimmen.

Zum anderen ist bei einer Untersuchung dieser Texte ihre spezifische Struktur und Sprache zu beachten und ihre Literarizität zu berücksichtigen. Die Wirklichkeit wird hier nicht unmittelbar, sondern gebrochen vermittelt.[44] Auch wenn sie sich den Anschein geben, lediglich die religiöse Erfahrung Hildegards von Bingen, Elisabeths von Schönau oder Gertruds von Helfta wiederzugeben, handelt es sich doch bei ihnen um literarische Fiktion. Sie sprechen eine Sprache, die den literarischen Konventionen ihrer Zeit unterworfen, theologischen Traditionen verpflichtet, durch gattungsspezifische Merkmale bestimmt ist. Insbesondere ist in diesem Zusammenhang der Gebrauch literarischer Topoi, wie etwa des Topos des Schreibbefehls, zu berücksichtigen. Die Eigenart des jeweiligen Selbstkonzepts wird darin deutlich, welche Traditionen ausgewählt und wie diese Traditionen umgesetzt werden.

Es gilt daher zu unterscheiden zwischen der Autorin als historischer Person und der Autorin als konstruierter Person, zwischen Hildegard von Bingen, wie sie uns historisch faßbar ist, und Hildegard, wie sie uns in ihrer Reflexion ihrer eigenen Rolle als Autorin und Theologin entgegentritt.[45] Was STEVENS in bezug auf die Selbstrepräsentation des männlichen Künstlers sagt, gilt auch hier: »He plays a role much of the time but he is also himself, since he is poet or actor or painter and subject as once« (1978:194f).

Das heißt, daß Aussagen, die die Autorinnen über ihren Bildungsstand, über die Umstände der Entstehung der Texte, ihre Intention bei der Aufzeichnung machen, unter diesem Aspekt zu bewerten sind und nicht ungebrochen als autobiographi-

---

43 Wie leicht es ohne dies zu Mißverständnissen kommen kann, zeigt SCHIRMER, wenn sie die Himmelfahrt Marias als ausgesprochen frauenbezogenes Thema sieht (1984:102).

44 »... jeder Quellentyp hat eine spezifische Sprache, und keiner eröffnet eine direkte Auffassung der Wirklichkeit, sondern nur eine vermittelte fragmentarische« (SCHMITT-PANTEL 1989:207).

45 MEIER beklagt zu Recht, daß ein großer Teil der Forschung zu Hildegard von Bingens Werk dies bisher zu wenig beachtete (1988b:78).

sche Äußerungen verstanden bzw. mißverstanden werden dürfen. Die Selbstaussagen sind immer im Gesamtentwurf des jeweiligen Werkes zu sehen und vor diesem Hintergrund zu verstehen und zu interpretieren. Dabei ist es unumgänglich, die Geschlechterdifferenz zu berücksichtigen und, wie WIETHAUS schreibt, davon auszugehen,

> »... daß der Sprache der Mystikerinnen, selbst wenn sie scheinbar gleiche Wörter benutzt oder Zusammenhänge beschreibt, die auch bei einem zeitgenössischen Autor zu finden sind, dennoch andere Erfahrungen zugrunde liegen« (1987:100).

Ein weiterer Gesichtspunkt, der bei Untersuchung von Selbstkonzept und Selbstdarstellung einzubeziehen ist, ist auch die Tatsache, daß an der Entstehung vieler frauenmystischer Texte oft nicht nur eine Autorin im engeren Sinn, sondern weitere Personen beteiligt sind. Dies gilt insbesondere für die Nonnenviten des 14. Jahrhunderts, die LANGER als »offene, von einem Autorenkollektiv[46] zusammengestellte Sammlungen« (1987:52) bezeichnet, bedingt aber auch für das Werk der Gertrud von Helfta, das zum Teil von Mitschwestern aufgezeichnet bzw. überarbeitet wurde.

Zusammenfassend läßt sich festhalten, daß die genannten Aspekte, die es bei einer Annäherung an die Frauenmystik und bei der Frage nach dem Selbstverständnis der Mystikerinnen zu berücksichtigen gilt, es zwar unmöglich machen, die Selbstaussagen biographistisch auszuwerten. Im Mittelpunkt kann nicht die Rekonstruktion von Leben, Persönlichkeit und individueller Befindlichkeit einzelner Frauen stehen. Dennoch sind die Selbstaussagen auch existentiell zu verstehen, ist das Rollen-Ich – auch wenn es nicht von der Autorin allein entworfen ist – auch wirklich, insofern es »ein Produkt geschichtlich wirksamer Kräfte« (RINGLER 1985:194) ist und in Wechselbeziehung zur historischen Wirklichkeit steht. RINGLER stellt zu Recht fest:

> »... wirklich ist nicht nur das historische Substrat, das der literarischen Darstellung selbst zugrundeliegt; wirklich ist oft in einem weit höheren Maß die literarische Darstellung selbst, und zwar auch in ihren fiktiven Teilen ...« (1985:194).

So verstanden, können Hildegard von Bingen, Elisabeth von Schönau und Gertrud von Helfta stellvertretend stehen für andere Frauen, deren Schriften nicht überliefert sind.

---

46 LANGER macht leider nicht deutlich, daß es sich um schreibende Frauen, also um ein Autorinnenkollektiv handelt.

Leben und Werk

Im Mittelpunkt dieser Arbeit stehen drei visionär begabte Frauen aus dem 12. bzw. 13. Jahrhundert: Hildegard von Bingen, Elisabeth von Schönau und Gertrud von Helfta.[47] Wer waren diese drei Frauen, deren Selbstkonzept es im folgenden zu untersuchen gilt? Welche Stellung nehmen ihre Schriften innerhalb der Entwicklung der Frauenmystik ein?

Hildegard von Bingen wird 1098 in Bermersheim bei Alzey als das zehnte und letzte Kind des Edelfreien Hildebert von Bermersheim und seiner Frau Mechthild geboren.[48] Schon früh bestimmen sie ihre Eltern für das religiöse Leben und vertrauen sie mit acht Jahren der Reklusin Jutta von Spanheim zur Erziehung an, die in einer dem dortigen Benediktinerkloster angeschlossenen Frauenklause auf dem Disibodenberg bei Bingen lebt. Nach Juttas Tod wird Hildegard 1136 zur *magistra* des inzwischen entstandenen Frauenkonvents gewählt. 1148 bemüht sie sich um die Loslösung des Nonnenkonvents vom Männerkloster, aber erst nach langwierigen Auseinandersetzungen kommt es zur Gründung eines unabhängigen Frauenklosters auf dem Rupertsberg, dessen Äbtissin Hildegard wird. 1165 folgt eine weitere Klostergründung in Eibingen bei Rüdesheim. Die letzten Lebensjahre Hildegards werden von einer Kontroverse mit den Mainzer Bischöfen überschattet, die erst kurz vor ihrem Tod beigelegt wird. Hildegard stirbt am 17.9.1179 im Alter von 81 Jahren.[49]

Üblicherweise[50] gilt Hildegard als erste Vertreterin der Frauenmystik, obwohl sie in gewissem Sinn eine Einzelgestalt und ihr monumentales Werk in vielem dem ihrer Nachfolgerinnen nicht vergleichbar ist.[51] Augenfällig wird die Ausnahmestellung Hildegards schon allein dadurch, daß sie immer wieder betont, ihr visionäres Erleben sei nicht ekstatisch.[52] Das komplexe System ihrer Visionen und ihre theologisch-philosophische Thematik gibt darüber hinaus Anlaß, Hildegard mit Zeitgenossen wie Rupert von Deutz, Hugo von St.Victor und Gerhoch von Reichersberg in den Rahmen des sogenannten Geschichtssymbolismus zu stellen.[53] DEMPFF sieht in Hildegards Werk sogar die Vollendung dieser theologischen

---

47 Diese Begrenzung auf drei Mystikerinnen erweist sich insofern als sinnvoll, als sie einerseits Raum läßt für eine detaillierte Textanalyse, andererseits aber auch den Blick auf eine mögliche Traditionsbildung unter Frauen erlaubt.

48 Wir sind über ihr Leben durch Briefe und eine Vita (PL 197, 91C-130C), die kurz nach ihrem Tod verfaßt wurde und auch autobiographisches Material enthält, relativ gut unterrichtet.

49 Obwohl der im 13. Jahrhundert eingeleitete Prozeß ihrer Heiligsprechung nicht zum Abschluß kam, wird Hildegard von Bingen dennoch heute als Heilige verehrt.

50 COGNET 1980:16, DINZELBACHER 1985:17, LAGORIO 1984:163, GRABMANN 1926:479.

51 BERNHART kommt denn auch zu dem Schluß, daß Hildegard im engeren Sinn nicht als Mystikerin zu bezeichnen ist (1930:259). Vgl. RUH 1982:13.

52 So etwa in der Vorrede zu *Scivias* (CCCM 43, S.4); DINZELBACHER sieht in ihr die einzige nicht ekstatische Visionärin des Mittelalters (1981:88).

53 DEMPFF 1962:261.

Strömung, denn »... sie ist eigenständiger und schöpferischer als ihre männlichen Zeitgenossen« (1962:262). Bestimmend ist für Hildegards Visionen das prophetische Element, mit Recht beschreibt KRAFT sie als »... the quintessential incarnation of the ›Spirit of Prophecy‹ in twelfth-century Europe ...« (1984:109). Sie tritt als Werkzeug Gottes auf, als Prophetin, die das göttliche Wort auch über die Klostermauern hinaus verkündet.

Hildegards Werk ist ausgesprochen umfangreich und vielseitig.[54] Es umfaßt nicht nur die Trilogie ihrer Visionsschriften – *Scivias, Liber vitae meritorum, Liber divinorum operum*[55] –, in denen sie die ihr zuteil gewordenen Offenbarungen aufzeichnet, sondern sie beschäftigt sich auch mit Naturwissenschaft und Medizin ihrer Zeit, schreibt Hymnen, komponiert Lieder und Sequenzen und führt einen ausgedehnten Briefwechsel, von dem große Teile[56] erhalten sind.

Für die vorliegenden Untersuchungen wurden primär die Visionsschriften Hildegards herangezogen, insbesondere die Vorreden und Epiloge, wobei sich hier zeigen wird, wie sehr Hildegards Selbstkonzept mit ihrem theologischen System verwoben ist. Berücksichtigt wurden aber auch in Auswahl ihre Briefe, die autobiographischen Passagen ihrer *Vita* und *Causae et Curae*[57], eine ihrer naturwissenschaftlichen Schriften.

Elisabeth von Schönau wird 1129 als Tochter eines rheinischen Adelsgeschlechts geboren.[58] Mit zwölf Jahren übergeben sie ihre Eltern dem Nonnenkonvent des Benediktinerdoppelklosters[59] in Schönau. Hier wächst Elisabeth heran und legt mit 18 Jahren ihre Profeß ab. Ab 1152 wird ihre visionäre Begabung deutlich.

1155 tritt ihr Bruder Ekbert als Mönch in Schönau ein, ein wichtiger Einschnitt in Elisabeths Leben, denn er wird von nun an einen erheblichen Einfluß auf ihre Visionen bzw. ihre Aufzeichnung und Verbreitung haben.

1157 wird Elisabeth von den Schönauer Nonnen zur *magistra* gewählt. Ihre schwache körperliche Konstitution, die ständigen Krankheiten im Gefolge ihrer

---

54 Es handelt sich hierbei im einzelnen um: Visionsschriften: *Scivias, Liber vitae meritorum, Liber divinorum operum*; naturkundlich-medizinische Werke: *Liber subtilitatum diversarum naturarum creaturarum (Liber simplicis medicinae = Physica, Liber compositae medicinae = Causae et curae); Ordo virtutum, Expositio Evangeliorum, Lingua ignota und Litterae ignotae, Explanatio Regulae S.Benedicti, Explanatio Symboli S.Athanasii, Vita S.Ruperti, Vita S.Disibodi, Solutiones Trigintaocto quaestionum, Epistolae.*

55 Im Genter Codex heißt diese Schrift *De operatione Dei*. Im folgenden werden die Visionsschriften Hildegards in den Anmerkungen als *Sci, LVM* und *LDO* abgekürzt.

56 Es sind mehr als 300 Briefe erhalten (FÜHRKÖTTER 1965:9).

57 Im folgenden in den Anmerkungen als *CC* abgekürzt.

58 In Elisabeths Visionen tauchen mitunter auch Verwandte auf. So sieht sie z.B. im *Liber visionum* ihren Onkel Helid (II,XIX,49). Genauer zu Elisabeths Verwandten vgl. KÖSTER 1965:18ff.

59 Es handelt sich hier nicht, wie SCHIRMER irrtümlich annnimmt, um ein Dominikaner-(Doppel)-Kloster (1984:102).

22

Ekstasen und ihre asketischen Neigungen lassen sie nicht alt werden. Sie stirbt im Alter von 35 oder 36 Jahren nach einer langen Krankheit.[60]

Elisabeth von Schönau lehnt sich in vielem an ihre ältere Zeitgenossin Hildegard an, Teile ihres Werks sind deutlich von ihr beeinflußt, wobei Elisabeth allerdings Hildegards Komplexität der Gedanken nicht erreicht.[61] Auch hier überwiegen noch die prophetischen Züge, finden sich Offenbarungen, die mahnend auf die Situation der Kirche Bezug nehmen. Allerdings zeigen sich bei Elisabeth auch schon Zeichen eines Umbruchs. An vielen Punkten deuten sich in ihrem Werk thematisch Züge an, die für die Frauenmystik der folgenden Jahrhunderte charakteristisch sein werden, so finden sich bei ihr erste Anzeichen von Marienfrömmigkeit. Immer bleibt hier jedoch – so wie bei Hildegard von Bingen – noch die Distanz zum Jenseitigen bestimmend. Insgesamt sieht DINZELBACHER deshalb auch in ihr »die zentrale Gestalt des Umbruchs innerhalb der Geschichte der mittelalterlichen Visionen« (1986c:478).[62]

Unter Elisabeths Namen sind mehrere Visionszyklen überliefert, deren Entstehungszeit sich teilweise überschnitten haben dürfte: *Liber* I-III *visionum*[63] – die Aufzeichnung Elisabeths erster Visionen und Erscheinungen –, der *Liber viarum Dei* und zwei kleinere Visionszyklen, deren Thema die visionäre Ausgestaltung der Ursula-Legende bzw. die Himmelfahrt Marias war. Weiter sind uns heute mehr als 20 Briefe Elisabeths bekannt, darunter auch ein Briefwechsel mit Hildegard von Bingen.

Den Untersuchungen dieser Arbeit liegen in erster Linie die drei Bücher des *Liber visionum* zugrunde, den man als »spirituelle Autobiographie« (DINZELBACHER 1986:468) Elisabeths bezeichnen könnte. Hier schildert sie ihre *conversio* und ihre ersten Offenbarungen.[64]

Gertrud von Helfta steht in größerer zeitlicher Distanz zu Hildegard und Elisabeth. Sie wird am 6.1.1256 geboren.[65] Über den Ort ihrer Geburt, den Stand ihrer Eltern und ihre Familie ist uns nichts bekannt. Fest steht lediglich, daß sie im Alter von fünf Jahren, wohl als Waise, ins Kloster Helfta kommt (1261).

Sie wird von der Schwester der Äbtissin, Mechthild von Hackeborn, erzogen und besucht die Klosterschule. In den folgenden Jahren fügt sie sich in den Rah-

---

60   Über das genaue Todesjahr bestehen Unklarheiten: entweder 1164 oder 1165. DINZELBACHER nimmt 1164 an (1986c:466). Elisabeth steht seit 1584 im Martyrologium Romanum (18.6.), ohne jedoch kanonisiert worden zu sein.

61   In der Wertschätzung des Mittelalters liegt Elisabeth deutlich vor Hildegard, es sind mehr als 150 Handschriften ihrer Werke erhalten (KÖSTER 1951 und 1952); ganz anders die Einschätzungen heute, vgl. KÖSTER 1965:18, HILPISCH 1965:55, LÜERS 1923:35.

62   Ähnlich KÖSTER 1965:23.

63   Im folgenden in den Anmerkungen als *Lib vis* abgekürzt.

64   Weiter werden auch Briefe Elisabeths und Ekberts berücksichtigt.

65   Außer den Informationen, die in Gertruds Werk selbst enthalten sind – vor allem in Buch I des *Legatus*, das zusammmengestellt wurde, um die Heiligkeit Gertruds zu bezeugen – sind wir nicht über ihr Leben unterrichtet.

men des Klosters ein, ohne ein Amt zu bekleiden. 25jährig empfängt sie ihre erste Vision (27.1.1281), beginnt jedoch erst nach mehreren Jahren auf göttliche Weisung mit der Aufzeichung des ihr Offenbarten, die später von ihren Mitschwestern fortgeführt wird. In den letzten Jahren ihres Lebens leidet sie zunehmend an schweren Krankheiten. Sie stirbt schließlich am 17.11.1301 oder 1302.[66]

Gertruds Werk gilt als Höhepunkt frauenmystischer Literatur.[67] Deutlich ist hier im Vergleich zu Hildegard und Elisabeth eine zunehmende Verinnerlichung der Mystik, im Vordergrund steht thematisch die persönliche Gottesbeziehung, das Verhältnis der liebenden Seele zum göttlichen Bräutigam. Neben Elementen der Brautmystik sind für Gertruds mystische Lehre die Herz-Jesu-Verehrung, der ekstatische Nachvollzug der Leiden Christi, aber auch ihre Marienfrömmigkeit charakteristisch.

Auch Gertrud hinterläßt ein umfangreiches Werk[68], von dem uns heute lediglich zwei Schriften[69] erhalten sind: die *Exercitia spiritualia* und Gertruds[70] Hauptwerk: der *Legatus divinae pietatis*[71], der im Rahmen dieser Arbeit primär berücksichtigt wird. Ähnlich wie beim *Liber visionum* Elisabeths handelt es sich hier um eine spirituelle Autobiographie, in der die »Geschichte ihrer eigenen mystischen Erfahrungen« (KÖPF 1984:539) zum Teil von Gertrud selbst (Buch II), zum Teil von Mitschwestern (Buch I,III-V) aufgezeichnet wurde.

Überblickt man die Entwicklung der Frauenmystik insgesamt, läßt sich feststellen, daß Hildegard von Bingen, Elisabeth von Schönau und Gertrud von Helfta in ihre Anfangszeit gehören. Rein äußerlich wird dies dadurch deutlich, daß sie – im Gegensatz zur überwiegend volkssprachlichen Mystik des 13. und 14. Jahrhunderts – noch in lateinischer Sprache schreiben. Gemeinsam ist den im Mittelpunkt dieser Untersuchung stehenden Texten – Hildegards Visionstrilogie, Elisabeths *Liber visionum*, Gertruds *Legatus* –, daß es sich bei ihnen um Visionsbücher[72] handelt. Trotz aller Gemeinsamkeiten liegt aber ihren Werken eine sehr unterschiedliche

---

66 Ebenso wie Hildegard und Elisabeth wurde Gertrud nie offiziell heiliggesprochen, wird aber dennoch heute als Heilige verehrt.

67 Während des Mittelalters war ihr Werk nicht sehr weit verbreitet, wie die geringe Zahl von Handschriften zeigt. Zur Rezeption von Gertruds Werk vgl. KÖPF 1984:539f, JARON LEWIS 1986b.

68 Oft wird auch der der *Liber specialis gratiae* der Mechthild von Hackeborn im weiteren Sinn zu den Werken Gertruds gerechnet (KÖPF 1984:539, SCHMIDT 1988:89). PETERS kommt dagegen zu dem Schluß:»Daß deshalb eine der Schreiberinnen des Mechthild-Buches die Heilige Gertrud gewesen sein muß, scheint mir weniger gesichert und zwingend zu sein« (1988:126).

69 Im *Legatus* werden weitere kleine Schriften erwähnt (I,IV; SC 139,S.142).

70 PREGER widerlegt die ältere Forschungsmeinung, der *Legatus* sei ein Werk der Gertrud von Hackeborn bzw. es gehe um ihr visionäres Leben (1962:72ff); die Verwechslung der beiden Gertruden findet sich aber auch heute noch, so bei SCHIRMER 1984:76 und BENZ 1969:470.

71 Im folgenden in den Anmerkungen als *Leg* abgekürzt.

72 Zur Gattung der Visionsliteratur vgl. DINZELBACHER 1981.

24

Konzeption von Mystik zugrunde, die jeweils eine ganz spezifische Ausprägung erfährt. So steht der prophetischen Botschaft Hildegards von Bingen und Elisabeths von Schönau der verinnerlichte Christozentrismus der Gertrud von Helfta gegenüber.

Eine zentrale Fragestellung wird sein, inwieweit diese Unterschiede auch in der Darstellung des Selbstkonzepts ihre Entsprechung finden. Lassen sich durch eine vergleichende Untersuchung hier Entwicklungen aufzeigen, die sich innerhalb von hundert Jahren vollzogen haben?

Der Historische Kontext

»... die Frauenklöster des Zisterzienserordens vermehrten sich, und ihre Zahl wuchs ins Unermeßliche, wie die der Sterne am Himmel, als sie der Herr segnete und sprach: ›Wachst und vermehrt euch und erfüllt den Himmel.‹ Es wurden Konvente gegründet, es wurden Klöster gebaut, es füllten sich die Klöster, es strömten Jungfrauen zusammen, es eilten Witwen herbei, und verheiratete Frauen wandelten mit Einwilligung ihrer Ehemänner die fleischliche Ehe in eine geistliche um.«

Jacob von Vitry, 13. Jahrhundert[1]

Das Hochmittelalter als Zeit des Aufbruchs

Hildegard von Bingen, Elisabeth von Schönau und Gertrud von Helfta leben im 12. bzw. 13. Jahrhundert, ihr Werk steht am Anfang der Entwicklung einer frauenmystischen Tradition, die sich in der Folgezeit, insbesondere im 14. Jahrhundert, in einer Vielzahl von Texten manifestiert. Auffällig ist dabei, daß die literarische Produktivität und Kreativität von Frauen sich in einer Zeit entfaltet, die von einer umfassenden Neustrukturierung der Gesellschaft bestimmt ist. Daß dieser gesellschaftliche Umbruch auch Frauen betrifft und ihnen neue Möglichkeiten eröffnet, läßt in besonderer Weise die religiöse Frauenbewegung erkennen.

Der literarische Aufbruch der Frauen korrespondiert also mit dem gesellschaftlichen, ja wird sogar durch diesen erst möglich. OPITZ bemerkt dazu:

> »Nicht in erster Linie *was* sie schrieben, ist also in unserem Zusammenhang bemerkenswert, sondern *daß* sie sich zu einem bestimmten Zeitpunkt Zugang zum Medium der Schriftkultur verschaffen konnten, der unter veränderten Bedingungen, am Ende des Mittelalters, zunehmend wieder eingeschränkt wurde« (1988:140).

---

1   *Historia Occidentalis*, S.117.

Um die literarische Tätigkeit von Frauen angemessen einordnen zu können, erscheint es also unumgänglich, die wesentlichen sozialgeschichtlichen Aspekte dieser komplexen Entwicklung der west- und mitteleuropäischen Geschichte zu umreißen.

Sozialgeschichtliche Aspekte

Das Mittelalter umfaßt etwa die Jahre von 500 bis 1500 n.Chr. – eine Epoche, an deren Anfang der Zerfall der römischen Antike, an deren Ende die Herausbildung der späteren Nationalstaaten steht. Innerhalb dieses Jahrtausends kommt dem 12. und 13. Jahrhundert, dem Hochmittelalter[2], eine besondere Bedeutung zu: es ist eine Epoche voller Dynamik, die sich zusammenfassend als Zeit des Wachstums oder Aufbruchs[3] beschreiben läßt.

> »Offensichtlich war Europa während dieser gesamten Epoche eine dynamische Gesellschaft. Im Inneren wuchsen Organisationen und Bevölkerung, nach außen wuchsen territoriale Aggression und Aktivität im Handel« (SOUTHERN 1976:29).

Die innere und äußere Dynamik des Hochmittelalters wird in allen Bereichen – sei es nun politisch, wirtschaftlich, gesellschaftlich oder kulturell – deutlich.[4]

Wirtschaftliche Aspekte: Ein wichtiger Faktor der Entwicklung ist der tiefgreifende ökonomische Wandel, der, im späten 11. Jahrhundert einsetzend, erst im 14. Jahrhundert sein Ende findet. Am augenfälligsten dokumentiert das Anwachsen der Bevölkerung, die sich im 12. und 13. Jahrhundert verdoppelt bis verdreifacht, diesen Wandel.

Dabei scheint dieses Phänomen in Zusammenhang mit der Agrarrevolution des 12. und 13. Jahrhunderts zu stehen, die zum einen zur Ausweitung der Anbauflächen, zum anderen zur Entwicklung einer wirksameren Agrartechnik führt. Insgesamt hat dies eine Steigerung der Erträge und damit eine Entspannung der Versorgungslage und Verbesserung der Lebensbedingungen vieler Menschen in dieser Zeit zur Folge.

Gleichzeitig führt das Bevölkerungswachstum auch zur Verdichtung nichtagrarischer Siedlungszentren, die Zahl der vorhandenen Städte vervielfacht sich entweder durch Neugründung oder Erweiterung bestehender Stadtkerne.

Hand in Hand mit der Entwicklung des Städtewesens geht die Neubelebung des Handels und der Übergang von der Natural- zur Geldwirtschaft. Die wachsende

---

2   Eine eingehende Diskussion der Periodisierung des Mittelalters kann hier nicht erfolgen. Vgl. SOUTHERN 1976.

3   HAVERKAMP nennt sein Buch über Deutschland von 1056 – 1273 bezeichnenderweise »Aufbruch und Gestaltung« (1984a). Vgl. BOSL »Europa im Aufbruch« (1980) und THUM »Aufbruch und Verweigerung« (1980).

4   Dieser Dynamik korrespondiert gleichzeitig aber auch ein Endzeitgefühl. Vgl. FUMAGALLI 1988:13ff.

Differenzierung der Arbeit – so gewinnen etwa Kaufleute und Handwerker an Bedeutung –, die neuen größeren Märkte machen engere Beziehungen wirtschaftlicher Art auch über größere Entfernungen hinweg notwendig.

Expansion des lateinischen Westeuropa: Bevölkerungswachstum, wirtschaftliche und kulturelle Blüte des christlichen Westeuropa werden durch die äußeren Bedingungen begünstigt, denn die Unruhewellen der großen Wanderbewegungen sind verebbt, eine äußere Bedrohung besteht nicht mehr. Statt dessen expandiert seit dem Ende des 11. Jahrhunderts der christliche Westen. Die immer weiter anwachsende Bevölkerung drängt nach außen: Weder das bebaute Land noch die Städte bieten ausreichende Arbeits- und Lebensmöglichkeiten. Schwerpunkte dieser Expansion sind zum einen – in der Ostkolonisation – die slawischen Gebiete östlich von Saale und Elbe, zum anderen, wie die Kreuzzüge und die sog. Reconquista zeigen, der Mittelmeerraum.

Soziale Folgen: Mit der Expansion der hochmittelalterlichen Gesellschaft nach außen, einer horizontalen Mobilität, korrespondiert eine soziale Beweglichkeit, eine vertikale Mobilität, die sich in den Aufstiegsmöglichkeiten neuer sozialer Schichten zeigt. Am deutlichsten wird dies beim Blick auf die Stellung der Ministerialen, die nun als Dienstadel neben den Geburtsadel treten. Von großer Bedeutung für eine soziale Umstrukturierung und Ausdifferenzierung des Gesellschaftssystems ist auch die zunehmende Urbanisierung, insofern sich hier die städtische Führungsschicht des Patriziats herausbildet. Gleichzeitig entwickelt sich hier auch die Vorstellung von einer – wenn auch begrenzten – städtischen Freiheit.

Insgesamt bleibt jedoch auch die hochmittelalterliche Gesellschaft weitgehend agrarisch geprägt. IRSIGLER stellt fest: »Bis zur Mitte des 14. Jahrhunderts waren 90 bis 95 Prozent der Bevölkerung im ländlich agrarischen Bereich tätig« (1988:14).

Die religiöse Frauenbewegung

Der gesellschaftliche Umbruch des Hochmittelalters wird in besonderer Weise in der sich verändernden Situation der Frauen im 12. und 13. Jahrhundert deutlich.[5]

THUM konstatiert für diese Jahrhunderte »eine Krise der Virilität, eine Krise männlichen Weltgestaltungswillens« (1980:293), der ein gesellschaftlicher Aufbruch der Frauen entspricht.

> »Der beschleunigte sozial-kulturelle Wandel hatte in das institutionelle, organisatorische und geistige Gefüge der alten aristokratischen Gesellschaft Lücken gerissen, in die nun unzufriedene Randseiter der Gesellschaft, auch Frauen einströmten und eigene Ordnungsstrukturen bildeten« (THUM 1980:293).

---

5   Zur veränderten Stellung der Frau in den Städten vgl. ENNEN 1980 und 1984.

Seinen prägnantesten Ausdruck findet dieser Aufbruch darin, daß Frauen in großer Zahl den religiösen Reformbewegungen dieser Zeit zuströmen. Schon am Ende des 11. Jahrhunderts schließen sich viele Frauen den umherziehenden Wanderpredigern an, suchen im 12. und 13. Jahrhundert bei den neu entstehenden Orden um Aufnahme nach oder sind an der Bildung religiöser Gemeinschaften beteiligt, die nicht in kirchliche Strukturen eingebunden sind bzw. teilweise sogar als häretisch abgelehnt werden.

Üblicherweise wird dieses Phänomen unter der Bezeichnung »religiöse Frauenbewegung« zusammengefaßt[6] – ein Begriff, der von GRUNDMANN[7] geprägt wurde. Er kritisierte die Einseitigkeit der ordensgeschichtlichen Forschung und betonte als erster die Eigenständigkeit dieser Bewegung:

> »Die ordensgeschichtliche Forschung war jedoch so sehr darauf bedacht, die Initiative der einzelnen Ordensstifter auch für die Entstehung dieser Frauenorden ausschlaggebend sein zu lassen, daß sie die selbständige, spontane religiöse Bewegung unter den Frauen vor allem in Deutschland ganz übersah« (1961:11).

Obwohl in der Forschung allgemein üblich, ist die Verwendung dieses Begriffes nicht unproblematisch. Nicht nur birgt er die Gefahr einer Verallgemeinerung in sich[8] – vielfältige Strömungen und Tendenzen werden hier unter einen Begriff subsummiert –, sondern er legt auch in verhängnisvoller Weise eine Analogie zu den Frauenbewegungen des 19. und 20. Jahrhunderts nahe. Die Eigengesetzlichkeit, das Spezifische dieser mittelalterlichen Frauenbewegung droht bei einer solchen Betrachtungsweise aus dem Blick zu geraten. Dementsprechend betont DINZELBACHER: »... weder in Hinsicht auf die Zielsetzungen noch auf die Organisationsformen gibt es Kontinuitäten zu denen der heutigen Frauenbewegung(en)« (1988c:1, Anm.1).[9]
Ähnlich schreibt auch DEGLER-SPENGLER,

> »... daß bei dem Begriff ›Religiöse Frauenbewegung‹ die Betonung auf ›religiös‹ zu legen ist und nicht auf ›Frau‹... Nicht zuletzt scheint mir dieser im Deutschen nicht ganz glücklich gewählte Terminus falsche Assoziationen zu wecken« (1984:86).

Gleichermaßen scheint aber auch eine einseitige Betonung des religiösen Aspektes, die die religiöse Frauenbewegung lediglich als Frömmigkeitsbewegung versteht, problematisch. THUM kritisiert diese Tendenz, die sich seiner Meinung nach schon bei GRUNDMANN angedeutet habe[10], und postuliert statt dessen eine Darstellung der Frauenbewegung, die sie als Teil des wirtschaftlichen, sozialen und

---

6   Ich sehe den Beginn dieser Bewegung mit DEGLER-SPENGLER (1984:75) am Ende des 11. bzw. Anfang des 12. Jahrhunderts. Vgl. auch THUM 1980:293 und DINZELBACHER 1988c:24.

7   GRUNDMANNs Werk über die religiösen Bewegungen im Mittelalter (1961) ist auch heute noch von grundlegender Bedeutung.

8   Darauf weist auch WEINMANN (1990:3, Anm.1) hin.

9   Vgl. auch 1988:37ff.

10 Auch ENNEN spricht von einer »weiblichen Frömmigkeitsbewegung« (1984:112f).

kulturellen Umbruchs der hochmittelalterlichen Gesellschaft insgesamt begreift, also als eine sozialreligiöse Bewegung.[11]

WEINMANN folgt THUMs Kritik und kommt in ihrer Bewertung des Begriffes der religiösen Frauenbewegung zusammenfassend zu dem Schluß:

>Dieser Begriff ist untauglich; er läßt nicht die Möglichkeit offen, die Motive für den Protest und die radikalen Freiheitsbestrebungen von diesen Frauen aus den verschiedenen Unterdrückungsverhältnissen der mittelalterlichen Gesellschaft abzuleiten« (1990:7).

Letztlich macht die Diskussion um den Begriff der religiösen Frauenbewegung – über eine bloße Problematisierung der Begrifflichkeit hinaus – die Unterschiede in der Einschätzung der religiösen Frauenbewegung insgesamt deutlich. Handelt es sich hier wirklich lediglich um eine Frömmigkeitsbewegung, wie immer wieder betont wird? Oder ist der Aufbruch der Frauen als Emanzipationsbewegung zu verstehen, als Ausbruch aus der männlich dominierten mittelalterlichen Gesellschaft? Um dies zu klären, ist es notwendig, die Entwicklung der religiösen Frauenbewegung genauer zu betrachten und nach den Gründen zu fragen, die die Frauen im 11., 12. und 13. Jahrhundert bewogen, sich für ein Leben in einer religiösen Frauengemeinschaft zu entscheiden.

Die monastische Lebensform im 12. und 13. Jahrhundert

Die Stellung der Frau in den Reformbewegungen des 11. Jahrhunderts

Schon seit der Anfangszeit der christlichen Kirche sind Frauen an der Entwicklung der verschiedenen Formen asketischen Lebens beteiligt. So spielen sie etwa für das im Frühmittelalter sich entwickelnde Institut des Doppelklosters eine wichtige Rolle. In der großen Zeit der Klostergründungen allerdings, in der Zeit vom frühen 10. bis zum Ende des 11. Jahrhunderts, ändert sich dies: Die Zahl der Frauenklöster ist, gemessen an der der Männerklöster, vergleichsweise gering. Dabei spiegelt diese Entwicklung die Tatsache wider, daß sich in dieser Zeit die Bewertung der Frau allgemein verändert.[12]

Bezeichnend ist in diesem Zusammenhang auch die Stellung der Frau in den beiden Reformbewegungen, die für das 11. Jahrhundert bestimmend sind – zum einen die Gregorianische Reform, zum andern die monastische Reformbewegung, die sich mit dem Namen Cluny verbindet.

---

11   1980:297.
12   DINZELBACHER spricht von einer verstärkten Welle der Misogynie (1981:228). Wie SCHULENBURG gezeigt hat, manifestiert sich die veränderte Stellung der Frau auch in der Kanonisierung weiblicher Heiliger: Im 11. Jahrhundert werden 23 Männer und 3 Frauen, im 12. Jahrhundert 28 Männer und eine Frau heiliggesprochen (1978:126).

30

Die von der Gregorianischen Reform intendierte Trennung von Kirche und Welt, von Klerus und Laien hat auch Auswirkungen auf das weibliche Leben, insofern Frauen etwa von der Einführung des Priesterzölibats unmittelbar betroffen sind. Während im 10. Jahrhundert die Klerikerehe eine weitverbreitete Erscheinung ist[13], wird der Klerus nun vom Leben der Laien, ganz konkret vom Familienleben und dem Leben mit Frauen, entfernt. Dabei ist die Ablehnung der Ehe gleichbedeutend mit einer erzwungenen Ablehnung der eigenen Sexualität und – in einem weiteren Schritt – der Frau als einer potentiellen Verführerin des zölibatär lebenden Mannes.

Auch die Abschaffung der Laieninvestitur trifft Frauen, die etwa als Grundherrinnen durchaus ihren Einfluß bei der Besetzung kirchlicher Ämter hatten geltend machen können.[14]

Darüber hinaus kommt es zunehmend zu einer Opposition gegen die Institution der Doppelklöster, wobei insbesondere die vorherrschende Stellung der Frau in ihnen heftig angegriffen wird.[15]

Ebenso ist für das benediktinische Reformmönchtum cluniazenzischer Prägung der Anschluß von Frauenkonventen von untergeordneter Bedeutung, wie schon die Gründung des ersten Frauenklosters cluniazensischer Observanz – Marcigny (1056) – deutlich macht. Hier geht es nicht um die religiösen Bedürfnisse von Frauen, Aufgabe dieses Klosters ist es, weibliche Angehörige solcher Männer zu versorgen, die Mönche in Cluny geworden sind. Nach dem Vorbild Marcignys werden in den folgenden Jahren zwar noch weitere Frauenklöster[16] gegründet, die Cluny unterstellt sind, ihre Größe und Bedeutung läßt sich jedoch nicht mit der der Männerklöster vergleichen.

Die religiöse Frauenbewegung des 12. und 13. Jahrhunderts

Demgegenüber stellt sich die Situation im 12. Jahrhundert ganz anders dar, LECLERQ bezeichnet diese Zeit zu Recht als »a high point for feminine monasticism« (1983:116).[17] Diese Entwicklung setzt sich im 13. Jahrhundert fort. ENNEN nimmt für Deutschland einen Anstieg der Zahl der Frauenklöster an

»... von etwa 70 um das Jahr 900 auf 150 gegen 1100, auf rund 500 um 1250, so daß man damals schon mit 25000 – 30000 Nonnen und Kanonissen rechnen konnte« (1984:113).

---

13 »Statistics are of course not available, but it is generally agreed that most rural priests were married, and that many urban clergy and bishops had wives and children« (BARSTOW 1982:37).

14 SCHULENBURG 1978:126.

15 HERHILY 1971:9, SHAHAR 1988:45.

16 FRANK geht davon aus, daß 17-18 Frauenkonvente Cluny unterstanden (1981:132).

17 Vgl. auch PARISSE 1988:94.

Im folgenden soll die Vielfalt der religiösen Gemeinschaften, die sich zum Teil erst entwickeln, zum Teil aber auch weiterbestehen, in einem Überblick dargestellt werden. Da es schwierig ist, die komplexe Entwicklung dieser beiden Jahrhunderte zusammenfassend nachzuzeichnen, müssen dabei zwangsläufig etwaige regionale Unterschiede unberücksichtigt bleiben. Außerdem möchte ich mich in meiner Darstellung auf die monastische Lebensform als diejenige beschränken, in deren Kontext sich auch die Entstehung der Visionsschriften Hildegards, Elisabeths und Gertruds vollzieht.[18]

Auch im 12. Jahrhundert stehen die Formen religiösen Lebens, die schon seit dem Frühmittelalter für Frauen möglich sind – das Reklusenwesen und das Benediktinerinnenkloster –, weiterhin offen.

Reklusinnen[19]: Wie ROSOF gezeigt hat, erlebt das Reklusenwesen im 12. und 13. Jahrhundert einen Aufschwung. In der Mehrzahl sind es Frauen, die den Weg in die Inklusion finden[20], die nicht davor zurückschrecken, sich lebenslang in einer winzigen Zelle einschließen zu lassen. Mit einem kirchlichen Zeremoniell, das Elemente der Totenmesse enthält, werden diese Frauen eingemauert. Dieses Ritual enthielt.[21] Oftmals befinden sich die Zellen der Reklusinnen in unmittelbarer Nachbarschaft zu einem Männerkloster, das für ihre seelsorgerliche Betreuung zuständig ist. So liegt die Zelle Juttas von Spanheim, der die achtjährige Hildegard von Bingen von ihren Eltern zur Erziehung anvertraut wird, beim Benediktinerkloster Disibodenberg.

Allerdings spiegeln sich auch hier die gesellschaftlichen Veränderungen des Hochmittelalters wider. So orientiert sich das Institut des Reklusentums zunehmend städtisch und steht nun auch Frauen offen, die nicht adliger Herkunft sind.

Benediktinerinnen: Obwohl durch die Entstehung neuer Orden wie der Prämonstratenser und Zisterzienser das Monopol des benediktinischen Mönchtums in Frage gestellt wird, bestehen auch im 12. Jahrhundert zahlreiche Frauenklöster der Benediktiner weiter. Auch hier kommt es zu Neugründungen, wie etwa Hildegards Klostergründungen auf dem Rupertsberg und in Eibingen zeigen.[22] Insbesondere

---

18 Damit müssen sowohl Kanonissen als auch Beginen im Rahmen dieser Arbeit unberücksichtigt bleiben. Vgl. zu den Beginen aber GRUNDMANN 1961 und WEINMANN 1990, zu den Kanonissen ENNEN 1988.

19 Zu den Reklusinnen vgl. auch DOERR 1934.

20 ROSOF 1987:124 und SIGNORI 1990:25. SIGNORI weist darauf hin, daß die Inklusion zwar einerseits den radikalen Rückzug aus der Welt bedeutet, andererseits jedoch Möglichkeiten sozialen Handelns und gesellschaftlicher Einflußnahme bietet und sieht darin den Hauptgrund für das wachsende Interesse von Frauen an dieser Form religiösen Lebens (1990:25ff).

21 MULDER-BAKKER 1991:427.

22 Vgl. dazu HILPISCH 1951:27f. BLESSING nennt für die Zeit vom Ende des 11. Jahrhunderts bis zum Ende des 12. Jahrhunderts in Württemberg 22 Gründungen von Benediktinerinnenklöstern (ohne Cluniazenzerinnen) (1982:242ff).

das Institut des Doppelklosters ist so sehr verbreitet, daß es zu Beginn des 12. Jahrhunderts kaum ein größeres Benediktinerkloster gibt, dem nicht ein Nonnenkonvent angegliedert wäre.[23]

Dabei hat der Nonnenkonvent aber eine geringere Bedeutung – er steht zwar unter Leitung einer Äbtissin, der *magistra*[24], das Kloster insgesamt ist jedoch jurisdiktionell dem Abt des Männerklosters unterstellt. Ein Beispiel für diese Art der Klosterorganisation ist Schönau. Das Nebeneinander von Männer- und Frauenkonvent und die Leitungsfunktion des Abtes – zur Zeit Elisabeths handelt es sich um Abt Hildelin, später um ihren Bruder Ekbert – spiegelt sich auch in Elisabeths Visionsschriften wider.

Sehr oft sind Reklusinnen, die sich einem Männerkloster angeschlossen haben, Ausgangspunkt für die Entstehung einer religiösen Frauengemeinschaft. So entwickelt sich etwa auf dem Disibodenberg aus der Klause Juttas von Spanheim ein Frauenkonvent, dessen *magistra* Hildegard nach Juttas Tod wird.

Die Frauenklöster des Benediktinerordens müssen allerdings insofern von der religiösen Frauenbewegung unterschieden werden, als es sich bei diesen Konventen in erster Linie um adlige Eigenklöster handelt.[25]

Entscheidend ist für diese Jahrhunderte die Beteiligung der Frauen an der religiösen Laien- und Armutsbewegung. Orientiert am Ideal einer *vita apostolica*, wird die freiwillige Armut in der Nachfolge Christi postuliert, eine Forderung, die im Gegensatz zur Prachtentfaltung des cluniazensischen Mönchtums und dem Selbstverständnis einer Kirche steht, die in die weltlichen Machtstrukturen, die Feudalordnung, eingebunden ist.

Diese Armutsbewegung führt dazu, daß sich vielfältige Formen religiöser Organisation entwickeln. Seit dem Ende des 11. Jahrhunderts durchziehen Wanderprediger das Land und sammeln Gefolgschaften um sich. Im 12. und 13. Jahrhundert kommt es verstärkt zur Gründung neuer Orden. Daneben bilden sich auch Gruppierungen wie die Katharer und Waldenser, die keine kirchliche Akzeptanz finden und als häretisch gelten.

Dabei lassen sich, was die Entwicklung der neuentstehenden Orden betrifft, zwei Tendenzen unterscheiden: entweder haben die Frauen von Anfang an eine wichtige Funktion innerhalb der Organisation des Ordens, oder die Frauenkonvente finden erst allmählich – oft erst nach längerer Zeit und erbittertem Widerstand – Aufnahme in die Orden.

---

23 KETSCH 1984:269.
24 Die Äbtissin eines Doppelklosters heißt in der Regel nicht *abbatissa*. Vgl. im Kapitel »Klosterleben« den Abschnitt über die Äbtissin.
25 DINZELBACHER 1988c:32.

Fontevrault: Die Kongregation von Fontevrault[26] – »die erste Institutionalisierung der Armutsbewegung« (WEINMANN 1990:59) – ist zweifellos diejenige, in der die Frauen am stärksten berücksichtigt werden.[27] Robert von Arbrissel, ihr Gründer, ist zunächst mit großem Erfolg mehrere Jahre als Wanderprediger tätig, wobei sich ihm auch viele Frauen anschließen. In seiner *Vita* heißt es:

> »Es strömten viele Menschen jeder Herkunft herbei, es kamen arme und adlige Frauen zusammen, Witwen und Jungfrauen, alte und junge, Prostituierte und solche, die Männer ablehnen.«[28]

1101/2 gründet er – zum Teil wohl auch auf kirchlichen Druck – das Doppelkloster Fontevrault, mit dem Ziel, die umherziehende Schar seiner Anhängerinnen, die Anstoß erregt hatte, unterzubringen.

In diesem Kloster leben Männer und Frauen räumlich streng von einander getrennt. Darüber hinaus wird eine Arbeitsteilung zwischen den Geschlechtern festgelegt, die für die Frauen ein Leben in Abgeschiedenheit und Schweigen vorschreibt.[29]

Von Konzeption und Organisation des Klosters her stehen die Frauen im Mittelpunkt. Deutlich wird dies dadurch, daß zum einen die Zahl der in Fontevrault lebenden Frauen die der Männer beträchtlich übersteigt, und daß zum anderen Fontevrault unter der Leitung einer Äbtissin steht.

> »... it was the women who, in their lives of contemplation, were the focus of the community. The men were there to serve the nuns, both spiritually and materially. Robert's choice of a woman to be the superior of the community, and the complete charge of both men and women given to the abbess by the Rule, confirm the predominant importance of the female element at Fontevrault« (GOLD 1985:101).

Da Fontevrault großen Zulauf findet, kommt es schon bald zur Gründung von Tochterklöstern, die sich zunächst im regionalen Umkreis befinden. Später breitet sich der Orden von Fontevrault sogar bis nach Spanien und England aus, so daß er Ende des 12. Jahrhunderts mehr als 100 Priorate umfaßt.[30] Nach Roberts Tod kommt es allerdings zu tiefgreifenden Veränderungen in Organisation und Konzeption, da die Dominanz des Weiblichen umstritten ist.[31]

---

26 Ausführlicher zu Fontevrault vgl. DALARUN 1987, GOLD 1985, GRUNDMANN 1961, WEINMANN 1990.

27 Nicht näher eingehen will ich hier auf die Klostergründung Abaelards für Heloise (um 1129), die keinen Bestand hatte, oder die Ordensgründung Gilberts von Sempringham, die auf England beschränkt blieb. Vgl. auch die Ordensregel Birgittas von Schweden.

28 »*Multi confluebant homines cujuslibet conditionis; conveniebant mulieres, pauperes et nobiles, viduae et virgines, senes et adolescentes, meretrices et masculorum aspernatrices*« (*Vita Roperti*; PL 162,1053B).

29 *Vita Roperti*; PL 162,1052B.

30 BIENVENU 1989:627.

31 GRUNDMANN sieht das Vorherrschen des weiblichen Elements als Hauptgrund für den Niedergang der Kongregation von Fontevrault an. »Denn ohne den Anschluß an aufstrebenden Männerorden haben Frauenklöster nirgends eine große und stätige Entwicklung gehabt« (1961:47).

Prämonstratenserinnen[32]: In der Anfangszeit werden die Frauen, die in großer Zahl in die Klöster der Prämonstratenser drängen, selbstverständlich in die Organisation des Ordens miteinbezogen. Schon Zeitgenossen wie Herman von Tournai heben Norbert von Xantens Verdienste um die Frauenseelsorge hervor.[33] Man kann davon ausgehen, daß schon in Prémontré, das 1120 von Norbert von Xanten gegründet wird, Frauen leben, und daß bis etwa 1140 das Nebeneinander von Frauen- und Männerkonvent, also das Institut des Doppelklosters – allerdings im Unterschied zu Fontevrault jeweils unter Leitung eines Abtes[34]- bei den Prämonstratensern weit verbreitet ist. Insgesamt übertrifft die Zahl der Frauenklöster die der Männerklöster bei weitem.[35]

Schon bald deutet sich jedoch eine gegenläufige Tendenz in der Ordenspolitik an. Im Gegensatz zur Anfangszeit scheinen die Frauenkonvente nun zur Belastung für den männlichen Ordenszweig zu werden. 1137 wird der Beschluß gefaßt, die Frauenkonvente räumlich von den Männerklöstern zu trennen.[36] Diesem Prozeß der Dislozierung und Umorganisation kommt, wie DEGLER-SPENGLER feststellt, eine Auslesefunktion zu.

> »Viele prämonstratensische Frauenkonvente überstanden die Prozedur der Dislozierung und Umorganisation nicht. Sie verkrafteten sie vermutlich nur, wenn ihnen genügend adlige Frauen angehörten, die ihre Güter zur Verfügung stellten« (1984:80).

Diese Entwicklung findet ihren Schlußpunkt in der Entscheidung des Generalkapitels, überhaupt keine Frauenkonvente mehr aufzunehmen, die 1198 von Innozenz III. bestätigt wird.

Zisterzienserinnen: Auch dem Zisterzienserorden strömen die Frauen zu. Obwohl Beschlüsse des Generalkapitels, die die Frauenfrage betreffen, erst vom Beginn des 13. Jahrhundert überliefert sind, gibt es schon in der Anfangszeit des Ordens Frauenkonvente, die die zisterziensischen Konstitutionen übernehmen, ohne jedoch offiziell in den Orden inkorporiert zu sein.[37] Auch scheinen schon früh

---

32 DEGLER-SPENGLER beklagt mit Recht, daß »eine Darstellung der Prämonstratenserinnen bisher noch fehlt« (1985:39).

33 »*Si ergo nihil aliud domnus Norbertus fecisset, sed omissa conversatione tot feminas servitio divino sua exhortatione attraxisset, nonne maxima laude dignus fuisset?*« (*Miracula S.Mariae Laudunensis* II,7, zit. nach GRUNDMANN 1961:48, Anm.79).

34 Das macht deutlich, daß sich, was die Stellung der Frau betrifft, unter der Bezeichnung »Doppelkloster« sehr verschiedene Organisationsformen klösterlichen Lebens verbergen können.

35 Vgl. HORSTKÖTTER 1984:263ff.

36 Die Entflechtung der Doppelklöster vollzog sich nicht überall problemlos (FELTEN 1984:100).

37 In der Forschung wird die Haltung der Zisterzienser in dieser Anfangszeit unterschiedlich beurteilt, verbreitet ist das Urteil:»The early Cistercians were remarkable for their hostility to the feminine sex« (THOMPSON 1978:227). Ähnlich KUHN-REHFUS 1980:125, anders DEGLER-SPENGLER 1982:507ff.

nicht wenige Zisterziensermönche und -äbte eine rege Aktivität entfaltet zu haben, die die Einrichtung und Gründung von Frauenklöstern zum Ziel hat. So wird etwa Tart, das erste Zisterzienserinnenkloster, 1120 von Stephan Harding, Abt von Cîteaux, gegründet.[38] Anders als bei den Prämonstratensern gibt es jedoch weder in dieser Frühphase noch im 13. Jahrhundert Doppelklöster, von Anfang an wird auf eine räumliche Distanz zwischen Frauen- und Männerklöstern Wert gelegt.

Das 13. Jahrhundert sollte sich als die Blütezeit der Zisterzienserinnen erweisen, die Zahl der Frauenzisterzen vervielfacht sich in dieser Zeit vor allem in Deutschland und in den Niederlanden in erstaunlicher Weise[39] und übertrifft die der Männerzisterzen bei weitem.[40]

Jedoch zeichnet sich hier angesichts der großen Zahl von Frauenkonventen, die um die Inkorporation nachsuchen[41], ähnlich wie bei den Prämonstratensern eine ablehnende Haltung des Generalkapitels ab. Ab 1213 wird die Einhaltung der strengen Klausur als Voraussetzung für eine Inkorporation verlangt. Damit ist für weniger begüterte Gemeinschaften die Inkorporation praktisch ausgeschlossen, denn nur wirtschaftlich abgesicherte Konvente sind in der Lage, ein streng kontemplatives Leben zu führen. Seit 1220 weigert sich der Orden, schon bestehende Frauenklöster zu inkorporieren. 1228 schließlich faßt das Generalkapitel den Beschluß, auch keine Frauenkonvente mehr neu zu gründen.

Allerdings übernehmen in der Folgezeit zahlreiche Frauenklöster weiterhin die Zisterzienserkonstitutionen, ohne inkorporiert zu sein, d.h., ohne daß der Zisterzienserorden zu ihrer seelsorgerlichen Betreuung oder Visitation verpflichtet wäre. »Ihre Zahl, obwohl bisher exakt noch nicht feststellbar, überstieg die der inkorporierten Frauenzisterzen um ein Mehrfaches« (KUHN-REHFUS 1980:126).

Zu diesen Klöstern ist auch Helfta zu rechnen, das, obwohl offiziell nicht dem Zisterzienserorden angehörend, dennoch mit Abweichungen die Zisterzienserregel übernimmt, seelsorgerlich aber von den Dominikanern betreut wird.[42]

Zudem kommt es vereinzelt auch weiterhin zur Inkorporation von Frauenklöstern, zumal die Kurie ein großes Interesse daran hat, die religiöse Frauenbewegung zu institutionalisieren, und deshalb immer wieder interveniert. Erst 1251 sichert Innozenz IV. dem Orden zu, daß eine Inkorporation auch durch Intervention des Papstes nicht mehr möglich sein soll.

---

38   Zu Tart und der Filiation von Tart vgl. DEGLER-SPENGLER 1982:510ff.

39   GRUNDMANN sieht als eine Ursache für den verstärkten Andrang die Weigerung des Prämonstratenserordens, weiter Frauenklöster zu betreuen (1961:49f). Anders DEGLER-SPENGLER 1984:81, Anm.7.

40   Den 15 Frauenzisterzen, die in Deutschland im 12. Jahrhundert entstanden, stehen nach DEGLER-SPENGLER um 1250 bereits 220 gegenüber (1982:521). Vgl. KUHN-REHFUS 1980:125.

41   Es handelt sich dabei nicht nur um neugegründete Klöster, sondern z.B. auch um schon bestehende Benediktinerinnenklöster.

42   KÖPF 1984:538.

Ähnlich verläuft die Entwicklung bei den im 13. Jahrhundert entstandenen Bettelorden.[43]

Dominikanerinnen: Dominikus selbst gründet lediglich drei Frauengemeinschaften: 1206 im Rahmen seiner Missionstätigkeit in Prouille, in Madrid (1218) und in Rom (1219).[44] In den Jahren nach seinem Tod 1221 leistet der Orden zunehmend Widerstand gegen die Angliederung weiterer Frauenklöster, die schließlich 1228 vom Generalkapitel verboten wird.

Bezeichnenderweise wird dieses Verbot im selben Jahr ausgesprochen, in dem auch das Generalkapitel der Zisterzienser beschließt, in Zukunft nicht mehr die Betreuung von Frauenklöstern zu übernehmen. Es liegt nahe, hier einen Zusammenhang zu vermuten, wie PRIEUR es tut.[45]

>Die Predigermönche befürchteten offenbar, daß dieser Beschluß der Zisterzienser dazu führen könnte, daß noch mehr Nonnen als bisher in ihren Orden drängten. Dem wollten sie wohl durch ihr Verbot vorbeugen« (1983:80f).

Trotzdem entstehen in den folgenden Jahrzehnten besonders in der deutschen Ordensprovinz zahlreiche Frauengemeinschaften, die zwar größtenteils dem Orden nicht inkorporiert sind, aber nach seinen Konstitutionen leben und auch von den Predigerbrüdern betreut und gefördert werden.[46] Im übrigen macht auch hier – wie bei den Zisterziensern und den Franziskanern – die Kurie ihr Interesse an einer Einbindung der religiösen Frauenbewegung in Ordensstrukturen geltend: immer wieder werden durch päpstliche Verfügungen dem Orden weitere Konvente angegliedert.

Klarissen: Aufgeworfen wird das Problem der Zugehörigkeit von Frauen zum Franziskanerorden durch die Bekehrung Claras von Sciffi im Jahr 1212. Die in den folgenden Jahren entstehende Frauengemeinschaft Claras in St. Damian bleibt aber zunächst das einzige den Franziskanern angeschlossene Frauenkloster, ansonsten ist die Haltung des Franziskanerordens Frauen gegenüber ablehnend.

Als 1219 Kardinal Hugolin versucht, den Minoriten die Betreuung mehrerer Frauengemeinschaften in Italien zu übertragen, weigert sich der Orden.

---

43 Vgl. GRUNDMANN 1961, DEGLER-SPENGLER 1985.

44 Die Gründung einer weiteren Gemeinschaft in Bologna war geplant, wurde aber wohl durch den Tod des Dominikus 1221 verzögert. GRUNDMANN nimmt an, Dominikus selbst habe in seinen letzten Lebensjahren dem Anschluß von Frauen zunehmend ablehnender gegenüber gestanden (1961:214).

45 Darauf, daß die Konkurrenz der Orden untereinander die Ordenspolitik in der Frage der *cura monalium* entscheidend mitbestimmte, weist auch DEGLER-SPENGLER hin (1985:49 und 1984:86). Anders GRUNDMANN, der annimmt, daß die Bettelorden die Zisterzienser in der Betreuung der Frauengemeinschaften ablösten (1961:208). Vgl. auch FREED 1972:312.

46 Ein dominikanisches Klosterverzeichnis von 1277 nennt 58 Frauenklöster, davon allein 40 in der deutschen Ordensprovinz (GRUNDMANN 1961:312).

1221 legt die *regula non bullata* fest, daß kein Bruder das Gehorsamsgelübde einer Frau entgegennehmen darf.

Erst 1227 werden dem Franziskanerorden durch päpstliche Intervention 22 Frauenkonvente unterstellt, die den Ausgangspunkt für die weitere Entwicklung der Klarissen bilden. Auf diesem Weg kommt es auch in der Folgezeit immer wieder zu Inkorporationen. Auffällig ist, daß die Wirksamkeit der Franziskaner sowohl hinsichtlich der Gründung als auch der seelsorgerlichen Betreuung von Frauenkonventen, der *cura monalium*, im wesentlichen auf Italien beschränkt bleibt.[47]

Zusammenfassend betrachtet wird deutlich, daß bei allen Orden die Einbindung der religiösen Frauenbewegung in die Ordensstrukturen nicht problemlos verläuft. Entweder übernehmen sie die seelsorgerliche Betreuung von Frauenkonventen nur zögerlich, oder die *cura monalium* gilt zwar in einer Anfangsphase als wichtige Aufgabe, später aber versuchen die Orden den Zustrom von Frauen durch generelle Ablehnung der Inkorporation weiterer Frauenkonvente zu verhindern. Ausschlaggebend für die Ordenspolitik ist dabei die Tatsache, daß die Frauenklöster für den männlichen Ordenszweig einerseits eine erhebliche wirtschaftliche Belastung darstellen. Andererseits fehlen den Orden – insbesondere, wenn durch zunehmenden Andrang die Zahl der Frauenkonvente die der Männerklöster übertrifft – bald die nötigen Voraussetzungen, um die Frauenkonvente ausreichend seelsorgerlich betreuen zu können.

Insofern ist die Einführung der Klausur als Bedingung für die Inkorporation als Versuch zu verstehen, aus der großen Zahl der Klöster, die um die Angliederung an den Orden nachsuchen, die geeignetsten auszuwählen. Nur wirtschaftlich abgesicherte Konvente sind in der Lage, ein streng kontemplatives Leben zu führen. Ähnlich hat auch die Dislozierung der Frauenkonvente bei den Prämonstratensern eine Auslesefunktion.

Verschärft wird die Problematik durch die Konkurrenz der Orden untereinander und die Einflußnahme der Kurie, die die Institutionalisierung der religiösen Frauenbewegung zu fördern versucht.

Motive für den Klostereintritt: Die Motive zu bestimmen, die Frauen im 12. und 13. Jahrhundert veranlassen, sich für ein Leben in einer der zahlreichen religiösen Gemeinschaften zu entscheiden, ist schwierig, denn die Erfahrung der Frauen ist uns nicht ohne weiteres zugänglich.

Zunächst ist auffällig, wie sehr der gesellschaftliche Aufbruch des Hochmittelalters und die religiöse Armutsbewegung, die die Frauen erfaßt, miteinander verflochten sind. GRUNDMANN weist mit Recht darauf hin:

---

47 1316 gibt es in Deutschland nur 40 Frauenklöster gegenüber 203 Männerklöstern (KETSCH 1984:271). FREED nimmt als Grund dafür an, »... that the German Franciscans lacked the personnel, that is priests to serve as confessors and preachers, to compete at first with either the Dominicans or the Cistercians in southwest Germany« (1972:323).

»Es kann kein Zufall sein, daß die religiöse Armutsbewegung sich am kräftigsten und eigenartigsten in jenen Gebieten entfaltet hat, in denen im 12. Jahrhundert auch der Handel und die Industrie die bedeutendsten Fortschritte gemacht hat: in der Lombardei, in Südfrankreich und in Belgien« (1961:197).[48]

Viele der Frauen, die sich in dieser Zeit für ein religiöses Leben entscheiden, stammen aus den neuen Gesellschaftsschichten, die vor allem mit der Entstehung des Städtewesens an Bedeutung gewinnen, wie etwa das städtischen Patriziat. Dabei handelt es sich nicht um besitzlose Frauen, sondern um solche, die ihr Leben in Reichtum und Macht gegen ein Leben in Armut und Bedürfnislosigkeit eintauschen.[49] BYNUM konstatiert:

> »Thus women who joined the new types of religious life available in the thirteenth century often came from social groups that were rising and can be shown to have felt anxiety about their new wealth and status. Their ideal was not simply poverty but rather renunciation of wealth« (1982:183, Anm.34).[50]

Dies kommt auch in zeitgenössischen Darstellungen der religiösen Frauenbewegung zum Ausdruck. Jacob von Vitry, einer der aufmerksamsten zeitgenössischen Beobachter, der auch als Förderer religiöser Frauengemeinschaften tätig wird, beschreibt die Frauen, die sich den Zisterziensern anschließen, als »adlige und in der Welt mächtige Damen« und als »Jungfrauen edler Abkunft«.[51]

In diesem Zusammenhang wird oft auf das demographische Ungleichgewicht verwiesen, das zu dieser Zeit zwischen Frauen und Männern besteht. Wegen des Priesterzölibats, der Kreuzzüge und der italienischen Feldzüge der Kaiser habe sich ein Frauenüberschuß entwickelt. Die Entscheidung für das Kloster bzw. für ein religiöses Leben sei Ersatz für die Ehe gewesen.[52]

Dies scheint allerdings insofern nicht zuzutreffen, als viele Frauen auf ihrem Weg ins Kloster eine schon bestehende Ehe auflösen oder auf eine ihnen angebo-

---

48 Vgl. FREED 1972:320.
49 Gemeint ist hier die individuelle Armut, die nicht ausschließt, daß die einzelnen Frauenkonvente teilweise über großen Besitz verfügen.
50 BOSLs Versuch, den Zustrom der Frauen zur westfranzösischen Wanderpredigerbewegung u.a. mit der »Erregbarkeit und Leichtgläubigkeit von Frauen in materiellen und geistigen Krisensituationen«(1972:342) zu erklären, überzeugt aufgrund seiner Einseitigkeit nicht und erlaubt wohl eher Rückschlüsse auf das Frauenbild des Autors.
51 »Matrones nobiles et potentes in saeculo, relictis hereditatibus terrenis et immensis possessionibus, preeligebant esse abiecte in conspectu domini quam habitare in tabernaculis peccatorum. Illustris prosapie uirgines oblata matrimonia contempnentes, relictis ingenuis parentibus et blandientis seculi deliciis, proiectis ornamentis et uestibus pretiosis, Christo sponso uirginum iungebantur in paupertate et humilitate« (Historia occidentalis, S.117).
52 So behauptet SCHIRMER:»Der Frauenüberschuß im Mittelalter minderte die Heiratschancen von Frauen, die Ehe als Versorgungsinstitut fiel aus« (1984:77). Ähnlich KAUFMAN 1973:143. Wie ENNEN feststellt, läßt sich jedoch beim heutigen Forschungsstand weder für das gesamte Mittelalter noch für die Städte des Spätmittelalters mit Sicherheit ein Frauenüberschuß belegen (1984:145).

tene verzichten. Sie lehnen die fleischliche Ehe, das *carnale matrimonium*, ab und werden zur Braut Christi.

Einerseits ist diese Verweigerung religiös motiviert. Die Hochschätzung der Jungfräulichkeit als Lebensform hat ihren festen Platz im Denken dieser Zeit, schon in der altchristlichen Ständelehre nimmt die gottgeweihte Jungfrau den Platz vor Witwen und verheirateten Frauen ein. Andererseits bietet das religiöse Leben aber auch die Möglichkeit, vor einer nicht gewünschten Ehe zu fliehen.[53]

> »Ekel über die Erinnerung an oder die Aussicht auf Ehe scheint eine sehr große Rolle dabei gespielt zu haben, Frauen das Leben im Kloster annehmbarer zu gestalten, und dieser Ekel wurde im Laufe des 12. Jahrhunderts keineswegs geringer« (SOUTHERN 1976:301).

Abgelehnt wird hier also die Ehe als Institution. Zu bedenken ist auch, daß die Ehe sich rechtlich als Unterwerfungsverhältnis gestaltet, in dem die Frau unter der Gewalthoheit, der »Munt«, des Mannes steht.[54]

Insgesamt kann man also davon sprechen, daß der religiöse Aufbruch der Frauen auch ein Verweigern der traditionellen Formen weiblicher Existenz, wie der Ehe, beinhaltet. Von Bedeutung ist auch die Tatsache, daß das Leben im Kloster Frauen Möglichkeiten etwa zu literarischer oder künstlerischer Betätigung bietet, die ihnen in der Welt in diesem Ausmaß nicht offenstehen. Das Kloster bzw. das Leben in einer religiösen Frauengemeinschaft scheint also einen Freiraum in einer männerdominierten Gesellschaft darzustellen.

GIES faßt die Motive für einen Klostereintritt folgendermaßen zusammen:

> »For upper-class women, the convent filled several basic needs. It provided an alternative to marriage by receiving girls whose families were unable to find them husbands. It provided an outlet for nonconformists, women who did not wish to marry because they felt a religious vocation, because marriage was repugnant, or because they saw in the convent a mode of life in which they could perform and perhaps distinguish themselves. The nunnery was a refuge of female intellectuals, as the monastery was for male« (1978:64).

Abschließende Bewertung der religiösen Frauenbewegung: Betrachtet man die religiöse Frauenbewegung in ihrer Gesamtheit, so läßt sich als ihr prägnantestes Merkmal ihre Vielfalt festhalten. Schon allein beim Blick auf die monastische Lebensform hat sich gezeigt, daß Frauen in allen Orden des 12. und 13. Jahrhunderts eine wichtige Stellung innehaben. Neben der monastischen Lebensform entwickeln sich jedoch außerhalb der festen Ordensstrukturen weitere Formen religiösen Lebens für Frauen. Zu denken ist dabei an häretische Gruppie-

---

53 Zur Eheschließungspraxis im Hoch- und Spätmittelalter vgl. OPITZ 1988. SCHRÖTER schreibt:»Die Vorstellung, daß ein Vater seiner Tochter einen Mann ›gibt‹, bleibt ... unabhängig von der rituellen Ausgestaltung des Eheschließungsaktes zumindest bis ins 15. und 16. Jh. hinein beherrschend. Wo es zu Konflikten zwischen Vätern und Töchtern kommt, siegen jedenfalls in vornehmen Kreisen gewöhnlich die Väter« (1985:52).

54 Vgl. BOLTON 1976:148.

rungen wie Katharer und Waldenser oder die Beginen. Diese einzelnen Zweige sind nicht untereinander verbunden und entwickeln sich unabhängig voneinander, ohne insgesamt eine spezifische organisatorische Struktur herauszubilden. Der religiöse Aufbruch der Frauen findet überwiegend in einem organisatorischen Rahmen statt, den Männer entwerfen, d.h. etwa in Anlehnung an die Ordensstrukturen. Eine Ausnahme stellen lediglich die Beginen dar, die aber im Lauf der Zeit gezwungen werden, sich durch Annahme der Drittregel stärker an den Bettelorden zu orientieren, und die im übrigen auch auf seelsorgerliche Betreuung durch die Bettelorden angewiesen sind.

Man kann also nicht davon sprechen, daß es Ziel dieser mittelalterlichen Frauenbewegung gewesen sei, die hierarchische Struktur der Geschlechterbeziehungen aufzubrechen. Das erstaunt allerdings auch nicht, denn dies zu erwarten, hieße, die religiöse Frauenbewegung mit fremden Maßstäben zu messen. Der Aufbruch der Frauen erfolgt innerhalb einer Gesellschaftsordnung und eines sozialen Wertesystems, die insgesamt hierarchisch strukturiert und vom *ordo*-Gedanken bestimmt sind. BOSL schreibt:

> »Das mittelalterliche Gesellschaftsdenken kennt keine allgemeine Freiheit, kein freies Spiel der Kräfte, sondern nur die Gleichheit aller vor Gott und die Ungleichheit der diesseitigen funktional-ständischen Ordnung« (1980:315).[55]

Innerhalb dieses gesellschaftlichen Kontextes, dessen Ordnung als von Gott gegeben gilt, nutzt die religiöse Frauenbewegung die sich bietenden Freiräume bzw. schafft neue. Insofern kann man sie auch als eine Emanzipationsbewegung verstehen, die jedoch von den soziokulturellen Gegebenheiten und Strukturen der mittelalterlichen Gesellschaft geprägt ist.

Klosterleben

Im Vorangegangenen wurde der Verlauf der religiösen Frauenbewegung und die Vielfalt der religiösen Gemeinschaften dargestellt, die sich im 12. und 13. Jahrhundert teils neu entwickelten, teils weiterbestanden. Dabei hatte sich als Motiv von Frauen, sich für ein religiöses Leben zu entscheiden, die Ablehnung der Ordnung der Welt, also etwa von Reichtum und Macht, aber auch der Institution Ehe herauskristallisiert. Gleichzeitig war die Frage aufgeworfen worden, inwieweit das Leben im Kloster Frauen Möglichkeiten bot, die ihnen in der Welt verschlossen geblieben wären, und das Leben in einer Frauengemeinschaft als Freiraum in einer männerbestimmten Welt anzusehen ist. Um diese Frage beantworten zu können, ist es notwendig, entscheidende Aspekte des Klosterlebens vor Augen zu führen. Dabei wird auch deutlich werden, inwiefern hier die Bedingungen für die Entstehung frauenmystischer Literatur gegeben sind. Zu berücksichtigen ist vor allem die wirtschaftliche Situation der Frauenkonvente und ihre soziale Zusammenset-

---

55   Zur Ideologie des mittelalterlichen *ordo*-Gedankens vgl. BOSL 1980:314ff und 1972:354ff. Auch Hildegard von Bingen äußert sich zu diesem Thema (*Ep* LIIr; CCCM 91,S.129).

zung. Aus welchen sozialen Schichten stammen die Frauen, die hier ihr Leben verbringen? In welchem Maß erlaubt der Alltag in einem Kloster eine künstlerische oder literarische Tätigkeit? Welche Möglichkeiten haben Nonnen, an der Bildung ihrer Zeit zu partizipieren?

Durch die Entstehung der neuen Ordensgemeinschaften im 12. und 13. Jahrhundert scheint sich auch das Spektrum der möglichen Formen religiösen Lebens verbreitert zu haben – neben die Benediktinerklöster treten die Zisterzienser-, Prämonstratenser-, Franziskaner- und Dominikanerklöster, in denen abhängig von der spezifischen Schwerpunktsetzung des Ordens die Lebensgestaltung erheblich variiert. Allerdings gilt dies in erster Linie für die Männerklöster.

>Men could choose between the rich liturgical life of a cluniac monastery, where most of their time would be spent in choir, and the austere life of the Cistercians in which agricultural work held a place« (ROSOF 1987:127).

Wahlmöglichkeiten in dieser Form bieten sich Frauen nicht. Denn das Leben in Frauenkonventen unterscheidet sich von dem der Männern dahingehend, daß hier – unabhängig von der Ordenszugehörigkeit – das Leben relativ uniform verläuft. Die Regeln und Konstitutionen der verschiedenen Klöster sind sich insofern sehr ähnlich, als Nonnen für ein kontemplatives Leben bestimmt sind, das sich, im Gegensatz zu dem der Männer, überwiegend hinter den Klostermauern vollzieht. Ein großer Teil der Aufgaben, die die Mönche der verschiedenen Orden übernehmen, inbesondere Tätigkeiten, die einen Aufenthalt außerhalb der Klostermauern erforderlich machen, sind Frauen damit verschlossen. Zwar übernehmen Zisterzienserinnen[56] und Prämonstratenserinnen anders als die Benediktinerinnen möglicherweise in der Anfangszeit des Ordens auch körperliche Arbeiten, aber das ändert sich schnell. Ähnlich gilt auch für Klarissen und Dominikanerinnen, daß sie sich anders als die Mönche dieser Orden weder dem Dienst an der Welt in Predigt und Seelsorge widmen, noch Almosen sammelnd umherziehen können. Statt dessen gleicht sich ihr Leben, wie SHAHAR schreibt, mehr und mehr dem der Benediktinerinnen an.

>Im Unterschied zu den Mönchen beider Orden, die überwiegend als Prediger, Lehrer und Missionare wirkten, lebten die Nonnen jener parallelen Ordensgemeinschaften ebenso abgeschieden von der Welt wie die Benediktinerinnen«(1988:44).

Eine wirkliche Alternative stellt lediglich das Leben als Rekluse oder in einer Beginengemeinschaft dar.

Klausur: Schon in der *regula Benedicti* heißt es, ein Kloster solle möglichst so eingerichtet sein, daß sich alles Lebensnotwendige innerhalb der Klostermauern

---

56 Bezeichnenderweise liegen die Frauenzisterzen überwiegend in der Nähe größerer Städte, während die Zisterzienser ansonsten für ihre Klöster abgeschiedenere Gegenden bevorzugen. Vgl. WINTER 1871:6.

befinde,»... so daß die Mönche nicht hinauszugehen brauchen, weil dies für ihre Seelen in keiner Weise zuträglich ist.«[57]

Obwohl diese Vorschrift auch für Männerklöster gilt, das Leben in Klausur[58] also eigentlich gleichermaßen von Mönchen und Nonnen gefordert wird, kommt dies in der Organisation der Klöster nicht zum Ausdruck. Auf die Klausurbestimmungen für Frauenkonvente wird bei allen Orden ein ungleich größeres Gewicht gelegt. SCHULENBURG stellt fest:

> »Although enclosure is required of both monks and nuns, an unequal emphasis has been placed over the years on the ideal of strict, unbroken claustration for women. Thus the obligations resulting from the prescriptions of enclosure are sex specific. Their application varies in severity according to whether nuns or monks are concerned ...« (1984:51f).

Es scheint eine besondere Notwendigkeit zu bestehen, daß gerade Frauen ein Leben in größtmöglicher Abgeschiedenheit und Distanz zur Umwelt führen.

Ebenso wie schon für die erste cluniazensische Gründung für Frauen – Marcigny[59] – wird auch für die Klostergründungen des 12. Jahrhunderts die strenge Klausur als wesentlicher Bestandteil der klösterlichen Organisation festgelegt. So heißt es etwa über Fontevrault, Robert habe die Frauen von den Männern getrennt und sie gleichsam zu einem kontemplativen Leben verurteilt. Den Männern als dem stärkeren Geschlecht habe er die Mühen und Arbeiten des tätigen Lebens anvertraut, den Frauen als dem zarteren und schwächeren Geschlecht jedoch *psalmodia et theoria*, also Psalmengesang und spirituelle Kontemplation.[60]

Ähnlich drastisch schildert Jakob von Vitry die Klausur in der Anfangszeit des Prämonstratenserordens[61]: »Die Nonnen wurden aber innerhalb der Klostermauern so eingeschlossen, daß niemand bei ihnen Zutritt hatte.«[62]

Die Zisterzienser legen 1213 die Klausur in allen Frauenzisterzen als Inkorporationsbedingung fest, eine Bestimmung, die in der Folgezeit immer wieder erneuert wird. 1220 etwa beschließt das Generalkapitel:

> »Die Nonnen unseres Ordens sollen eingeschlossen werden, und die nicht eingeschlossen werden wollen, sollen wissen, daß sie vom Schutz des Ordens ausgeschlossen sind.«[63]

---

57 »... ut non sit necessitas monachis vagandi foris, quia omnino non expedit animabus eorum« (Benediktusregel, Kap.66, S.178).

58 Es läßt sich unterscheiden zwischen der aktiven Klausur, d.h., daß Mönche und Nonnen den Klausurbereich nicht verlassen dürfen, und der passiven Klausur, dem Verbot für klosterfremde Personen, die Klausur zu betreten. Zur Klausur vgl. JOMBART/VILLER 1953.

59 Petrus Venerabilis, *De miraculis* I,22; CCCM 83,S.65.

60 *Vita Roperti*; PL 162,1052B.

61 Zur Klausur bei den Prämonstratensern vgl. GRUNDMANN 1961:49, FELTEN 1984:100.

62 »*Moniales siquidem adeo incluse infra septa monasterii tenebantur, quod ad eas nullus hominum patebat ingressus*« (Historia Occidentalis, S.134).

63 »*Moniales Ordinis nostri includantur et quae includi noluerint a custodia Ordinis se noverint eliminatas*« (Canivez I,S.517; 1220,4).

43

Auch hier gelten für die Frauenzisterzen strengere Vorschriften als für den männlichen Ordenszweig.[64] Nur dem Visitator ist es gestattet, die Klausur zu betreten.[65] Dabei ist nicht nur Männern der Aufenthalt in Frauenklöstern untersagt, sondern auch die Gegenwart verheirateter Frauen wird eingeschränkt.[66] Mit Besuchern dürfen die Nonnen nur durch ein Gitter oder Fenster sprechen.[67]

Ausgenommen von diesen strengen Regelungen sind nur die Äbtissin und die Kellnerin, die beide zur Erledigung ihrer Pflichten und Aufgaben das Kloster in Begleitung von zwei Nonnen verlassen dürfen.[68] Allerdings solle dies möglichst selten, nur aus zwingenden Gründen und möglichst mit Erlaubnis des Vaterabtes geschehen.[69]

Ähnliches gilt für Dominikanerinnen und Klarissen.[70]

Einen konsequenten Abschluß findet diese Entwicklung 1298 mit einer Bulle Bonifatius' VIII., die die Klausur für alle Nonnenklöster zwingend vorschreibt.

Für das Verhältnis von Männer- und Frauenklöstern haben diese Klausurvorschriften durchaus problematische Konsequenzen, weil sie eine Betreuung durch den männlichen Ordenszweig erforderlich machen und damit die Abhängigkeit der Frauenkonvente von den Männernklöstern festschreiben.[71]

Stellung der Frauenklöster im Orden: Frauen- und Männerklöster unterscheiden sich nicht nur hinsichtlich der Klausurvorschriften, sondern auch hinsichtlich ihrer Stellung in der Organisation des Ordens.

Schon für die Doppelklöster der Prämonstratenser und Benediktiner gilt, daß Männer- und Frauenklöster bzw. Abt und Äbtissin hier nicht gleichberechtigt sind, sondern daß die Frauenkonvente jurisdiktionell dem Abt des Männerklosters unterstehen. Auch bei den Zisterziensern sind Abt und Äbtissin nicht gleichgestellt. Das Generalkapitel teilt jeder Frauenzisterze bei ihrer Inkorporation einen Vater- oder Weisungsabt zu, dessen Aufgabe über die lediglich seelsorgerliche Betreuung des Frauenkonvents hinausgeht. So ist der Vaterabt auch für die Vermögensverwaltung

---

64 »Diesem engen Klostergewahrsam scheinen sich übrigens einige Klöster nur schwer gefügt zu haben. 1225 und 1228 ist von solchen die Rede, die immer noch nicht die Bestimmungen beobachten, und es wird den visitierenden Äbten aufgegeben, den Einschluß innerhalb der nächsten drei Jahre durchzuführen« (WINTER 1871:7).

65 Canivez II,S.36; 1225,7.

66 Mitunter scheinen in den Frauenzisterzen auch verheiratete Frauen gelebt zu haben, wie ein Kapitelbeschluß von 1275 zeigt, der eben dies untersagt (Canivez III,S.142; 1275,15). Die Visionsschriften Gertruds von Helfta und Mechthilds von Hackeborn machen deutlich, daß in einem Kloster wie Helfta auch BesucherInnen von außerhalb die Beratung der Visionärinnen in Anspruch nehmen, vgl. insbesondere *Lib. spec. grat.* IV, S.257-316.

67 Canivez II,S.248; 1242,17.

68 Canivez I,S.517; 1220,4.

69 Canivez I,S.502; 1218,84; Canivez I,S.505; 1219,12.

70 Vgl. GRÜBEL 1987:79.

71 DEGLER-SPENGLER 1985:42.

zuständig, er setzt die Höchstmitgliederzahl des Frauenkonvents fest, bestätigt die Äbtissinnenwahl, visitiert das Kloster jährlich und vertritt es bei den Generalkapiteln in Cîteaux.[72] Äbtissinnen, die sich an die Weisungen des Generalkapitels oder des Visitators nicht halten, droht die Absetzung.[73] Sie haben keine mit denen eines Vaterabtes vergleichbaren Rechte – so dürfen sie etwa ihre Tochterklöster nicht visitieren.[74]

In ähnlicher Weise unterstehen die Klöster der Dominikanerinnen und Klarissen ihren Ordensprovinzialen, die ebenfalls die Klöster visitieren und auf den Ordenskapiteln vertreten.

Größe der Klöster: Die Größe der Klöster variiert ganz erheblich. HILPISCH geht für das 12. Jahrhundert davon aus, daß ein Benediktinerinnenkloster mit 60 Nonnen als groß zu gelten habe, die meisten Klöster allerdings kaum halb so groß gewesen seien.[75] KUHN-REHFUS nimmt als durchschnittliche Größe von Frauenzisterzen »zwischen 20 und 30 Nonnen und um 10 Schwestern« an (1980:133).[76] Hildegards Kloster auf dem Rupertsberg, das, wie Wibert von Gembloux schreibt, fünfzig Nonnen Nahrung und Kleidung gewährt[77], oder auch das Kloster Helfta, in dem zu Lebzeiten Gertruds mehr als 100 Nonnen[78] leben, haben also eine für ihre Zeit beachtliche Größe erreicht. Der Schönauer Nonnenkonvent ist dagegen kleiner und wohl auch recht kärglich begütert.[79]

Um angesichts des Andrangs von Frauen eine Überfüllung der Klöster zu verhindern und dafür zu sorgen, daß der Klosterbesitz zum Unterhalt der Nonnen ausreicht, setzt bei den Zisterziensern der Vaterabt jeweils eine Höchstmitgliederzahl fest, die nicht überschritten werden darf: »... Äbtissinnen und Priorinnen, die sich

---

72 Zum Aufgabenbereich des jeweiligen Vaterabtes vgl. KUHN-REHFUS 1980:130, WINTER 1871, DIßELBECK-TEWES 1989:48f.

73 Canivez III,S.250; 1291,5. Nicht immer fügen sich die Nonnenklöster der Autorität des Generalkapitels ohne weiteres. Mehrfach ist in den Kapitelbeschlüssen die Rede von Nonnen, die sich ungehorsam zeigen: »*Item, cum auribus Capituli generalis clamor insonuerit inauditus de monialibus Fontis Sanctae Mariae Ordinis nostri, quae tam abbati proprio quam etiam Ordini inobedientes sunt totaliter et rebelles, quae etiam inquisitores missos ad eas a Capitulo generali cum gladiis et fustibus repulerunt ...*« (Canivez III,S.74; 1269,31).

74 Ausnahmen waren die Äbtissinnen von Tart und Las Huelgas. Zur Filiation von Tart vgl. DEGLER-SPENGLER 1985:49f.

75 HILPISCH 1951:52.

76 Nach SHAHAR liegt die durchschnittliche Größe von Zisterzienserinnen- und Dominikanerinnenklöstern im 14. Jahrhundert in Deutschland und Flandern bei 40 Nonnen, bei den Klarissen geht sie von 50-80 Nonnen aus, bei den englischen Benediktinerinnen von 30 (1988:51). Zu der Zahl der Nonnen in Dominikanerinnenklöstern vgl. auch GRUNDMANN 1961:315f, PRIEUR 1983:212f.

77 *Ep* XXVI, Pitra S.405. Ursprünglich war Hildegard mit 18 Nonnen vom Disibodenberg auf den Rupertsberg umgesiedelt (*Vita* I,9; PL 197,97B).

78 *Leg* V,I; SC 331,S.18. Zum Kloster Helfta vgl. DOYERE 1968:9ff.

79 »*Ipse nosti, quia et domus nostre possessio modica est ...*« (*Lib vis* I,I,3). Zum Kloster Schönau vgl. KÖSTER 1965:20.

45

herausnehmen, die festgesetzte Zahl an Personen zu überschreiten, sollen wissen, daß sie ihres Amtes zu entheben sind.«[80]

Ähnlich wird etwa auch bei den Dominikanerinnen jeweils eine Obergrenze festgesetzt, die nur in Ausnahmefällen keine Gültigkeit hat, etwa wenn besonders reiche und vornehme Frauen in das Kloster eintreten wollen.[81] Insgesamt ist jedoch davon auszugehen, daß tatsächlich viele Konvente überbelegt waren.[82]

Eintritt ins Kloster: Ihre Profeß können Mädchen bereits im Alter von 14 bis 15 Jahren[83] – nach einem einjährigen Noviziat – ablegen, vielfach leben sie jedoch schon vorher – oft von ihrer Kindheit an – im Kloster, werden hier erzogen und ausgebildet. Für die Frauenzisterzen gilt dabei nach einem Generalkapitelbeschluß von 1287, daß die in den Konventen lebenden Mädchen mindestens zehn Jahre alt sein sollen[84], oft sind sie aber erheblich jünger. Gertrud von Helfta kommt im Alter von fünf Jahren nach Helfta, und sie scheint dort kein Einzelfall gewesen zu sein.[85] Für die Dominikanerinnen gilt, daß kein Mädchen, das jünger als elf Jahre ist, in ein Kloster eintreten soll.[86]

Sehr verbreitet ist noch im 12. Jahrhundert die Oblation[87] durch die Eltern, die ihre Kinder für das geistliche Leben bestimmen und sie schon in frühen Jahren – Hildegard von Bingen ist acht Jahre alt – einem Kloster übergeben. Die Entscheidung der Eltern ist allerdings für die Kinder nicht bindend, denn es hat sich zu dieser Zeit die Auffassung durchgesetzt, daß, wie Hildegard selbst betont, für einen Klostereintritt auch die Zustimmung des Kindes notwendig sei.

> »Daher sollen auch jene, die ihre Kinder diesem Leiden in demütigem Wandel unterwerfen wollen, dies nicht in anmaßender Übereilung unklug tun, sondern weise in abwägender Überprüfung, und sie sollen jene nicht ohne Zustimmung ihres Willens zwingen, dies auf sich zu nehmen, was sie auch nicht selbst ertragen können.«[88]

Es ist jedoch davon auszugehen, daß insbesondere dann, wenn Kinder in einer religiösen Gemeinschaft aufwachsen und das Leben jenseits der Klostermauern

---

80 »... abbatissae et priorissae, quae taxatum numerum personarum transgredi praesumpserint, sciant se deponendas« (Canivez II,S.36; 1225,7).

81 LÖHR 1925:162.

82 Vgl. PRIEUR 1983:211f.

83 SHAHAR 1988:54. Anders DIẞELBECK-TEWES, die davon ausgeht, daß ein Mindestalter von 18 Jahren für die Aufnahme in ein Kloster erforderlich war (1989:183).

84 Canivez III,S.239; 1287,10.

85 Mechthild von Hackeborn ist bei ihrem Eintritt ins Kloster Helfta sieben Jahre (*Lib. spec. grat.* I, *caput praevium*, S.5). Vgl. auch *Leg* V,I; SC 331,S.18.

86 PRIEUR 1983:190.

87 Zur Entwicklung des Oblateninstituts bis zur Zeit Hildegards vgl. HERWEGEN 1912.

88 »Unde et illi qui infantes suos eidem passioni in humilitatis conversatione subicere voluerint, hoc non in praesumptione praecipitationis imprudenter faciant, sed sapienter in examinatione discretionis, non cogentes illos absque consensu voluntatis suae hoc adire quod nec ipsi ferre possunt« (Sci II,V,45; CCCM 43,S.213).

nicht kennenlernen, von einer Berufung nach heutigem Verständnis keine Rede sein kann.

Insgesamt deutet sich an, daß bei der Entscheidung für das Leben in einer religiösen Gemeinschaft neben der Orientierung an religiösen Idealen eine Vielzahl von Beweggründen von Bedeutung sein können. Das Kloster stellt für adlige Frauen – auch aus der Perspektive der Eltern – eine attraktive Alternative zur Ehe dar. So eröffnet das Klosterleben für Frauen nicht nur einen Zugang zur Bildung, zur Beschäftigung mit Wissenschaft und Theologie, sondern bietet darüber hinaus die Möglichkeit, etwa als Äbtissin verantwortungsvolle Leitungspositionen zu übernehmen.

Soziale Zusammensetzung der Konvente: Allgemein gilt, daß unvermögenden Frauen aus niederen Ständen der Weg zu einem Leben als Nonne in der Regel nicht offensteht. Die Klöster der Benediktinerinnen sind auch im 12. Jahrhundert weitgehend Adelsklöster. Trotz des gesellschaftlichen Wandels und der Tatsache, daß nun zunehmend Frauen aller Schichten, auch Angehörige mittlerer bürgerlicher Schichten, ins Kloster drängen, wird hier weiterhin an einer ständischen Exklusivität festgehalten. Auch Hildegards Kloster auf dem Rupertsberg ist nach dem Adelsprinzip organisiert, denn, wie sie in einem Brief an die Andernacher *magistra* Tengswich formuliert:»Welcher Mensch sammelt seine ganze Herde in einem einzigen Stall, Ochsen, Schafe, Böcke, ohne daß sie auseinanderlaufen?«[89]

Auch der Zisterzienserorden legt großen Wert darauf, daß die Frauenzisterzen wirtschaftlich abgesichert sind. So werden, wie bereits erwähnt, ab 1213 nur noch Konvente in den Orden inkorporiert, die aufgrund ihres Besitzes in der Lage sind, streng klausuriert zu leben, und nicht bettelnd umherziehen müssen.[90] Durch diese Aufnahmebedingungen wird gefördert, daß auch hier überwiegend vermögende Frauen eintreten. Dabei handelt es sich hauptsächlich um Frauen »ministerialerniederadliger und städtisch-patrizischer Herkunft« (KUHN-REHFUS 1982:29).[91]

»Frauen aus anderen sozialen Gruppen – sowohl höher als auch niedriger stehend – bildeten die Ausnahme. Vor allem für Frauen aus sozialen Unterschichten war in den Konventen kein Platz« (KUHN-REFUS 1982:29).

---

89 »*Quis homo congregat omnem gregem suum in unum stabulum scilicet boues, asinos, oues, hedos ita quod non discrepant se?*« (*Ep* LIIr; CCCM 91,S.129). Zum Briefwechsel zwischen Hildegard und Tengswich von Andernach vgl. HAVERKAMP 1984b. Hildegards zweite Klostergründung stand vermutlich auch nichtadligen Frauen offen (BREDE 1979:79).

90 »*... et ita possessionibus et rebus necessariis sufficienter dotatae fuerint et ditatae, quod possint includi penitus, et inclusae sustentari de suo, ita quod eas non oporteat mendicare*« (Canivez II,S.36; 1225,7).

91 Detailuntersuchungen von KUHN-REFUS 1982 zur sozialen Zusammensetzung der Konvente in den oberschwäbischen Frauenzisterzen bestätigen diese Aussagen. Die Nonnen in Helfta stammen größtenteils aus mächtigen Adelsfamilien Sachsens und Thüringens.

Für die Klöster der Bettelorden gilt ähnliches, die Nonnen stammen vielfach aus dem Patriziat.[92] Im übrigen werden gerade angesichts der Überfüllung der Klöster hier nur noch vermögende Frauen aufgenommen. GRUNDMANN faßt zusammen:

> »Für viele Frauen, die sich zum religiösen Leben in freiwilliger Armut und Keuschheit entschlossen hatten, waren diese Bedingungen nicht erfüllbar, war deshalb der Eintritt in ein Ordenskloster verschlossen« (1961:319).

Ärmere Frauen können sich entweder für ein Leben als Begine entscheiden oder als Laienschwester in ein Kloster eintreten.[93]

Wirtschaftliche Situation der Klöster: Zwar fordert die *regula Benedicti* von der einzelnen Nonne individuelle Armut[94], die Klostergemeinschaft insgesamt verfügt jedoch durchaus über Besitz. Dabei können die Lebensbedingungen in den verschiedenen Klöstern abhängig von ihrer Größe und wirtschaftlichen Situation sehr unterschiedlich sein. Die Mittel, um die wirtschaftliche Existenz der Klöster zu sichern, stammen aus zwei Quellen: zum einen sind es die Geschenke mächtiger Wohltäter und das Stiftungsgut, zum anderen ist es der Besitz, den die Nonnen – oder auch die Konversschwestern – ins Kloster mitbringen, und ohne den ein Eintritt bald nicht mehr möglich ist. Die materielle Versorgung vieler Klöster ist durch Grundbesitz[95] abgesichert, was gleichzeitig eine Einbindung in das Feudalsystem bedeutet. Aber auch in anderen Bereichen entfalten viele Frauenkonvente eine intensive wirtschaftliche Aktivität.[96]

Dies gilt auch für die Frauenklöster der Bettelorden, die anders als die Männerklöster nicht durch das Armutsgebot zur Besitzlosigkeit verpflichtet sind. NEIDIGER schreibt dazu:

> »Anders als die Männerklöster der Bettelorden gab es für Frauen keine Einschränkung der Besitzfähigkeit. Mit Ausnahme von Lehen waren sie berechtigt, bewegliche wie liegende Güter in jeder Form anzunehmen und zu verwalten, da sie in strenger Klausur lebend auf feste Einkünfte angewiesen waren«(1981:94).[97]

---

92 Vgl. PRIEURs Untersuchung zur Herkunft der Nonnen im Kölner Dominikanerinnenkloster St. Gertrud am Neumarkt (1983:228).

93 Allerdings stand auch das Leben als Begine wirklich mittellosen Frauen nicht offen.

94 Benediktusregel, Kap.33, S.122.

95 Beim Grundbesitz des Rupertsberger Klosters handelt es sich zum Teil um Eigengüter, die entweder vom Kloster selbst oder von Pächtern bewirtschaftet werden, zum Teil um Zinsgüter, von denen jährlich Naturalleistungen und Grundzinsen eingezogen werden (BREDE 1979:80f).

96 Zu den wirtschaftlichen Verhältnissen einzelner Klöster vgl. KUHN-REHFUS 1971 zum Zisterzienserinnenkloster Wald, PRIEUR 1983:256ff zum Dominikanerinnenkloster St. Gertrud in Köln.

97 Zudem wird es hier üblich, daß viele Männerklöster ihr Vermögen Frauenklöstern zur Verwaltung übergeben, die mit den Einnahmen dann auch den Lebensunterhalt der Männer bestreiten (NEIDIGER 1981:94ff).

Die Äbtissin[98]: Die Verwaltung des Grundbesitzes, wie auch die Vermögensverwaltung generell, ist Aufgabe der Äbtissin. Allerdings steht ihr – schon allein durch die strenge Klausur bedingt – zur Erledigung der Verwaltungsaufgaben und zur Leitung der äußeren Geschäfte des Klosters ein Propst oder Prokurator zur Seite.[99] Auch für die innere Organisation und Struktur des Klosters ist ihr Amt von weitreichender Bedeutung. Sie ist nicht nur für die Besetzung der übrigen Klosterämter[100] zuständig, sondern hat innerhalb der Klostergemeinschaft die Stellung einer Familienmutter. Die Nonnen als ihre Töchter sind ihr – ihrem Gelübde entsprechend – zum absoluten Gehorsam verpflichtet. Die Äbtissin sorgt für die Befolgung der Ordensregel und hat das Recht, Disziplinarstrafen zu verhängen. Dabei sind ihr auch die Priester, die für die seelsorgerliche Betreuung des Kloster zuständig sind, und der Prokurator unterstellt. Allerdings ist die Autorität der Äbtissin nicht im eigentlichen Sinn eine richterliche und insofern eingeschränkt, als sie nicht predigen, Beichte hören[101] oder den Nonnen das Gelübde abnehmen kann, d.h. die seelsorgerliche Betreuung des Klosters ist ihrer Befugnis ganz entzogen.[102]

Die Äbtissinnen werden im allgemeinen – so wie Hildegard oder Elisabeth – von der Klostergemeinschaft gewählt, oft werden aber auch Frauen aus der Familie des Klosterstifters oder -gründers oder eines adligen Gönners dazu ernannt.[103] PRIEUR faßt für das Dominikanerinnenkloster St. Gertrud in Köln zusammen:

---

98 Die Äbtissin heißt nur in größeren Klöstern *abbatissa*, in kleineren Klöstern und Doppelklöstern ist jedoch die Bezeichnung *magistra* üblich. Ähnliches gilt auch für die Anfangszeit des Zisterzienserordens (KRENIG 1954:62). Auch Hildgard wird von ihren Briefpartnern als *magistra* bezeichnet (Vgl. z.B. *Ep* XIII, CCCM 91,S.29). Bei den Dominikanerinnen wird das Amt der Klostervorsteherin von der *priorissa* ausgeübt.

99 Zum Propst in den Benediktinerinnenklöstern vgl. HILPISCH 1951:54; zur Stellung, Wahl und Bedeutung der Pröpste in den Frauenzisterzen vgl. KUHN-REFUS 1980:140f, TOEPFER 1980:29.

100 Weitere wichtige Ämter in der Klostergemeinschaft waren die Kellnerin, die für die Versorgung des Klosters mit Lebensmitteln zuständig war, die Novizenmeisterin, deren Aufgabe in der Erziehung des Nachwuchses bestand, oder die *cantrix*. Vgl. KRENIG 1954:62ff, KUHN-REHFUS 1980:131, PRIEUR 1983:169ff.

101 Nicht immer scheinen die Äbtissinnen diese Einschränkung ihrer Autorität hingenommen zu haben. Immerhin sieht das Generalkapitel der Zisterzienser sich gezwungen festzulegen: »... *confessiones non recipiant abbatissae*« (Canivez II,S.67; 1228,13). Vgl. auch *Leg* IV,II; SC 255,S.42.

102 Hildegards Kloster auf dem Rupertsberg wurde seelsorgerlich von den Mönchen des Disibodenbergs betreut (*Vita* I,9; PL 197,97D/98A). In den inkorporierten Frauenzisterzen stammen ab der zweiten Hälfte des 13. Jahrhunderts die Beichtväter überwiegend aus den Klöstern des Vaterklosters, d.h. es handelt sich um Zisterziensermönche. Anders ist das bei nichtinkorporierten Klöstern, in Helfta etwa übernehmen Dominikaner die seelsorgerliche Betreuung.

103 Zum Ablauf der Äbtissinnenwahl vgl. KRENIG 1954:58f.

»Die Herkunft der Nonnen spielte bei der Wahl zur Priorin oft eine entscheidende Rolle. Man vergab dieses hohe Amt zumeist nur an Schwestern aus einflußreichen Familien« (1983:174).

Vielfach sind die betreffenden Frauen bei ihrer Wahl zur Äbtissin noch recht jung, mitunter nicht älter als zwanzig Jahre. Gertrud von Hackeborn etwa ist neunzehn, als sie in Helfta Äbtissin wird.[104]

Alltag: Der Tagesablauf der Nonnen ist zum einen durch die Kontemplation und Meditation, die verschiedenen liturgischen Handlungen, durch den Wechsel zwischen Chor- und Privatgebet bestimmt.[105] Diese Aufgaben nahmen beträchtliche Zeit in Anspruch, so geht KRENIG davon aus, daß allein der Dienst im Chor bei den Zisterzienserinnen ungefähr sieben Stunden umfaßte.[106] Zum anderen sind die Nonnen mit Handarbeiten wie Spinnen, Weben, Sticken[107] oder auch mit dem Abschreiben und Illuminieren von Handschriften beschäftigt.[108]

Wibert von Gembloux beschreibt die Beschäftigungen der Nonnen auf dem Rupertsberg folgendermaßen:

> »... wenn Festtage sie an der Arbeit hindern, sitzen sie geziemend still im Kreuzgang und widmen sich der Lektüre oder der Erlernen ihres Gesangs;... an gewöhnlichen Tagen beschäftigen sie sich in den entsprechenden Räumen mit dem Abschreiben von Büchern, dem Weben von liturgischen Gewändern oder anderen Handarbeiten.«[109]

Schwere körperliche Arbeit übernehmen die Nonnen selbst wohl kaum, Feldarbeit etwa wäre schon allein mit der strengen Klausur der Nonnen nicht vereinbar gewesen.[110] KETSCH konstatiert:

> »Eine Gleichrangigkeit zwischen Kontemplation und körperlicher Arbeit, wie dies die Benediktinerregeln vorschrieben, war in Nonnenklöstern wohl nur recht selten anzutreffen« (1984:273).

In den meisten Klöstern leben Konvers- oder Laienschwestern[111], deren Aufgabe die Verrichtung von Arbeiten in Haus, Küche oder Garten ist. Im engeren

---

104 Allerdings legt das Generalkapitel der Zisterzienser 1251 fest, ... *ut nulla monialis de cetero eligatur vel promoveatur in abbatissam quae trigesimum non compleverit aetatis suae annum* (Canivez II, S.361; 1251,6).

105 Benediktusregel, Kap.16, S.100. Vgl. KRENIG 1954:102. Gottesdienst und Liturgie sind sehr oft der Kontext, in dem Elisabeth und Gertrud ihre Visionen haben, ihre Bedeutung für das tägliche Leben spiegelt sich auch im *Lib vis* und im *Leg* wieder.

106 1954:102.

107 Zu den Textilarbeiten in Frauenklöstern vgl. KROOS 1970:160f. Einen Eindruck von dieser Tätigkeit vermitteln die heute noch erhaltenen Bildteppiche des Klosters Wienhausen, die allerdings zeitlich später anzusetzen sind.

108 Vgl. Kap.48 *De opera manuum cotidiana* der Benediktusregel (S.144f).

109 »... inhibitis ab opere feriis, in claustro decenter cum silentio sedentes, lectioni et discendo cantui suo student;... privatis diebus, per officinas competentes, vel scribendis, vel texendis stolis, vel aliis operibus manuum intendunt« (*Ep* XXVI, Pitra S.405).

110 WINTER 1871:17.

111 KUHN-REFUS 1980:132.

Sinn gehören sie dem Konvent nicht an, so dürfen sie nicht an Kapitelsitzungen teilnehmen und sich auch nicht an der Wahl der Äbtissin beteiligen. Darüber hinaus ist es üblich, daß in Frauenklöstern *conversi*, sogenannte Konversbrüder, leben, die für schwere Arbeiten, teilweise aber auch für die Klosterverwaltung zuständig sind.[112] In Helfta scheint dies der Fall gewesen zu sein, denn Gertrud erwähnt mehrfach solche Konversbrüder.[113]

Klöster als Zentren der Bildung: In der Regel lernen die Nonnen in der Zeit ihres Noviziats – oder auch früher, wenn sie schon von Kindheit an im Kloster leben – lesen und schreiben.[114] Auch sind sie zumindest mit den Anfangsgründen des Latein so weit vertraut, daß sie den Psalter lesen und der Liturgie oder den Lesungen folgen können.[115] LANGER schreibt über die Dominikanerinnenklöster:

>»Speziell das Chorgebet mit seinen kunstvoll gestalteten Tageszeiten, in denen die verschiedenen Textarten ineinandergriffen und genau geregelte liturgische Gebärden und Handlungen zu vollziehen und schwierige Gesangspartien auszuführen waren, setzte eine intensive Ausbildung voraus, die den Frauen ein für damalige Verhältnisse anspruchsvolles geistiges Leben ermöglichte« (1987:109).

Auch das Abschreiben von Handschriften für den Gebrauch in den Klöstern selbst oder zum Verkauf, das in vielen Frauenklöstern zu den Tätigkeiten der Nonnen gehört, setzt einen gewissen Bildungsstand voraus.

>»Das während des gesamten Mittelalters übliche Abschreiben von Büchern war keine ausschließlich reproduktive Tätigkeit, sondern schloß eine umfangreiche künstlerische Betätigung mit der Anfertigung von zahlreichen Miniaturen ein« (KETSCH 1984:274).

Wenn sich auch nicht für alle Nonnenkonvente ein *scriptorium* nachweisen läßt[116], so sind uns doch insbesondere aus dem 12. Jahrhundert einige Schreiberinnen sogar namentlich bekannt.[117] Wibert von Gembloux bezeugt auch für Hildegards Klostergründung auf dem Rupertsberg die Tätigkeit einer Klosterschreibstube[118], in der auch die Schriften Hildegards kopiert werden.[119]

---

112 TOEPFER 1980. Zu den Konversen in den Frauenklöstern der Bettelorden vgl. GRÜBEL 1987:89f.
113 *Leg* V,XI,XII,XIII,XIV,XV; SC 331,S.148ff.
114 »Die Fertigkeiten des Lesens und Schreibens gehörten im Mittelalter nicht zwangsläufig zusammen« (KROHN 1988:32).
115 Damit lagen die Kenntnisse der Nonnen schon weit über denen von Männern des Laienstandes. Vgl. WENDEHORST 1986.
116 Zur komplizierten Forschungslage vgl. BRUCKNER 1957:171ff, PLOTZEK-WEDERHAKE 1980:368.
117 WATTENBACH führt für diesen Zeitraum mehrere Abschreiberinnen in Nonnenklöstern an: Diemud von Wessobrunn, Leukardis von Mallersdorf, die Nonnen von Admont in Bayern und Gutta von Schwarzenthan (1958:445f).
118 *Ep* XXVI, Pitra S.405.
119 So stammen drei der erhaltenen Handschriften des *Sci* aus dem Scriptorium des Rupertsbergs (DRONKE 1980:99).

Daß jedoch vielfach die Bildung von Nonnen über diese Elementarkenntnisse hinausgegangen zu sein scheint, zeigen z.B. Kataloge von mittelalterlichen Klosterbibliotheken, so weit sie erhalten sind.[120] Ein Zeugnis für den Bildungsstand in religiösen Frauengemeinschaften[121] des 12. Jahrhunderts ist der *Hortus deliciarum*, eine Enzyklopädie, die unter Anleitung der Äbtissin Herrad von Hohenburg[122] für die Kanonissen ihres Stiftes verfaßt wird.

>De facto handelt es sich um ein intellektuell wie künstlerisch höchst anspruchsvolles Gemeinschaftsunternehmen, das unter ihrer Oberleitung Wort, Bild und Musik zu einer programmatisch kompilierten Darstellung des christlichen Lehrgebäudes der Zeit verbindet, einschließlich der wesentlichen seiner wissenschaftlich-enzyklopädischen Komponenten« (CURSCHMANN 1981:1140).

Als Quellen wurden hier u.a. Boethius, Augustin, Anselm und Petrus Lombardus benutzt.

Ähnlich läßt sich auch der Bildungsstand der Nonnen in Helfta, das unter der Äbtissin Gertrud von Hackeborn eine besondere kulturelle Blüte erreicht, erschließen. Zwar ist auch hier, wie in vielen anderen Fällen, kein Katalog der Klosterbibliothek erhalten, aber Verweise im *Legatus* erlauben Rückschlüsse auf die benutzten Quellen[123] und damit auf den Bildungsstand der Nonnen. Es zeigt sich, daß die Nonnen in Helfta über den Elementarunterricht hinaus in den sieben *artes liberales* ausgebildet werden.

Darüber hinaus macht der umfangreiche Briefwechsel Hildegards von Bingen deutlich, daß es zwischen Frauen- und Männerklöstern durchaus einen Austausch über theologische Fragen gab.

In einem gewissen Rahmen haben die Klosterschulen auch Bedeutung für die Laienbildung[124], weil oftmals hier nicht nur die eigenen Novizinnen, sondern auch Söhne und Töchter des Adels oder des mächtigen Bürgertums[125] unterrichtet werden. KUHN-REHFUS geht davon aus, daß einige Frauenzisterzen regelrechte Schulen führten, »... deren Lehrplan im wesentlichen mit dem der männlichen

---

120 Vgl. PRIEUR 1983:464.
121 Zu dem Zusammenhang Kloster und Frauenbildung im 12. Jahrhundert vgl. auch die Regel, die Abaelard für das Kloster Heloises entwirft. »It is clear, then, that Abaelard considers the search for wisdom through practical or theoretical knowledge very important to women in monastic life« (ALLEN 1985:283). Zu Abaelards Regel vgl. McLAUGHLIN 1956.
122 Zu Herrad vgl. ALLEN 1985:315ff, THUM 1984:311ff, CURSCHMANN 1981.
123 Unter anderem sind dies Autoren wie Hugo von St. Victor, Bernhard von Clairvaux oder Augustin. Vgl. den Index des citations patristique zum *Leg* (SC 331, S.333-337).
124 Anders LEHRMAN, die behauptet: »Thus with few exceptions, convents were not seats of learning, or, therefore, of teaching« (1975:138).
125 Vielfach werden Adelstöchter auch zuhause erzogen und unterrichtet. Die Informationen über öffentliche oder nicht monastische Schulen in den Städten sind eher spärlich (FERRANTE 1980:11). Die Klosterschulen haben für die Bildung von Frauen im Mittelalter die weitaus größte Bedeutung.

Klosterschulen übereinstimmte und oft das ganze Trivium und Quadrivium umfaßte« (1980:134),

oder daß doch zumindest Mädchen zur Erziehung aufgenommen wurden.[126] Allerdings war die Gegenwart von Kindern in den Nonnenklöstern nicht unproblematisch.[127] LUCAS schreibt:

>»The presence of children – as secular lodgers – was frowned on as a practice subversive of discipline. It was good for the nuns revenues, but bad for spiritual devotion« (1983:137).

Insgesamt kann man davon ausgehen, daß den Frauenklöstern eine besondere Bedeutung für die Weitergabe und Vermittlung von Bildung und kulturellen Traditionen zukommt. Auch wenn der Bildungsstand in den einzelnen Klöstern, abhängig von Faktoren wie der wirtschaftlichen Situation des jeweiligen Klosters, differiert und die Bildung der Nonnen wohl weniger fundiert ist als die der Mönche, haben dennoch Frauen über Jahrhunderte hier einen Zugang zur Bildung ihrer Zeit, bieten die Frauenklöster für Nonnen Bildungsmöglichkeiten, die über die weltlicher Frauen[128] hinausgehen.

Auch wenn die Nonnenklöster bis zum Ende des Mittelalters ihre Bedeutung als Erziehungs- und Kulturzentren behalten, so vollzieht sich jedoch mit dem Anfang des 13. Jahrhunderts ein entscheidender Wandel. Mit Entstehung der Universitäten nimmt die Bedeutung der Kloster- und Kathedralschulen ab. Träger der Bildung und Entwicklung der Kultur wird damit eine Institution, zu der Frauen keinen Zugang haben. Ein bestimmter Teil der Bildung wird den Frauen damit verschlossen. So vollziehen sich entscheidende Entwicklungen der zeitgenössischen Theologie, etwa die Entstehung der Scholastik, ohne daß Frauen daran hätten Anteil nehmen können.[129]

---

126 Sie verweist in diesem Zusammenhang auf die westfälischen Abteien Benninghausen und Himmelpforten, in denen man auch schon im 13. Jahrhundert Unterricht abhielt (1980:134).

127 Das Generalkapitel der Zisterzienser versucht insbesondere die Erziehung von Jungen in Nonnenklöstern zu unterbinden (Canivez I; 1206,5).

128 Aufgrund ihrer Zwischenstellung zwischen gebildetem Klerus und ungebildeten Laien kommt der Frau als Leserin eine große Bedeutung für die Entstehung der volkssprachigen Schriftkultur des 12. und 13. Jahrhunderts zu, wie GRUNDMANN 1936 überzeugend gezeigt hat.

129 In engem Zusammenhang mit der Entstehung der Universitäten steht auch die Verwurzelung der aristotelischen Philosophie im westlichen Bildungssystem, die gravierende Folgen für die Entwicklung der Geschlechteranthropologie des Mittelalters hatte. Vgl. ALLEN 1985:413ff.

Weiblichkeitskonstruktionen mittelalterlicher Theologie

Das Hochmittelalter ist eine Zeit des Aufbruchs, in der sich Frauen neue Möglichkeiten eröffnen, als deren sichtbarster Ausdruck die religiöse Frauenbewegung gelten kann. Dennoch vollzieht sich dieser Aufbruch im Kontext einer männlich bestimmten Gesellschaft und bedeutet – wie oben dargelegt – im eigentlichen Sinn keinen Ausbruch aus den gesellschaftlichen Strukturen. Auch die Freiräume und Möglichkeiten, die ein Leben im Kloster durchaus bietet – sei es nun der Erwerb von Bildung oder eine künstlerische oder literarische Tätigkeit –, sind immer auch von den gesellschaftlichen Gegebenheiten bestimmt. So ist in diesem Zusammenhang zu berücksichtigen, daß dieser Freiraum nicht den Frauen aller sozialen Schichten in gleicher Weise offensteht. Nicht zuletzt ist hier auch das Frauenbild des 12. und 13. Jahrhunderts von Bedeutung, dessen negative Implikationen in Form strenger Klausurvorschriften unmittelbaren Einfluß auf das Leben im Kloster haben können. Vorausgesetzt ist die Vorstellung von der Frau als einem sowohl in physischer als auch in moralischer Hinsicht schwachen Wesen, das durch die Klostermauern vor sich selbst und den Verlockungen der Welt geschützt werden muß. Diesem Frauenbild entsprechend gelten Frauen als nicht geeignet, die Priesterweihe zu empfangen, d.h., daß den Äbtissinnen streng jede seelsorgerliche Tätigkeit, wie Predigt, das Hören der Beichte oder auch die Sakramentsverwaltung verwehrt ist. In der Auseinandersetzung um die seelsorgerliche Betreuung religiöser Frauengemeinschaften kommt ein anderer Aspekt dieses Frauenbildes zum Ausdruck: das Bild der Frau als Verführerin. Bernhard von Clairvaux warnt vor dem Umgang mit Frauen:»Immer mit einer Frau zusammenzusein und sie nicht zu erkennen, ist das etwa nicht mehr als einen Toten wiederzuerwecken?«[130]

Auf diese Weise werden die Frauen, wie Franziskus es formuliert, zu einem Geschenk des Teufels.[131] Der Umgang mit ihnen stellt eine Gefahr für das Seelenheil der Männer dar:»Mit dem ganzen Herzen beim Herrn wohnen können aber die nicht, die Gemeinschaft mit Frauen haben.«[132]

Die Entwürfe von Weiblichkeit, die sich in den zitierten Beispielen andeuten, können nicht als bloßes Abbild der Wirklichkeit gelten – vielmehr wird weibliches Sein hier durch den Zerrspiegel männlicher Ängste, Wünsche und Phantasien gesehen.[133]

---

130 »*Cum femina semper esse, et non cognoscere feminam, nonne plus est quam mortuum suscitare?*« (*Sermo* 65,4; Bd.II,S.175).

131 »*Dominus a nobis uxores abstulit, diabolus autem nobis procurat sorores*« (Thomas von Pavia, zit. GRUNDMANN 1961:262, Anm.149).

132 »*Nec possunt toto corde habitare cum domino, qui feminarum accessibus copulantur ...*« (Jacob von Vitry, *Historia occidentalis*, S.134).

133 BOVENSCHEN weist darauf hin, daß die große Zahl der in der Literatur von Männern entworfenen Frauenbilder im Gegensatz steht zu der geringen Zahl schreibender Frauen: »... einem großen und breiten Panoptikum imaginierter Frauenfiguren stehen nur wenige imaginierende Frauen gegenüber« (1979:12).

»The relationship of an image to the reality external to it is more complex than simple reflection; images can also embody fears, fantasies, and wishes. An image is an interpretation of reality, an interpretation achieved through a selective emphasis on particular aspects of lived experience« (GOLD 1985:XVIII).

Die Bilder sind also, wie GOLD sagt, Interpretation der Wirklichkeit, wirken gleichzeitig aber auch auf die Wirklichkeit zurück, indem sie die Situation von Frauen beeinflussen können.[134] Insofern diese Wechselwirkung zwischen Bild und Realität besteht, erweist sich also die Kenntnis dieser von Männern entworfenen Frauenbilder ebenso wie die Kenntnis des unmittelbaren sozialen Umfelds der Autorin und der Entstehungs- und Rezeptionsbedingungen von Texten als eine notwendige Bedingung, um die Voraussetzungen der Entstehung von Texten und der Entwicklung eines Selbstkonzepts angemessen bewerten und einordnen zu können.

Wie sind diese negativen Züge des mittelalterlichen Frauenbildes, die sich – wie deutlich wurde – in der sozialen Realität von Frauen widerspiegeln, in der Theologie des 12. und 13. Jahrhunderts verankert?[135]

Ausgangspunkt für die theologische Reflexion über das Wesen von Mann und Frau und die Geschlechterbeziehung sind biblische Texte wie die Paradieserzählung oder Passagen aus den paulinischen Briefen. Im folgenden sollen einige Aspekte des Frauenbildes dargestellt werden, wie es, ausgehend von der Kommentierung der Erzählung von Schöpfung, Versuchung und Sündenfall der ersten Menschen, in der Theologie des 12. und 13. Jahrhunderts entwickelt wird. Ist die Frau ebenso wie der Mann Gottes Ebenbild? Welche Bedeutung hat es, daß die Frau aus der Seite des Mannes geschaffen wurde? Wie lassen sich die biblischen Texte auf die Ordnung des Geschlechterverhältnisses hin interpretieren? Darüber hinaus ist abschließend das Verbot einer Lehrtätigkeit von Frauen bzw. ihr Ausschluß vom Priesteramt zu thematisieren.

Gottebenbildlichkeit: Der erste biblische Text, in dem die Frau erwähnt wird, ist Gen 1,27. Einer der zentralen Punkte bei der Kommentierung dieses Textes ist die Frage, warum Gottebenbildlichkeit und Geschlechterdifferenz zusammen erwähnt werden. Sind sowohl Mann als auch auch Frau Gottes Ebenbild? Die Antwort auf diese Frage fällt unterschiedlich aus. Rupert von Deutz etwa vertritt den Standpunkt, daß beide Geschlechter nach dem Bild Gottes geschaffen seien. Denn

---

134 Als Beispiel läßt sich das Bild von der Frau als Hexe anführen. BOVENSCHEN schreibt: »... so entstand die ›Hexe‹ zuerst in der männlichen Vorstellung in einer bestimmten historischen Situation, die wirklichen Frauen jedoch wurden als Hexen verbrannt« (1979:57).

135 Zum folgenden vgl. BØRRESEN 1976, D'ALVERNY 1977, FERRANTE 1975, LUCAS 1983, NEWMAN 1981, LEISCH-KIESL 1992. Herangezogen werden jeweils Theologen, die als repräsentativ für das 12. und 13. Jahrhundert gelten können, also etwa Rupert von Deutz, Abaelard, Thomas von Aquin oder Bonaventura.

»... da, wo der Mensch zum Ebenbild Gottes geschaffen ist, gibt es weder Mann noch Frau ...«[136]

Der augustinischen Tradition folgend, bezieht Rupert die Gottebenbildlichkeit also nur auf die körperlose Geistseele.[137]

Für Abaelard ist dagegen nur der Mann nach dem Bild Gottes geschaffen, die Frau hat lediglich die *similitudo Dei*, eine Ähnlichkeit mit Gott. Um dies zu begründen, zieht er 1.Kor 11,7 heran, einen Text, aus dem seiner Meinung nach hervorgeht, daß der Mann würdiger als die Frau und Gott ähnlicher ist.[138]

Auch Thomas von Aquin billigt der Frau nicht die volle Gottebenbildlichkeit zu und führt dafür als Begründung an: »Denn der Mann ist Ursprung und Ziel der Frau, so wie Gott Ursprung und Ziel der ganzen Schöpfung ist.«[139]

Auch hier folgt der Verweis auf 1.Kor 11,7.

Schöpfung aus der Seite: Die Ausdeutung der Schöpfung Evas aus der Seite Adams – also von Gen 2,21f – nimmt bei den Theologen des 12. Jahrhunderts breiten Raum ein. Dabei wird der Genesistext zum einen allegorisch ausgedeutet, indem die Geburt Evas aus der Seite Adams typologisch mit der Geburt der Kirche aus der Seite Christi am Kreuz gleichgestellt wird.[140] Die Schöpfung Adams erscheint als die höherwertige, so sieht Abaelard eine Parallele zwischen der Schöpfung Adams und der Inkarnation Christi, denn beide sind im Gegensatz zur Frau, die aus einer Rippe des Mannes geformt wurde, nicht von einem anderen Lebewesen genommen.[141]

Daneben wird eine Beziehung zur konkreten Lebensordnung zwischen Mann und Frau hergestellt. Für Rupert von Deutz etwa deutet die Schöpfung der Frau aus der Seite des Mannes auf die feste und unauflösliche Liebe in der Ehe hin. Auch Hugo von St. Victor geht davon aus, daß die Frau *in consortium dilectionis* geschaffen wurde. Die Schöpfung aus der Seite des Mannes macht für ihn deutlich, daß nach dem göttlichen Willen die Frau weder Herrin noch Magd, sondern Gefährtin des Mannes sein soll.[142] Gleichzeitig wird die sakramentale Bedeutung

---

136 »... *ubi factus est homo ad imaginem Dei non est masculus neque femina* ...« (*In Gen.* II,7; CCCM 21,S.191).

137 Ähnlich wie Rupert von Deutz auch Hervé de Bourg-Dieu, *In Ep.I ad Cor.*; PL 181,927C und Petrus von Celle, *De panibus* 10; PL 202,975B sowie die Mehrheit der Autoren des 12. Jahrhunderts.

138 *Expos. in Hex.*; PL 178,760D-763D, vgl. D'ALVERNY 1977:116. Zu Abaelards Frauenbild vgl. auch McLAUGHLIN 1975.

139 »*Nam vir est principium mulieris et finis, sicut Deus est principium et finis totius creaturae.*« (*Summa* I,93,4; Bd.7, S.60).

140 Rupert von Deutz, *In Gen.* II,37; CCCM 21,S.231 und Bruno von Segni, *Expos. In Gen.* II,10; PL 164,165B.

141 »... *quod sicut ille ex solo est Patre genitus, ita iste ex solo Deo habet esse tanquam creatus, non de aliquo animali assumptus, sicut mulier de viro sumpta est et de costa ejus formata*« (*Expos. in Hex.*; PL 178,765D-766A).

142 *De sacr. chr. f.* I,6,35; PL 176,284C.

der Ehe symbolisiert, deren Voraussetzung die freiwillige und gegenseitige Liebe beider Ehepartner ist.[143] Innerhalb dieses sakramentalen Bündnisses sind Mann und Frau gleichwertig[144] und, wie Bonaventura feststellt, aufeinander angewiesen.

>Mann und Frau sind nämlich gemäß der Eigenart und der Natur ihres Geschlechtes so geschaffen, daß sie einander wechselseitig verbunden wurden und daß dadurch der eine im anderen Ruhe findet und der eine vom anderen unterstützt wird.«[145]

Das Verhältnis von Mann und Frau: Dennoch gehen die Theologen des 12. und 13. Jahrhunderts bei ihrer Interpretation von Gen 2 übereinstimmend von einer hierarchischen Struktur der Beziehung zwischen Mann und Frau aus. Die Unterordnung der Frau unter den Mann wird dabei zum einen als Schöpfungsgegebenheit, zum anderen als Sündenstrafe verstanden, wobei Andreas von St. Victor einräumt: »Vielleicht wäre sie jenem gleich gewesen, wenn sie nicht Urheber der Sünde gewesen wäre.«[146]

Thomas von Aquin etwa sieht – in Anlehnung an Aristoteles – die Frau als etwas Mangelhaftes und eine Zufallserscheinung[147]. Sie ist von Natur aus dem Mann unterlegen, sowohl was Tugend und Würde, als auch was die Unterscheidungskraft des Verstandes betrifft. Daraus folgt für ihn die naturgegebene Unterordnung der Frau unter den Mann.[148]

Auch für Rupert von Deutz gilt die Überordnung des männlichen Geschlechts als Ordnung der Natur.[149] Die Ehe als naturgemäße Einrichtung setzt damit eine hierarchische Rollenverteilung voraus. Zusätzlich sieht er die Frau unter der Herrschaft des Mannes als Strafe dafür, daß sie *importunitate muliebri*, aus weiblicher Rücksichtslosigkeit, ihren Mann dazu verlockte, den Apfel zu essen.[150]

Üblicherweise wird der Frau die negativ bewertete Sphäre des Körpers und der Sinne zugewiesen[151], wobei dieser Vergleich eindeutig eine hierarchische Struktur

---

143 Hugo von St.Victor, *De sacr. chr. f.* I,8,13; PL 176,314ff. Vgl. D'ALVERNY 1977:118f, FERRANTE 1975.
144 Thomas von Aquin, *Summa* I,92,3; Bd.7, S.43.
145 »*Vir enim et mulier secundum suorum sexuum proprietatem et naturam sic facti sunt, ut invicem coniungerentur, et sic hoc unus in altero quietaretur et unus ab altero sustentaretur*« (*Lib. sent.* II,XVIII,I,1; Bd. II,S.444). Auffällig ist, daß hier der Schwäche eine positive Qualität zugeschrieben wird. LEISCH-KIESL vermutet, daß es sich dabei durchaus um einen Reflex auf die Geschlechteranthropologie Hildegards von Bingen handeln könnte (1992:128).
146 »*Forsitan par illi futura esset, si peccandi auctor non fuisset*« (Zit. nach D'ALVERNY 1977:112).
147 *Summa* I,92,1; Bd.7, S.38. Vgl. BØRRESEN 1976:12.
148 *Summa* I,92,1; Bd.7, S.39. Vgl. LEISCH-KIESL 1992:139.
149 *In Gen.* III,21; CCCM 21,S.209.
150 *In Gen.* III,21; CCCM 21,S.208.
151 Ernaldus de Bonneval, *De op. sex dierum*; PL 189,1581B; Alanus ab Insulis, *Distinct. Dict.*; PL 210,865. Ähnlich Bonaventura, der den Mann der *superior portio*, die Frau der *inferior portio rationis* vergleicht (*Lib. sent.* II,XVI,II,1; Bd. II,S.416).

der Beziehung zwischen Mann und Frau impliziert. So, wie die Seele den Körper beherrschen sollte, beherrscht auch der Mann die Frau.

In diesem Sinne wird auch Gen 2,23 verstanden, wo geschildert wird, wie Adam der Frau ihren Namen gibt. Die weibliche Identität gilt als auf den Mann bezogen und von ihm abgeleitet, so schreibt Petrus Comestor:»... Und Adam gab seiner Frau gleichsam als ihr Herr einen Namen ...«[152]

In diesem Zusammenhang wird auch 1.Kor 11,9 herangezogen: die Frau ist wegen des Mannes geschaffen und dem Mann deshalb untergeordnet:»Es steht nämlich fest, daß der Mann nicht wegen der Frau, sondern daß die Frau wegen des Mannes geschaffen und mit jenem in das Paradies gestellt wurde.«[153]

Oder, wie Thomas von Aquin es formuliert:»Der Mann ist Ursprung und Ziel der Frau, so wie Gott Anfang und Ende der ganzen Schöpfung ist.«[154]

Der Daseinssinn der Frau wird in Hinblick auf die Fortpflanzung des Menschengeschlechts bestimmt[155]: Wie Thomas von Aquin betont, wurde sie primär geschaffen, um Nachkommen hervorzubringen[156], denn bei jeder anderen Arbeit wäre dem Mann mit der Hilfe eines anderen Mannes besser gedient.

>... wie die Schrift sagt, mußte die Frau zur Hilfe des Mannes geschaffen werden; nicht aber zur Hilfe bei irgendeinem anderen Werk, wie einige behauptet haben, weil bei jeder anderen Arbeit der Mann bei einem anderen Mann eine bessere Hilfe als bei einer Frau finden könnte; sondern zur Hilfe bei der Zeugung.«[157]

Dabei sieht Thomas die Rolle der Frau bei Fortpflanzung und Zeugung in Anlehnung an die aristotelischen Zeugungstheorien als untergeordnet an. Sie liefert lediglich die Materie und ist das passive Gefäß für den männlichen Samen:»Bei den vollkommenen Lebewesen kommt die aktive Kraft dem männlichen Geschlecht, die passive dem weibliche Geschlecht zu.«[158]

---

152 »*Et imposuit Adam uxori suae nomen tamquam dominus ejus ...*« (*Hist. Scholast.* I,18; PL 198,107D).

153 »*Constat enim quia non propter mulierem vir sed mulier propter virum facta et cum illo in paradiso posita est*« (Rupert von Deutz, *In Gen.* II,32; CCCM 21,S.225). Vgl. auch Hervé de Bourg-Dieu, *In Ep.I ad Cor.*; PL 181,926C.

154 »*Vir est principium mulieris et finis, sicut Deus est principium et finis totius creaturae*« (*Summa* I,93,4; Bd.7, S.60).

155 Vgl. Rupert von Deutz, *In Gen.* II,35; CCCM 21,S.229.

156 *Lib. sent.* IV,27,1,1b; S.584.

157 »*... necessarium fuit feminam fieri, sicut Scriptura dicit in adjutorium viri; non quidem in adjutorium alicujus alterius operis, ut quidam dixerunt, cum ad quodlibet aliud opus convenientius juvari possit vir per alium virum quam per mulierem; sed in adjutorium generationis*« (*Summa* I,92,1; Bd.7, S.36). Thomas orientiert sich hier an Augustin (BØRRESEN 1976:11).

158 »*Animalibus vero perfectis competit virtus activa generationis secundum sexum masculinum, virtus vero passiva secundum sexum femininum*« (*Summa* I,92,1; Bd.7, S.36). Vgl. ALLEN 1985:392ff.

Versuchung und Sündenfall: Viele der schon erwähnten Aspekte des Frauenbildes finden ihre letzte Zuspitzung und Ausgestaltung in der Interpretation der Sündenfallerzählung, der daher eine zentrale Bedeutung zukommt. Bezug nehmend auf 1.Tim 2,14 sind die Kommentatoren sich von der Grundtendenz her über die Bewertung der Rolle der Frau einig. Die Schlange wendet sich an Eva, weil sie von Mann und Frau die Schwächere ist, wobei die Schwäche durchaus als moralische verstanden wird.[159] Eva hört auf die Schlange, weil das Streben nach Macht und der Hochmut in ihrem Wesen angelegt sind.[160] Neben dem Hochmut werden ihr auch Dummheit und Neugier vorgeworfen.[161] Bonaventura stellt fest:»... die Sünde der Frau nahm ihren Anfang im Hochmut, schritt fort in der Gier und fand ihre Vollendung in der Genußsucht.«[162]

Adam selbst hätte hingegen nicht von der Schlange verführt werden können. Darin zeigt sich, daß er weiser als die Frau ist und Gott mehr liebt.[163] Er ißt den Apfel lediglich deshalb, weil er durch weibliche Schmeichelei[164] verführt worden ist oder weil er Eva nicht kränken will.[165]

Insgesamt scheint die Sünde Evas um ein Mehrfaches schwerer zu wiegen als die Adams. Dementsprechend wird Eva, wie Rupert von Deutz erläutert, auch mehrfach bestraft.

> »Warum, fragst du, wurde die Frau ... dreifach bestraft? Deshalb, weil das Ausmaß der Sünde bei der Frau dreifach größer war als beim Mann: erstens, weil sie dadurch verführt worden ist, weil sie der Schlange mehr glaubte als Gott. Zweitens, weil sie die Schönheit und die Lieblichkeit des Baumes mit Vergnügen begehrte. Drittens, weil sie, mit ihrer eigenen Überschreitung nicht zufrieden, danach auch dem Mann gab.«[166]

Als besondere Strafe für die Frau sieht Rupert die Menstruation[167], Ernaldus de Bonneval den Geburtsschmerz[168] an.

---

159 Petrus Comestor, *Hist. Scholast.*; PL 198,1072B und Hugo von St. Victor, *De sacr. chr. f.* I,7,3; PL 176,287D.

160 Petrus Lombardus, *Lib. sent.* II,22,2; Bd.I, S.410.

161 Rupert von Deutz, *In Gen.* III,2; CCCM 21,S.237.

162 »... *peccatum mulieris inchoatum fuit in superbia, progressum habuit in avaritia, consummationem habuit in gula*« (*Lib. sent.* II,XXII,I,1; Bd. II,S.532). Vgl. LEISCH-KIESL 1992:134.

163 Abaelard, *Expos. in Hex.*; PL 178,761C.

164 Ernaldus de Bonneval, *De op. sex dierum*; PL 189,1541.

165 Petrus Lombardus, *Lib. sent.* II,22,4; Bd.I, S.412 und Bonaventura, *Lib. sent.* II, XXII,II,2; Bd. II,S.535.

166 »*Quare, inquis, mulier ... triplicem poenam habet? Videlicet quia peccati quantitas in muliere triplo maior quam in viro est: primo, quia credendo serpenti plus quam Deo seducta est. Secundo, quia pulchritudinem et suavitatem ligni delectabiliter concupivit. Tertio, quia non contenta transgressione propria postquam viro quoque dedit*« (Rupert von Deutz, *In Gen.* III,21; CCCM 21,S.258).

167 *In Gen* III,22; CCCM 21,S.260.

168 *De op. sex dierum*; PL 189,1564A.

Nahezu alle Autoren deuten den Sündenfall auch auf einer allegorischen Ebene aus, wobei die Frau etwa dem *sensus carnis*, also der Sphäre der Sinne und des Körpers, verglichen wird.[169]

Eva – Maria: Ein in der mittelalterlichen Theologie weitverbreiteter Topos[170] ist die Antithese von Eva und Maria: Der stolzen Eva, dem *indomitum et rebelle animal*[171], wird die demütige Jungfrau und strahlende Himmelskönigin gegenübergestellt – die eine Ursprung und Symbol des Falles der Menschheit, die andere ihrer Rettung und Erlösung. So schreibt etwa Bernhard von Clairvaux:

>»Allzu grausame Eva, durch die die alte Schlange das verderbenbringende Gift auch dem Mann selbst einflößte; aber gläubige Maria, die das Gegengift des Heils sowohl Männern als auch Frauen zu trinken gab. Denn jene ist das Werkzeug der Verführung, diese der Versöhnung, jene verführte zur Übertretung, diese führte die Erlösung herbei.«[172]

Eine besondere Bedeutung gewinnt diese Gegenüberstellung Evas und Marias vor dem Hintergrund der im 12. Jahrhundert sich intensivierenden Marienverehrung[173], die im Gegensatz zu den bisher dargestellten, überwiegend negativen Implikationen des mittelalterlichen Frauenbildes zu stehen scheint. Dementsprechend wird in der Forschung die Marienverehrung – zusammen mit der Entwicklung des Ideals der höfischen Minne im 12. Jahrhundert – oft als Ausdruck einer neuen Wertschätzung der Frau gesehen.[174] Allerdings erscheint es fraglich, ob der Marienkult tatsächlich Einfluß auf die Stellung der Frau hatte. Vielmehr werden durch die Überhöhung Marias weibliche Eigenschaften und weibliches Sein herabgesetzt, und die wirkliche Frau auf eine Identifikation mit der sündigen Eva verwiesen.[175] McLAUGHLIN spricht mit Recht von

>»... Mary's theological isolation from human femaleness, which, by implication, degrades the real woman and which often prevented Mary from functioning psychologically as a model for female personhood even in the medieval context« (1974:246).

---

169 Ernaldus de Bonneval, *De op. sex dierum*; PL 189,158; Guibert von Nogent, *Moral. In Gen.* I,22; PL 156,57B. Vgl. D'ALVERNY 1977:113.

170 Dieser Topos läßt sich schon im 2. Jahrhundert bei Irenäus finden. Vgl. BUGGE 1975:143.

171 Guibert von Nogent, *Moral. In Gen.* I,23; PL 156,57C.

172 »*Crudelis nimium Eva, per quam serpens antiquus pestiferum etiam ipsi viro virus infudit; sed fidelis Maria, quae salutis antidotum et viris et mulieribus propinavit. Illa enim ministra seductionis, haec propitiationis; illa suggessit praevaricationem, haec ingessit redemptionem*« (*Domin. infra oct. Assumpt.*; Bd.V,S.263).

173 Zur Geschichte der Marienverehrung vgl. DELIUS 1963, WARNER 1982, MULACK 1985.

174 »... Marienverehrung und Minnedienst heben die allgemeine Einschätzung der Frau« (ENNEN 1980:22). BOSL wendet dagegen ein: »Die reale Wirkung des Ideals der höfischen Minne sollte nicht überschätzt werden, wenn auch die Formen des Umgangs der Geschlechter dadurch zivilisiert wurden« (1972:338).

175 Bezeichnenderweise scheint die Marienverehrung weniger von Frauen als von Männern getragen worden zu sein, wie WEINSTEIN/BELL bei einer Untersuchung von 864 Heiligen feststellten (1983:123-137). Vgl. BYNUM 1986:258f.

Im übrigen sei auch die Maria von der mittelalterlichen Theologie zugeschriebene Rolle im Heilsgeschehen – zweitrangig, passiv und lediglich helfend, wenn man sie mit der Christi vergleicht – ihrem Geschlecht angemessen.[176] Entsprechend kommt McLAUGHLIN zu dem Schluß, daß man das zunehmende theologische Interesse an der Jungfrau Maria keineswegs als einen eindeutigen Hinweis auf eine vermehrte Wertschätzung des Weiblichen verstehen kann.[177] WEINMANN sieht zudem einen kausalen Zusammenhang zwischen »Frauenaufbruch, Virilitätskrise und mariologischer Frauenverehrung« (1990:52). »Die Jungfrau Maria soll in der christlichen Hierarchie nicht zufällig zu einem Zeitpunkt des weiblichen Aufbegehrens den ersten Platz einnehmen« (1990:53). Maria wäre damit ein Vorbild für die von Frauen geforderte Unterordnung und Demut.

Frau und Amt: Ausgehend von der Vorstellung einer untergeordneten Stellung der Frau und neutestamentlichen Texten – insbesondere 1.Kor 11,34 und 1.Tim 2,11f – wird in Kirchenrecht und Theologie des 12. und 13. Jahrhunderts auch die Frage einer Zulassung der Frau zum Priesteramt bzw. einer öffentlichen Lehrtätigkeit diskutiert.[178] Gratian schreibt unmißverständlich, daß die Frau weder zum Priesteramt noch zum Diakonat Zugang haben könne.[179] Thomas von Aquin erörtert das Thema, ob das weibliche Geschlecht den Empfang der Priesterweihe unmöglich macht, ausführlich in seinem Sentenzenkommentar. Er führt drei Gründe an, die für eine Zulassung der Frauen zum Priesteramt zu sprechen scheinen. Zunächst stellt er fest, daß das Amt des Propheten größer als das des Priesters sei, »... weil der Prophet zwischen Gott und Priester steht, so wie der Priester zwischen Gott und dem Volk.«[180]

Da aber Frauen diese Gabe zuteil geworden sei, dürfe man sie konsequenterweise auch nicht von der Priesterweihe ausschließen. Zudem beziehe sich die Priesterweihe auf eine gewisse Vollkommenheit oder bevorzugte Stellung, die Frauen sowohl im Neuen wie im Alten Testament – hier verweist Thomas auf das Beispiel der Richterin Deborah – innehatten. Schließlich führt er an, daß sich die Wirksamkeit der Weihe auf die Seele beziehe, die geschlechtslos sei. Dennoch kommt er zu dem Schluß, daß eine Frau notwendigerweise das Sakrament der Priesterweihe nicht empfangen kann, denn ihre untergeordnete Stellung mache es unmöglich, daß im weiblichen Geschlecht die herausragende Stellung des Priesters bezeichnet werde. Zwar gesteht Thomas zu, daß die Frau die Gabe der Prophetie empfangen

---

176 1974:249.
177 1974:250. Vgl. GOLD 1985:68ff.
178 Ausführlicher zu diesem Komplex vgl. GILLMANN 1913, RAMING 1973, CARDMAN 1978.
179 »*Mulieres autem non solum ad sacerdotium, sed nec etiam ad diaconatum prouehi possunt ...*« (C.15 q.3 princ, zit. nach RAMING 1973:41, Anm.179).
180 »*... quia propheta est medius inter deum est sacerdotem, sicut sacerdos inter deum et populum*« (*Lib. sent.* IV,25,2,1a; S.578).

kann, aber diese sei kein Sakrament, sondern ein Geschenk Gottes. Auch die Befugnisse der Richterin Deborah hätten sich lediglich auf die *temporalia*, also auf weltliche Angelegenheiten, erstreckt,»... so wie auch heute Frauen in weltlichen Angelegenheiten herrschen können.«[181]

Ähnlich wird auch in der *Summa Halensis* argumentiert. Zwar stehe der Frau das Prophetentum offen[182], dadurch werde aber nicht die *lex subjectionis*, die untergeordnete Stellung der Frau, aufgehoben.

> »Die Gnade der Prophetie gibt der Frau nicht Autorität über den Mann und verändert nicht das Gesetz der Unterordnung, durch das nach göttlichem Recht die Frau unter dem Mann stehen muß.«[183]

Bonaventura stellt fest, daß nach der *communis opinio* Frauen nicht zum Priesteramt zugelassen sind, räumt aber gleichzeitig ein,»... ob sie es könnten, ist zweifelhaft.«[184]

Ebenso wie Thomas zwischen der Gabe der Prophetie, die Frauen als göttliches Geschenk empfangen können, und der Priesterweihe differenziert, unterscheidet er auch zwischen öffentlicher und privater Lehre, wobei nur die letztere den Frauen erlaubt sei.[185]

> »... man kann auf zweifache Weise reden. Einmal privat, einem oder mehreren gegenüber, im vertraulichen Gespräch. Was das betrifft, kann die Gnade der Rede den Frauen zukommen. Und auf eine andere Weise, öffentlich, in der Ansprache an die ganze Kirche. Und dies wird der Frau nicht zugestanden.«[186]

---

181 »... *sicut et nunc mulieres possunt temporaliter dominari*« (*Lib. sent.* IV,25,2,1a; S.578). GÖSSMANN merkt dazu an:»Dieser letzte Zusatz, für den an sich das System des Thomas keinen Raum läßt, klingt wie eine Konzession an die Faktizität regierender Frauen im Mittelalter. In bezug auf diese geschichtliche Tatsache ist jedoch an anderen Stellen von der ›corruptio urbanitatis‹ die Rede« (1979:296).

182 »Die Berufung der Frau zum Prophetentum wird als Trost für sie angesehen, damit sie wegen ihrer kreatürlich- und seinsmäßigen Schwäche nicht verzweifle« (GÖSSMANN 1964:228).

183 »*Gratia prophetiae non dat auctoritatem mulieri super virum nec mutat legem subiectionis, qua iure divino tenetur mulier esse sub viro*« (Tom. IV n.414 ad 5, zit. nach GÖSSMANN 1964:228).

184 »... *sed utrum possint, dubium est*« (*Lib. sent.* IV, XXV,II,1; Bd. II,S.638).

185 Ähnlich wie der Frau die private Lehre erlaubt ist, darf sie auch in Notfällen eine Taufe vornehmen: »... *sicut mulieri non permittitur publice docere, potest tamen privata doctrina vel monitione aliquem instruere, ita non permittitut publice et sollemniter baptizare, sed tamen potest baptizare in necessitatis articulo*« (Summa III,67,4; Bd.29,S.210).

186 »... *sermone potest aliquis uti dupliciter. Uno modo private ad unum vel paucos, familiariter colloquendo. Et quantum ad hoc, gratia sermonis potest competere mulieribus. – Alio modo, publice alloquendo totam Ecclesiam. Et hoc mulieri non conceditur*« (Summa II,II,177,2; Bd.23, S.149f).

Als Gründe nennt Thomas auch hier die untergeordnete Stellung der Frau – wie könnte eine Frau es wagen, einen Mann zu belehren[187] –, weiterhin stellt eine weibliche Lehrtätigkeit insofern eine Gefährdung dar, als die Zuhörer zur Sinnlichkeit verlockt werden könnten. Außerdem seien Frauen in der Weisheit nicht so vollkommen, als daß man ihnen unbesorgt eine öffentliche Lehrtätigkeit anvertrauen könne. Neben dem *status subjectionis* und der seinsmäßigen Unvollkommenheit der Frau wird damit auch auf das Bild der Frau als Verführerin in der Nachfolge Evas rekurriert. Zusammenfassend läßt sich mit BØRRESEN sagen:

> »Insofern das Charisma grundlose und ungeschuldete Gabe Gottes ist, erfordert es keinerlei besondere Disposition oder Eignung auf seiten des Empfängers. Aus diesem Grund kann die Frau auch die Gabe der Prophetie empfangen. Aber aufgrund ihres untergeordneten Status kann sie sie nur zu einer privaten Lehrtätigkeit verwenden« (1976:14).[188]

Welchen Anstoß es erregt, wenn Frauen sich nicht an diese Maßgaben halten, sich eine Kompetenz und Autorität anmaßen, die ihnen nach mittelalterlichem Verständnis nicht zusteht – etwa die Beichte hören, das Evangelium lesen oder öffentlich predigen – davon vermittelt eine Dekretale Innozenz' III. einen Eindruck, die er 1210 an die Bischöfe von Burgos und Palencia sowie an den Abt eines Zisterzienserklosters richtete.[189] Ihm war zu Ohren gekommen,

> »... daß die Äbtissinnen in den Diözesen Burgos und Valencia die eigenen Nonnen segnen, bei Vergehen ihre Beichte hören und sich, wenn sie das Evangelium lesen, herausnehmen, öffentlich zu predigen.«[190]

Ihm erscheint dies gleichermaßen unpassend und unerträglich, und er fordert deshalb die Adressaten seines Schreibens auf, diesen Mißständen ein Ende zu machen. Denn auch der heiligen Jungfrau Maria sei, obwohl sie würdiger als alle Apostel gewesen sei, nicht die Schlüsselgewalt verliehen worden.[191]

Der Ausschluß vom Priesteramt und jeder öffentlichen Lehr- oder Predigttätigkeit und damit die Verweigerung der institutionellen Autorität macht in besonderer Weise die Problematik eines weiblichen Erwählungs- und Sendungsbewußtseins

---

187 Vgl. Bernhard von Fontecaude: »*Si caput mulieris est vir, qua fronte audeat docere virum, scilicet caput suum? Et si nec legem libertatis docere audeat subiecta*« (*Lib. contra Waldenses*, c.8; PL 204,826C).

188 Vgl. auch Kap. 29 der Dist. 23 und im Kap. 20 der Dist. 4 de cons. im Dekretbuch Gratians: »*Mulier, quamuis docta et sancta, uiros in conventu docere non presumat. Laicus autem presentibus clericis (nisi ipsis rogantibus) docere non audeat*« (zit. nach RAMING 1973:19, Anm. 62). »*Mulier, quamuis docta et sancta, baptizare aliquos uel uiros docere in conuentu, non presumat*« (zit. nach RAMING 1973:19, Anm.63).

189 Vgl. RAMING 1973:120ff.

190 »... *quod abbatissae videlicet in Burgensi et Palentensi diocesibus constitutae moniales proprias benedicunt, ipsarumque confessiones criminalium audiunt, et legentes Evangelium praesumunt publice praedicare*« (PL 216,356A/B).

191 PL 216,356B.

deutlich. Dies ist der Kontext, in dem das Auftreten Hildegards, Elisabeths und Gertruds zu sehen ist. Wie wird in ihren Werken ihr Selbstkonzept entwickelt, wie legitimieren sie dabei ihr Auftreten? Dieser Frage wird im folgenden nachzugehen sein.

VON DER VISION ZUM *LIBER VISIONUM*

>»Dies ist das Wort des Herrn, das durch deinen
>Mund auf die Erde gesendet wurde, damit es nicht
>verborgen, sondern offenbart wird zum Lob und
>zum Ruhm unseres Herrn und zur Erlösung seines
>Volkes.«
>*Elisabeth von Schönau, 12. Jahrhundert[1]*

Ein wichtiger Aspekt für die Untersuchung des weiblichen Selbstverständnisses Hildegards von Bingen, Elisabeths von Schönau und Gertruds von Helfta ist die Frage danach, wie der Schritt in die Öffentlichkeit innerhalb ihrer Visionsschriften dargestellt und begründet wird. Wie kommt es zur Entstehung der Visionsbücher?[2] Zu fragen ist hier zunächst nach Stellenwert und Bedeutung der ersten Vision im Leben der Mystikerinnen. Inwiefern kann man bei Hildegard, Elisabeth und Gertrud von einer *conversio*, einer »mystischen Bekehrung« (MÜLLER-REIFF 1921:7), sprechen?

Für alle drei ist der entscheidende Anstoß für die Aufzeichnung ihrer Visionen und Offenbarungen der göttliche Auftrag, der zeitlich nicht unbedingt mit dem Beginn des visionären Erlebens zusammenfallen muß. Wie wird dieser Auftrag erlebt? Anzusprechen ist weiter der konkrete Prozeß der schriftlichen Fixierung. Dabei gilt es zu trennen zwischen der historischen Realität, dem, was sich über die Entstehungsbedingungen oder mögliche Mitarbeiter und Mitarbeiterinnen rekonstruieren läßt, und der Fiktion, also der Art und Weise, wie die Genese der Visionsbücher textimmanent dargestellt wird.

Abschließend ist danach zu fragen, inwiefern auch äußere Instanzen oder Autoritäten – etwa die Ordensoberen – Einfluß auf die schriftliche Fixierung der Visionen ausüben.

---

1   *Lib vis* I,LXXVIII,38.
2   Es geht in diesem Zusammenhang nicht um eine Verhältnisbestimmung von Sprache und mystischer Erfahrung. Zu dieser komplexen Thematik vgl. HAUG 1986, HAAS 1979 und 1986.

Hildegard von Bingen

conversio: der Beginn des visionären Erlebens

Hildegard ist von Kindheit an visionär begabt und die Visionen werden ihr bis ins hohe Alter zuteil. In einer autobiographischen Passage ihrer *Vita* schreibt sie, die Gabe der visionären Schau sei ihr gleichsam schon vor ihrer Geburt eingepflanzt worden:

> »Bei meiner ersten Gestaltung, als Gott mich im Leib meiner Mutter durch den Hauch des Lebens erweckte, prägte er meiner Seele diese Schau ein ...«[3]

Sie sei drei Jahre alt gewesen, als sie ein großes Licht gesehen habe, vor dem ihre Seele erzitterte. Wegen ihrer Kindheit habe sie sich jedoch darüber nicht äußern können.[4] Angesichts der frühen visionären Begabung, die darauf hindeutet, daß Hildegard göttlich erwählt ist, erscheint es nur konsequent, daß ihre Eltern sie für ein gottgeweihtes Leben bestimmen. Als sie später beginnt, Teile des ihr Offenbarten an ihre Umwelt weiterzugeben, muß sie feststellen, daß die innere Schau, die ihr so selbstverständlich ist, Staunen und Verwunderung erregt.

> »... und bis zu meinem fünfzehnten Lebensjahr habe ich vieles gesehen, und einiges habe ich einfach erzählt, so daß diejenigen, die dies hörten, sich wunderten, woher es komme, und von wem es sei.«[5]

Das Unverständnis ihrer Umwelt macht sie zurückhaltend, insbesondere, was die Art und Weise, wie ihr die Offenbarungen zuteil werden, betrifft.

> »Aus Furcht jedoch, die ich vor den Menschen hatte, wagte ich niemandem zu sagen, auf welche Weise ich sah.«[6]

Die Geheimhaltung der visionären Gabe

Hildegard bewahrt lange Zeit Schweigen über ihre visionäre Begabung. Sie scheint nur wenige Menschen, wie etwa Jutta von Spanheim, ihre Lehrerin und Erzieherin, ins Vertrauen gezogen zu haben.[7]

> »... dies teilte ich jedoch keinem Menschen mit, außer wenigen Gottesfürchtigen, die in demselben Stand lebten wie ich; aber in der Zwischenzeit begrub ich es bis zu die-

---

3   »*In prima formatione mea, cum Deus in utero matris meae spiraculo vitae suscitavit me, visionem istam infixit animae meae*« (*Vita* II,16; PL 197,102C).
4   *Vita* II,13; PL 197,103A. Vgl. auch die Vorrede zum *Sci*, wo sie davon spricht, sie sei fünf Jahre alt gewesen, als sie die erste Offenbarung empfangen habe (*Sci*, Protest., CCCM 43,S.4).
5   »... *et usque in quintum decimum annum fui multa videns, et plura simpliciter loquens, ita quod admirabantur, qui haec audierunt, unde venirent, et a quo essent*« (*Vita* II,16; PL 197,103A).
6   »*Prae timore autem, quem ad homines habebam, quomodo viderem, nulli dicere audebam*« (*Vita* II,16; PL 197,103B).
7   *Vita* II,16; PL 197,103C.

sem Zeitpunkt, als Gott es durch seine Gnade kundtun wollte, unter tiefem Schweigen.«[8]

Eine Wende vollzieht sich erst 1141, als Hildegard bereits zweiundvierzig Jahre alt ist.

»Es geschah im Jahr 1141 nach der Menschwerdung des Gottessohnes Jesus Christus, als ich 42 Jahre und sieben Monate alt war. Aus dem offenen Himmel kam ein feuriges Licht mit hellem Blitz, es durchdrang mein ganzes Gehirn und mein ganzes Herz und entzündete meine ganze Brust wie eine Flamme, die jedoch nicht verbrennt, sondern wärmt so, wie die Sonne einen Gegenstand erwärmt, auf den ihre Strahlen fallen.«[9]

Die Begegnung mit dem Göttlichen

Hildegard beschreibt diese Vision als Lichterscheinung: Sie sieht ein feuriges Licht vom offenen Himmel herabkommen, das ihr Gehirn, Herz und Brust durchströmt. Auch für ihre folgenden Visionen spielt dieses Licht, das sich mit menschlichen Maßstäben nicht messen und beschreiben läßt und das Hildegard als die *umbra viventis lucis*[10], den Schatten des lebendigen Lichts, bezeichnet, eine wichtige Rolle. In seltenen Fällen sieht sie in diesem Licht ein anderes, die *lux vivens*, das lebendige Licht:

»... und in der Zeit, während ich jenes sehe, wird alle Traurigkeit und Angst von mir genommen, so daß ich mich dann wie ein einfaches Mädchen, nicht wie eine alte Frau benahm.«[11]

In dem sie erleuchtenden Licht erkennt sie wie in einem Spiegel das, was ihr offenbart wird.

»Und wie Sonne, Mond und Sterne sich auf der Wasseroberfläche widerspiegeln, so erstrahlten mir in jenem die heiligen Schriften, Reden, Kräfte und bestimmte Werke von Menschen.«[12]

---

8   »... *quod tamen nulli hominum exceptis quibusdam paucis et religiosis qui in eadem conuersatione uiuebant, qua et ego eram, manifestavi; sed interim usque ad id temporis cum illud Deus sua gratia manifestari uoluit, sub quieto silentio depressi*« (*Sci* Protest., CCCM 43,S.4).

9   »*Factum est in millesimo centesimo quadragesimo primo Filii Dei Iesu Christi incarnationis anno, cum quadraginta duorum annorum septemque mensium essem, maximae coruscationis igneum lumen aperto caelo ueniens totum cerebrum meum transfudit et totum cor totumque pectus meum uelut flamma non tamen ardens sed calens ita inflammavit, ut sol rem aliquam calefacit super quam radios suos ponit*« (*Sci* Protest., CCCM 43,S.3f).

10   *Ep* II, Pitra 332.

11   »... *atque interim dum illam video, omnis tristicia et omnis angustia a me aufertur, ut nunc velut mores simplicis puellae et non vetulae mulieris habebam*« (*Ep* II, Pitra 332).

12   »*Et ut sol, luna et stellae in aquis apparent, ita scripturae, sermones, virtutes, et quaedam opera hominum formata mihi in illo resplendent*« (*Ep*, Pitra 332). Zur Bedeutung von *speculum* bei Hildegard vgl. SCHMIDT 1979.

Die prophetische Schau Gottes bleibt also indirekt, den menschlichen Erkenntnismöglichkeiten entsprechend, die durch den Sündenfall eingeschränkt wurden.[13] Menschliche Augen können die Geheimnisse Gottes auch im rechten Glauben nur verhüllt[14] wahrnehmen, wie durch ein Fenster und wie in einem Spiegel.[15] Gleichzeitig symbolisiert das Licht das Göttliche selbst, das unsinnlich, für den Menschen furchtbar und unfaßbar bleibt.[16] Insgesamt ist eine große Distanz zwischen Gott und der von ihm erwählten Prophetin bestimmend. An keinem Punkt öffnet sich Hildegards visionäres Erleben zu einem Dialog mit dem Göttlichen. SCHIPPERGES stellt fest:

> »Ihr mystisches Erleben beruht einzig und allein auf der persönlichen Erfahrung einer Begegnung mit Gott, und zwar nicht mit Gott als subjektivem Gesprächspartner der Seele, sondern jenem Gott, der die ganze Welt und den ganzen Menschen geschaffen hat« (1965:13).

Außer im Licht begegnet Hildegard das Göttliche auch als körperlose furchteinflößende Stimme, die ihr die Bilder, die sie in ihren Visionen sieht, allegorisch[17] deutet.

Göttlicher Auftrag und Widerstand der Visionärin

Die göttliche Stimme erteilt ihr auch den Auftrag, das, was sie sieht und hört, aufzuzeichnen und zu verkünden. »O du gebrechlicher Mensch, du Asche von Asche und Fäulnis von Fäulnis, sag und schreibe, was du siehst und hörst.«[18] Obwohl dieser göttliche Auftrag eindeutig ist, versucht Hildegard zunächst, sich ihm zu entziehen.

> »Obwohl ich dies sah und hörte, weigerte ich mich wegen der Ungläubigkeit, der schlechten Meinung und der widersprüchlichen Worte der Menschen, nicht aus Hartnäckigkeit, sondern im Dienst der Demut so lange zu schreiben, bis ich, von der Geißel Gottes niedergeworfen, auf das Krankenlager sank.«[19]

---

13 *LDO* I,IV,LXXIII; PL 197,875B.

14 *Sci* III,XI,27, CCCM 43,S.592.

15 »*... homo tali velamine operatus est quod mysteria Dei perfecte non perspiciet, quamdiu eodem velamine rectus est. Unde quamdiu rectam fidem habet, Deus illi miracula sua quasi fenestraliter et quasi per speculum manifestat*« (*LVM* VI,43,65; Pitra 243). Vgl. *LDO* III,VII; PL 197,972D.

16 *Sci* II,V; CCCM 43,S.176 und III,I; CCCM 43,S.328.

17 Zum allegorischen Verfahren Hildegards vgl. MEIER 1979.

18 »*O homo fragilis, et cinis cineris, et putredo putredinis, dic et scribe quae vides et audis*« (*Sci* Protest.; CCCM 43,S.3). Vgl. die Praefatio zum *LVM*: »*Tu quae ab infantia tua per spiritum Domini, non corporali, sed spirituali vera visione docta es, dic ea quae nunc vides et audis*« (1; Pitra 8).

19 »*Sed ego, quamuis haec uiderem et audirem, tamen propter dubietatem et malam opinionem et propter diuersitatem verborum hominum, tamdiu non in pertinacia, sed in humilitatis officio scribere recusaui, quousque in lectum aegritudinis flagello Dei depressa caderem ...*« (*Sci* Protest.; CCCM 43,S.5).

Aus dem Empfinden ihrer eigenen Unfähigkeit heraus, aus Demut also, und wegen der Tendenz der Menschen zu zweifeln, wegen ihrer schlechten Meinung und ihres Geredes weigert sie sich, dem göttlichen Auftrag Folge zu leisten. Insbesondere rechnet Hildegard damit, daß sie als von Gott erwählte Frau Anstoß erregen und mit der Frage konfrontiert werden könnte:»Was bedeutet dies, daß dieser dummen und ungelehrten Frau soviele Geheimnisse enthüllt werden, wenn es doch viele starke und weise Männer gibt?«[20] Doch auch angesichts dieser Bedenken wird der göttliche Auftrag bekräftigt. Hildegard soll wie eine Quelle von der mystischen Weisheit überströmen und jene, die sie aufgrund ihres Geschlechts verurteilen, erschüttern.

> »Also ergieße dich in eine überströmende Quelle und ströme auf solche Weise in mystischer Lehre aus, daß jene von der Flut deiner Wasser erschreckt werden, die dich wegen der Übertretung Evas geringschätzen wollen.«[21]

Als Hildegard zögert, dem göttlichen Auftrag nachzukommen, wird sie durch körperliche Schmerzen gezwungen, das zu offenbaren, was sie gesehen und gehört hat.[22] Sie erkrankt und kommt erst wieder zu Kräften, als sie sich entschließt, den göttlichen Auftrag zu erfüllen, und mit der Aufzeichnung ihrer Visionen beginnt.[23]

> »Endlich legte ich, durch die vielen Krankheiten bezwungen, die Hand ans Schreiben. Als ich dies tat und, wie ich vorher gesagt habe, die tiefe Unergründlichkeit der Schriftauslegung verstand, gewann ich meine Kräfte zurück und erhob mich vom Krankenlager. Kaum brachte ich dieses Werk in zehn Jahren zustande und vollendete es.«[24]

Krankheit als Strafe trifft sie nicht nur da, wo es um die schriftliche Fixierung ihrer Visionen geht, sondern immer dann, wenn sie sich weigert, einem göttlichen Auftrag Folge zu leisten. Auch als Hildegard in einer Vision die Weisung erhält, das Kloster auf dem Disibodenberg mit ihren Nonnen zu verlassen und sich in einer Klostergründung auf dem Rupertsberg anzusiedeln, scheint sie die diesbe-

---

20   »*Quid est hoc, quod huic stultae et indoctae feminae tot mysteria revelantur, cum multi fortes et sapientes viri sunt?*« (*Vita* II,22; PL 197,106D). Kontext ist hier die Vision, in der Hildegard den Auftrag erhält, ihr Kloster auf den Rupertsberg zu verlegen.

21   »*Ergo in fontem abundantiae ita dilatare et ita in mystica eruditione efflue, ut illi ab effusione irrigationis tuae concutiantur qui te propter praevaricationem Euae uolunt contemptibilem esse*« (*Sci* I,I; CCCM 43,S.8). Vgl. auch:»*Unde, o pusilla animo, quae interius es docta de mystico spiramine, quamuis conculcata sis per virilem formam propter praeuaricationem Euae, tamen dic igneum opus quod tibi demonstratur certissima ostensione*« (*Sci* II,I; CCCM 43,S.112).

22   *Vita* II,17; PL 197,103C.

23   Die Abfolge von Auftrag, Widerstand der Visionärin und Überwindung des Widerstandes ist fester Bestandteil des Topos des Schreibbefehls. Vgl. RINGLER 1980:175.

24   »*... ita quod tandem multis infirmitatibus compulsa,... manus ad scribendum apposui. Quod dum facerem, altam profunditatem expositionis librorum, ut praedixi, sentiens, viribusque receptis de aegritudine me erigens, vix opus istud decem annis consummans ad finem perduxi*« (*Sci* Protest.; CCCM 43,S.5f).

zügliche Offenbarung zunächst verheimlicht zu haben und erkrankt als Folge schwer.

>>Eine gewisse Zeit sah ich kein Licht, da meine Augen umdunkelt waren, und ich wurde von einer so großen Last des Körpes niedergedrückt, daß ich nicht in der Lage war, mich zu erheben und mit großen Schmerzen darniederlag.<<[25]

Als sie den göttlichen Auftrag enthüllt, kann sie wieder sehen und fühlt sich erleichtert. Der Abt und die Brüder des Disibodenbergs leisten jedoch Widerstand, begegnen Hildegards Ansinnen mit Unverständnis und behaupten, sie sei von einem Trugbild getäuscht worden. Schließlich verbietet die göttliche Stimme ihr, >>... weiter an jenem Ort etwas über diese Vision zu sagen oder zu schreiben.<<[26] Als Modell zur Deutung dieser Abfolge von Widerstand gegen den göttlichen Auftrag und der daraus resultierenden Strafe sieht Hildegard den Propheten Jona an. Auch Jona widersetzt sich dem Willen Gottes und muß wie Hildegard zum Gehorsam gezwungen werden.

>>Wenn ich aus Furcht vor den Menschen diese Wege, die Gott mir bestimmt hatte, nicht beachtete, wurden meine körperlichen Schmerzen vermehrt und ließen nicht nach, bis ich gehorcht hatte: So erging es auch Jona, der sehr gepeinigt wurde, bis er sich zum Gehorsam hinneigte.<<[27]

Insgesamt nimmt die Reflexion von Krankheit und schwacher körperlicher Konstitution der Frau, wie sich noch zeigen wird, in der Entwicklung ihres Selbstkonzepts eine zentrale Stellung ein.

Die schriftliche Fixierung der Visionen

Hildegard hat ihre großen Visionsschriften nicht allein verfaßt, sondern dabei verschiedene MitarbeiterInnen gehabt.[28]

Man kann davon ausgehen, daß sich die Entstehung ihrer großen Visionsschriften in mehreren Arbeitsschritten vollzog. Zunächst hält Hildegard selbst ihre Visionen auf Wachstafeln fest. Diese Aufzeichnungen werden von ihren Mitarbeitern auf Pergament übertragen. Diese vorläufige Fassung wird korrigiert, wobei die Sekretäre wohl lediglich grammatikalische Verbesserungen vornehmen, dann erfolgt die endgültige Reinschrift.[29] So wird Hildegard auch auf einer Miniatur zu

---

25 >>Quodam ... tempore ex caligine oculorum nullum lumen videbam, tantoque pondere corporis deprimebar, quod sublevari non valens, in doloribus maximis occupata jacebam ...<< (Vita II,21; PL 197,106A).

26 >>... ne quidquam amplius in loco illo de visione hac proferrem vel scriberem<< (Vita II,21; PL 197,106B).

27 >>Has vias, quas Deus mihi praecepit, cum negligerem propter populi timorem, dolores mihi corporis sunt augmentati, nec cessabant, quousque obedivi: sicut et Jonae contigit, qui valde fuit afflictus quousque ad obedientiam se reclinavit<< (Vita III,52; PL 197,127C).

28 Vgl. FÜHRKÖTTER 1979:44ff, SCHRADER/FÜHRKÖTTER 1956:143-153 und HERWEGEN 1904.

29 DEROLEZ 1972 und 1973.

Beginn des *Scivias* gezeigt: Von den Flammen des heiligen Geistes erleuchtet, sitzt sie da und zeichnet ihre Offenbarungen auf einer Wachstafel auf. Neben ihr ist einer ihrer Sekretäre – wohl Volmar vom Disibodenberg – zu sehen, bereit, die Aufzeichnungen von der Wachstafel auf Pergament zu übertragen.

Wer waren nun diese MitarbeiterInnen? Zu nennen sind hier zunächst Nonnen aus dem Rupertsberger Konvent, an erster Stelle Richardis von Stade, die Hildegard bei der Abfassung des *Scivias* zur Seite steht und auch in der Vorrede – allerdings ohne Nennung des Namens – als ein gewisses adliges Mädchen von gutem Charakter erwähnt wird.[30] Mit Richardis war Hildegard, wie sie selbst schreibt, durch eine tiefe Zuneigung und Freundschaft verbunden.

> »Denn als ich das Buch *Scivias* schrieb, war ich einem gewissen adligen Mädchen, der Tochter der vorher genannten Markgräfin, in voller Liebe zugeneigt, so wie Paulus dem Timotheus. Sie hatte sich mir in tiefer Freundschaft in allem verbunden und litt in meinen Leiden mit mir, bis ich das Buch vollendet hatte.«[31]

1151 – nach Abschluß des *Scivias* und kurz nach der Übersiedlung des Konventes auf den Rupertsberg – verläßt Richardis gegen Hildegards ausdrücklichen Wunsch die Gemeinschaft, um wegen ihrer adligen Abkunft[32] Äbtissin in Bassum bei Bremen zu werden.[33]

Richardis scheint zumindest, was die Mitarbeit an den Schriften Hildegards betrifft, eine Nachfolgerin gehabt zu haben – wahrscheinlich wieder eine Nonne aus dem Rupertsberger Konvent –, die in den Praefationes zum *Liber divinorum operum* und *Liber vitae meritorum* auch jeweils genannt wird.[34]

Eine besondere Bedeutung für die Entstehung von Hildegards Schriften hat Volmar, ein Mönch vom Disibodenberg, der von 1141 bis zu seinem Tod 1173 auf dem Rupertsberg lebte und in dieser Zeit an der Entstehung der Visionstrilogie beteiligt war. Nach seinem Tod[35] übernehmen verschiedene Personen jeweils für

---

30 *Sci* Protest.; CCCM 43,S.5.

31 »*Nam cum librum Scivias scriberem, quamdam nobilem puellam, supradictae marchionissae filiam, in plena charitate habebam, sicut Paulus Timotheum, quae in diligenti amicitia in omnibus se mihi conjunxerat, et in passionibus meis condoluit, donec ipsum librum complevi*« (*Vita* II,23; PL 197,107C/D).

32 *Vita* II,23; PL 197,107D.

33 Richardis stirbt 1152, bevor sie ihren Entschluß, zu Hildegard auf den Rupertsberg zurückzukehren, in die Tat umsetzen kann. Zu den dramatischen Auseinandersetzungen um Richardis vgl. den Briefwechsel Hildegards (*Ep* IV,XII-XVIII,LXIV; CCCM 91,S.10f,27-31,147f).

34 »*Et ego testimonio hominis illius ... et testimonio cujusdam puellae mihi assistentis, manus ad scribendum posui*« (*LVM* Praef. 2; Pitra 8); »*... testificante etiam eadem puella, cujus in superioribus visionibus mentionem feci,... manus tandem ad scribendum tremebunda converti*« (*LDO* Praef.; PL 197,742A). HERWEGEN hält es nicht für abwegig, daß es sich dabei um Hiltrud, eine Nichte Juttas von Spanheim, handelt (1904:306).

35 Der Tod Volmars trifft Hildegard schwer. In einem Brief an Wibert von Gembloux schreibt sie: »*... a lacrimis nedum temperare valeam, quoniam baculum consolationis meae non habeo*« (*Ep* XV, Pitra 381).

eine kürzere Zeit diese Aufgabe: zunächst Gottfried[36] – ebenso wie Volmar ein Mönch vom Disibodenberg –, dann Hildegards Bruder Hugo, Domkantor in Mainz, und von 1177 bis zu Hildegards Tod Wibert von Gembloux.[37]

Hildegard datiert die Entstehung ihrer verschiedenen Schriften sehr genau. Jede ihrer Visionsschriften beginnt damit, daß sie das betreffende Werk in den Ablauf ihres Gesamtschaffens einordnet und angibt, wie lange sie für seine Abfassung gebraucht hat.[38]

Wie sich jedoch die einzelnen Arbeitsschritte vollziehen, welche Aufgaben etwa ihre MitarbeiterInnen haben, wird nicht dargestellt. Fast scheint es, als verblasse das menschliche Wirken vor der Monumentalität der göttlichen Offenbarung.

Eine Ausnahme stellt lediglich die Person des Magisters Volmar dar, auf den ausführlicher Bezug genommen wird. In der *Vita* heißt es über ihn:

> »Jenes ist groß und der Bewunderung würdig, daß sie das, was sie im Geist hörte oder sah, in der gleichen Bedeutung und mit den gleichen Worten, umsichtig und bei klarem Verstand eigenhändig niederschrieb und offenbarte und mit einem einzigen zuverlässigen Mann als Vertrautem zufrieden war. Dieser stellte zwar nach den Regeln der Kunst der Grammatik, die sie selbst nicht kannte, die Fälle, die Zeiten und Genera richtig, nahm sich aber nicht heraus, am Sinn oder Verständnis etwas hinzuzufügen oder wegzunehmen.«[39]

In diesem Text wird der göttliche Ursprung des Aufgezeichneten betont: Hildegard schreibt alles eigenhändig mit den gleichen Worten nieder, die ihr offenbart wurden, oder diktiert die Offenbarungen doch zumindest. Auch Volmar als ihrem *symmista*, Mitwisser und Mithelfer, obliegt lediglich die formale Überarbeitung. Es wird ausdrücklich betont, daß er den Inhalt der Aufzeichnungen in keiner Weise verändert.[40] Man wird dies nicht ungebrochen als Bezeugung von Hildegards Autorschaft werten dürfen[41], handelt es sich hier doch um topische Rede, um einen Wahrheitsbeweis.

---

36 Er stirbt 1175/76. Von ihm stammt das erste Buch der Hildegard-*Vita*.

37 Von Bedeutung ist vor allem sein Briefwechsel mit Hildegard, der noch aus der Zeit vor seiner Tätigkeit auf dem Rupertsberg stammt und über die Art von Hildegards visionärem Erleben Aufschluß gibt (*Ep* I und II, Pitra 328-334).

38 *LVM* Praef.1; Pitra 7 und *LDO* Praef.; PL 197,741A.

39 »*Magnum est illud et admiratione dignum, quod ea, quae in spiritu audivit vel, vidit eodem sensu et eisdem verbis, circumspecta et pura mente, manu propria scripsit, et ore edidit, uno solo fideli viro symmista contenta. Qui ad evidentiam grammaticae artis, quam ipsa nesciebat, casus, tempora et genera quidem disponere, sed ad sensum vel intellectum eorum nihil omnino addere praesumebat vel demere*« (*Vita* II,14; PL 197,101C).

40 Vgl. auch Hildegards Brief an Papst Anastasius, in dem sie schreibt: »*Hoc quod in lingua desuper tibi ostensa non secundum formam humane consuetudinis protuleris, quoniam consuetudo tibi data non est, ille qui limam habet, ad aptum sonum hominum expolire non negligat*« (*Ep* VIII; CCCM 91,S.21).

41 Anders FÜHRKÖTTER in der Übersetzung der Hildegard-*Vita*: »Diese Stelle bezeugt Hildegards Autorschaft. Hildegard hat ihre Werke eigenhändig niedergeschrieben (manu propria

72

In seiner Funktion als vertrauter Mitarbeiter wird er auch in den Praefationes der Visionsschriften erwähnt. In einer formelhaften Wendung wird er ebenso wie Hildegards jeweilige weibliche Mitarbeiterin als Zeuge für den Beginn der Arbeiten an dem betreffenden Werk benannt. Sie verbürgen sich beim Leser für die Wahrheit der Offenbarungen.[42] »... während jener Mensch, den ich, wie vorher beschrieben, gesucht und gefunden hatte, Zeuge war, legte ich Hand ans Schreiben.«[43] Darüber hinaus wird er in einer Passage aus der Vorrede zum *Scivias* erwähnt, in der die göttliche Stimme die Erwählung Hildegards schildert. Obwohl Hildegard durch ihre Offenbarungen teilhat an den göttlichen Geheimnissen, hat Gott sie doch niedergeworfen. In ihrer Unsicherheit und Schwäche sucht sie eine Stütze, einen Vertrauten und findet Volmar, der sich wie Hildegard um den Auftrag Gottes müht. Daß Hildegard sich an ihn wendet, ihn sucht und findet, wird zum Zeichen dafür, daß sie sich nicht über sich selbst erhebt, sondern trotz der ihr zuteil werdenden Offenbarungen demütig bleibt.

>»Und derselbe Mensch erhob sich nicht über sich selbst, sondern neigte sich in der Erhöhung der Demut und in der Anspannung des guten Willens mit vielen Seufzern jenem zu, den er gefunden hatte.«[44]

Gleichzeitig erscheint die Mitarbeit Volmars an den Werken Hildegards als Teil des göttlichen Plans. Sie arbeiten zusammen, um die verborgenen Wunder Gottes kundzutun.

Die äußeren Instanzen

In ihrer Autobiographie beschreibt Hildegard, wie sie sich in ihren Zweifeln bezüglich einer Aufzeichnung ihrer Visionen an Volmar als besondere Vertrauensperson wendet.

>»Ich vertraute dies einem gewissen Mönch an, meinem Lehrer, der einen gottesfürchtigen Lebenswandel hatte und sich durch sein eifriges Bemühen auszeichnete, und dem die Neugier vieler Menschen fremd war. Daher hörte er diese Wunder auch gern

---

scripsit). Ein symmysta, ihr ehemaliger Magister, der Disibodenberger Mönch Volmar, leistete ihr als Sekretär Hilfe« (1980:153,Anm.29).

42 »Telle est a notre sens, la valeur du ›testimonium‹: Volmar et la religieuse, qui aiderent la Sainte se portent garants de la vérité des révélations non en faveur de la Sainte, mais plutôt du lecteur« (HERWEGEN 1904:201).

43 »... *testimonio ... hominis illius, quem occulte, ut praefatum est, quaesieram et inveneram, manus ad scribendum apposui*« (*Sci* Protest.; CCCM 43,S.5). Vgl. *LVM* Praef. 2; Pitra 8 und *LDO* Praef.; Pl 197,742A.

44 »*Et idem homo super semetipsum se non posuit, sed ad illum in ascensione humilitatis et in intentione bonae uoluntatis, quem inuenit, se in multis suspiriis inclinauit*« (*Sci* Protest.; CCCM 43,S.5).

73

an: Er staunte und gab mir den Auftrag, diese insgeheim aufzuschreiben, bis er sähe, von welcher Art und woher sie seien.«[45]

Volmar steht als erster Vertreter der äußeren Instanzen, die Hildegard ebenso wie der göttliche Auftrag zur Aufzeichnung ihrer Visionen drängen.[46] In ihrer Unsicherheit bietet ihr also nicht die Klostergemeinschaft Rückhalt, sondern sie vertraut sich Volmar, ihrem Lehrer, an. Er übernimmt die Aufgabe zu entscheiden und zu überprüfen, welcher Art und welchen Ursprungs Hildegards Visionen sind. Hier deutet sich die Angst der Visionärin vor der Illusion an, die bei Elisabeth von Schönau eine so große Rolle spielen wird.

Eine ähnliche Funktion hat der Brief, den Hildegard 1146/47 an Bernhard von Clairvaux schreibt. THUM stellt dazu fest: »Der Brief gerät der um Selbstbekenntnis und Anerkennung kämpfenden Frau zum Liebesbrief an den Mann ...« (1984:302). Diese Interpretation verkennt jedoch das eigentliche Anliegen dieses Schreibens, denn Bernhard wird vielmehr als kompetente Autoritätsperson angesprochen. Hildegard, die unsicher ist, ob sie ihre Visionen aufzeichnen soll, bittet ihn, sie in dieser Frage zu beraten.

> »Gütiger und milder Vater, ich bin in deine Seele hineingelegt, damit du mir durch diese Rede enthüllst, ob du willst, daß ich dies öffentlich verkünde oder Schweigen bewahre. Denn ich ertrage große Mühen in dieser Schau, damit ich das sage, was ich gesehen und gehört habe.«[47]

Dabei spiegelt dieser Brief weniger Hildegards Demut wider, als vielmehr ihr Bewußtsein für ihre problematische Stellung als schreibende Frau. Indem Hildegard die Billigung der männlichen Autorität sucht, sichert sie sich gleichzeitig geschickt nach außen gegen mögliche Gegner ab. Volmar und Bernhard bleiben nicht die einzigen, die die Visionen Hildegards einer Prüfung unterziehen, denn Volmar zieht auch den Abt des Disibodenbergs ins Vertrauen. »Als er jedoch erkannte, daß sie von Gott wären, vertraute er sich seinem Abt an und arbeitete von nun an mit großem Eifer mit mir an ihnen.«[48]

---

45   »*Ista cuidam monacho magistro meo intimavi, qui bonae conversationis et diligentis intentionis ac veluti peregrinus a sciscitationibus multorum hominum erat. Unde et eadem miracula libenter audiebat: qui admirans mihi injunxit, ut ea absconsa scriberem, donec videret quae et unde essent*« (Vita II,17; PL 197,103D). Volmar wird zwar hier, wie auch in den im folgenden zitierten Texten nicht namentlich genannt, dennoch bestehen keine Zweifel, daß sie sich auf ihn beziehen. Wie SILVAS zu dem Schluß kommt, hier sei Gottfried gemeint (1985:6), ist deshalb unverständlich.

46   Vgl. auch: »*Post haec ab abbate meo et fratribus humillima instantia et devotione coacta sum, ut vitam sancti Disibodi ... scriberem*« (Vita III,54; PL 197,128B). Zu diesem in der mittelalterlichen Literatur häufig als Topos verwendeten Thema vgl. CURTIUS 1948:92f.

47   »*Bone pater et mitissime, posita sum in animam tuam, ut mihi reueles per hunc sermonem, si uelis ut hec dicam palam, aut habeam silentium, quia magnos labores habeo in hac uisione, quatenus dicam quod uidi et audiui*« (Ep I; CCCM 91,S.4f).

48   »*Intelligens autem quod a Deo essent, abbati suo intimavit, magnoque desiderio deinceps mecum in his laboravit*« (Vita II,17; PL 197, 104A).

Der Abt, dem das eigene Urteil nicht genügt, wendet sich in dieser Angelegenheit an die höhere Geistlichkeit und den Bischof in Mainz und legt auch dort Hildegards Schriften vor.

Schließlich wird die Angelegenheit Hildegards sogar dem Papst unterbreitet, als er sich 1147/1148 auf einer Synode in Trier aufhält.[49] Er läßt aus den Schriften Hildegards – Teile von *Scivias*, das zu diesem Zeitpunkt noch in Arbeit ist – vorlesen und erteilt ihr nach gründlicher Überprüfung den Auftrag, ihre Offenbarungen aufzuzeichnen.[50] Dabei ist die Bestätigung der Rechtgläubigkeit ihrer Visionen für Hildegard insofern von Bedeutung, als sie ihr die Verbreitung ihrer Schriften ermöglicht.

Die Prüfung, der Hildegards Offenbarungen mehrfach unterzogen wird, macht zum einen das Mißtrauen deutlich, mit dem die kirchliche Hierarchie charismatischer Begabung begegnet. Zum andern zeigen sich aber auch die Vorbehalte der vom Frauenbild ihrer Zeit geprägten Männer der visionär begabten Frau gegenüber: Macht die moralische Schwäche der Frau, die schon den Sündenfall verursacht hat, sie nicht leichter angreifbar für Einflüsterungen des Teufels?

Elisabeth von Schönau

conversio: der Beginn des visionären Erlebens

Elisabeth von Schönau wird die visionäre Gabe erst im Alter von dreiundzwanzig Jahren zuteil, zu einem Zeitpunkt, als sie schon seit elf Jahren im Kloster Schönau lebt. Das Auftreten der Visionen trifft sie wohl völlig unvorbereitet, denn es ist nie die Rede davon, daß sie schon früher ähnliche Offenbarungen gehabt hätte.

Der eigentlichen mystischen Bekehrung geht eine über elf Tage sich hinziehende Phase voraus, die von tiefster Depression, Glaubenszweifeln bis hin zu Selbstmordgedanken erfüllt ist und in der Elisabeth von Teufelserscheinungen gequält wird. Die Beschäftigungen, die ihr bisher sinnvoll erschienen – Gebet und Lektüre des Psalters – sind plötzlich sinnlos geworden und erfüllen sie mit Ekel.

>»Während sich also diese schlechte Traurigkeit in mir allmählich verstärkte, wurde meine Seele so sehr von Dunkel verhüllt, daß ich – wohin auch immer ich mich wandte – glaubte im Finstern zu wandern, im Vergleich mit dem Licht, das ich vorher in mir gefühlt hatte. Inzwischen erfüllte mich auch so großer Ekel, daß es nichts gab, vor dem meine Seele nicht einen Widerwillen empfunden hätte. Die Gebete, die mich sonst mit größter Freude erfüllten, waren mir lästig. Den Psalter, der mir immer angenehm gewesen war, warf ich weit von mir, sobald ich kaum einen Psalm gelesen hatte. ... Denn jener Böse ließ mich sogar im Glauben schwanken. Speise und Trank konnte ich vor Ekel nur sehr wenig zu mir nehmen, und ich ging kraftlos und mich am ganzen Körper verzehrend einher. Zuletzt jedoch gab mir jener Böse ein, meinem

---

49 Die Synode findet vom 30.11.1147 – Februar 1148 statt. Vgl. FÜHRKÖTTER 1979:33.
50 *Vita* II,17; PL 197, 104A/B.

Leben selbst ein Ende zu setzen und auf diese Weise meine Qualen, die ich lange ertragen hatte, zu beenden.«[51]

Bezeichnend ist, daß diese Phase[52] ihren Anfang am Pfingsttag (18.5.1152) nimmt. Das deutet darauf hin, welche Bedeutung der Kultus, der Ablauf des Kirchenjahres mit seinen Festen für Elisabeths visionäres Erleben haben wird. Der Empfang der visionären Gabe gerade am Pfingsttag kommt einem spirituellen Nachvollzug des neutestamentlichen Geschehens gleich. Elisabeths Vorbekehrungsphase dauert bis zum Fest des Hl. Maximin an.[53] Immer wieder erscheint ihr der Teufel in schrecklicher, furchteinflößender Gestalt und verfolgt sie.

»Danach stand er während der Mette vor mir, in menschlicher Gestalt, klein und dick, sein Gesicht war feurig, seine Zunge flammend und weit aus dem Mund gestreckt, seine Hände und Füße glichen den Klauen von Raubvögeln.«[54]

Hier zeigt sich, daß für Elisabeth die Vorbekehrungsphase nicht lediglich Einbruch des Göttlichen in ihr Leben ist, um sie auf dem bisher eingeschlagenen Weg zu bestärken, keine göttliche Fügung, um sie zur rechten Auffassung klösterlichen Lebens zu bringen. Für sie bedeutet diese Phase vielmehr einen Kampf mit dem Teufel. Ihre Abkehr von Gott, ihr Lebensekel, das alles ist für sie Werk des teuflischen Versuchers. Dementsprechend empfindet sie die Rettung aus der *tristicia*, das Ende von Depression und Schuldgefühl, als göttliches Werk.[55]

Auffällig ist, wie detailliert im *Liber visionum* die Einzelheiten der Vorbekehrungsphase geschildert werden, während wir dagegen über Elisabeths Leben vor dieser Zeit nur wenig erfahren. Sie äußert sich nicht dazu, wie sie angesichts ihrer neuen Erfahrungen ihr früheres Leben bewertet.

---

51 »*Crescente igitur paulatim apud me hac non bona tristicia, adeo mente obscurata sum, ut quocunque me verterem, in tenebris ambulare me estimarem, lucis comparatione, quam antea in me senseram. Inter hec tanto etiam tedio afficiebar, ut nihil esset, quod non fastidiret anima mea. Moleste mihi erant orationes, que summe delicie mee esse consueverant. Psalterium quod iocundum semper mihi fuerat, quandoque vix uno psalmo perlecto, longe a me proieci. ... Nam etiam in fide hesitare me fecit ille perfidus ... Cibum et potum pre tedio sumere non potui nisi tenuissime, et ibam deficiens et tabescens in toto corpore. Novissime autem id michi inspiravit ille perfidus, ut vite mee ipsa finem imponerem, atque ita aerumnas meas, quas diu sustinueram terminarem*« (*Lib vis* I,II,4).

52 Mit MÜLLER-REIFF kann man diese Zeit als Vorbekehrungsphase bezeichnen (1921:11). BEYERs einseitig psychologisierende Darstellung dieser Phase wird Elisabeths visionärem Erleben nicht gerecht (1989:81ff).

53 *Lib vis* I,III,5.

54 »*Post hec in matutinis stabat coram me, in humana effigie, statura brevis, et spissus, et horribilis aspectu, facies eius ignea, lingua flammea, et longe ab ore eiecta, manus eius et pedes similes unguibus avium rapacissimarum*« (*Lib vis* I,IV,5).

55 *Lib vis* I,XXII,13.

Die Begegnung mit dem Göttlichen

Ihr Ende findet Elisabeths prävisionäre Phase mit einer ersten Erscheinung Marias.[56]

>»Und siehe, plötzlich leuchtete jenes himmlische Licht auf, und von dort trat meine Trösterin hervor. Und als sie ein wenig herabgestiegen war, stand sie vor mir. Und während ich sie anschaute, beobachtete ich aufmerksam die Bewegung ihrer Lippen, und ich erkannt, daß sie mich bei meinem Namen Elisabeth nannte und sonst nichts hinzufügte. Dies nahm ich als Trost auf, ich dankte ihr, und sie ging von mir.«[57]

Während diese erste Marienerscheinung noch wortlos bleibt – Elisabeth erkennt lediglich an den Lippenbewegungen Marias, daß sie sie mit ihrem Namen anspricht –, findet sich in späteren Visionen eine Entwicklung hin zum Dialog mit den himmlischen Erscheinungen. Sie ermahnen Elisabeth, trösten sie oder beantworten ihr ihre Fragen.[58] Bestimmt durch den Festkreis des Kirchenjahres wiederholen sich die Visionen teilweise.[59] Sehr häufig erscheint ihr Maria und der Engel des Herrn, ihr persönlicher Schutzengel, der ihr Tröster und Führer ist.[60] Beide übernehmen eine Mittlerfunktion[61] zwischen Elisabeth und dem Göttlichen, das selbst fremd, unerreichbar und furchteinflößend bleibt.[62] Von der Gesamtkonzeption her geht es nicht um eine intime Vertrautheit zwischen Gott und Elisabeth als seiner Erwählten, sondern sie ist lediglich Werkzeug zur Verkündigung einer göttlichen Botschaft und trägt an diesem Auftrag schwer.

Die Geheimhaltung der visionären Gabe

Texte, die die Frage aufwerfen, ob und in welcher Form Elisabeth mit ihren Offenbarungen in die Öffentlichkeit gehen soll, und die die damit verbundenen Konflikte und Befürchtungen thematisieren, sind im *Liber visionum* zahlreich.

Ebenso durchgängig, wie dieses Thema auftaucht, findet sich auch der Gedanke, daß Elisabeth das ihr Offenbarte eigentlich verschweigen wollte. Sie spricht davon, daß sie die Visionen gewöhnlich aus Bescheidenheit vor den Schwestern geheimhielt,[63] oder sagt von den schriftlichen Aufzeichnungen, die von ihren Visionen

---

56 *Lib vis* I,V,5.
57 »*Et ecce subito lux illa celestis emicuit, et progressa est inde consolatrix mea. Et cum paululum descendisset contra me stabat. Et ego intendens in eam, motum labiorum eius diligenter observabam, et cognovi, quod nominaret me nomine meo Elisabeth, et amplius non adiecit. Quod ego pro consolatione recipiens, gratias egi illi, et recessit a me*« (*Lib vis* I,XI,8).
58 Zu Elisabeths Begegnung und Gespräch mit Maria vgl. *Lib vis* II,XXV,51 und II,XXXI,54.
59 Sie sieht die Heiligen des jeweiligen Tages. Vgl. *Lib vis* I,XXXIII,17.
60 *Lib vis* I,LXXII,33;I,LXXIX,38;II,XII,45.
61 KÖSTER hebt als Besonderheit hervor:»Mit Vorliebe begegnen ihr die Gestalten, die dem Glauben der Zeit als Mittler geläufig sind« (1965:23).
62 Der Engel kann ein durchaus menschliches Verhalten an den Tag legen (*Lib vis* III,XIX,72). Auch Maria ist beleidigt, als Elisabeth sich bei ihrer Verehrung als nachlässig erweist (*Lib vis* II,XI,44).
63 *Lib vis* I,LIII,27.

existieren: »Ganz fest hatte ich mir vorgenommen,... alle diese Aufzeichnungen bis zu meinem Lebensende geheimzuhalten.«[64] Dieses Vorhaben ist jedoch allein schon deshalb zum Scheitern verurteilt, da ihre Ekstasen immer von körperlichen Symptomen begleitet sind, die den Schwestern, mit denen sie im klösterlichen Kontext eng zusammenlebt, nicht verborgen bleiben können. Verständlicherweise bedrängen sie Elisabeth, ihnen ihre Offenbarungen zu enthüllen, auch wenn sie selbst sich Schweigen auferlegt hat.

> »Ich hielt jedoch diese Visionen mehr als sieben Tage bei mir geheim. Und als ich in meinem Herzen fest den Vorsatz gefaßt hatte, sie niemandem zu enthüllen, ergriff mich ein sehr starker Herzschmerz, so daß ich zu sterben glaubte. Daher bedrängten mich die Schwestern und baten inständig, ihnen zu enthüllen, was ich gesehen hatte.«[65]

Mitunter redet Elisabeth noch während ihrer Ekstasen, ohne sich dessen bewußt zu sein. Daran, daß sie in diesem Zustand spricht und den Umstehenden das Gesehene verkündet, kann sie sich, nachdem sie wieder ganz zu sich gekommen ist, nicht mehr erinnern.[66]

Es gibt für Elisabeth zahlreiche Gründe, das ihr Offenbarte geheimzuhalten. Sie fürchtet den *sermo populi*, das Gerede der Leute. Zentrales Motiv ist dabei ihre Demut[67] – sie möchte nicht in den Ruf der Heiligkeit kommen. Sie empfindet sich als der göttlichen Gaben unwürdig und fürchtet, daß Außenstehende in Verkennung ihrer wahren Motive annehmen könnten, sie habe aus Ruhmsucht die Öffentlichkeit gesucht.[68] Zudem geht sie davon aus, daß die Authentizität ihrer Offenbarungen angezweifelt werden wird. Sie könnten dadurch unglaubwürdig erscheinen, daß sie von einer Frau stammen, und als *muliebria figmenta*, als weibliche Phantastereien, abgetan werden. Möglicherweise würden Außenstehende gar annehmen, daß ihre Offenbarungen nicht göttlichen, sondern teuflischen Ursprungs seien.

> »Einige werden vielleicht sagen, daß ich heilig bin, und sie werden meinen Verdiensten die Gnade Gottes zurechnen, in dem Glauben, daß ich irgendetwas bin, obwohl ich nichts bin. Einige aber werden denken und bei sich sprechen: Wenn diese eine Magd wäre, würde sie um jeden Preis schweigen und nicht zulassen, daß man ihren Namen auf Erden rühmt. Sie wissen nicht, von welchen Stacheln ich gewöhn-

---

64 »*Firmissime enim ... proposueram usque ad terminum vite mee occultare omnia scripta hec*« (*Lib vis* I,LXXVIII,38).

65 »*Eram autem celans apud me huiusmodi visiones amplius quam septem diebus. Cumque posuissem constanter in corde meo nemini eas revelare, gravissima cordis tortione arepta sum, ita ut morituram me estimarem. Instabant itaque mihi sorores studiose flagitantes, ut, que videram, eis revelarem*« (*Lib vis* I,XXI,12).

66 *Lib vis* I,LXIV,31. Vgl. auch: »*Cum enim essem in excessu meo solito more ... omnem orationis mee tenorem sorores, que erant in circuitu mei, palam audierunt. Ego vero, cum redissem ad me, credere nolebam narrantibus hec, quousque eadem verba, quibus in oratione usa fueram, per ordinem replicuerunt*« (*Lib vis* I,LXIII,30).

67 *Lib vis* I,XXII,12f.

lich zum Reden gezwungen werde. Und es wird auch solche geben, die sagen, daß alles, was sie von mir gehört haben, weibliche Hirngespinste sind, oder sie werden vielleicht die Meinung vertreten, daß ich vom Sathan verführt worden bin.«[69]

Aufschlußreich ist, daß sie in diesem Zusammenhang nicht nur ihr Geschlecht thematisiert, sondern auch die Befürchtung ausspricht, man könne glauben, sie sei vom Sathan verführt worden. Schon der Beginn ihres visionären Erlebens ist – wie deutlich wurde – für Elisabeth eng mit dem Wirken des Teufels verbunden. Sie glaubt sogar an eine Gegnerschaft des Teufels über ihren Tod hinaus: Sie hat die Befürchtung, er könnte nach ihrem Tod ihr Auftreten in einem falschen Licht erscheinen lassen.

> »Sathan hat mir immer nachgestellt, und er hat mir viele Schlingen gelegt, und ich weiß, daß er sogar nach meinem Tod nicht davon ablassen wird, mir entgegenzutreten und meinen guten Ruf zu verderben und das zu verdunkeln, was der Herr an mir getan hat.«[70]

In der Anfangszeit ihres visionären Erlebens ist sie selbst mitunter nicht sicher, ob die Erscheinungen, die sie sieht, wirklich göttlichen Ursprungs sind, oder ob sie nicht den Teufel in einer neuen Gestalt vor sich hat. So fragt sie tief verunsichert den Abt, ob der Teufel nicht möglicherweise auch in Gestalt einer Taube erscheinen könne.[71]

In diesem Zusammenhang ist zu berücksichtigen, daß Elisabeth in einer Zeit lebt, in der vermehrt häretische Gruppierungen auftreten. Für Elisabeth ist ein Charakteristikum der *hereses*, daß sie mit ihrer Lehre in der Kirche Zwietracht säen.[72] Sie möchte dagegen mit ihren Offenbarungen nicht die Gläubigen verwirren, sondern nur das veröffentlichen, was geeignet ist, den Glauben der Christenheit zu stärken.[73] Dementsprechend empfindet sie es als problematisch, daß sie selbst, wie sie meint, nicht über das nötige Urteilsvermögen verfügt, um entscheiden zu können, welche ihrer Offenbarungen veröffentlicht, welche dagegen mit Schweigen übergangen werden sollten.[74]

So ist sich Elisabeth etwa hinsichtlich ihrer Visionen über die Himmelfahrt Marias unsicher, ob die Aufzeichnung dieser Offenbarungen wirklich veröffent-

---

68 »*Testis autem mihi est deus quia nihil in omnibus his fingendo aut propriam gloriam querendo locuta sum*« (*Lib vis* I,XXVIII,16).

69 »*Dicent forte nonnulli, alicuius me sanctitatis esse, ac meis meritis gratiam dei attribuent, existimantes aliquid me esse, cum nihil sim. Alii vero cogitabunt, intra se dicentes: Hec si esset famula, sileret utique, et non sineret magnificari nomen suum in terra, nescientes, qualibus stimulis urgeri soleo ad dicendum. Non deerunt etiam, qui dicant muliebria figmenta esse omnia, que audierint de me, vel forsitan a sathana me illusam iudicabunt*« (*Lib vis* I,I,2).

70 »*Semper insidiatus mihi est Sathanas, et multos laqueos posuit mihi, et scio, quod etiam post obitum meum non desistet adversari mihi, et corrumpere famam meam, et obscurare ea, que fecit dominus mecum*« (*Ep de obitu*, Roth S.270).

71 *Lib vis* I,XII,8.

72 *Lib vis* III,XXV,76.

73 *Lib vis* II,XVIII,48.

74 *Lib vis* I,I,3.

licht werden soll, denn sie möchte nicht als *inventrix novitatum*, als Urheberin von Neuerungen, erscheinen. Deshalb befragt sie erst Maria, was angemessen und richtig sei.[75]

Die Angst, ihre göttliche Inspiration könne angezweifelt werden, begleitet Elisabeth bis ans Ende ihres Lebens. Noch während der Krankheit, die ihr schließlich den Tod bringt, wendet sie sich in diesem Sinn an die Schwestern des Schönauer Konvents:

> »... Euch aber sage ich und versichere zuverlässig kraft jenes Weges, auf dem ich, wie ich hoffe, das Reich Gottes erreichen werde, daß dies, was ihr an mir gesehen und von mir gehört habt, wahr ist und daß ich dabei niemals Täuschung oder Verstellung angewendet habe. Der Herr ist mein Zeuge.«[76]

Diese Beteuerung ihrer Wahrhaftigkeit, bei der sie Gott als Zeugen anruft, ist ein abschließendes Siegel auf die Gesamtheit ihres Lebens und Werks.[77]

Göttlicher Auftrag und Widerstand der Visionärin

Obwohl Elisabeth große Bedenken hat, was die Aufzeichnung und Veröffentlichung ihrer Visionen betrifft, ist der göttliche Auftrag eindeutig:

> »Dies ist das Wort des Herrn, das durch deinen Mund auf die Erde gesendet wurde, damit es nicht verborgen, sondern offenbart wird zum Lob und zum Ruhm unseres Herrn und zur Erlösung seines Volkes.«[78]

Nicht Elisabeth als einzelne und ihr Seelenheil sind Ziel der göttlichen Offenbarung, sondern durch sie, durch ihr Beispiel sollen andere erbaut und getröstet, soll der Ruhm Gottes vergrößert werden. Insbesondere die schriftliche Fixierung wird von göttlicher Seite gefordert. So sagt der Engel des Herrn zu ihr, nachdem er ihr eine Vision gedeutet hat:

> »Schenke diesem größere Aufmerksamkeit. Siehe, du beginnst nämlich schon, dies geringzuschätzen. Und warum wird dies nicht wie gewöhnlich schriftlich festgehalten?«[79]

Wenn Elisabeth die göttlichen Offenbarungen nicht aufzeichnen lasse, zeige sie damit, daß sie die göttliche Gnade geringzuschätzen beginnt.

---

75 *Lib vis* II,XXXI,54. Vgl. auch: »*Ego autem, ut arrogantiam evitarem, et ne auctrix novitatum viderer, in quantum potui, omnia hec studui occultare*« (*Lib vis* II,XIX,71).

76 »*... vobis autem dico et confidenter affirmo per illud iter, quo ad regnum dei perrecturam me spero, quoniam hec, que vidistis in me et audistis in me, veracia sunt et nihil simulationis aut fallacie ad hec unquam adhibui, dominus mihi testis est*« (*Ep de obitu*, Roth S.267).

77 Unschwer läßt sich auch hier eine Verbindung zum zeitgenössischen Frauenbild herstellen.

78 »*Hoc est verbum dei, quod missum est per os tuum in terram, non ut abscondatur, sed ut manifestetur ad laudem et ad gloriam domini nostri, et ad salvationem populi sui*« (*Lib vis* I,LXXVIII,38).

79 »*Diligentius ista attende. Ecce enim iam parvi pendere incipis hec. Et quare scriptis non commendantur ista, ut solebant?*« (*Lib vis* II,IV,41).

Daß Veröffentlichung und schriftliche Fixierung von Elisabeths Visionen göttlicher Wille sind, wird vor allen Dingen immer dann deutlich, wenn sie versucht, sich dem göttlichen Auftrag zu widersetzen, und ihre Offenbarungen verschweigt. Drastisch werden im *Liber visionum* die Strafen geschildert, mit denen Elisabeth in solchen Situationen zu rechnen hat. Mehrfach werden Krankheit und Schmerz als Mittel eingesetzt, um sie zu bestrafen und zum Gehorsam zu zwingen. Sobald sie sich jedoch entschließt zu sprechen, verschwinden die Beschwerden.

> »Es geschah öfter, wenn ich mir vorgenommen hatte, zu verbergen, was mir vom Herrn offenbart worden war. Ich fühlte, daß ich von einem so starken Herzschmerz ergriffen wurde, daß ich glaubte, dem Tod nahe zu sein. Aber sobald ich den Umstehenden eröffnete, was ich gesehen hatte, wurde mir sofort leichter.«[80]

Ist es hier ein heftiger Herzschmerz, der Elisabeth glauben läßt, dem Tode nahe zu sein, wird ihr in anderen Fällen das Schweigen als Strafe auferlegt.[81] Augenfällig ist dabei die Orientierung am neutestamentlichen Vorbild: Auch Zacharias wird mit Stummheit geschlagen, als er der göttlichen Botschaft nicht glaubt (Lk 1,20). Im sicherlich erschütterndsten Text zu diesem Thema wird Elisabeth vom Engel des Herrn, der sie in anderen Situationen tröstet und heilt, bestraft, nachdem er sie auf ihre Pflicht zur Verkündigung hingewiesen hat.

> »Nach diesem Ausspruch hob er eine Geißel über mir, mit der er mich – wie in großem Zorn – fünf Mal sehr hart schlug. Und ebensoviele Male bin ich am ganzen Körper erschüttert worden, so daß alle Schwestern, die in meiner Nähe waren, darüber erstaunten. Danach legte er einen Finger seiner weißen Hand auf meinen Mund und sprach: Du wirst schweigen und bis zur neunten Stunde nicht sprechen können, bis du das offenbaren wirst, was der Herr an dir gewirkt hat. Während jener fortging, blieb ich fast bis zur Zeit der Non gleichsam halbtot. Zuletzt jedoch, als ich mich erhoben hatte, konnte ich überhaupt nicht sprechen, und ich gab den Schwestern ein Zeichen, daß sie den Herrn Abt herbeiriefen.«[82]

Hier verbinden sich beide Aspekte: Elisabeth wird als Folge ihres Ungehorsams mit einer schweren Krankheit geschlagen – erst am vierten Tag kommt sie wieder zu Kräften –, und sie kann so lange, bis sie die Aufzeichnung ihrer Visionen dem

---

80 »Accidit aliquociens, cum in corde meo posuissem celare ea, que ostensa mihi erant a domino, tanta precordium tortura me arripi sensi, ut morti proximam me existimarem. At ubi his, qui erant circa me, quid vidissem, aperui, continuo alleviata sum« (*Lib vis* I,I,3). Vgl. *Lib vis* I,XXI,12.

81 »Non enim aliud quicquam loqui potueram, quousque omnia secundum narrationem meam conscripta sunt« (*Lib vis* I,LXVII,32f).

82 »Hoc dicto elevavit super me flagellum, quod quasi in iracundia magna quinquies mihi amarissime inflixit, totidemque vicibus concussa sum toto corpore, ita ut obstupescerent de concussione mea omnes sorores, que in circuitu mihi erant. Post hec superapposuit ori meo digitum candissime manus sue dicens: Eris tacens et non poteris loqui usque ad horam nonam, quando manifestabis ea, que operatus est dominus tecum. Illo igitur discedente ego quasi semimortua fere usque ad tempus None permansi. Novissime autem, cum me sublevassem, loqui penitus non potui, et feci sororibus signum, ut dominum abbatem advocarent« (*Lib vis* I,LXXVIII,38).

Abt übergeben hat, nicht sprechen. In diesem wie auch in anderen Fällen hat sie Zeugen für das, was mit ihr geschieht: Die Umstehenden sehen mit Erstaunen, wie Elisabeth von den Schlägen der unsichtbaren Peitsche getroffen wird. Elisabeth gibt ihnen ein Zeichen, damit sie den Abt herbeiholen.[83]

Die schriftliche Fixierung der Visionen

Ging es bisher um die Frage, wie Elisabeths Widerstand gegen Verbreitung und Aufzeichnung ihrer Visionen dargestellt wird, um mit dem Rekurs auf den göttlichen Willen die Aufzeichnung des Offenbarten zu rechtfertigen, soll nun der konkrete Prozeß der Entstehung des *Liber visionum* im Mittelpunkt stehen.

Es steht außer Frage, daß Elisabeth – wie Hildegard – MitarbeiterInnen hatte, die für sie ganz oder teilweise die Offenbarungen aufzeichnen, sie überarbeiten und zu einem *liber visionum*, einem Visionsbuch zusammenstellen. In der Anfangszeit von Elisabeths visionärem Erleben sind dies ihre Mitschwestern. Das ändert sich mit dem Eintritt von Elisabeths Bruder Ekbert[84] in das Schönauer Kloster (1155). Von nun an ist er mit der Aufzeichnung der Visionen betraut, er überarbeitet das schon vorhandene Material, verfaßt Prolog und die Vorreden zu den einzelnen Büchern und stellt in mehreren Redaktionen schließlich nach Elisabeths Tod den *Liber visionum* zusammen.[85] Ekberts Eintreffen in Schönau ist durch einen inhaltlichen Bruch im Buch II deutlich markiert.[86] Der erste Teil des *Liber visionum*, der vor Ekberts Eintreffen in Schönau entstanden ist, erlaubt – teilweise wohl nur geringfügig überarbeitet – einen Blick auf Elisabeths eigene Vorstellungswelt, ihr Verständnis ihrer visionären Schau und ihr Leben im Kloster.

>»Die frühesten Gesichte (1152-1155) zeigen Wesen und Inhalt von Elisabeths visionärer Schau am reinsten und unmittelbarsten« (KÖSTER 1980:490).[87]

Der zweite Teil des zweiten Buches und Buch II sind von Struktur und Inhalt her vom ersten Teil deutlich unterschieden.[88] Im Mittelpunkt der Visionen stehen zunehmend abstrakte theologische Probleme. Das macht deutlich, daß, anders als Volmar vom Disibodenberg für Hildegard, Ekbert für Elisabeth nicht nur Sekretär,

---

83 Auch in anderem Kontext wird Krankheit als Strafe eingesetzt. So muß Elisabeth eine *nimia vexatio* ertragen, weil sie nicht vorhat, zur Kommunion zu gehen (*Lib vis* II,XXII,50).

84 Ekbert wird etwa 1130 geboren und lebt bis 1184. Er ist zunächst Kanoniker in Bonn, bis er 1155/56 Mönch in Schönau wird. Er hat persönliche Verbindungen zu zwei Kölner Erzbischöfen: Arnold II. von Wied und Rainald von Dassel. Ab 1166 ist er Abt von Schönau. Zu Ekbert vgl. DINZELBACHER 1986a, KÖSTER 1965:19.

85 Zur Sammlung von Elisabeths Schriften vgl. KÖSTER, der fünf Redaktionen des *Lib vis* unterscheidet (1965:30ff).

86 Nach Vision XVIII. Vgl. KÖSTER 1952:83.

87 Das legt nahe, einer Untersuchung von Elisabeths Selbstkonzept insbesondere jene Visionen zugrunde zu legen.

88 So wird etwa die chronologische Struktur aufgelöst.

sondern auch *spiritus rector*[89] ist. Bereitwillig läßt sich Elisabeth von Ekbert inhaltlich lenken, um auf Fragen, die seinem theologischen Interesse entspringen, in ihren Visionen eine Antwort zu bekommen. Ekbert selbst gibt Außenstehenden gegenüber zu, daß er seine Schwester auch gegen ihren Willen geradezu zu Offenbarungen gezwungen hat, wenn ihm die Frage besonders am Herzen lag. So schreibt er an Propst Ulrich von Steinfeld:

> »Ich habe sie noch mehr gedrängt, obwohl sie sich wegen der Reden der Verleumder oft und lange sträubte, ich zwang sie mit großer Beharrlichkeit, und der das Verborgene kennt, eröffnete mir durch sie, wonach ich fragte.«[90]

Autorenschaft ist in diesem Fall also, dem mittelalterlichen Verständnis folgend, weiter gefaßt zu verstehen. Elisabeth ist die Urheberin der Visionen, sie und ihre Visionen sind der Anlaß zu den Aufzeichnungen, die dann von anderen unternommen werden.

Wie wird die Rolle Ekberts und der anderen Mitarbeiterinnen Elisabeths – gemeint sind hier die Mitschwestern, von denen immerhin die Grundschicht des *Liber visionum* stammt – für die Aufzeichnung von Elisabeths Visionen textimmanent dargestellt?

Da der *Liber visionum* uns nur in der von Ekbert überarbeiteten Gestalt vorliegt, überrascht es nicht, daß die Tätigkeit von Elisabeths Mitschwestern als Schreiberinnen kaum reflektiert wird. Werden sie doch erwähnt, wirkt es fast so, als hätte Ekbert, der sich doch als den einzigen Schreiber des Buches präsentiert, vergessen, diesen Hinweis zu tilgen.

In den meisten Fällen sind die Schwestern unmittelbare Beobachterinnen von Elisabeths Ekstasen. Ihre Aufzeichnungen erfolgen oftmals ohne zeitlichen Abstand gleich nach dem visionären Erleben Elisabeths und scheinen damit der persönlichen Erfahrung Elisabeths näher zu sein.

> »Ich gab jedoch den Schwestern ein Zeichen, damit sie Wachstafeln herbeibrachten und diese Worte aufzeichneten. Ich konnte nämlich nichts anderes sagen, bis alles meinen Worten folgend aufgeschrieben worden war.«[91]

Sie zeichnen die Offenbarungen Elisabeths auf so, wie sie sie erzählt, ohne ein menschliches Wort hinzuzufügen, ein Beweis für die Wahrhaftigkeit des Aufgezeichneten. Kann Elisabeth sich nicht an alles, was ihr offenbart wurde, erinnern, erscheint der Engel des Herrn, um ihr die Teile der Vision, die Elisabeth vergessen

---

89   KÖSTER 1980:492.
90   »*Rogavi ... immo multum et diu renitentem propter linguas detrahentium, magna instantia coegi, et qui absconditorum est cognitor, per eam michi, quod querebam aperuit*« (Roth S.135). Nachdem Elisabeth über die Mauern von Schönau hinaus bekannt wird, beantwortet sie auch die Anfragen anderer, so geht z.B. der Visionszyklus, der die Ursula-Legende zum Inhalt hat, auf eine solche Anfrage zurück.
91   »*Ego autem signum feci sororibus, ut allatis tabulis verba ista scripto exciperent. Non enim aliud quicquam loqui potueram, quousque omnia secundum narrationem meam conscripta sunt*« (Lib vis I,LXVII,32f).

hat, ins Gedächtnis zurückzurufen und damit die Authentizität des Aufgezeichneten sicherzustellen.

>Früh am Morgen jedoch saß ich mit einer gewissen Schwester, die dies aufzeichnete, abseits. Und als ich über einige Worte im Zweifel war, kam er wieder, und während er dort stand, rief er mir alles ins Gedächtnis zurück.«[92]

Weitaus ausführlicher wird die Rolle Ekberts dargestellt. Wenn man den Angaben im *Liber visionum* Glauben schenkt, war Ekberts Verhältnis zu seiner Schwester sehr eng. So entschließt er sich auf ihr Drängen zum Eintritt ins Kloster Schönau[93], Elisabeth auf der anderen Seite offenbart ihrem Bruder wegen ihrer engen verwandtschaftlichen Beziehung, was sie anderen nicht enthüllen mag: die Einzelheiten ihrer Begegnung mit dem Göttlichen. Elisabeths vertrauensvolle Zusammenarbeit mit dem von ihr geschätzten Bruder ermöglicht erst eine wahrheitsgetreue Aufzeichnung der Visionen, stellt in gewisser Weise eine Garantie für die Authentizität des Berichteten dar.

In der Art und Weise, wie die Rolle Ekberts bei der schriftlichen Fixierung der Visionen seiner Schwester näher ausgestaltet wird, kehrt der Topos des Wahrheitsbeweises noch in anderer Form wieder. Zu Beginn des *Liber visionum* stellt Ekbert sich vor und erläutert seinen Anteil an der Entstehung des Werkes:

>Ich, Eckbert, der Bruder der Magd Gottes, habe jedoch dies alles und anderes, was man über ihre Offenbarungen liest, aufgeschrieben. Und zwar so, daß ich die Worte des Engels, wo sie lateinisch waren, nicht veränderte, wo sie aber deutsch waren, sie so genau wie möglich ins Lateinische übersetzte, und ich fügte nichts nach meinem Gutdünken hinzu, ich suchte keinen menschlichen Beifall, keine irdischen Vorteile. Gott, für den alles unverhüllt und offen ist, ist mein Zeuge.«[94]

Ekbert behauptet hier, seine Rolle bei der Aufzeichnung sei lediglich die eines Übersetzers gewesen, dessen Aufgabe darin bestanden habe, den Teil der Visionen, die Elisabeth in deutscher Sprache empfangen habe, ins Lateinische zu übersetzen. Dies habe er so wortgetreu wie irgend möglich getan, ohne selbst ein Wort hinzuzufügen.

Ganz offensichtlich ist das Bild, das hier von der Tätigkeit Ekberts als Übersetzer gezeichnet wird, nicht in Einklang mit der Tatsache zu bringen, daß er seine Schwester oftmals auch inhaltlich beeinflußt. In einem weiteren Schritt wird Ekbert selbst zu einem göttlich erwählten Werkzeug, das dazu bestimmt ist, die Visionen Elisabeths aufzuzeichnen. So erteilt Johannes der Täufer Elisabeth den Auftrag, sie

---

92 »*Mane autem facto sedebam secreto cum sorore quadam scribente hec. Et cum de quibusdam verbis dubia essem, iterum venit et stans ibidem omnia in memoriam michi revocavit*« (*Lib vis* III,VII,65).

93 *Lib vis* I,LIX,29.

94 »*Ego autem Eckebertus, germanus ancille dei ..., conscripsi omnia hec et alia, que de revelationibus eius leguntur, ita quidem, ut ubi erant latina verba angeli immutata relinquerem, ubi vero teutonica erant, in latinum tranferrem, prout expressius potui, nihil mea praesumptione adiungens, nihil favoris humani, nihil terreni commodi querens, testis mihi est deus, cui nuda et aperta sunt omnia*« (*Lib vis* Prolog,1).

solle alles, was sie hört und sieht, ihrem Gedächtnis einprägen und dann ihrem Bruder mitteilen:

>»... Präge dir alles ein, was du gesehen und gehört hast, und verkünde es dem Mann, der dir zu eben diesem Zweck bestimmt ist, daß er dies aufzeichnet, damit dir dies nicht vergeblich vom Herrn gezeigt worden ist.«[95]

Aus Elisabeths Sicht ist Ekbert zur Erfüllung ihrer Gebete von Gott gesandt, um ihr zur Seite zu stehen. Vor ihm will sie nichts verborgen halten, sondern ihm alles – Gutes und Schlechtes – über sich mitteilen.

>»Und siehe, bei deinem Eintritt begann meine Seele Trost zu finden und ich wurde innerlich sehr ruhig. Gelobt sei der Herr, weil er sich herabgelassen hat, das Gebet seiner Magd zu erhören. Weil du durch den Willen des Herrn von weit zu mir geschickt wurdest, will ich mein Innerstes nicht vor dir verbergen, sondern dir Gutes und Schlechtes über mich eröffnen.«[96]

Die äußeren Instanzen

Diese Danksagung Elisabeths wird erst verständlich, wenn man sich vor Augen hält, daß sie offensichtlich nicht nur seine Hilfe bei der Aufzeichnung der Visionen in Anspruch nimmt, sondern auch Verantwortung, die wie eine Last auf ihren Schultern liegt, an ihn delegiert. Während sie von sich selbst meint, nicht entscheiden zu können, welche Teile der Visionen man besser mit Schweigen übergehen sollte, traut sie Ekbert das nötige Urteilsvermögen zu.[97] Ekbert wird zu einer Autoritätsperson, der die Aufgabe zukommt, Elisabeths Visionen auf die Angemessenheit ihres Inhaltes hin zu überprüfen. Ebenso sieht sie ihn auch als Autorität bezüglich der Interpretation ihrer Visionen an.[98]

Elisabeth wendet sich auch an Personen außerhalb der Klostermauern, um Rat und Zuspruch zu erhalten. So sind uns mehrere Briefe Elisabeths an ihre ältere Zeitgenossin Hildegard von Bingen erhalten[99], in denen die Verehrung für die berühmte Äbtissin und Visionärin zum Ausdruck kommt.»Meine Herrin Hildegard, zu Recht wirst du Hildegard genannt, weil der Stachel des Herrn vollkommen mit wunderbarer Kraft zum Aufbau seiner Kirche in dir wirkt.«[100] Insbesondere be-

---

95 »... *Commenda memorie cuncta, que vidisti et audisti, et indica viro, qui in hoc ipsum destinatus est tibi, ut scribat hec, quia non vane ista tibi a domino ostensa sunt*« (*Lib vis* III,II,58).

96 »*Sed ecce ad introitum tuum consolari cepit anima mea, et facta est tranquillitas magna in me. Benedictus dominus, quia suscipere dignatus est orationem ancille sue, quia domini voluntate ad me de longinquo directus es, non abscondam cor meum a te, sed ea, que sunt de me bona et mala, tibi aperiam*« (*Lib vis* I,I,3).

97 »*Deinde, quid fieri conveniat, in tua et domni abbatis discretione positum est*« (*Lib vis* I,I,3).

98 *Lib vis* I,XL,21.

99 *Lib vis* III,XIX,70ff. Zum Briefwechsel zwischen Hildegard und Elisabeth, insbesondere zur Frage der Echtheit der einzelnen Briefe vgl. VAN ACKER 1991.

100 »*Domina mea Hildegardis, recte vocaris Hildegardis, quia stimulus dei bene in te operatur mira fortitudine in edificationem ecclesie sue*« (*Lib vis* III,XXI,74).

klagt sich Elisabeth bei ihr über die Ablehnung, mit der die Umwelt auf ihre Visionen reagiert.

Immer wieder wird im Zusammenhang mit der schriftlichen Fixierung von Elisabeths Visionen auch der Abt von Schönau erwähnt. Am Anfang des *Liber visionum* kommt mehrfach zu Ausdruck, daß die Aufzeichnungen von Elisabeths Offenbarungen ausdrücklich auf seinen Wunsch hin erfolgt:

> »Auch jenes vermehrt meine Qualen nicht wenig, daß es dem Herrn Abt gefallen hat, daß die Worte schriftlich festgehalten werden. Was bin ich nämlich, daß das, was von mir handelt, der Nachwelt überliefert wird?«[101]

Auch Ekbert schreibt, daß die Aufzeichnung auf Veranlassung des Abtes geschehen sei.[102] Dem Abt als Autoritätsperson übergibt Elisabeth, nachdem sie vom Engel des Herrn für ihr Schweigen bestraft worden ist, das bis dahin von ihr verborgen gehaltene Buch, das die Aufzeichnungen ihrer Visionen enthält. Dem Abt teilt Elisabeth auch ihre Schreckensvision für das Jahr 1154 mit, und er macht diese Offenbarung über die Mauern von Schönau hinaus bekannt.[103] Der Abt verkörpert die menschliche Obrigkeit, der Elisabeth zum Gehorsam verpflichtet ist – der Tugend des Gehorsams kommt für das klösterliche Leben eine besondere Bedeutung zu – und die sie genauso wie die göttliche Autorität zu einer Veröffentlichung drängt.

Gertrud von Helfta

conversio: der Beginn des visionären Erlebens

Zum Zeitpunkt ihrer mystischen Bekehrung lebt Gertrud bereits seit zwei Jahrzehnten im Kloster Helfta. Auch für sie ist die *conversio* damit nicht ein Moment, der zu einer Umkehr in der äußeren Gestaltung ihres Lebens führt. Die Begegnung mit dem Göttlichen bewirkt eher eine innere Veränderung, einen neuen Bewußtseinsstand.

Gertrud geht in Buch II des *Legatus* mehrfach auf ihre *conversio* ein und beschreibt sie als ein Ereignis, das ihr Leben mit neuem Sinn erfüllt, es neu strukturiert. Im Rückblick bewertet sie ihr Leben vor der *conversio* negativ als vollkommen sinnentleert, es sei bestimmt gewesen von weltlicher Eitelkeit und Hochmut. Lediglich äußerlich habe sie den Namen und das Gewand des Ordens getragen.[104] Im Rückblick scheint es ihr, als habe sie ihre gesamte Jugend bis fast zum Ende des

---

101 »*Illud quoque non parcem angustias meas adauget, quod domino abbati conplacuit, ut scriptis verba commendentur. Ego enim, quid sum, ut memorie tradantur ea, que sunt de me?*« (*Lib vis* I,I,2).
102 *Lib vis* I,I,2.
103 *Lib vis* III,XIX,70ff.
104 *Leg* II,I; SC 139,S.228.

fünfundzwanzigsten Lebensjahres in einer vollkommenen Verblendung verbracht und wie eine Heidin unter Heiden gelebt.[105]

Erst als im Advent 1281 das göttliche Wirken an ihr beginnt, verliert sie ihre jugendliche Ausgelassenheit[106]: Sie ist aufgewühlt, erschüttert, in ihrem tiefsten Innern verunsichert. Dieser Zustand, der der prävisionären Phase Elisabeths vergleichbar ist, hält einen Monat an. Anders als Elisabeth sieht Gertrud jedoch die *nox perturbationis*, die Nacht der Verwirrung, von der sie in dieser Zeit umfangen ist, nicht als Werk des Teufels an, sondern sie erscheint ihr als Vorbereitung auf das göttliche Wirken an ihr und mit ihr. In das Dunkel ihrer Seelenqualen, die Finsternis ihrer Unwissenheit bricht Gott ein, der das wahre Licht in der Dunkelheit ist.

>»Auf solche Weise ist mein Herz einigermaßen auf dich vorbereitet worden. Nach Beginn meines 26. Lebensjahres, am Montag vor dem Fest der Reinigung, in der Dämmerung jenes Tages, nach der Komplet hast du, wahres Licht, das in der Dunkelheit leuchtet, mit der Nacht der schon genannten Verwirrung für mich auch dem Tag meiner jugendlichen Unbesonnenheit, der von der Finsternis geistiger Unwissenheit verdunkelt war, ein Ende gemacht.«[107]

Das ist für Gertrud der Beginn der *fruitio Dei*[108], die erste Begegnung mit dem göttlichen Bräutigam.

>»... und du hast mich in mein Innerstes geführt, das mir vor jener Stunde vollkommen unbekannt war, und du hast begonnen, auf wunderbare und verborgene Weise mit mir zu wirken, so daß von da an wie im eigenen Haus der Freund mit dem Freund oder der Bräutigam mit der Braut, du in meinem Herzen gemeinsam mit meiner Seele deine Freude haben konntest.«[109]

Im ersten Buch des *Legatus*, das erst nach Gertruds Tod entsteht, wird die Beschreibung der *conversio* auf eine andere Weise ausgestaltet: Hier findet die Abkehr Gertruds vom Äußeren und ihre Hinwendung auf die Schau Gottes ihre Entsprechung in Gertruds Beschäftigung mit den Wissenschaften. War sie vor ihrer *conversio* hungrig nach weltlicher Bildung und menschlicher Weisheit, so wendet

---

105 *Leg* II,XXIII; SC 139,S.330.

106 *Leg* II,XXIII; SC 139,S.334.

107 *»Tali modo praeparatum tibi aliqualiter cor meum, post inceptum vigesimum sextum annum, feria secunda ante festum Purificationis, in crepusculo diei illius, post Completorium, cum nocte jam dictae perturbationis, tu lumen verum lucens in tenebris, terminasti mihi etiam diem puellaris vanitatis obscuratum tenebris spiritualium ignorantium«* (*Leg* II,XXIII; SC 139,S.334).

108 Die *fruitio Dei* meint das Genießen Gottes in der mystischen Vereinigung. Vgl. RIEHLE 1977:149.

109 *»... et me ducens ad intima mea mihi ante horam illam valde incognita, mecum agere coepisti miris et occultis modis ut deinceps quasi in domo propria amicus cum amico, imo sponsus cum sponsa in corde meo delicias tuas jugiter cum anima mea posses habere«* (*Leg* II,XXIII; SC 139,S.334).

sie sich danach der Theologie zu und wird vom Licht der geistigen Erkenntnis erleuchtet.[110]

> »Daher wurde sie von nun an von einer Grammatikerin zu einer Theologin, sie studierte alle Bücher der Heiligen Schrift, die sie haben oder erwerben konnte, unermüdlich und füllte den Korb ihres Herzens immer wieder bis zum Rand mit nützlichen und honigsüßen Aussprüchen der Heiligen Schrift, so daß sie immer ein göttliches erbauendes Wort zur Hand hatte ...«[111]

Damit wird Gertrud von einer *grammatica* zu einer *theologa*, einer Theologin.

Die Begegnung mit dem Göttlichen

Gertrud spricht davon, daß ihr nach der *conversio* als göttliches Geschenk die dauerhafte Präsenz Gottes in ihrem Herzen zuteil wird, die sie bis zu ihrem Tod[112] nicht verliert.[113] Wann immer sie ihren Blick nach innen richtet, wird ihr die göttliche Gegenwart bewußt. Darüber hinaus vollzieht sich die Begegnung mit dem personifizierten Göttlichen in Form von Erscheinung, Vision und Audition und ist auf das engste verflochten mit dem Erleben von Liturgie und Gottesdienst, so ist ein bevorzugter Kontext für ihre Christuserscheinungen die Eucharistiefeier. Auch wenn Gertrud zahlreiche Heilige oder auch Maria erscheinen, deren Verehrung für sie eine große Bedeutung hat, liegt doch der Schwerpunkt ihres visionären Erlebens auf der Begegnung mit dem göttlichen Bräutigam[114], auf der *familiaritas Dei*, dem vertrauten, ja fast gleichberechtigten Umgang mit Gott.[115] Die letzte und vollkommenste Stufe dieser Begegnung ist die überwältigende Erfahrung der *unio Dei*, das Vergehen in der Gottheit, das Gertrud in immer neuen Bildern zu beschreiben versucht und das sich doch letztlich dem menschlichen Fassungsvermögen entzieht.

> »Sie wird zu eine solchen Vereinigung mit Gott gelangen, daß ihre Augen nicht sehen werden, wenn nicht Gott durch sie sehen will, und ihr Mund wird nichts sprechen, wenn nicht Gott durch ihn sprechen will, und ähnliches.«[116]

---

110 *Leg* I,I; SC 139,S.120.

111 »*Unde exhinc de grammatica facta theologa omnes libros divinae paginae quoscumque habere vel acquirere potuit infastibiliter ruminans, cophinum cordis sui crebro utilioribus et mellitis Scripturae sacrae eloquiis impletis usque ad summum replebat, ita ut semper praesto sibi esset sermo divinus aedificatorius ...*« (*Leg* I,I; SC 139,S.120).

112 Mit Ausnahme von elf Tagen (*Leg* II,III; SC 139,S.238/240).

113 *Leg* II,XXII; SC 139,S.334.

114 Gertruds Jesus ist jedoch nicht nur *sponsus*, sondern auch Freund, Vater und Mutter. Zum metaphorischen Gottesbild Gertruds vgl. JARON LEWIS 1990:53ff.

115 In Buch I wird das gleichberechtigte Verhältnis zwischen Gott und Gertrud als *ludere de pari* bezeichnet (I,X; SC 139,S.166).

116 »*Ad talem adhuc unionem Dei perveniet, quod non videbunt oculi ejus nisi quod Deus dignatur per eos videre, nec aliquid loquetur os ejus, nisi quod Deus dignatur loqui per illud, et sic de similibus*« (*Leg* I,XVI; SC 139,S.214). Vgl. II,XXII; SC 139,S.340/342 und II,IX; SC 139,S.270.

Dementsprechend werden zwei verschiedene Arten der *fruitio Dei* unterschieden: einerseits die mystische *unio*, die nicht kommunikabel und damit auf Gertruds persönliches Seelenheil ausgerichtet bleibt, andererseits das vertraute Gespräch mit dem göttlichen Gegenüber von Angesicht zu Angesicht, das ihr eine tiefe geistige Erkenntnis ermöglicht, die sie im Dienst am Nächsten einsetzen kann.[117] Das heißt, daß über die grundsätzlichen Bedenken und Zweifel hinaus, die Gertrud bezüglich einer Verschriftlichung ihrer Visionen hat, sich auch aufgrund der spezifischen Struktur ihres mystischen Erlebens eine Weitergabe des ihr Offenbarten an andere als problematisch erweist. Der Rückzug auf das *ineffabile*, das Unsagbare, spielt hier eine sehr viel größere Rolle als bei Hildegard und Elisabeth.

Geheimhaltung der visionären Gabe

Neun Jahre vergehen von dem Zeitpunkt, an dem Gertrud ihre erste Vision zuteil wird – Januar 1282 –, bis sie mit der schriftlichen Fixierung ihrer Visionen beginnt.

> »Im neunten Jahr nach Empfang der Gnade, vom Februar bis zum April, im Laufe des Gründonnerstages, während sie im Konvent stand und wartete, bis der Leib des Herrn zu einer Kranken gebracht wurde, griff sie, gezwungen durch den ungestümen Antrieb des Heiligen Geistes, nach der Schreibtafel an ihrer Seite und schrieb das, was sie im Herzen fühlte, wenn sie im Geheimen mit dem Geliebten sprach, aus dem Überfluß der Dankbarkeit zu seinem Lob eigenhändig mit folgenden Worten auf ...«[118]

Gertrud erlebt den plötzlichen Impuls, der sie zur Tafel greifen läßt, um ihre Offenbarungen aufzuzeichnen, als göttlichen Auftrag. Dennoch kann auch sie sich nur schwer dazu entschließen, das ihr Offenbarte – sei es nun mündlich oder schriftlich – an andere weiterzugeben. Zunächst ist auch sie zur Geheimhaltung der göttlichen Gnade entschlossen. So heißt es, es sei ihr fester Vorsatz gewesen,

> »... auf keine Weise zuzulassen, daß dies zu ihren Lebzeiten irgendjemandem offenbart werde, nach ihrem Tod aber könne davon kein anderer Gewinn genommen werden, als daß verständige Gläubige deswegen verwirrt würden, weil sie dann keinen Fortschritt davon haben könnten.«[119]

---

117 *Leg* IV,II; SC 255,S.26.
118 »*Post acceptam gratiam anno nono, de Februario usque ad aprilem, revoluto die sancto Coenae Dominicae, dum inter Conventum staret expectans quousque corpus Domini deferretur ad infirmam, compulsa violentissimo impetu Spiritus Sancti, lateralem tabulam arripiens, quod corde sentiebat cum dilecto in secreto confabulans, haec ex superabundantia gratitudinis ad laudem ipsius et manu describebat in haec verba ...*« (*Leg* Prolog II; SC 139,S.226).
119 »*... quod nullo modo permitteret se vivente hoc alicui manifestari, post mortem vero ipsius nihil aliud inde posse lucrari quam quod fideles intelligentes turbarentur pro eo quod tunc nullum profectum inde possent habere*« (*Leg* I,XV; SC 139,S.204). Vgl. II,XXIII; SC 139,S.342.

Dabei wird Gertrud eine Geheimhaltung dadurch erleichtert, daß ihre Ekstasen nicht unmittelbar mit körperlichen Symptomen verbunden sind, die das Augenmerk ihrer Umwelt auf das lenken, was sich durch göttliche Gnade an ihr vollzieht. Allerdings scheint Gertrud schon bald einzelne Schwestern des Helftaer Konvents, zu denen sie ein besonders enges Verhältnis hat, ins Vertrauen gezogen zu haben. So schreibt sie von einer gewissen Person, deren Name nicht genannt wird, »... der ich mein Geheimnis einigermaßen entdeckt hatte«[120].

Dabei muß sie feststellen, daß ihr dies zu einer vermehrten Glut der Andacht verhilft. Außerdem wendet Gertrud sich auch an Mechthild von Magdeburg: Aus Demut bittet sie die ältere, die ihr als Autorität in diesen Dingen gilt, den Herrn über ihre – Gertruds – visionäre Gabe zu befragen.[121]

Daß Gertrud sich – anders als Hildegard und Elisabeth – Rat bei einer in ähnlicher Weise visionär begabten Schwester holen kann, deutet schon auf ihr Eingebundensein in den Kontext des Helftaer Konvents hin, ein Aspekt, der von zentraler Bedeutung für ihr Selbstkonzept ist.

Trotz des göttlichen Auftrags, der sie verpflichtet, das ihr Offenbarte nicht geheimzuhalten, sondern sogar schriftlich zu fixieren, überwiegen jedoch ihre Bedenken bezüglich des Schrittes in die Öffentlichkeit. Sie empfindet sich angesichts der göttlichen Gnade, die ihr zuteil wird, als erbärmlich und unwürdig, »... deswegen, weil sie die so unzähligen Geschenke Gottes so nachlässig verdorben hatte, daß sie überhaupt keine Frucht aus ihnen zurückgebracht zu haben schien.«[122] Erstaunlicherweise wird ihr Geschlecht in diesem Zusammenhang nicht thematisiert, sie empfindet sich als unwürdig in ihrem Sein als Mensch, nicht jedoch als Frau.[123]

Auch Gertrud geht davon aus, daß ihre Offenbarungen nicht eine ungeteilt positive Aufnahme finden werden.[124] Die kleinmütigen Menschen würden ihre *revelationes* eher ins Gerede bringen, als daß die Visionen zu ihrer geistlichen Erbauung und ihrem spirituellen Fortschritt beitragen könnten.

Anders als Elisabeth fürchtet Gertrud also weniger eine Verurteilung ihrer Person etwa als Urheberin von Neuerungen oder ihrer Offenbarungen als weibliche Hirngespinste, sondern sie hat deshalb Bedenken, weil ihr der Nutzen einer Veröffentlichung für ihre Nächsten mehr als zweifelhaft erscheint. Nicht die Sorge um ihren eigenen Ruf, sondern das Heil der Nächsten steht hier im Vordergrund.

---

120 »... *cui in talibus secretum meum aliqualiter detexeram* ...« (*Leg* II,IV; SC 139,S.244).
121 *Leg* I,XVI; SC 139,S.206.
122 »... *pro eo quod tam innumerabilia dona a Deo accepta tam negligenter deperdidisset, quod omnino nullum fructum ex eis videretur reportasse* ...« (*Leg* III,XXX; SC 143,S.154). Vgl. II,XX; SC 139,S.308 oder II,XXII; SC 139,S.328.
123 Lediglich in einem Text wird darauf angespielt, daß Gertrud *tenera tam virtutibus quam sexu* sei (*Leg* III,XV; SC 143,S.64). So auch BYNUM 1982:207, SHANK 1987:245 und JARON LEWIS 1990:58.
124 *Leg* I,XV; SC 139,S.204/206.

Göttlicher Auftrag und Widerstand der Visionärin

Angesichts des breiten Raums, den die Schilderung von Gertruds Bedenken und ihrem Widerstreben einer Veröffentlichung und schriftlichen Fixierung gegenüber einnimmt, erstaunt es, daß sich im *Legatus* lediglich eine Szene findet, in der Gertrud für ihr Zögern von ihrem göttlichen Gegenüber bestraft wird. Am Totenbett Mechthilds von Hackeborn empfängt sie eine Vision, die sie nicht weitergibt. Gertrud widersetzt sich durch ihr Schweigen dem göttlichen Willen und wird dafür bestraft.

> »... als es während der Vesper am Fest der heiligen Elisabeth wieder schien, daß Frau M. augenscheinlich ihre Seele aushauchte, so daß der Konvent schnell aus dem Chor gerufen wurde und rings um die Kranke die gewohnten Gebete wiederholte, konnte sie selbst trotz jeder Anstrengung ihrer Kräfte und inneren Sinne nicht ein Wort von dem verstehen, was um die Kranke vorging, bis sie ihre Schuld erkannte, durch Reue sühnte und dem Herrn gelobte, daß sie gern, allein zu seiner Ehre und zum Trost der Nächsten, das mitteilen wolle, was er ihr gnädig offenbare.«[125]

Auf den ersten Blick nehmen die Autorinnen des vierten Buches hier scheinbar bruchlos den Topos wieder auf, der schon bei Hildegard und Elisabeth aufgetaucht war. Aber während Hildegard und Elisabeth in vergleichbaren Situationen mit Krankheit oder Stummheit gestraft werden, wird Gertrud der Gabe der übersinnlichen Wahrnehmung solange beraubt, bis sie ihre Schuld erkennt und bereut. Darüber hinaus bleibt dieser Text im gesamten *Legatus* ohne Parallele, denn hier ist weniger ein strafender Gott als ein göttliches Gegenüber, das versucht, Gertruds Zweifel im Gespräch auszuräumen, charakteristisch.

Als Gertrud sich fragt, warum der Herr sie so sehr zu einer Veröffentlichung drängt, erklärt er ihr dies folgendermaßen:

> »... Dadurch können einige zum Verlangen nach dem entzündet werden, was, wie sie hören, du empfangen hast, und während sie dies betrachten, bemühen sie sich, ihr Leben einigermaßen zu bessern.«[126]

Dadurch, daß Gertrud als Beispiel für andere dient, die sich – an ihrem Vorbild orientiert – bemühen, ihr eigenes Leben zu bessern, trägt die in Gertrud wirksame göttliche Gnade die größtmögliche Frucht.

Gertrud ist also nicht die alleinige Empfängerin der göttlichen Gnade, sondern ihre Aufgabe ist es, das, was sie empfängt, an andere weiterzugeben, dazu ist sie göttlicherseits bestimmt. Nicht ihr individueller spiritueller Fortschritt steht hier im Vordergrund, sondern zentral ist die Sorge um das Heil der Nächsten. Maria, die

---

125 »... *cum inter Vesperas beatae Elisabeth iterum domna M. tam evidenter exspirare videretur, quod conventus repente de choro vocatus, circa infirmam orationes solitas replicaret, ipsa omni conatu virium et sensuum suorum interiorum, nec unicum quidem percipere potuit de his quae tunc circa infirmam agebantur, donec culpam suam agnosceret, et paenitendo diluens voveret Domino quod ad sui solius gloriam libenter, ad consolationem proximorum, patefacere vellet quaecumque dignaretur sibi revelare«* (Leg V,IV; SC 331,S.90/92).

126 »... *In his potest mens aliquorum accendi ad desiderium eorum quae te audiunt accepisse et, dum haec considerant, student aliqualiter vitam suam emendare«* (Leg I,XV; SC 139,S.204).

desolatorum consolatrix, die Trösterin der Verlassenen, an die sich Gertrud mit ihren Bedenken und in ihrer Sorge wendet, formuliert dies so: »... Gib aus, was du hast, weil mein Sohn sehr reich ist, das zu ersetzen, was du zu seinem Lob ausgegeben hast.«[127] Als sie noch immer unschlüssig ist, wird sie von Christus selbst mit einem neutestamentlichen Zitat (Mt 25,27) belehrt: »Gib mein Geld zum Tisch (der Geldverleiher, C.E.), damit ich bei meiner Wiederkunft jenes mit den Zinsen einfordere.«[128] So wird Gertrud also immer wieder vor Augen geführt, daß die Gründe, die ihr für eine Geheimhaltung zu sprechen scheinen, ihren Ursprung tatsächlich im menschlichen Eigensinn haben.

Eine ähnliche Situation beschreibt Gertrud in Buch II. Nachdem sie die Niederschrift ihrer Visionen immer wieder verzögert hat, wird sie vom *Dominus* mit einem Schriftzitat (Mt 5,26) darauf hingewiesen, daß es ihr göttlicherseits bestimmt sei, diese Aufgabe vor ihrem Tod zu erfüllen.

> »... der Herr führte meinen Geist zu folgenden Worten zurück: ›Sei gewiß, daß du niemals den Kerker des Fleisches verlassen wirst, bis du nicht auch jenen Heller, den du noch zurückhältst, bezahlt hast.‹«[129]

In diesem Zusammenhang wird auch deutlich, daß für Gertrud ein Unterschied zwischen dem *instruere proximos*, also mündlich das ihr Offenbarte an andere weiterzugeben, und einer schriftlichen Fixierung besteht. Als Gertrud überlegt, daß sie doch auch, wenn sie die göttliche Gnade mündlich weitergebe, zum Nutzen der Nächsten beitrage, antwortet ihr der *Dominus*:

> »Wenn der Herr seine Lehre nur den Anwesenden verkündet hätte, dann gäbe es nur Worte und keine Schriften; nun gibt es aber auch Schriften wegen des Heils vieler.«[130]

Die Predigt, das gesprochene Wort, nützt nur denen, die es hören, die Schrift aber stellt ein dauerhafteres Zeugnis für die göttliche Gnade dar. Dabei haben Gertruds Schriften ihren festen Platz im göttlichen Heilsplan: sie sollen ein Zeugnis der göttlichen Liebe für die letzten Zeiten sein, in denen der Herr vielen Gutes tun will.

Die schriftliche Fixierung der Visionen

Auch die Entstehung des *Legatus* vollzieht sich als ein komplexer Prozeß. Zwar ist Gertrud anders als Elisabeth auch selbst als Autorin tätig – Buch II des *Legatus* wurde von ihr selbst geschrieben –, die übrigen Teile des *Legatus* werden jedoch

---

127 »... *Expende quod habes, quia Filius meus praedives est ad repedendum quidquid in laudem ejus expenderis*« (*Leg* III,I; SC 143,S.14).

128 »*Da pecuniam meam ad mensam ut et ego veniens cum usuris exigam illam*« (*Leg* III,I; SC 143,S.14).

129 »... *Dominus intellectum meum reduxit ad haec verba: ›Certe scias te nunquam de carcere carnis exituram, donec et illum quem adhuc retines persolves quadrantem‹*« (*Leg* II,X; SC 139,S.272).

130 »... *Si Dominus doctrinam suam praesentibus tantum dixisset, dicta tantum essent non scripta; sed nunc etiam scripta sunt propter plurimos salutem*« (*Leg* II,X; SC 139,S.272).

von einer oder mehreren Mitschwestern aus dem Helftaer Konvent aufgezeichnet. Um wen es sich bei diesen Mitarbeiterinnen im einzelnen handelt, kommt nicht zur Sprache, sie bleiben namenlos.

Buch III, IV und V werden noch zu Lebzeiten Gertruds fertiggestellt, und sie ist insofern daran beteiligt, als die Aufzeichnungen unmittelbar auf ihre Mitteilungen zurückgehen bzw. sogar wohl von ihr selbst diktiert werden.

Abgeschlossen werden die Arbeiten am *Legatus* jedoch erst nach Gertruds Tod: Dann entsteht Buch I, das einen Bericht über Gertruds Tugenden und ihr Leben im Kloster gibt und ihre Heiligkeit bezeugt, werden die einzelnen Bücher des *Legatus* zusammengestellt und durch einen Prolog eingeleitet. Die Entstehung des *Legatus* geht also zwar auf Gertrud als *auctrix* zurück, verdankt sich aber insgesamt einem Autorinnenkollektiv.

Abschließend soll zur Sprache kommen, wie der konkrete Prozeß der Entstehung des *Legatus*, das Zusammenwachsen der verschiedenen Teile und die Tätigkeit der Schwestern als Schreiberinnen bzw. *compilatrices* textimmanent dargestellt wird.

Schon zu Beginn des *Legatus*, im Prolog, wird angesprochen, warum das Buch aus mehreren Teilen besteht und wann die einzelnen Teile verfaßt wurden: Die Intervalle des Offenbarwerdens habe der heilige Geist geordnet.

> »Daher ist auch dieses Buch zu verschiedenen Zeiten geschrieben worden, so daß der eine Teil im achten Jahr nach dem Empfang der Gnade aufgezeichnet und der andere ungefähr im zwanzigsten Jahr vollendet wurde.«[131]

Gott erscheint als der Initiator eines jeden Entstehungsschrittes, er greift auch in Einzelheiten der Gestaltung des *Legatus* ein. So werden auf sein Geheiß hin die beiden Teile des *Legatus* schließlich unter dem Namen *Legatus memorialis abundantiae divinae pietatis*, Zeugnis des Überflusses der göttlichen Liebe, zu einem Buch vereinigt.[132]

Auch die Frage, warum nicht Gertrud selbst alle Teile des *Legatus* schreibt, sondern statt dessen Schwestern mit der Aufzeichnung beauftragt, wird innerhalb des *Legatus* mehrfach angesprochen. Für den Entschluß, eine Mitschwester mit der Aufzeichnung ihrer Visionen zu betrauen, ist Gertruds Demut, ihr Bewußtsein, der Gnadengaben Gottes unwürdig zu sein und ihnen nicht in angemessener Weise entsprechen zu können, verantwortlich. Das Werk der anderen scheint ihr die göttlichen Gnadengaben sehr viel besser zur Geltung zu bringen.

---

131 »*Unde et liber iste diversis temporibus est conscriptus, ita ut pars una conscriberetur post octavum annum acceptae gratiae et pars altera circa vicesimum annum perficeretur*« (*Leg* Prolog; SC 139,S.108). Die Aufzeichnung des ersten Teils erfolgt also 1289, der zweite Teil wird etwa 1301 abgeschlossen.

132 *Leg* Prolog; SC 139,S.112ff.

»Als sie es der anderen mitgeteilt hatte, freute sie sich daher über das göttliche Lob, es schien ihr, daß nun gleichsam ein Edelstein aus schmutzigem Dreck herausgehoben und an die Stelle glänzenden Goldes gesetzt worden sei.«[133]

Die Tätigkeit von Gertruds Mitarbeiterinnen, also der Schreiberin des zweiten Teils – Buch III,IV und V – bzw. der *compilatrix* wird auch im Gesamtprolog und in den abschließenden Visionen des Buches V angesprochen – Passagen also, denen aufgrund ihrer exponierten Stellung im Gesamtentwurf des *Legatus* eine besondere Bedeutung zukommt. Im Gesamtprolog wird eine Situation beschrieben, in der Gertrud angesichts der Aufzeichnung ihrer Visionen wieder Bedenken überkommen – sie möchte gern die Mitschwester, die ab Buch III die Aufzeichnung ihrer Visionen übernommen hat, daran hindern, in ihrer Arbeit fortzufahren. Als sie sich mit diesem Anliegen an den Herrn wendet, erfährt sie, daß die Tätigkeit der Schreiberin und die schriftliche Fixierung dem göttlichen Willen entsprechen. Gott selbst stachelt die Schreiberin an und wird ihr hilfreich zur Seite stehen, wie der *Dominus* es der ungläubigen Gertrud gegenüber formuliert:

> »Weißt du denn nicht, daß der, den mein Wille zwingt, über jeden Gehorsam hinaus gezwungen worden ist? Wenn du also meinen Willen, dem sich niemand widersetzen kann, beim Aufschreiben dieses Buches kennst – warum beunruhigst du dich? Denn ich werde die Schreiberin anspornen und getreulich unterstützen und das, was mein ist, unversehrt bewahren.«[134]

Auch am Schluß des *Legatus* wird noch einmal betont, daß die Tätigkeit der Schreiberin göttlichen Beifall findet; nach Vollendung des Buches erscheint Christus Gertrud, das Buch an seine Brust gepreßt:

> »In derselben Liebe, mit der ich alles in diesem Buch Aufgezeichnete dir gnädig eingegeben habe, in derselben Liebe habe ich dieses nämlich auch dem Gedächtnis deiner Zuhörerin anvertraut und es zusammengestellt und geordnet und alles durch ihre Hand zu meinem größten Wohlgefallen niedergeschrieben.«[135]

Die Schreiberin wird – genauso wie Gertrud – zum göttlichen Werkzeug, dem zwar die Offenbarungen nicht unmittelbar zuteil werden, aber deren Gedächtnis mit göttlicher Hilfe das eingeprägt wird, was sie von Gertrud hört. Letztlich ist es Christus selbst, der sich ihrer Hand bedient.

---

133 »*Unde cum alteri manifestavit, congaudebat laudi divinae quae sibi videbatur quod tunc quasi gemma, elevata esset de fimo tenebroso, et locata in dignitate auri rutilantis*« (*Leg* III, Prolog; SC 143,S.12).

134 »*An nescis quia quemcumque voluntas mea cogit, super omnem obedientiam est coactus? Ergo cum voluntatem meam, cui nemo potest resistere, scias in scribendo libro isto, ut quid turbaris? Nam et ego scribentem instigo et fideliter juvabo atque quod meum est illaesum conservabo*« (*Leg* Prolog; SC 139,S.112).

135 »*Ego enim in eodem amore, quo omnia in libro conscripta gratuita pietate mea tibi infudi, eodem etiam amore eadem memoriae a te audientis commendavi, componens et ordinans ac per manus ejus secundum optimum beneplacitum meum conscribens universa*« (*Leg* V,XXXIII; SC 331,S.264/266).

In der folgenden Vision von Buch V tritt dann die *compilatrix* dieses Buches auch selbst in Erscheinung. Heimlich trägt sie beim Abendmahl die Aufzeichnungen im Ärmel bei sich, um sie Christus aufzuopfern. Christus nimmt dieses Opfer mit Wohlgefallen an:

> »Ich werde mit der Süße meiner göttlichen Liebe alle Worte dieses mir dargebrachten Buches, das wahrhaftig durch den Antrieb meines Geistes geschrieben ist, durchdringen und dadurch fruchtbar machen.«[136]

Damit ist zum Schluß des *Legatus* in eindrucksvoller Weise beschrieben, wie sehr das Buch, die Arbeit Gertruds, der Schreiberinnen, der *compilatrix* göttlichen Beifall findet.

Ganz ähnlich den Texten, in denen betont wird, daß Ekbert lediglich der Übersetzer der Visionen seiner Schwester sei, wird damit gleichzeitig sichergestellt, daß dieses Buch in allen seinen Teilen, auch in denen, die nicht ausschließlich von Gertrud stammen, authentisches göttliches Wort ist.

Die äußeren Instanzen

Auffällig ist, daß anders als bei Hildegard und Elisabeth an der Entstehung des *Legatus* kein männlicher Mitarbeiter – sei es Beichtvater, Sekretär oder Seelenführer – unmittelbar beteiligt ist. PETERS stellt fest:

> »Die Entstehungsgeschichte verbleibt ... hier ganz im Bereich der Schwestern. Eine Beteiligung der Seelsorger, die in die Sterbeberichte und Fürbitten des 5. Buches einbezogen sind, wird nicht erwähnt« (1988:127).

Es ist wahrscheinlich, daß der entscheidende Anstoß zur Aufzeichnung der Visionen Gertruds von der Äbtissin des Klosters ausgeht[137], Instanzen außerhalb der Klostergemeinschaft scheinen jedoch kaum Einfluß auf die Entstehung des *Legatus* genommen zu haben. Zwar ist im Prolog die Rede davon, Gertrud sei *oboedientia praelatorum*, also durch ihre Gehorsamspflicht den Ordensoberen gegenüber, gezwungen worden, ihre Visionen aufzuzeichnen.[138] Ähnlich heißt es im Prolog zum Buch III über die Schreiberin des folgenden: »Darauf ist jene durch die Anordnungen der Ordensoberen verpflichtet worden und hat das folgende aufgeschrieben.«[139] Da jedoch die äußeren Instanzen ansonsten nicht erwähnt werden, bleibt die Darstellung in diesem Punkt seltsam unkonkret, wirkt zur lediglich topischen Rede erstarrt. Wie die Ordensoberen Kenntnis erhalten von Gertruds Offen-

---

136 »*Ego dulcedine divini amoris mei penetrabo et penetrando fecundabo omnia verba libri hujus mihi modo oblati, immo veraciter impulsu spiritus mei conscripti*« (*Leg* V,XXXIV; SC 331,S.268).

137 PETERS 1988:128.

138 *Leg* Prolog; SC 139,S.112.

139 »*Hinc et ista obligata praeceptis Praelatorum consequentia scripsit*« (*Leg* III Prolog, SC 143,S.12).

barungen, inwiefern sie die Aufzeichnungen beeinflußen, ob es eine inhaltliche Überprüfung gegeben hat, bleibt ungeklärt.

Zusammenfassung

Der Vergleich der drei Mystikerinnen hat gezeigt, daß, den Beginn des visionären Erlebens betreffend, Hildegard, die von Kindheit an Visionen hat, eine Ausnahmestellung einnimmt. Von einer wirklichen mystischen Bekehrung kann man eher bei Elisabeth und Gertrud sprechen. Die visionäre Gabe wird ihnen überraschend zuteil, der eigentlichen Bekehrungsvision geht eine Phase depressiver Verstimmtheit voraus. Rein äußerlich verläuft ihr Leben nicht anders als vor der *conversio*, es gibt keinen sichtbaren Bruch mit der Vergangenheit. Die erste Vision kann in ein schon bestehendes Wertgefüge eingeordnet werden, das die Interpretation dieser Erfahrung erlaubt. Sie wird als Gnade Gottes, als göttliches *donum* verstanden, mit Dankbarkeit empfangen, bedeutet Neugestaltung und Radikalisierung des Gottesverhältnisses.

Für alle drei stellt ihre visionäre Begabung eine konfliktreiche Erfahrung dar, um deren Geheimhaltung sie sich bemühen. Ein wichtiges Motiv ist dabei die *humilitas*. Für Hildegard und Elisabeth ist zusätzlich die Angst vor ablehnenden Reaktionen der Umwelt von großer Bedeutung, beide thematisieren in diesem Zusammenhang anders als Gertrud ihr Geschlecht. Diesem Wunsch zur Geheimhaltung steht der von göttlicher Seite an die Visionärinnen herangetragene Auftrag zur Verkündigung bzw. Aufzeichnung der Visionen entgegen, der bei Hildegard und Gertrud erst nach mehreren Jahren erfolgt.

Der Konflikt zwischen göttlichem Schreibbefehl und Widerstand der Mystikerin wird von den dreien dem Topos des Schreibbefehls entsprechend gestaltet: Die Unsicherheit und der Widerstand der Mystikerin wird schließlich durch das Drängen Gottes und der äußeren Instanzen überwunden. Auffällig ist, daß für Gertrud der strafende, richtende Gott eine eher untergeordnete Bedeutung hat.

Daß letztlich die Visionen trotz aller Bedenken doch nicht verschwiegen, daß sie schriftlich fixiert oder überhaupt der Umwelt bekannt werden, wird also durch den Rekurs auf den göttlichen Willen legitimiert.

Die Aufzeichnung der Visionen bzw. die Genese der Visionsbücher ist jeweils nicht auf Hildegard, Elisabeth und Gertrud als Einzelpersonen zurückzuführen. Sie haben MitarbeiterInnen, deren Anteil an der Entstehung der Visionsbücher jeweils differiert. Herauszuheben ist die Entstehung des *Legatus* als gemeinsame Arbeit von Schwestern des Helftaer Konvents.

Auf sehr verschiedene Weise wird textimmanent der Beitrag der jeweiligen MitarbeiterInnen für den Entstehungsprozeß des *liber visionum* dargestellt. Hildegard spricht diesen Aspekt kaum an und betont statt dessen die Monumentalität der göttlichen Offenbarung, angesichts derer das menschliche Tun bedeutungslos wird. Auch bei Elisabeth und Gertrud wird die Entstehung ihrer Visionsbücher so dargestellt, daß die Authentizität des göttlichen Wortes als abgesichert gelten kann.

Unverfälscht wird die göttliche Offenbarung wiedergegeben, die als göttliches Wort eine besondere Autorität beanspruchen kann. Die Visionen haben die Funktion, das Werk der jeweiligen Visionärin als gottgewollt erscheinen zu lassen, so etwa, wenn im *Legatus* Christus selbst dem Buch seinen Segen erteilt.

Die männlichen Mitarbeiter Hildegards und Elisabeths haben darüber hinaus noch eine weitere Funktion. Sie drängen ihrerseits auf die schriftliche Fixierung und überprüfen gleichzeitig die Visionen auf die Rechtgläubigkeit ihres Inhalts und ihren Ursprung hin. Bei Hildegard erfolgt diese Überprüfung sogar durch die höchste kirchliche Autorität, den Papst. Bei Gertrud dagegen hat dieser Aspekt an Bedeutung verloren, die Erwähnung der Ordensoberen erscheint lediglich als topische Rede.

DIE FRAU IST DIE QUELLE DER WEISHEIT[1]: DIE LEGITIMATION WEIBLICHER AUTORITÄT

> »... und daher ruht der höchste Segen vor jeder
> Kreatur auf der weiblichen Gestalt, weil Gott in
> der überaus lieblichen und gesegneten Jungfrau
> Mensch geworden ist.«
>
> *Hildegard von Bingen, 12. Jahrhundert*[2]

Wie bereits im vorangegangenen Kapitel deutlich wurde, kommt den Visionen Hildegards, Elisabeths und Gertruds eine zweifache Bedeutung zu: »... both as a medium of divine inspiration and as a source of vindication against real or potential opponents« (Newman 1985:175). Damit sind die Visionen insofern apologetisch ausgerichtet, als sie das Auftreten der jeweiligen Visionärin rechtfertigen und ihren Autoritätsanspruch legitimieren.

Schon bei der Darstellung der Bedenken Hildegards, Elisabeths und Gertruds bezüglich einer Veröffentlichung ihrer Visionen hatte sich als wesentliche Differenz zwischen den drei Visionärinnen herauskristallisiert, daß die Frage einer spezifisch weiblichen Autorität von ihnen nicht in gleicher Weise als Problem empfunden wird.

Hildegard ist sich der Schwierigkeiten durchaus bewußt, die damit verknüpft sind, daß sie als Frau mit einer göttlichen Botschaft in die Öffentlichkeit tritt. Das kommt etwa dann zum Ausdruck, wenn die göttliche Stimme Hildegard auffordert, der Umwelt ihre Offenbarungen zu enthüllen, obwohl sie wegen der Übertretung Evas mit einer ablehnenden Reaktion zu rechnen hat.[3] Hier wird Bezug genommen auf die Sündenfallgeschichte und damit auf die negativen Implikationen des mittelalterlichen Frauenbildes.

---

1   So Hildegard von Bingen in einem Brief, den sie an Erzbischof Hillin von Trier schreibt (*Ep* 13, PL 197,167B).

2   *Symphonia*, S.116.

3   »*Vnde, o pusilla animo, quae interius es docta de mystico spiramine, quamuis conculcata sis per uirilem formam propter praeuaricationem Euae, tamen dic igneum opus quod tibi demonstratur certissima ostensione*« (*Sci* II,I; CCCM 43,S.112). Vgl. auch *Sci* I,I; CCCM 43,S.8 und *Vita* II,22; PL 197,106C.

Auch Elisabeth fürchtet, daß ihr Anspruch, als Frau göttlich erwählt zu sein, bei ihrer Umwelt Anstoß erregen, daß ein Teil der Rezipienten ihre Offenbarungen als *muliebria figmenta*, als weibliche Hirngespinste, abtun könnte.[4]

Demgegenüber spielt für Gertrud die Frage ihres eigenen Geschlechts keine Rolle. Sie empfindet sich zwar, wie sie in zahlreichen Demutstopoi bezeugt, als der göttlichen Gnade unwürdig, dies aber in ihrem Sein als Mensch und nicht als Frau.

Vor diesem Hintergrund ist danach zu fragen, in welchen Bezugsrahmen die drei ihr Auftreten stellen, wie sie es legitimieren. Welches Bild entwerfen sie von ihrer eigenen Rolle, Aufgabe, Person?

Um die Visionsbücher Hildegards, Elisabeths und Gertruds trotz ihres unterschiedlichen Charakters vergleichen und eine mögliche Traditionsbildung unter Frauen herausarbeiten zu können, habe ich jeweils drei Aspekte ausgewählt, die mir Aussagen über das Selbstkonzept der drei Mystikerinnen zu erlauben scheinen.

Zum einen soll thematisiert werden, wie Hildegard, Elisabeth und Gertrud ihr Auftreten durch den Rekurs auf Modelle und Vorbilder legitimieren. Inwiefern spielt hier die Größe »Geschlecht« eine Rolle? Mit welchen biblischen Gestalten identifizieren sie sich? So weit es die Quellenlage erlaubt, soll dabei jeweils einleitend zur Sprache kommen, wie männliche Zeitgenossen das Auftreten der Mystikerinnen reflektieren.

Zum anderen wird nach dem Verhältnis von Bildung und Inspiration zu fragen sein, ein Aspekt, der schon bei der Darstellung des Weges von der *conversio* bis zur Aufzeichnung des Visionsbuches angesprochen wurde. Auf welche Weise wird sichergestellt, daß es sich bei den Offenbarungen um unverfälschtes göttliches Wort handelt?

Schließlich soll die Frage nach dem Verhältnis von »Frau« und »Körper« angesprochen werden. Dieser Gesichtspunkt ist naheliegend, weil die Tatsache, daß Krankheit eine große Rolle im Leben der Mystikerinnen spielt, ein ausgesprochenes Spezifikum der Frauenmystik ist.[5] In welchem Zusammenhang stehen Vision und Krankheit? Wie nehmen Frauen die theologische Tradition auf, die auf der symbolisch-metaphorischen Ebene »Frau« und »Körper« gleichsetzt? Welche theologischen Implikationen hat Krankheit für das Gottesverhältnis der Visionärinnen?

---

4   »*Non deerunt etiam, qui dicant muliebria figmenta esse omnia, que audierunt de me*« (*Lib vis* I,I,2).

5   Vgl. WEINSTEIN/BELL 1983:235, PETROFF 1986:44 und BENZ 1969:17-34. Die Verbindung zwischen Vision und Krankheit hat in der Vergangenheit oft eine rein pathologische Deutung der visionären Phänomene evoziert, die, wie BENZ mit Recht sagt, unangemessen und unzureichend ist (1969:17).

Hildegard von Bingen

Modelle für das Auftreten der Visionärin

Identifikation mit biblischen Gestalten

Die Tatsache, daß Gott mit Hildegard eine Frau erwählt hat, wird von ihren Zeitgenossen herausgehoben und auf unterschiedliche Weise reflektiert. Wibert von Gembloux schreibt in einem Brief an die von ihm so sehr verehrte Äbtissin und Visionärin:

> »Denn nach jener (Maria, C.E.), durch deren Geburt wir auf jede Weise das Heil erreichen, ist deine Gnade einzigartig unter den Frauen. Denn, auch wenn man in den Schriften einige Lieder oder Prophezeiungen von Miriam, der Schwester Aarons und Moses, oder von Debora und Judit findet, scheinst du uns von einer viel größeren Fülle des Geistes betaut und – um mich vorsichtig auszudrücken – durch die überaus großen Geheimnisse der Visionen und Offenbarungen des Herrn den Propheten ebenbürtig zu sein.«[6]

Er hebt Hildegards einzigartige Stellung unter allen Frauen hervor – er nennt Miriam, die Schwester Aarons und Moses (2.Mose 15,20), Debora (Ri 4 und 5) und Judith –, und kommt in seiner Begeisterung zu dem Schluß, daß Hildegard denjenigen gleicht, die in mystischer Schau an den erhabensten Geheimnissen Gottes teilhaben.

Auch andere Briefpartner Hildegards weisen darauf hin, daß Gott schon in biblischer Vorzeit sowohl Männer als auch Frauen als Propheten erwählte, und stellen Hildegard in eine Reihe mit Debora, Olda, Anna und Elisabeth. Vor ihnen verdiene Hildegard sogar noch den Vorzug, weil sie durch ihre Jungfräulichkeit und ihr gottgeweihtes Leben die Schwäche des Fleisches und damit auch ihr weibliches Geschlecht transzendiere.[7] Aus zeitgenössischer männlicher Sicht wird der Versuch unternommen, das Problem des weiblichen Prophetentums zu reflektieren und theologisch einzuordnen. Hildegard gilt als Ausnahme, die hinsichtlich der Qualität ihrer Offenbarung oder ihres Lebenswandels die alttestamentlichen Frauengestalten noch übertrifft. Zumindest ist sie anderen Propheten oder Boten Gottes gleichzustellen, die ebenfalls von Gott erwählt wurden, obwohl sie scheinbar ungeeignet waren.[8]

Mit einer ähnlichen Intention vergleichen die Autoren der *Vita* Hildegard, die, dem göttlichen Auftrag Folge leistend, mit ihren Nonnen auf den Rupertsberg über-

---

6   *»Nempe post illam, per cuius partum salutem omni modo assequimur, singularis inter mulieres gratia tua, quoniam et si Mariae, sororis Aaron et Moysi, vel Deborae seu Judith, aliqua vel cantica vel prophetiae in scripturis inveniuntur, tu multo maiori in hac parte affluentia spiritus irrorata, in visionum seu revelationum Domini mysteriis summis, contemplatoribus, ut temperanter loquar, nobis coaequanda videris«* (*Ep* I, Pitra S.329).

7   *Ep* 75; PL 197,297C.

8   So schreibt Arnold, Erzbischof von Mainz, an Hildegard: *»Nam quid mirum est, si ille inspiratione sua te docet, qui quondam agricultores et sycomoros uellicantes prophetas constituit et asinam humana uerba proferre fecit«* (*Ep* XX; CCCM 91,S.56).

siedelt, mit der Prophetin Debora.«... uns bietet sich ein schöner Vergleich zwischen der Prophetin Deborah und dem Ort, an dem sie wohnte, und unserer Prophetin und unserem Ort.«[9] Gleichzeitig wird in diesem Zusammenhang ein Origeneszitat angeführt, das das Problem des weiblichen Prophetentums anspricht: Einerseits wird die Gabe der Prophetie als Trost für die schwachen Frauen gesehen, andererseits aber betont, daß sie nicht als ein spezifisch weibliches Privileg zu verstehen ist. Ausschlaggebend sei nicht das Geschlecht der Erwählten, sondern ihr reines Herz, ihre ethische Qualität. Es scheint sich hier um eine aus männlicher Perspektive gesprochene Warnung vor dem weiblichen Hochmut zu handeln.

An anderer Stelle wird die Prophetengabe Hildegards in der *Vita* mit den Vätern der biblischen Vorzeit verglichen, die auch von Gott inspiriert wurden.

> »Dabei strahlt aus den eigenen Worten der von Gott geliebten Jungfrau eine so große Herrlichkeit der Prophetengabe, daß sie nicht weniger Gnade empfangen zu haben scheint als die alten Väter.«[10]

Demnach ist die Erleuchtung, die Hildegard zuteil wird, den Schauungen Moses oder den Offenbarungen des Evangelisten Johannes vergleichbar.

Für Hildegards Selbstkonzept stellt dagegen die Identifikation mit biblischen Gestalten einen Aspekt dar, der lediglich auf die autobiographischen Passagen ihrer *Vita* beschränkt bleibt. So sieht Hildegard eine Parallele zwischen ihrer Aufgabe bei der Loslösung des Nonnenkonvents vom Disibodenberg und dem Handeln Moses, der das Volk Israel aus Ägypten führt[11], oder vergleicht sich mit Josua und Joseph.[12]

Eine besondere Bedeutung hat für Hildegard die Gestalt des Johannes Evangelista. Im *Liber divinorum operum* beschreibt sie ihn:

> »In seinen Mund legte er einen grünen Zweig, von dem Balsam herabtropfte, weil er die Grünkraft beständiger Keuschheit und den Duft der Tugenden verband und damit die Gerechtigkeit umgürtete, als er auf Bitten des Volkes hin das ›Im Anfang war das Wort‹ verkündete.«[13]

Herausgehoben werden hier die Jungfräulichkeit des Johannes und seine spirituelle Fruchtbarkeit, seine *viriditas*.[14] In der *Vita* vergleicht Hildegard die Offenbarung, die ihr zuteil wird[15], mit der des Johannes Evangelista.

---

9   »... pulchra se nobis offert de Debora prophetissa, et loco, in quo sedit, ad nostram prophetissam et locum nostrum comparatio« (*Vita* II,24; PL 197,108B).

10 »In quo ex verbis ipsius Deo dilectae virginis tanta elucet claritas prophetiae, ut nihil minus antiquis Patribus videatur percepisse gratiae« (*Vita* II,13; PL 197,99C).

11 *Vita* II,22; PL 197,107A.

12 *Vita* II,25; PL 197,109A.

13 »In cujus oris viridem colorem ramo de quo balsamum sudat similem posuit, quia perseverantiae castitatis viriditatem et odorem virtutum adjunxit, illoque justitiam circumcinxit, quando per preces populi ›in principio erat Verbum‹ edidit« (*LDO* III,X,9; PL 197,1011C).

14 Der Begriff *viriditas*, Grünkraft, ist nicht nur für Hildegards Verständnis von Gott und Welt, sondern auch für ihre Heilkunde von großer Bedeutung. Vgl. auch *Sci* III,8; CCCM 43,S.505,

»... der Anhauch Gottes benetzte das Erkennen meiner Seele gleichsam wie sanfte Regentropfen, wie auch der Heilige Geist den Evangelisten Johannes erfüllt hat, als er an der Brust Jesu die unergründliche Offenbarung trank, als sein Geist von heiliger Göttlichkeit so berührt worden war, daß er die verborgenen Geheimnisse und Werke offenbarte, indem er sprach: ›Am Anfang war das Wort ...‹«[16]

Vergleichspunkte sind das Motiv der göttlichen Nähe – Johannes ist der Jünger, der an der Brust des Herrn ruhte – und die Prophetengabe. Beide werden auf ähnliche Weise durch das Einwirken des Heiligen Geistes erleuchtet, der sie fruchtbar macht wie die Regentropfen die Erde. Es deutet sich an, daß Hildegard sich mit der Aufzeichnung ihrer Visionen in seiner Nachfolge sieht – ein Vergleich, der ein starkes Erwählungsbewußtsein impliziert. Gleichzeitig wird deutlich, daß nach Hildegards Verständnis die göttliche Offenbarung, wie sie sich im Alten und Neuen Testament, im Handeln von Propheten und Aposteln manifestiert, nicht abgeschlossen ist, sondern in die Gegenwart hinein weiterwirkt.

Hildegard als Prophetin

Auch wenn Hildegard sich nicht explizit mit Gestalten alttestamentlicher Propheten vergleicht, haben ihre Visionen doch, wie in der Forschung vielfach festgestellt wurde, einen prophetischen Charakter.[17]

Schon Hildegards Berufung ist in Anlehnung an die Berufungsgeschichten alttestamentlicher Propheten, wie etwa Jer 1,6-7, gestaltet.[18] Ähnlich wie die alttestamentlichen Propheten gibt sie ein genaues Datum der Berufung an (vgl. Ez 1,1).

»In den Tagen des Mainzer Erzbischofs Heinrich, Konrads, des Königs der Römer, und des Abtes Kuno vom Disibodenberg, unter dem Papst Eugen ereigneten sich diese Visionen und Worte.«[19]

Darüber hinaus erinnert nach LIEBESCHÜTZ die Zweiteilung der Visionen in allegorisches Bild und Deutung dieses Bildes durch die göttliche Stimme an die Prophetenreden des Alten Testaments. Er schreibt:

---

wo Hildegard die *viriditas* der Lehre Christi hervorhebt. Zur Bedeutung von *viriditas* in Hildegards Werk vgl. MEIER 1972:280ff.

15 Es geht um die Offenbarung des *LDO*, der auch eine ausführliche Auslegung des Johannesprologs enthält (*LDO* I,IV,105; PL 197,888D-900).

16 »... et de Dei inspiratione in scientia animae meae quasi guttae suavis pluviae spargebantur, quia et Spiritus sanctus Joannem Evangelistam imbuit, cum de pectore Jesu profundissimam revelationem suxit, ubi sensus ipsius sancta divinitate ita tactus est, quod absconsa mysteria et opera aperuit, In principio, inquiens, erat, Verbum ...« (Vita II,35; PL 197,112B).

17 So weisen die Autorinnen der Einleitung zum *Sci* auf den prophetischen Charakter von Hildegards Visionen hin (CCCM 43, S.XVIII). Vgl. auch SCHIPPERGES 1965:14 oder FÜHRKÖTTER 1965:15.

18 *Sci Protest.*; CCCM 43,S.3.

19 »In diebus Heinrici Moguntini archiepiscopi et Conradi Romanorum regis et Cunonis abbatis in monte beati Disibodi pontificis, sub papa Eugenio, hae uisiones et uerba facta sunt« (*Sci Protest.*; CCCM 43,S.6). Vgl. auch die Vorreden von *LDO* (PL 197,741A) und *LVM* (Pitra 8).

»Die ersten Schriftpropheten stützen ihren Anspruch, König und Volk die rechten
Wege zu weisen, auf Sinnbilder, die sie gesehen und auf göttliche Worte, die sie dazu
gehört haben« (1930:46).[20]

Auch Hildegards Auftrag entspricht dem alttestamentlicher Propheten: Sie ist
gesandt, um ihre Nächsten zu Buße und Umkehr aufzurufen in einer Zeit, in der sie
die Situation der Kirche als krisenhaft erlebt. Gott ist vergessen, die Herzen der
Gläubigen hart wie Stein, der Klerus wird seiner Aufgabe, das Wort Gottes zu verkünden, nicht gerecht.

> »O Mensch, die[21] du schwach bist vom Staub der Erde und Asche von der Asche,
> verkünde und sprich vom Zugang zur unvergänglichen Erlösung, damit die belehrt
> werden, die den Gehalt der Schriften erkennen und dennoch weder verkünden noch
> predigen wollen, weil sie lau und oberflächlich in der Beobachtung der Gerechtigkeit
> Gottes sind. Erschließe diesen das Siegel der Geheimnisse, die sie selbst furchtsam in
> einem versteckten Acker ohne Frucht verbergen.«[22]

Angesichts dieser Mißstände soll es also Hildegards Aufgabe sein, die göttlichen Geheimnisse und Wunder, die ihr offenbart werden, aufzuzeichnen und anderen zu verkünden, um die verhärteten Herzen der Gläubigen anzuzünden.[23]

muliebre tempus

Hildegards Kritik an Kirche und Klerus ihrer Zeit und ihr Verständnis der eigenen
Rolle als Prophetin muß vor dem Hintergrund ihrer Geschichtsdeutung verstanden
werden. Nach Hildegards Geschichtsverständnis gilt ihr die eigene Zeit als
voreschatologische Phase, deren Beginn sie in der *Vita* auf das Jahr 1100 datiert.[24]

---

20 LIEBESCHÜTZ weist aber auch auf Unterschiede hin: so betont er den lehrhaften Charakter
    von Hildegards Visionen, denen das Element des Dialogs zwischen Gott und Mensch, das für
    die alttestamentliche Prophetie bestimmend ist, fehlt (1930:48). Dementsprechend sieht
    BENZ Hildegards Visionen auch als Lehrvisionen (1969:160).

21 Hildegard verwendet hier – wie auch in anderen Texten – gegen die Regeln der Kongruenz
    das Relativpronomen im Femininum. Es ist zu vermuten, daß sich dieser eigenwillige und
    selbstbewußte Umgang mit der lateinischen Grammatik auch in anderen Texten fand, bei der
    Überarbeitung durch Hildegards Sekretäre jedoch getilgt wurde. Vgl. auch *LVM* VI,XLV,68;
    Pitra 244 und *Sci* III,I; CCCM 43,S.327f.

22 »*O homo, quae fragilis es de pulvere terrae et cinis de cinere clama et dic de introitu incor-*
    ruptae saluationis, quatenus hi erudiantur qui medullam litterarum uidentes eam nec dicere
    nec praedicare uolunt, quia tepidi et hebetes ad conseruandam iustitiam Dei sunt, quibus
    clausuram mysticorum resera quam ipsi timidi in abscondito agro sine fructu celant« (*Sci* I,I;
    CCCM 43,S.8).

23 »*Haec mystica et miranda atque ignota plenissima dona, quae tibi, o homo, clarissime appa-*
    rent in vero lumine, tibi demonstro et tribuo dicere et ostendere ad accendendum ignea corda
    fidelium, qui purissimi lapides sunt ad aedificationem caelestis Ierusalem« (*Sci* III,VII;
    CCCM 43,S.463). Vgl. auch *LDO* Prolog; PL 197,741B.

24 Wie männliche Zeitgenossen sieht Hildegard den Beginn des *muliebre tempus* mit der Regie-
    rungszeit Heinrichs IV. verknüpft. Vgl. dazu LIEBESCHÜTZ 1930:144.

»Denn im Jahr 1100 nach der Menschwerdung Christi begann die Lehre der Apostel und die brennende Gerechtigkeit, die er in den Christen und den Geistlichen begründet hatte, nachzulassen und geriet ins Wanken. In jenen Zeiten wurde ich geboren ...«[25]

Im Gegensatz zur vorausgehenden Epoche, in der die Lehre der Apostel noch wirkte und die deshalb von Gerechtigkeit und Tugend bestimmt war, bewertet sie die Gegenwart negativ. Sie scheint ihr von einer *muliebris debilitas*, einer weiblichen Schwäche, gekennzeichnet und wird deshalb auch als *muliebre tempus*, also als weibliche oder weibische Zeit, bezeichnet.

»Denn diese Tage der weiblichen Schwäche haben keine männliche Stärke, so daß alle Einrichtungen der Kirche, seien sie weltlich oder geistlich, zum schlechteren herabsinken und auf eine andere Weise bestehen, als die Apostel oder die übrigen alten Väter sie begründet haben ...«[26]

Sie konstatiert, daß die Kirche weichlich ist und ihr die männliche Kraft fehlt. Da sie den Begriff *muliebris*, also »weiblich« oder »frauenhaft«, in einem pejorativen Sinn gebraucht, scheint sie sich in Übereinstimmung mit den negativen Zügen des mittelalterlichen Frauenbildes zu befinden.[27]

In diesem Zusammenhang muß jedoch auf Hildegards zyklisches Geschichtsbild[28] verwiesen werden, denn hinter der Bezeichnung *tempus muliebre* verbirgt sich ein Rückbezug auf die Sündenfallerzählung. »Und dann kommt die weibische Zeit, die fast dem ersten Fall ähnlich ist, so daß die Gerechtigkeit gemäß der Schwäche der Frau geschwächt wird ...«[29] GÖSSMANN schreibt dazu:

»Die negativ bewertete Gegenwart ist für sie Zeit der Wiederkehr der Evasschuld, daher Zeit der weiblichen Schwäche, so wie in der künftigen Friedenszeit die Zeit der Geburt des sol Christus aus der Morgenröte Maria als Zeit weiblicher Stärke eine Wiederholung erfährt« (1986b:887).[30]

In der Gestalt der Maria kann die Frau also auch zu einem Symbol der Heilszeit werden, die durch die Geburt des Erlösers anbricht.

---

25 »*Nam post Incarnationem Christi anno millesimo centesimo doctrina apostolorum et ardens justitia, quam in Christianis et spiritualibus constituerat, tardare coepit, et in haesitationem vertebatur. Illis temporibus nata sum*« (Vita II,16; PL 197,102D).

26 »*Nam dies isti muliebris debilitatis virilem fortitudinem non habent, ita scilicet ut omnia ecclesiastica instituta, sive saecularia sive spiritualia sint, in deterius descendant, et nunc in alio modo quam apostoli seu caeteri antiqui Patres ea constituerint, consistant* ...« (LDO III,X,10; PL 197,1012D). Vgl.: »*Sapientia sonat, dicens: Nunc squalidum tempus muliebris forme est*« (Ep XXVIr; CCCM 91,S.74). Vgl. auch *Ep* 26; PL 197,185C und *Ep* 49; PL 197,254CD.

27 Davon gehen etwa BERNHART 1930:252, DINZELBACHER 1988b:281 oder THUM 1980:293 aus.

28 Vgl. dazu GÖSSMANN 1986b:886-889.

29 »*Et tunc muliebre tempus fere primo casui simile venit, ita ut justitia secundum infirmitatem mulieris debilitata est* ...« (Vita S. Disibodi; Pitra 355). Vgl. dazu *Ep* XXVIr; CCCM 91,S.74f.

30 So auch LIEBESCHÜTZ 1930:145.

Weiter ist auffällig, daß Hildegard das Konzept vom *muliebre tempus* entwik-kelt, um Klerus und Priester zu kritisieren, es also Männer sind, die das negative Weibliche ausführen, in deren Handeln es zum Ausdruck kommt. Ihre *ariditas*, ihre spirituelle Unfruchtbarkeit, steht der Grünkraft, der *viriditas*, der wahren Lehre entgegen.[31] Hildegard sieht sich selbst als göttlich erwähltes Werkzeug, das beru-fen ist, diese Mißstände zu kritisieren und die Lehre der Apostel, die in Vergessen-heit geraten ist, wieder in Erinnerung zu rufen. Ihr Geschlecht ist insofern von Bedeutung, als, wie NEWMAN schreibt:»An effiminate age calls for a feminine prophet, and an epoch of weakness for the weaker sex« (1987a:106). Weiter ist in diesem Zusammenhang zu berücksichtigen, daß Hildegard in ihren Schriften die in ihrer Zeit übliche Geschlechtersymbolik zwar aufnimmt, sie aber verfremdet.[32] Jedes der beiden Geschlechter hat sowohl einen negativen als auch einen positiven Symbolwert.[33] Hildegard verurteilt also nicht die weibliche Schwäche als solche, sondern ihre negativen Aspekte, wie sie etwa im *Liber vitae meritorum* durch die Laster der Verzweiflung[34], Habsucht[35] und des Weltschmerzes[36] verkörpert wer-den.[37] Ebenso wird aber auch an anderer Stelle die negative Seite der männlichen Stärke kritisiert, wenn sie etwa in der Gegenüberstellung von Altem und Neuem Bund die weibliche Weichheit positiv, die männliche Härte aber negativ bewertet:

> »Gott schrieb das Gesetz auf eine steinere Tafel, weil es im Menschen keine Weich-heit gab, um die göttliche Vernunft aufzunehmen. Später schrieb er in die Weichheit, gleichsam in das Herz aus Fleisch.«[38]

Nicht die männliche Stärke als solche erscheint Hildegard erstrebenswert, son-dern eine Annäherung der beiden Extreme männlichen und weiblichen Verhaltens.

---

31 »*Auster enim virtutum cum calore suo in ipsis frigidus ut hiems est, quia bona opera et de igneo spiritu sancto ignita, in se non habent et quoniam absque viriditate aridi sunt*« (*Ep* 49; PL 197,254A/B).

32 So beschreibt Hildegard im *LVM* zwar die *superbia* als Gestalt mit dem Antlitz einer Frau, aber mit der Brust eines Mannes:»*Et pectus virile habet, quoniam tumorem vanae magnitudi-nis in corde suo semper gerit*« (III,34,42; Pitra 120). GÖSSMANN sieht in dieser Darstellung der *superbia* eine Replik auf Sündenfalldarstellungen wie die des Petrus Lombardus (1989b:30f). Vgl. *Lib. Sent.* II,22,4; Bd.II,S.412f.

33 NEWMAN 1987b:239, ACHTERMANN 1985:159 und GÖSSMANN 1985:35.

34 *LVM* III,41,50; Pitra 125.

35 *LVM* IV,34,45; Pitra 165.

36 *LVM* V,25,48; Pitra 202.

37 NEWMAN 1987b:239.

38 »*Deus in lapidea tabula Legem scripsit, quoniam ad divinam rationem in homine mollities non erat. Postea in mollitie quasi in carneo corde scripsit*« (*LVM* II,27,36; Pitra 74).

Die Erwählung der Schwachen

Hildegard bezeichnet sich in ihren Selbstaussagen oft als »armselige«[39], als »erbärmlich und mehr erbärmlich als Frau«[40] und beschreibt sich als unwürdig in ihrem Sein als Mensch.[41] Immer wieder wird die Tatsache unterstrichen, daß sie sowohl der göttlichen Erwählung unwürdig als auch unfähig ist, aus eigener Kraft dem göttlichen Auftrag zu entsprechen.[42]

> »Mich aber erfüllt immer zitternde Furcht; weil ich keine Sicherheit irgendeines Könnens in mir erkenne; sondern ich strecke meine Hände zum Herrn, damit ich wie eine Feder, die frei ist von jedem Gewicht der Kräfte und die mit dem Wind fliegt, von ihm getragen werde.«[43]

Hildegard scheint sich dabei so, wie es auch männliche Zeitgenossen tun, eines rhetorischen Topos zu bedienen, der ihre Demut unterstreichen soll.[44] Sie geht jedoch insofern über die topische Rede hinaus, als ihre Selbstaussagen nicht lediglich Fiktion sind. Verglichen mit dem sozialen Status, der Bildung und Autorität männlicher Zeitgenossen ist Hildegard tatsächlich schwach. Bezeichnend ist, daß sie in diesem Zusammenhang ihr Geschlecht thematisiert.

> »More to the point, however, Hildegard could lay claim to a more authentic ›weakness‹ than any other of her fellow theologians, for a very simple reason. To be a woman in the twelfth-century church was among other things to be foolish, weak, low, and despised in the world« (NEWMAN 1987a:104).

Mit ihren Selbstaussagen nimmt Hildegard also Bezug auf die sozialen Gegebenheiten, kehrt sie jedoch nicht um, sondern unterstreicht sie.[45] Das heißt nicht, daß sie hier männliche Vorstellungen übernimmt, sondern sie bringt auf diese Weise ein starkes Sendungsbewußtsein zum Ausdruck. BYNUM schreibt: »Woman's symbols expressed the fact that woman as what she is – soft, unwise, poor and human – is loved and saved by God«(1987:279).[46] Zentral ist hier also das Verständnis von Erwählung, das in 1.Kor 1,27-29 entwickelt wird. Gott hat

---

39 *Sci* I,IV,8; CCCM 43,S.71) und *Ep* II, Pitra S.332.

40 *Ep* I; CCCM 91,S.3.

41 *Sci* III,I; CCCM 43,S.327f.

42 Nach MEIER beschreibt Hildegard ihre Unwürdigkeit und ihre Schwächen in einem Stufenmodell: Ungelehrtheit, menschliche Schwäche, weibliche Schwäche, Schwäche durch Krankheit (1987:473).

43 »*Ego quidem semper trementem timorem habeo; quoniam nullam securitatem ullius possibilitatis in me scio; sed manus meas ad Deum porrigo, quatenus velut penna, quae omni gravitudine virium caret, et quae per ventum volat, ab ipso sustinear*« (*Ep* II, Pitra 332).

44 Vgl. CURTIUS zur affektierten Bescheidenheit und zu Devotionsformel und Demut (1948:91-93 und 411-16).

45 Dies ist nicht der Fall, wenn Männer sich oder andere Männer als Frauen bezeichnen: »Man becomes woman metaphorically and symbolically to express his renunciation or loss of male power, authority, and status« (BYNUM 1987:284).

46 Vgl. dazu GÖSSMANN 1983a:196.

gerade die Schwachen erwählt, sie sind berufen, die Mächtigen von ihrem Thron zu stoßen, wie das die göttliche Stimme am Ende des *Scivias* formuliert.

> »Die Starken, die in den Tälern ihre Kraft zeigen, verachten mich, die Trägen verwerfen mich im Brausen der Stürme, die Weisen, und wer auch immer sich einen Turm nach seinem Willen baut, weisen meine Speise zurück. Aber ich will sie durch einen Geringen und Kleinen beschämen, wie ich Goliath durch einen Knaben niedergeworfen und Holofernes durch Judith überwunden habe.«[47]

Vor dem Hintergrund von Hildegards kirchenkritischer Haltung und dem Konzept des *muliebre tempus* ist offensichtlich, wen sie mit den Starken und den Weisen meint: Diejenigen, die zwar durch ihr Amt autorisiert sind, das göttliche Wort zu verkünden, die sich für weise halten und dennoch ihrer Aufgabe nicht nachkommen, also den männlichen Klerus. Sie sind weder gottesfürchtig noch demütig, sondern machen ihren eigenen Willen zur Richtschnur ihres Handelns. Angesichts dieser Mißstände erwählt Gott die Schwachen, die weder durch ihre Bildung noch ihr Geschlecht geeignet scheinen, um die Starken niederzuwerfen, so wie David Goliath oder Iudith Holofernes überwand.

Damit erweist sich der Topos von der Erwählung der Schwachen als die zentrale Grundlage von Hildegards Selbstverständnis, wie es vor dem Hintergrund von Hildegards Anthropologie, der Darstellung von Schöpfung und Heilsgeschichte in ihren Visionsschriften in eindrucksvoller Weise entwickelt wird.

Bildung und göttliche Inspiration

Hildegard wurde von ihrer Lehrmeisterin Jutta von Spanheim für das klösterliche Leben nach der Regel des heiligen Benedikt erzogen, erweitert wurden diese Unterweisungen durch den Unterricht des Magisters Volmar. Mit Sicherheit konnte Hildegard lesen und schreiben. Darüber hinaus war ihr Bildungsstand so umfassend, daß sie lateinisch zu predigen vermochte, und ihre Visionsschriften lassen vermuten, daß sie mit einer Vielzahl theologischer Traditionen und Autoren vertraut war.[48]

In der *Vita* oder in den Selbstaussagen innerhalb ihrer Visionsschriften wird ihr Bildungsstand jedoch ganz anders dargestellt. So schreiben die Autoren der *Vita* über den Unterricht, den Hildegard von Jutta von Spanheim erhielt: »... außer der einfachen Kenntnis der Psalmen, empfing sie von keinem Menschen Unterricht,

---

47 »*Fortes, qui in uallibus fortitudinem suam ostendunt, me contemnunt, hebetes in sonitu turbinum me abiciunt, sapientes cibum meum renuunt, et quisquis turrim secundum uoluntatem suam sibi parat. Sed ego istos in paruo et pusillo confundam, sicut Goliath in puero deieci, et sicut Holofernem in Iudith superaui*« (*Sci* III,XIII,16; CCCM 43,S.635).

48 In der Hildegard-Forschung gibt es zahlreiche Hypothesen zur Frage, welche Quellen Hildegard benutzt und in ihrem Werk verarbeitet haben könnte. Umstritten ist dabei auch die Frage, ob Hildegard Originalwerke oder lediglich Exzerpte aus den betreffenden Schriften kannte. Vgl. dazu LIEBESCHÜTZ 1930, MEIER 1987.

weder in der Kunst des Lesens noch der Musik.«[49] Hildegard hat also zwar angeblich das Singen der Psalmen gelernt – Voraussetzung dafür, daß sie ihre Pflichten im Gottesdienst erfüllen kann –, darüber hinaus habe sie jedoch keinen Unterricht erhalten. Um so wunderbarer ist es, daß sie dennoch mehrere umfangreiche Werke verfaßte.

Auch Hildegard selbst bezeichnet sich im Rahmen ihrer Visionsschriften immer wieder als ungelehrte Frau[50] und betont ihre fehlende Bildung. Wibert von Gembloux gegenüber behauptet sie, sie könne lediglich lesen:»Ich wurde aber nur unterwiesen, in Einfalt Buchstaben zu lesen.«[51] Wie diese Selbstaussagen einzuschätzen sind, ist in der Hildegard-Forschung umstritten. Handelt es sich hier um Demutstopoi? Oder meint Unbildung in diesem Zusammenhang, wie LIEBESCHÜTZ vermutet,

> »... nicht ihren Mangel an Verständnis der Texte, über das nicht reflektiert wird, sondern ihre grammatikalische und stilistische Unsicherheit im eigenen Gebrauch der Sprache, durch die sie ihr Leben lang Sprachhelfer bei ihren literarischen Arbeiten braucht, wie sie Wibert berichtet« (1930:162).

Erst vor dem Hintergrund von Hildegards Selbstkonzept betrachtet, wird deutlich, daß Hildegards Intention hier nicht ist, eine Aussage über ihren tatsächlichen Bildungsstand zu treffen. Schon GRUNDMANN stellt fest:

> »Hildegard versichert selbst mehrfach ausdrücklich, sie sei ohne gelehrte Bildung und der lateinischen Sprache nur sehr unvollkommen mächtig. Zwar muß ihre Kenntnis der lateinischen Sprache und Literatur in Wahrheit größer gewesen sein, als sie selbst zugibt; so groß, daß sie sogar lateinisch predigen konnte. Aber sie verleugnet das, sie will als ungebildete Prophetin gelten« (1936:136).[52]

Die fehlende Bildung wird von ihr als Konkretisierung ihrer Schwäche verstanden, als Voraussetzung für ihre Erwählung im Sinn von 1.Kor 1,27-29. Was in den Augen der Menschen als Nachteil gilt, macht sie für die göttliche Inspiration empfänglich, die auf ihre Unbildung antwortet.

Hildegard stellt den Moment, in dem ihr die Inspiration durch den Heiligen Geist oder das lebendige Licht zuteil wird, als gleichsam pfingstliche Erleuchtung dar:

> »... aus dem offenen Himmel kam ein feuriges Licht mit hellem Blitz, es durchdrang mein ganzes Gehirn und mein ganzes Herz und entzündete meine ganze Brust wie eine Flamme, die jedoch nicht verbrennt, sondern wärmt, so, wie die Sonne einen Gegenstand erwärmt, auf den ihre Strahlen fallen. Und plötzlich erhielt ich Einsicht in die Schriftauslegung, nämlich des Psalters, des Evangeliums und anderer katholischer Bücher des Alten und Neuen Testaments, ich kannte jedoch nicht den Wortsinn ihres

---

49 »... prater simplicem psalmorum notitiam, nullam litteratoriae vel musicae artis ab homine percepit doctrinam, quamvis ejus exstent scripta non pauca, et quaedam non exigua volumina« (Vita I,2; PL 197,93B).

50 LDO III,VIII,2; PL 197,980D.

51 »Sed tantum litteras simplicitate legere instructa sum« (Ep II, Pitra 333). Vgl. auch Sci III,XIII,16; S.634.

Textes noch die Silbentrennung, noch hatte ich Kenntnis von den grammatikalischen Fällen und Zeiten.«[53]

Das feurige Licht, das Hildegard erfüllt, vermittelt ihr auch das plötzliche und vollkommene Verständnis der Heiligen Schriften. Wie NEWMAN annimmt, handelt es sich dabei um eine besondere Art der Erkenntnis, die über ein rein grammatikalisches oder inhaltliches Verständnis weit hinausgeht.[54] »... one might say that her illumination concerns not to *verba* but *res,* not the words of scripture or philosophy but the realities of which they speak« (1985:170). Durch die Erleuchtung gewinnt sie also nicht die Fähigkeit, Texte wie die Gelehrten auszulegen, sondern im Hinblick auf menschliche Bildungsgüter bleibt sie, wie sie betont, ungelehrt:

> »... weil ich in dieser Schau nicht gelehrt werde zu schreiben, wie die Philosophen schreiben; und die Worte in dieser Schau sind nicht wie Worte, die aus Menschenmund klingen, sondern wie eine blitzende Flamme und eine Wolke, die sich in der reinen Luft bewegt.«[55]

Die göttliche Bildung ist qualitativ von der menschlichen unterschieden, ist der menschlichen weit überlegen.[56]

Vor diesem Hintergrund wird verständlich, warum in Hildegards Werk keine verifizierbaren Zitate begegnen. Mögliche Quellen, die Hildegard benutzt, Autoren, von denen sie beeinflußt ist, sind letztlich bedeutungslos, nicht sie sind der Ursprung von Hildegards Visionsschriften, sondern die Offenbarungen des einen Gottes. Ausnahmen sind dabei lediglich die alt- und neutestamentlichen Schriften, insofern es sich hier ebenfalls um göttlich inspiriertes Wort handelt.

Hildegards Rolle ist die eines leeren Gefäßes, in das die göttliche Weisheit eingegossen wird. Sie fügt nichts hinzu, sie verändert nichts, sie ist das göttliche

---

52 Vgl. auch DRONKE 1984:200.

53 »... *maximae coruscationis igneum lumen aperto caelo ueniens totum cerebrum meum transfudit et totum cor totumque pectus meum uelut flamma non tamen ardens sed calens ita inflammauit, ut sol rem aliquam calefacit super quam radios suos ponit. Et repente intellectum expositionis librorum, uidelicet psalterii, euangelii et aliorum catholicorum tam ueteris quam novi Testamenti uoluminum sapiebam, non autem interpretationem uerborum textus eorum nec diuisionem syllabarum nec cognitionem casuum aut temporum habebam«* (Sci Protest; CCCM 43,S.3/4). Vgl. auch *Vita* II,17; PL 197,104A und *Ep* I; CCCM 91,S.4.

54 BAUMGARDT hebt hervor: »... a particular density and compactness of all experience: as Hildegard records, she experiences in her vision a diversity of insights in *one* instant and, in the same instant, remembers, and becomes conscious too that she can now completely grasp and explain them to herself« (1948:282).

55 »... *quoniam sicut philosophi scribunt, scribere in hac visione non doceor; et verba in ista visione non sunt, sicut verba quae ab ore hominis sonant, sed sicut flamma coruscans, et ut nubes in aere puro mota«* (Ep II, Pitra 333). Vgl. auch *Ep* I; CCCM 91,S.4.

56 Zur Differenzierung zwischen göttlicher und menschlicher Bildung vgl. auch *LDO* Prolog; PL 197,742B; *Sci* II,I; CCCM 43,S.111.

Werkzeug im Sinn von Lk 10,16, durch sie spricht Gott.[57] BÖCKELER schreibt über die Visionen des *Scivias*: »Jede Schau beginnt mit: Ich. Aber dieses Ich ist wie eine Tür, durch die ein anderer hereintritt. Wenn Er da ist, weiß man von der Tür nichts mehr« (1954:378).[58] Damit wird der göttliche Ursprung der Offenbarungen und auch der Visionsschriften Hildegards deutlich, die im eigentlichen Sinn nicht ihr Werk sind, sondern Wort Gottes bleiben, oder, wie es über den *Liber divinorum operum* heißt, »Schrift des Wortes Gottes«:

> »Das Buch des Lebens aber, das eine Schrift des Wortes Gottes ist, durch das alle Schöpfung erschienen ist, hat diese Schrift nicht durch die Lehre menschlicher Erkenntnis, sondern auf wunderbare Weise durch eine einfältige und ungelehrte Frau offenbart, wie es ihm gefiel.«[59]

Was sie sieht, ist wahr und sollte mit der nötigen Andacht aufgenommen werden. Jeder Gottesfürchtige soll und kann sein Herz dem Hildegard Geoffenbarten nicht verschließen, denn es handelt sich um göttliches Wort. Von den HörerInnen bzw. LeserInnen ist unbedingter Glaube gefordert.

> »Daher soll jeder Mensch, der Gott fürchtet und liebt, diesen Worten sein Herz mit Hingabe öffnen, und er soll wissen, daß sie zum Heil der menschlichen Körper und Seelen nicht von einem Menschen, sondern von mir, der ich bin, verkündet worden sind.«[60]

Wer auch immer die Authentizität der Schriften oder die Tatsache von Hildegards Erwählung in Zweifel zieht, den wird eine göttliche Strafe treffen.

> »Wer daher die geheimnisvollen Worte dieses Buches zurückweist, gegen den werde ich meinen Bogen spannen, und ich werde ihn mit den Pfeilen meines Köchers durchbohren und seine Krone von seinem Haupt werfen ...«[61]

Insgesamt erweist sich damit, daß hinter der Rede von der *indocta mulier*, von der ungebildeten Frau, ein starkes Sendungsbewußtsein steht. Hildegards Schriften wird eine unbeschränkte Autorität zugesprochen, die sich nur mit der der alttestamentlichen Propheten und den Aufzeichnungen der Evangelisten vergleichen läßt. Es ist nur konsequent, wenn die göttliche Stimme in Anlehnung an Apoc 22,18ff die Warnung vor der Verfälschung des göttlich inspirierten Werkes ausspricht: Nichts darf hinzugefügt oder weggenommen werden:

---

57 *Sci* II,I; CCCM 43,S.112. Vgl.: »*Sed ipse omnipotens Deus pauperculam femineam formam per quam hanc scripturam edidit ...*« (*LDO* III,X,33; PL 197,1037C).

58 An andere Stelle spricht BÖCKELER vom »›heiligen‹ Besessensein von Gott« (1954:368).

59 »*Sed liber vitae, qui scriptura Verbi Dei est, per quod omnis creatura apparuit, ... hanc scripturam per nullam doctrinam humanae scientiae, sed per simplicem et indoctam femineam formam ut sibi placuit mirabiliter edidit*« (*LDO* III,X,38; PL 197,1038B).

60 »*Omnis itaque homo qui Deum timet et diligit, verbis istis devotionem cordis sui aperiat, ac ea et ad salutem corporum et animarum hominum, non quidem ab homine, sed per me, qui sum praelata sciat*« (*LDO* I,I,17; PL 197,751/752A).

61 »*Unde et quisquis mystica uerba huius libri recusauerit, arcum meum super eum extendam et sagittis pharetrae meae eum transfigam et coronam eius de capite abiciam ...*« (*Sci* III,XIII,16; CCCM 43,S.635).

»Daher soll kein Mensch so vermessen sein, den Worten dieser Schrift etwas hinzuzufügen, indem er sie vermehrt, oder etwas wegzunehmen, indem er sie vermindert, damit er nicht aus dem Buch des Lebens und von allem Glück, das es unter der Sonne gibt, getilgt wird ... Wer sich jedoch anderes herausnimmt, der sündigt gegen den Heiligen Geist. Daher wird jenem weder jetzt noch in Zukunft vergeben werden.«[62]

Die Schwäche der Frau[63]

Von Kindheit an hat Hildegard fast ständig an schweren Krankheiten von langer Dauer zu leiden.[64] So heißt es etwa, sie sei vom Tag ihrer Geburt an ununterbrochen von Schmerzen gequält worden:

> »Denn vom Tag ihrer Geburt an ist sie in die Schmerzen ihrer Krankheiten gleichsam wie in ein Netz verstrickt, so daß sie in allen Adern, dem Mark und ihrem Fleisch ständig durch Schmerzen gequält wird ...«[65]

Krankheit als Zeichen der Erwählung

Wie schon deutlich wurde, wird Krankheit göttlicherseits als Strafe eingesetzt, wenn Hildegard sich dem göttlichen Auftrag widersetzt. Krankheit ist aber auch als Zeichen der Erwählung zu verstehen. Die Schwäche der Prophetin ist die Voraussetzung dafür, daß die göttliche Kraft in ihr wirken kann (2.Kor 12,9), weil sie der Erwählten den Rückzug aus der *carnalitas*, dem Körper, ermöglicht.[66] Denn, wie

---

62 »*Unde nullus hominum tam audax sit, ut verbis hujus scripturae aliquid augendo apponat, vel minuendo auferat, ne de libro vitae, et de omni beatitudine quae sub sole est deleatur ... Qui autem aliter praesumpserit, in Spiritum sanctum peccat. Unde nec hic nec in futuro saeculo illi remittetur*« (*LDO* III,X,38; PL 1038 B/C). Die Warnung, etwas zu ändern, hinzuzufügen oder wegzunehmen an dem Text, der göttlichen Ursprungs ist, findet sich auch am Ende des *LVM* (V,45,68; Pitra 244).

63 Hildegard charakterisiert das Wesen der Frau mit den Begriffen *fragilitas* (Schwäche), *mollities* (Weichheit, Empfänglichkeit), *suavitas* (Sanftheit), *levitas* (Leichtigkeit, Luftigkeit). Damit die Bedeutungsvielfalt der lateinischen Begriffe nicht verloren geht, lasse ich sie im folgenden weitgehend unübersetzt.

64 TERMOLEN geht davon aus, daß Hildegards Krankheiten während vier Perioden besonders heftig waren: vor 1141, als sie zögert, mit der Aufzeichnung des *Sci* zu beginnen, dann bei den Auseinandersetzungen mit dem Abt des Disibodenbergs, die sich bis 1155 hinziehen, in den ersten Jahren auf dem Rupertsberg, als Unfrieden unter den notleidenden Frauen ausbricht, und von 1167 bis 1170 (1989:16).

65 »*A die enim nativitatis suae in doloribus infirmitatum, quasi reti illaqueata est, ita ut in omnibus venis, medullis et carnibus suis, continuis doloribus vexetur* . . .« (*LDO* III,X,38; PL 197,1037C). Vgl. *Vita* II,16; PL 197,103A.

66 Anders als Elisabeth scheint Hildegard jedoch extreme asketische Praktiken nicht befürwortet zu haben: »*Homo autem qui propter timorem seu amorem Dei cum moderamine discretionis et rectitudinis corpus suum affligit, in interiori spiritu quemadmodum in epulis gaudet ...*« (*LDO* I,II,35; PL 197,782B). Vgl. auch *LDO* I,III,14; PL 197,803A.

Hildegard schreibt, ist die Natur der Seele auf das ewige Leben hin ausgerichtet, der Körper hingegen auf das Vergängliche.

>Nach diesem Gleichnis erlegt Gott, wenn er seinen Geist durch Prophetie und Weisheit oder durch Wunder in den Menschen sendet, seinem Fleisch oft Schmerzen auf, damit der Heilige Geist dort wohnen kann.«[67]

Gleichzeitig gilt die Krankheit auch als göttliches Mittel, um in der Erwählten die angemessene Demut zu erzeugen. So sagt die Stimme vom Himmel, Hildegard habe körperliche Leiden erdulden müssen, so daß sie nicht in Sorglosigkeit, sondern in ständigen Schuldgefühlen lebte.[68] Das Bewußtsein ihrer Schuld ist Zeichen ihrer Demut.

Krankheit und Vision

Anders als Elisabeth und Gertrud betont Hildegard immer wieder, daß ihr körperliches Empfinden in der Vision nicht erlischt, daß ihr visionäres Erleben nicht ekstatisch ist.

>Die Visionen aber, die ich gesehen habe, empfing ich nicht in Träumen, nicht im Schlaf, nicht in Geistesverwirrung, nicht mit den Augen des Körpers oder Ohren des äußeren Menschen, nicht an verborgenen Orten, sondern ich empfing sie wach, besonnen, bei klarem Verstand, mit den Augen und Ohren des inneren Menschen, an zugänglichen Orten nach dem Willen Gottes.«[69]

Dennoch besteht auch hier ein unmittelbarer Zusammenhang zwischen Vision und Krankheit: Krankheiten begleiten ihre Visionen oder treten als Folge ihres visionären Erlebens auf. So heißt es etwa über den Beginn der Offenbarung des *Liber divinorum operum* in Hildegards fünfundsechzigstem Lebensjahr, diese Vision habe sie so erschüttert, daß sie aufgrund ihrer Gebrechlichkeit krank zu werden beginnt.[70] Nachdem die Arbeiten an diesem Werk abgeschlossen sind, sinkt Hildegard geschwächt auf das Krankenlager – eine Krankheit, die ein Jahr lang dauert.

---

67 »*Hac similitudine cum Deus Spiritum suum per prophetiam et sapientiam, vel miracula in hominem mittit, carni illius saepe dolores infligit, quatenus Spiritus sanctus ibi habitare possit*« (*Vita* II,31; PL 197,113C).

68 *Sci* Protest; CCCM 43,S.5.

69 »*Visiones uero quas uidi, non eas in somnis, nec dormiens, nec in phrenesi, nec corporeis oculis aut auribus exterioris hominis, nec in abditis locis percepi, sed ea uigilans et circumspecta in pura mente, oculis et auribus interioris hominis, in apertis locis, secundum uoluntatem Dei accepi*« (*Sci* Protest; CCCM 43,S.4). Vgl. auch *Ep* II, Pitra 332. Es gibt lediglich einen Text, in dem beschrieben wird, wie Hildegard in ekstatischem Zustand eine Vision zuteil wird: »*Subsequenti demum tempore mysticam et mirificam visionem vidi, ita quod omnia viscera mea concussa sunt, et sensualitas corporis mei extincta est ...*« (*Vita* II,35; PL 197,116B).

70 »*... cum sexaginta quinque annnorum essem tanti mysterii et fortitudinis visionem vidi, ut tota contremiscerem, et pro fragilitate corporis mei inde aegrotare inciperem*« (*LDO* Prolog; PL 197,741A).

»Diese Schau jedoch durchdrang die Adern dieses Menschen auf solche Weise, daß er ihretwegen oft von großer Erschöpfung ergriffen wurde, und sie litt manchmal leichter, manchmal schwerer an der Erschöpfung durch die Krankheit.«[71]

Demgegenüber findet eine Heilung in der Vision oder als Folge des visionären Erlebens nicht statt.[72] Lediglich einmal wird in Anlehnung an Dan 8,17f beschrieben, wie Hildegard, die während einer Offenbarung kraftlos zusammengebrochen ist und nicht mehr sprechen kann, auf wunderbare Weise gestärkt wird.

»Als ich aber dies sah, stürzte ich aufgrund des großen Zitterns, das mich erfaßt hatte, kraftlos zu Boden, und ich konnte niemandem antworten. Und siehe, ein großer Glanz berührte mich wie eine Hand, wodurch ich die Kräfte und die Stimme wiedererlangte.«[73]

Insgesamt besteht ein durchaus ambivalenter Zusammenhang zwischen Vision und Krankheit: Einerseits stellt die visionäre Begabung für Hildegard eine so große Belastung dar, daß sie zur Ursache ihrer Krankheiten wird. Andererseits ist die Krankheit bzw. Hildegards schwache körperliche Konstitution auch notwendige Bedingung für die *visio*.

complexio de aere

Hildegard spricht davon, daß sie schwach sei, und ihr Körper eine *complexio de aere* habe, eine luftige Konstitution, die einerseits dazu führt, daß sie etwa Veränderungen der Witterung deutlich spürt[74], andererseits aber auch Voraussetzung dafür ist, daß der Heilige Geist in ihr wohnen kann.

»... und daher wird ihr von der Luft selbst, vom Regen, vom Wind und von jedem Wetter Krankheit auferlegt, so daß sie keineswegs eine Sorglosigkeit des Körpers in sich haben kann, anders könnte der Hauch des Heiligen Geistes in ihr nicht wohnen.«[75]

In ihrer luftigen Konstitution vergleicht sie sich einer Feder, die vom Wind getragen wird[76], oder einem Saiteninstrument:

---

71 »*Haec autem visio venas ejusdem hominis ita pertransivit, ut ipsa propter eam multa fatigatione saepe commoveatur, aliquo tamen tempore levius, aliquo depressius, in fatigatione infirmitatis laborans*« (*LDO* III,X,38; PL 197,1037C/1038A).

72 Wie BEYER dennoch zu dem Schluß kommen kann: »... visionäre Offenbarung bedeutet für Hildegard geradezu Gesundung und Wiederherstellung« (1989:20), erscheint unverständlich.

73 »*Sed cum haec viderem, ex nimio tremore qui me apprehenderat in terram dissolutis uiribus corrui, nec alicui responsum dare ualui. Et ecce maximus splendor uelut manus tetigit me, unde uires et uocem recepi*« (*Sci* II,V: CCCM 43,S.176).

74 *Vita* III,45; PL 197,122C.

75 »*... ideoque de ipso aere, de pluvia, de vento, et de omni tempestate infirmitas ei ita infixa est, ut nequaquam securitatem carnis in se habere possit, alioquin inspiratio Spiritus sancti in ea habitare non valeret*« (*LDO* III,X,38; PL 197,1038A).

76 »*... sed manus meas ad Deum porrigo, quatenus velut penna, quae omni gravetudine virium caret, et quae per ventum volat, ab ipso sustinear ...*« (*Ep* II, Pitra 332).

»Der Mensch, die dies sieht, spürt das Vergängliche und spürt es nicht, und sie verkündet die Wunder Gottes nicht aus sich, sondern durch jene berührt, wie die Saiten, die vom Spieler berührt werden, den Ton nicht von sich, sondern durch seine Berührung wiedergeben.«[77]

Ähnlich beschreibt Hildegard in einem Brief an Elisabeth von Schönau diejenigen, die danach streben, Gottes Werke zu vollbringen, und die das göttliche Wort verkünden, als eine Posaune. »... wie die Posaune, die nur Töne erklingen läßt, sie aber nicht hervorbringt; sondern ein anderer bläst in sie, damit sie ertönt.«[78] Über sich selbst sagt sie in diesem Zusammenhang, sie ertöne wie »ein schwacher Ton der Posaune des Lebendigen Lichtes«[79]. Hildegard kann nur deshalb göttliches Instrument sein, durch den Lufthauch der göttlichen Begnadung zum Klingen gebracht werden, weil sie aufgrund ihrer *fragilitas*, ihrer körperlichen Schwäche, für die göttliche Inspiration empfänglich ist.

Die Bedeutung des Konzeptes der weiblichen *fragilitas* als Voraussetzung für das visionäre Erleben erschließt sich in seiner ganzen Komplexität erst beim Blick auf Hildegards Geschlechteranthropologie bzw. ihre Theologie des Weiblichen.[80] Denn die luftige Konstitution ist nicht nur Eigenschaft Hildegards, die sie zum Empfang visionärer Gesichte befähigt, sondern es handelt sich um die Gebrechlichkeit weiblichen Wesens und körperlicher Konstitution insgesamt, um die *mollities fragilis costae*, die Weichheit der schwachen Rippe[81], die schon in der Schöpfung Evas vorgezeichnet ist.

Eva

Während in der zeitgenössischen Theologie die Schöpfung Adams als vollkommener gilt, sieht Hildegard die Schöpfung Evas aus der Rippe Adams als einzigartig und heraushebenswert an.[82] »... die Frau aber, die von diesem Mann genommen wurde, blieb Fleisch vom Fleisch und brauchte nicht in etwas anderes verwandelt zu werden.«[83] Evas Schöpfung aus dem Fleisch Adams gilt Hildegard als heilsgeschichtliches Zeichen, das auf die Geburt Christi vorausweist.

---

77 »*Homo quae haec vidit, cinerosa sentit et non sentit ac miracula Dei non per se, sed per illa tacta profert, quemadmodum chorda per citharoedam tacta, sonum non per se, sed per tactum illius reddit*« (*LVM* VI,XLV,68; Pitra 244). Das Psalterium gilt als Instrument der Propheten (*Sci* III,XIII,16; CCCM 43,S.633).

78 »... *sicut tuba, quae solummodo sonos dat, nec operatur; sed in quam alius spirat, ut sonum reddat*« (*Ep* 45; PL 197,217D).

79 »... *velut parvus sonus tubae a vivente lumine...*« (*Ep* 45; PL 197,218A).

80 Vgl. dazu NEWMAN 1981 und 1987a/b.

81 *Sci* II,I; CCCM 43,S.110.

82 Auf die Implikationen, die das für die Darstellung des Geschlechterverhältnisses hat, kann ich in diesem Zusammenhang nicht eingehen. Vgl. GÖSSMANN 1986a.

83 »... *sed mulier de eodem viro sumpta, caro de carne in aliud non mutanda permansit*« (*LDO* III,VII,3; PL 197,963). SCHIPPERGES berücksichtigt in seiner Übersetzung das Gerundivum

»Auch Eva ist nicht aus dem Samen, sondern aus dem Fleisch des Mannes geschaffen worden, weil Gott jene in der gleichen Kraft erschuf, mit der er auch seinen Sohn in die Jungfrau sandte ...«[84]

Nur Eva und Christus sind auf diese Weise geschaffen, Eva aus dem jungfräulichen Fleisch Adams, Christus aus dem der Jungfrau Maria. Christus ist gleichsam im Schlaf, ohne Verletzung und Schmerz in Maria entsprossen, so wie Eva aus dem schlafenden Mann genommen wurde. Dabei schreckt Hildegard nicht davor zurück, ihren Vergleich chiastisch zu strukturieren, indem sie die Frau Eva mit Christus, dem Mann, und den Mann Adam mit Maria, der Frau, vergleicht. Damit wird Christus nicht zum neuen Adam, sondern zur neuen Eva.[85]

Die paradiesischen Eigenschaften Evas werden auf diese besondere Art der Schöpfung zurückgeführt. Die Erde, das Material, aus dem der Mann geschaffen wurde, gilt als das stärkere Schöpfungsmaterial, auf die die größere körperliche Stärke des Mannes zurückgeht.[86] Die Frau dagegen wurde vom Fleisch des Mannes genommen – für Hildegard das »leichtere« Material:

»... sie ist nicht von zwei Arten der Erde und des Fleisches wie der Mann, sondern nur vom Fleisch des Mannes genommen; und daher ist sie schwach und gebrechlich und ein Gefäß des Mannes.«[87]

Sie hat deshalb eine leichtere und luftigere Konstitution als der Mann und trägt nicht die Kräfte der Erde in sich.

»Und Adam, der aus der Erde geschaffen und mit den Elementen zum Leben erweckt worden war, wurde verwandelt, Eva jedoch von der Rippe Adams ist nicht verwandelt worden. Und daher war Adam von der Grünkraft der Erde männlich und von den Elementen sehr stark, Eva jedoch war in ihrem Mark weich, und hatte einen luftigen und scharfen Sinn und ein angenehmes Leben, weil das Gewicht der Erde sie nicht bedrückte.«[88]

Hildegard weist auf Evas *mens aeria et acuta* hin, ihren leichten, luftigen, aber auch scharfen Sinn.[89] Insgesamt erscheint ihr die weibliche Natur sanfter und

---

(*non mutanda*) nicht (1965:251). Wie GÖSSMANN feststellt (1986:13), geht so die eigentliche Intention der Aussage, daß die Frau nicht verwandelt zu werden brauchte, verloren.

84 »*Et Eva non ex semine, sed ex carne viri creata est, quoniam Deus illam in eadem vi creavit, qua et filium in Virginem misit ...*« (*LDO* III,VII,13; PL 197,974D).

85 Um dies zu vermeiden, wurde üblicherweise Maria mit der jungfräulichen Erde verglichen, von der Adam genommen wurde, und Adam mit Christus. Vgl. Honorius, *In Purif. S.Mariae*; PL 172,849B.

86 *CC* 35. Vgl. auch *CC* 59.

87 »*... de duobus modis terrae et carnis non est, ut vir, sed tantum de carne viri sumpta est; et ideo debilis et fragilis et vas viri est*« (*CC* 60). Vgl.: »*Creavit hominem, masculum, scilicet maioris fortitudinis, feminam vero mollioris roboris*« (*LDO* I,V,43; PL 197,945B/C).

88 »*Et Adam de terra creatus et cum elementis suscitatus mutabatur, Eva vero de costa Adae mutata non est. Et idem Adam de viriditate terrae virilis et de elementis fortissimus erat, Eva autem de medullis suismollis fuit et aeream mentem ac acutam et deliciosam vitam habuit, quoniam pondus terrae eam non pressit*« (*CC* 46).

89 Gemeint ist hier nicht, wie SCHOLZ übersetzt, Evas »pliable mind« (1980:369).

leichter als die männliche.[90] Offensichtlich ist hier die Parallele zu der Art und Weise, wie Hildegard sich selbst charakterisiert und ihre *complexio de aere* beschreibt.

Ein zentraler Aspekt von Evas *fragilitas*, ihrer Schwäche, ist ihre Mutterschaft, ihre luftige Natur wird mit ihrer Rolle als Urmutter des Menschengeschlechts in Zusammenhang gebracht. Dabei stellt Hildegard Eva als Urmutter und Adam als Erzeuger des Menschengeschlechts nebeneinander.[91] Beide in ihrer Einheit als Teile eines Ganzen sind der Ursprung des Menschengeschlechts.[92]

>»Als nämlich Adam Eva ansah, war er ganz von Weisheit erfüllt, weil er die Mutter, durch die er Söhne zeugen sollte, ansah. Als jedoch Eva Adam ansah, sah sie ihn so an, als ob sie in den Himmel blickte, wie die Seele, die das Himmlische ersehnt, nach oben strebt, weil ihre Hoffnung auf den Mann gerichtet war.«[93]

Adam sieht in Eva die Mutter der gemeinsamen Kinder, Eva sieht Adam an, und auf ihn richtet sich ihre Hoffnung, weil er derjenige ist, der das mögliche Leben in ihr zur Vollendung bringen wird.

Wie wichtig Hildegard die Mutterschaft Evas ist, zeigen vor allem die Bilder, die sie für Eva gebraucht, mit denen sie ihre *fragilitas* ausdeutet. So schreibt sie über die Schöpfung der Frau:

>»Aber ihm (dem Mann, C.E.) fehlte eine Hilfe, die ihm ähnlich war. Daher gab Gott ihm eine Hilfe, die die Spiegelgestalt der Frau war, in der das ganze Menschengeschlecht verborgen war ...«[94]

Hier klingt unter anderem die Frage nach dem Daseinssinn der Frau an. Zu welcher Art von Hilfe hat Gott sie dem Mann gegeben? Das beantwortet Hildegard mit dem Hinweis auf die Spiegelgestalt der Frau, ihre *speculativa forma*. In ihr ist das ganze Menschengeschlecht latent vorhanden, sie ist seine Urmutter.[95]

Adam ist zwar der Ursprung Evas, Eva aber der des gesamten Menschengeschlechts: »Aber wie sie selbst vom Mann genommen wurde, so ging das ganze

---

90 *CC* 72.
91 Auch hier unterscheidet Hildegard sich gravierend von der zeitgenössischen Theologie, die hinsichtlich der Schöpfung zu einem hierarchischen Denken tendiert. Vgl. Petrus Lombardus, *Lib. Sent.* II,18,2; Bd.I.,S.388.
92 »... *ita per masculum et feminam multi procreantur, qui tamen ab uno creatore procedunt. Nam si masculus solus, vel si femina sola esset, nullus homo generaretur*« (*LDO* II,V,43; PL 197,945D).
93 »*Cum enim Adam inspexit Evam, totus sapientia implexus est, quia matrem, per quam filios procreare debebat, inspexit. Cum autem Eva inspexit Adam, sic eum inspexit, quasi in caelum videret, et ut anima sursum tendit, quae caelestia desiderat, quoniam spes eius erat ad virum*« (*CC* 136).
94 »*Sed ipsi adjutorium similitudinis suae defuit. Unde et Deus illi adjutorium, quod speculativa forma mulieris fuit, in qua omne humanum genus latuit* ...« (*LDO* I,IV,100; PL 197,885B).
95 Anders als bei ihren männlichen Zeitgenossen bleibt Hildegards Sicht des Verhältnisses von Mann und Frau aber nicht auf diesen Aspekt beschränkt.

Menschengeschlecht aus ihr hervor.«[96] Ein weiteres Bild für Eva in ihrer Rolle als Urmutter ist der Äther, der die Sterne umschließt.

> »Denn die erste Mutter des Menschengeschlechts war nach dem Gleichnis des Äthers gebildet, weil so, wie der Äther die Sterne unversehrt in sich trägt, sie unversehrt und rein, ohne Schmerz das Menschengeschlecht in sich hatte, weil ihr gesagt wurde: Seid fruchtbar und mehret euch.«[97]

Ähnlich erscheint Eva als weiße Wolke, die die Sterne in sich trägt, die auch hier ihre zukünftigen Kinder bezeichnen.[98] Über die Symbolik der Wolke sagt NEWMAN: »The bright cloud like the mirror, can evoke the womb with its glorious but hidden contents« (1981:197). Eva erscheint aus zwei Gründen vor dem Sündenfall als weiße Wolke: sie leuchtet aufgrund ihrer eigenen Unschuld, aber mehr noch durch den Ruhm ihrer Kinder, unter denen auch Maria und Christus sein werden. Eva, die Mutter des Menschengeschlechts, weist damit voraus auf Maria, die Mutter Gottes.

Sündenfall

Evas *fragilitas* und *levitas*, also ihre Schwäche und ihre Leichtigkeit, sind jedoch nicht nur für ihre Mutterschaft von Bedeutung, sondern spielen auch in Hildegards Darstellung des Sündenfalls eine wichtige Rolle. Der Teufel, der von ihr als finstere Wolke aus dem Abgrund beschrieben wird, überschattet zuerst Eva, die weiße Wolke.[99] Er weiß, daß die weibliche *mollities*, die Weichheit der Frau, leichter zu überwinden ist als die Stärke des Mannes, daß aber Adam aus Liebe Eva folgen wird.

> »Weil er wußte, daß die Weichheit der Frau leichter zu überwinden war als die Stärke des Mannes und weil er ebenso sah, daß Adam so heftig in Liebe zu Eva entbrannt war, daß, wenn der Teufel Eva besiegt hätte, Adam das tun würde, was sie ihm sagte.«[100]

Die Frau ist also die Weichere, Nachgiebigere und veranlaßt dann ihrerseits den Mann zum Ungehorsam dem göttlichen Gebot gegenüber. Evas Schwäche macht sie für die Einflüsterungen des Teufels empfänglich. Dennoch versteht Hildegard *mollities* auch in diesem Zusammenhang eher als physische denn als moralische Schwäche, die eine größere Neigung der Frau zur Sünde implizieren würde.

---

96 »*Sed ut ipsa de viro est educta, sic omne genus humanum ex ipsa processit*« (*CC* 46).

97 »*Prima enim mater humani generis posita erat ad similitudinem aetheris, quia ut aether stellas integras in se continet, sic ipsa integra et incorrupta sine dolore genus humanum in se habebat, cum ei dictum est: crescite et multiplicamini*« (*CC* 104).

98 »*... quae de innocente Adam omnem multitudinem humani generis in praeordinatione Dei lucentem in suo corpore gestans sumpta fuerat ...*« (*Sci* I,II,10; CCCM 43,S.19).

99 *Sci* I,II; CCCM 43,S.13.

100 »*Quia sciebat mulieris mollitiem facilius uincendam quam viri fortitudinem, uidens etiam quod Adam in caritate Euae tam fortiter ardebat ut si ipse diabolus Euam uicisset, quidquid illa Adae diceret, Adam idem perficeret*« (*Sci* I,II; CCCM 43,S.19).

Zusätzlich ist auch aus heilsgeschichtlicher Perspektive Evas Schwäche außerordentlich bedeutsam. Denn hätte Adam zuerst gesündigt, wäre die Sünde so schwer gewesen, daß eine Rettung und Erlösung der Menschheit unmöglich geworden wäre.

>»Wenn aber Adam eher als Eva (Gottes Gebot, C.E.) übertreten hätte, wäre diese Übertretung so schwer und nicht wieder gut zu machen gewesen, daß auch der Mensch in eine so große, nicht wiedergutzumachende Verhärtung gefallen wäre, daß er weder hätte gerettet werden wollen noch können. Daß Eva als erste (Gottes Gebot, C.E.) übertrat, konnte leichter getilgt werden, weil sie schwächer als der Mann war.«[101]

Evas Töchter

Dem Menschen vor dem Sündenfall schreibt Hildegard den *status immutabilis et perfectus*, einen unveränderlichen und vollkommenen Zustand[102] zu. Adam wußte um jede Kraft der Schöpfung und jede Kunst.[103] Durch den Sündenfall aber verliert der Mensch bestimmte Fähigkeiten:

>»Als nämlich jene (Eva, C.E.) die Schlange zustimmend angeblickt hatte, ist ihr Sehvermögen, mit dem sie Himmlisches sah, ausgelöscht worden, und als sie sie mit Zustimmung anhörte, ist ihr Hörvermögen, mit dem sie Himmlisches hörte, unempfänglich geworden, und mit dem Genuß des Apfels ist der Glanz, der in ihr leuchtete, verdunkelt worden.«[104]

Erst nach dem Sündenfall entdecken Adam und Eva das Werk der Empfängnis und der Geburt[105], d.h., daß Lust eher das Ergebnis als die Ursache des Sündenfalls ist. Insgesamt betont Hildegard die physischen Folgen des Sündenfalls stärker als die moralischen[106]: Die körperliche Konstitution von Mann und Frau wird

---

101 »*Sed et si Adam transgressus fuisset prius quam Eva, tunc transgressio illa tam fortis et incorrigibilis fuisset, quod homo etiam in tam magna obduratione incorrigibilitatis cecidisset, quod nec salvari vellet nec posset. Unde quod Eva prior transgrediabatur, facilius deleri potuit, quia etiam fragilior masculo fuit*« (*CC* 47). Auch in anderer Hinsicht unterscheidet sich Hildegards Darstellung des Sündenfalls von der ihrer Zeitgenossen. Vgl. dazu NEWMAN 1981 und 1987b.

102 *CC* 33.

103 *CC* 43.

104 »*Cum enim illa serpentem consentiendo ei inspexisset, visus eius, quo caelestia vidit, extinctus est, et cum eum in consensu audivit, auditus eius, quo caelestia audivit, obstrusus est, atque in gustu pomi splendor, qui in ea lucebat, obscuratus est*« (*CC* 103). Vgl. auch *LDO* I,I,14; PL 197,749C9.

105 *Sci* I,II; CCCM 43,S.24.

106 »By preferring this medical analogy to forensic and legal models of the fall, Hildegard again distanced herself from the Augustinian tradition, with its potential for antifeminism« (NEWMAN 1987b:116).

gebrechlicher, das Blut des Mannes scheidet von nun an den Samen aus[107], die Frau hat die Schmerzen der Geburt und der Menstruation zu ertragen.[108]

Trotz der Veränderungen durch den Sündenfall bleibt der Frau die luftige Konstitution Evas, ihre *suavitas* und *levitas*[109], erhalten, wenn auch nicht länger in ihrer paradiesischen Reinheit. Deutlich kommt dabei zum Ausdruck, daß die Schwäche der Frau, die sich sowohl in ihrem Wesen als auch in ihrer körperlichen Konstitution manifestiert, für Hildegard einen eigenen Wert darstellt.

So legt die sanftere Natur der Frau, ihre *mollities* für Hildegard die Verbindung mit der Tugend der Barmherzigkeit nahe. In *Scivias* erscheint ihr die personifizierte Barmherzigkeit als Frauengestalt:

> »... sie leuchtet ... wie ein Sonnenstrahl in liebkosender Sanftheit ... Die Barmherzigkeit in ihrer weiblichen Gestalt ist die überaus fruchtbare Mutter der ins Unglück gestürzten Seelen.«[110]

Bei der Unterscheidung zwischen männlichen und weiblichen Aspekten göttlichen Handelns ist für Hildegard die göttliche Gerechtigkeit gleichsam männlich, die göttliche Barmherzigkeit dagegen sieht sie in der weiblichen *mollities* gespiegelt, sie ist gleichsam weiblich.[111]

> »Er schuf im Menschen die Kraft und Stärke klarer Gerechtigkeit ..., was gleichsam männlich ist. Er schafft aber auch in ihm, daß er durch das Geschenk der göttlichen Gnade den mit Sünden verwundeten Menschen mit Erbarmen schont und daß er sich seines Elends so annimmt, daß er ihm den Wein der Buße einflößt und ihn mit dem Öl der Barmherzigkeit salbt, was gleichsam weiblich ist.«[112]

Ebenso wie Hildegard die *suavitas* der Frau, ihre Sanftheit, schätzt, bewertet sie auch den zweiten Aspekt weiblichen Wesens, die *levitas*, die ihr Agilität oder auch Scharfsinnigkeit bedeutet, positiv. So kommt in der Geschlechtertypologie[113], die Hildegard in *Causae et curae* entwickelt, ihre Hochschätzung der aktiven und klugen Frauen zum Ausdruck. Die Cholerikerinnen beschreibt sie als Frauen, die klug und wohlwollend sind, »... und die Menschen bringen ihnen Achtung entgegen,

---

107   *CC* 33.
108   Auffällig ist, daß in der Darstellung Hildegards beides nicht den Charakter einer Strafe hat. So wird die Menstruation von Hildegard als Hinweis auf die Fruchtbarkeit der Frau gesehen und hat als von Gott gegebene Wunde eine besondere Bedeutung. (Vgl. *CC* 105 und *Sci* I,2; CCCM 43,S.27). Vgl. zum Geburtsschmerz *CC* 105.
109   *CC* 72.
110   »... *fulget* ... *ut radius solis in blanda suavitate* ... *misericordia in muliebri persona fecundissima mater est animarum de perditione*« (*Sci* III,III,8; CCCM 43,S.380).
111   Zu den weiblichen Zügen in Hildegards Gottesbild vgl. auch *Sci* II,II,4; CCCM,S.127 und *LDO* I,I,2/3; PL 197,743B – 744D.
112   »*In homine* ... *vim et fortitudinem perspicuae justitiae creat* ..., *quod quasi virile est. In eo etiam creat, ut per donum divinae gratiae homini in peccatis vulnerato, cum misericordia parcat, et ut miserias ipsius ita adtendat, quatenus vinum poenitentiae ei infundat, ipsumque oleo misericordiae ungat,... quod quasi femineum est*« (*LDO* II,V,46; PL 197,952A).
113   Zu Hildegards Geschlechtertypologie vgl. CADDEN 1984.

und sie werden gefürchtet.«[114] Ein weiterer Aspekt des leichteren Wsens der Frau ist ihre Kreativität, die feine Kunstbegabung. »Die Frau jedoch ist nicht verwandelt worden, weil sie, vom Fleisch genommen, Fleisch geblieben ist, und daher ist ihr das kunstreiche Werk der Hände gegeben ...«[115] Bei dieser Kreativität handelt es sich um ein spezifisch weibliches Privileg, denn wie der Mann die stärkere Körperkraft aus der Erde hat, so befähigt das Fleisch als das feinere Schöpfungsmaterial die Frau zu den *opera scientiae*, den Werken der Kunstfertigkeit.

> »Sie bedeckt nämlich mit den Werken ihrer Kunstfertigkeit den Mann, weil sie sowohl vom Fleisch als auch vom Blut gebildet ist, was der Mann nicht ist, weil er zuerst Lehm war, weswegen er auch in seiner Nacktheit auf die Frau blickt, um von ihr bekleidet zu werden.«[116]

Das, was Adams Stärke ausmacht, seine durch die Schöpfung bedingte Bindung an die Kräfte der Erde, impliziert also zugleich auch seine Schwäche: »Man a clumsy titan shaped of clay is covered in his nakedness by the delicate and dexterous creature made of flesh and blood« (SCHOLZ 1980:370). Dabei sind die *opera scientiae* unter zwei Aspekten zu verstehen: Zum einen meint Hildegard ganz konkret die Herstellung von Textilien, mit denen die Frau den Mann umhüllt, zum anderen spielt sie aber auch auf die Fähigkeit der Frau an, das werdende Leben in ihr mit Fleisch zu umkleiden.[117]

Es besteht hier eine Beziehung zur körperlichen Konstitution der Frau, die sich aufgrund ihrer *levitas*, ihrer Luftigkeit[118], als durchaus zweckmäßig für Schwangerschaft und Geburt erweist[119]:

> »... und sie ist gleichsam luftig, weil sie das Kind in der Gebärmutter trägt und es hervorbringt. Und sie hat einen gespaltenen Schädel und eine dünne Haut, damit das Kind, das sie in der Gebärmutter trägt, Luft bekommen kann.«[120]

---

114 »... *prudentes sunt ac benevolentiam tenent, et eis reverentia ab hominibus exhibetur, et timentur*« (*CC* 88).

115 »*Mulier autem mutata non est, quia de carne sumpta caro permansit, et ideo datum est ei artificiosum opus manuum ...*« (*CC* 59).

116 »*Ipsa enim opera scientiae suae virum operit, quia et de carne et de sanguine plasmata est, quod vir non est, quoniam primum limus fuit, qua propter etiam in nuditate sua ad mulierem respicit, ut ab ipsa operiatur*« (*LDO* I,IV,65; PL 197,851C). Vgl. *LDO* I,IV,66; PL 197,852B.

117 NEWMAN 1987b:95.

118 Wie ALLEN gezeigt hat, findet die Vorstellung von der luftigen Natur der Frau auch in der Elementenlehre Hildegards, die sich von der ihrer Zeitgenossen beträchtlich unterscheidet, ihren Niederschlag (1985:296).

119 Aufgrund der *levitas* ist auch das weibliche Lustempfinden weniger heftig als das männliche (*CC* 76 und 136). Deshalb können Hildegards Meinung nach Frauen leichter enthaltsam sein als Männer (*CC* 70).

120 »... *et quasi aerea est, quoniam infantem in utero portat et eum generat. Atque divisum caput habet et tenuem cutem, scilicet ut infans, quem in utero portat, aerem habere possit*« (*CC* 59).

Die Frau hat nicht nur eine gespaltene Hirnschale[121] und eine dünne Haut, sondern der weibliche Körper insgesamt erscheint Hildegard offener als der männliche, sie vergleicht ihn einem Holz, über das Saiten gespannt sind, einem Musikinstrument.

>... sie sind offen wie ein Holz, auf das zum Zitherspiel Saiten gespannt sind, und sie sind auch offen wie Fenster und voller Wind, so daß auch die Elemente in ihnen heftiger wirken als bei den Männern, und auch die Säfte in ihnen reichlicher vorhanden sind als bei den Männern.«[122]

Dieses Bild läßt daran denken, daß Hildegard sich selbst in ihrer Rolle als Prophetin als Instrument Gottes beschreibt, das der göttliche Anhauch zum Klingen bringt.

Die Begriffe und Bilder, mit denen Hildegard Eva charakterisiert, kennzeichnen also in gewisser Weise auch alle anderen Frauen: Wie Eva verfügen sie über übersinnliche Fähigkeiten, ebenso wie die Urmutter sind auch Evas Töchter Mütter, aus denen die eine Jungfrau und Mutter in besonderer Weise herauszuragen scheint: Maria.

Maria

Wie ihre Zeitgenossen verwendet auch Hildegard das Eva-Ave-Motiv, d.h., sie stellt Eva als die Verursacherin des Sündenfalls und Maria, die unbefleckte Mutter Gottes, deren Demut den Hochmut Evas überwunden hat, gegeneinander.

>... weil im Aufgehen dieser Blume die Demut erhöht wurde, als der Stolz, dem die erste Frau sich hingab, als sie mehr haben wollte, als sie durfte, mit Spott zu Boden geworfen worden war.«[123]

NEWMAN schreibt zu dieser Gegenüberstellung:

»Maria's legacy to her children is opposite of Eve's: the first woman has built the ruineous house of death and erected the confining iura carnis, which the new Eve demolishes to raise the house of wisdom« (1981:248).[124]

Dennoch wiegen für Hildegard letztlich die Gemeinsamkeiten zwischen beiden Frauengestalten schwerer: In ihren Visionsschriften schreibt sie ihnen ergänzende

---

121 »Eine zeitgenössische Quelle oder kulturhistorische Parallelen finden sich für diese Vorstellung nicht« (SCHIPPERGES 1967:317, Anm.20). Vgl. aber *CC* 87 und 107f.

122 »*... ipsae apertae sunt ut ligneum, in quo cordae ad citharizandum positae sunt, et quia etiam fenestrales et ventosae <sunt>, ita quod etiam elementa in eis vehementiora sunt quam in viris, et quod humores etiam in eis plus quam in viris habundant*« (*CC* 105).

123 »*Quando humilitas exalta est in ascensu eiusdem floris, ubi in irrisione prostrata est superbia, quam prima mulier attendit cum plus quam deberet habere uoluit ...*« (*Sci* III,VIII,15; CCCM 43,S.498).

124 Zum Gegensatz Eva-Maria vgl. auch *LDO* I,I,17; PL 197,750C/D oder III,IX,10; PL 197,993C.

Funktionen zu.[125] Darüber hinaus stellt sie eine Parallele zwischen der Schöpfung Evas und der Inkarnation Christi her.

>Auch Eva ist nicht aus dem Samen, sondern aus dem Fleisch des Mannes geschaffen worden, weil Gott jene in der gleichen Kraft erschuf, mit der er auch seinen Sohn in die Jungfrau sandte, und andere, die entweder Eva, der Jungfrau und Mutter, oder Maria, der Mutter und Jungfrau, ähnlich gewesen wären, wurden später nicht gefunden.<[126]

Beide, Eva und Maria, sind demnach aufgrund ihrer Rolle als Mutter und Jungfrau einzigartig. Was sich in Evas Mutterschaft ankündigt, kommt in Marias zur Vollendung, ähnlich wie auch Evas Jungfräulichkeit vor dem Sündenfall ein Hinweis auf die Jungfräulichkeit Marias ist. Damit stellt Hildegard eine überraschende typologische Parallele zwischen Eva und Maria als Jungfrauen her.

Deutlich wird die Ambivalenz der weiblichen *fragilitas*: Zum einen macht sie Eva für die teuflische Versuchung empfänglich, zum anderen kann aber ihretwegen Maria vom Heiligen Geist überschattet werden und den Sohn Gottes empfangen (Lk 1,35).[127]

Analog zu der Überschattung Marias beschreibt Hildegard nicht nur die Erleuchtung der Propheten durch das göttliche Licht, sondern auch die Inspiration, die ihr selbst zuteil wird. So sagt die *caritas Dei*, die göttliche Liebe, darüber:

>Meine Herrlichkeit hat auch die Propheten überschattet, die durch heilige Inspiration Zukünftiges vorausgesagt haben, wie in Gott alles, was er schaffen wollte, bevor es geschaffen wurde, als Schatten vorhanden war ... Aus diesem Schatten jedoch ging die Schrift Scivias hervor, durch die Gestalt einer Frau, die wie eine Schatten an Stärke und Gesundheit war, weil diese Kräfte in ihr nicht wirkten.<[128]

Die Offenbarung des *Scivias* wird also hier auf die Überschattung durch den Heiligen Geist zurückgeführt. Gleichzeitig kommt Hildegards Schwäche zur Sprache, die sie zu einem Schatten an Kraft und Gesundheit macht. Damit wird die Überschattung Marias[129] zum Modell, an dem sie sich bei der Beschreibung ihrer eigenen Visionen orientiert.

---

125 »*Diabolus enim in initio per mulierem deuicit hominem; sed Deus in fine temporum per mulierem contriuit diabolum, quae Filium Dei genuit, qui diabolica opera mirabiliter ad nihilum duxit ...*« (*Sci* I,III,30; CCCM 43,S.58).

126 »*Et Eva non ex semine, sed ex carne viri creata est, quoniam Deus illam in eadem vi creavit, qua et Filium suum in Virginem misit, nec Evae virgini et matri, nec Mariae matri et virgini aliae postmodum similes inventae sunt*« (*LDO* III,VII,13; PL 197,974D).

127 *Sci* III,VIII,14; CCCM 43,S.497.

128 »*Claritas quoque mea prophetas obumbravit, qui per sanctam inspirationem futura praedixerunt, ut in Deo omnia quae facere voluit antequam fierent umbra fuerunt ... De umbra autem hac scriptura Scivias processit per formam mulieris, quae velut umbra fortitudinis et sanitatis erat, quoniam vires istae in ea non operabantur*« (*LDO* III,VIII,2; PL 197,979D-80A).

129 Bezeichnenderweise wird Maria als *virgo sapientissima* zu den Propheten gezählt (*Sci* III,I; CCCM 43,S.338). Vgl. dazu SCHMIDT 1981:22ff.

feminea forma[130]

Hildegard löst jedoch nicht nur den Gegensatz zwischen Eva und Maria auf, sondern bestimmt auch das Verhältnis zwischen Maria und den Töchtern Evas neu. Zwar wird die Jungfräulichkeit Marias und ihre Einzigartigkeit betont[131], aber dennoch ist sie nicht aus ihren Geschlechtsgenossinnen herausgehoben. Nicht nur Maria, sondern jede Frau, die weibliche Schwäche als solche, die *feminea forma* wird erhöht, wenn der Christus von einer Frau geboren wird.[132]

Wie bei der Schöpfung von Adam und Eva und in der ehelichen Gemeinschaft von Mann und Frau sind auch in der Inkarnation Stärke und Schwäche unauflöslich miteinander verbunden. Beides ist notwendig, keines hat eine geringere Bedeutung.

> »Mann und Frau sind daher auf eine solche Weise miteinander vermischt, daß der eine das Werk des anderen ist, weil der Mann ohne Frau nicht Mann gerufen, und die Frau ohne den Mann nicht Frau genannt würde. Die Frau ist nämlich das Werk des Mannes, und der Mann ist ein Anblick des Trostes für die Frau, und keiner von ihnen könnte ohne den anderen sein. Und der Mann weist hin auf die Gottheit, die Frau aber auf die Menschheit des Gottessohnes.«[133]

Dabei stellt Hildegard einen besonderen Bezug zwischen der menschlichen Natur Christi und der Schwäche der Frau her. Das liegt zum einen daran, daß die Menschheit Christi – wie BYNUM feststellt – in engem Zusammenhang mit seiner Mutter gesehen wird.

> »One could argue that all of Christ's humanity came from Mary, because Christ had no human father. So in some sense Mary could be seen as adding humanity to the Logos« (1987:204).

Christus zieht aus seiner Mutter die *tunica* oder *vestis humanitatis*, das Kleid seiner Menschheit, an.

> »... denn Gott, der von der geringen Natur des Menschen aus dem jungfräulichen Fleisch der Jungfrau Maria das Kleid seiner Menschheit anzog, liebt die Demut sehr.«[134]

Die Beschreibung der Inkarnation als ein Umkleiden mit Fleisch läßt an die Werke der Kunstfertigkeit denken, mit denen die Frau den Mann bekleidet. Zum

---

130 *feminea forma*, die weibliche Gestalt, meint das weibliche Sein als solches in all seinen unterschiedlichen Ausprägungen, sei es nun im Ablauf der Heilsgeschichte oder im gegenwärtigen Leben von Frauen.

131 *LDO* III,VII,3; PL 197,963C.

132 Vgl. auch den zu Beginn dieses Kapitels zitierten Text (*Symphonia*, S.116).

133 »*Vir itaque et femina sic ad invicem admisti sunt, ut opus alterum per alterum est, quia vir sine femina vir non vocaretur, nec femina sine viro femina nominaretur. Femina enim opus viri est, et vir aspectus consolationis feminae est, et neuter eorum absque altero esse posset. Et vir divinitatem, femina vero humanitatem Filii Dei significat*« (*LDO* I,IV,100; PL 197,885C).

134 »*Deus enim, qui, de vilissima natura hominis tunicam humanitatis suae ex virginea carne Mariae Virginis sibi texuit, humilitatem valde diligit* ...« (*LDO* I,IV,76; PL 197,859A). Vgl. *LDO* II,V,16; PL 197,916.

anderen sieht Hildegard auch eine Parallele zwischen der Aufgabe der Frau und dem Auftrag Christi. Aus der Schwäche der Frau geht die ganze Welt hervor, denn sie ist der Ursprung des Lebens, sowohl in der Gestalt Evas als auch Marias und jeder anderen Frau. Dabei korrespondiert für Hildegard die Fruchtbarkeit der Frau, die weibliche Schwäche, mit der Schwäche Christi, seiner Menschheit, die die Welt erlöste.[135]

> »Gott selbst hatte auch den Mann stark und die Frau schwach geschaffen, deren Schwäche die Welt hervorbrachte. Auch die Gottheit ist stark, das Fleisch des Gottessohnes jedoch schwach, durch das die Welt das frühere Leben wiedererlangt.«[136]

Entsprechend erscheint in ihrer Interpretation von Prov. 9,1 nicht nur Maria, sondern jede Frau – sei es, daß sie die Berufung der Mutterschaft, sei es, daß sie das Leben im Kloster, also die Jungfräulichkeit, wählt – als die Verkörperung der *domus sapientiae*, des Hauses der Weisheit.[137]

> »Sie selbst ist nämlich gleichsam das Haus der Weisheit, weil Irdisches und Himmlisches in ihr zur Vollendung gebracht wird. Denn einerseits geht der Mensch durch sie hervor, andererseits erscheinen in ihr die guten Werke mit zurückhaltender Keuschheit.«[138]

Jungfräuliches und eheliches Frausein ergänzen sich als zwei Aspekte eines Ganzen in der *domus sapientiae* zur Einheit. Damit ist nicht nur Maria die Repräsentantin der geheiligten Mutterschaft und der Jungfräulichkeit, sondern die Frau als solche, die *feminea forma*.[139]

Insgesamt wird damit beim Blick auf Hildegards Geschlechteranthropologie deutlich, daß jede Frau als Verkörperung der *feminea forma* hinsichtlich Wesen und körperlicher Konstitution durch die spezifisch weibliche Schwäche bestimmt ist. Die *fragilitas* der Frau wird jedoch von Hildegard nicht als moralische Schwäche verstanden, sondern ist Voraussetzung für die weibliche Fruchtbarkeit, die

---

135 »*Filius Dei in humanitate sua perditos homines ad coelestia reducet*« (*LDO* I,II,19; PL 197,764C).

136 »*Ipse etiam Deus virum fortem et feminam debilem creaverat, cujus debilitas mundum generavit. Et Divinitas fortis est, caro autem Filii Dei infirma, per quam mundus in priorem vitam recuperatur*« (*LVM* IV,24,32; Pitra 158). Wie GÖSSMANN feststellt (1991:137), deutet sich hier der Gedanke von der Mutterschaft Christi an, der in den Schriften anderer mittelalterlicher Visionärinnen – so auch bei Gertrud von Helfta – weiter ausgestaltet werden wird.

137 Dies ist um so erstaunlicher, als die meisten Exegeten die *domus sapientiae* als Körper Christi verstanden. Vgl. Rupert von Deutz, *In Danihelem* XXXII,26; CCCM 23,1536f. Vgl. NEWMAN 1981:332.

138 »*Ipsa enim quasi domus sapientiae est, quoniam terrestria et coelestia in ipsa perficiuntur. Nam in altera parte homo per eam procedit, in altera autem bona opera cum verecundia castitatis in ipsa apparent*« (*LVM* I,82,96; Pitra 44).

139 »*Woman represents all of this not only in the unique person of Maria, but in every exemplar of the female sex, beginning with Eve and ending in the perfected Ecclesia, yet including all the virgins and all the mothers in history*« (NEWMAN 1981:356).

sowohl Mutterschaft als auch Empfänglichkeit für die Inspiration und Überschattung durch den Heiligen Geist bedeutet, wie sie Hildegard selbst zuteil wird.

Elisabeth von Schönau

Modelle für das Auftreten der Visionärin

Identifikation mit biblischen Gestalten

Elisabeth beruft sich in keinem der Texte des *Liber visionum* auf irgendeine biblische Gestalt, sei sie nun männlich oder weiblich, um durch den Hinweis auf dieses Vorbild ihr Auftreten zu rechtfertigen. Ekbert dagegen eröffnet das zweite Buch des *Liber visionum* – offensichtlich als Antwort auf ablehnende Reaktionen von Zeitgenossen auf die Veröffentlichung von Elisabeths Visionen[140] – mit einer eingehenden Reflexion des Problems der weiblichen Autorität und sieht dabei Elisabeth in der Nachfolge von Frauen wie Olda (2.Kön 22,14), Deborah (Ri 4 und 5), Judith und Jahel (Ri 4,17-22). Er preist das Erbarmen und die Güte Gottes, die an seinem Wirken in Elisabeth erkennbar sind. Gott stimmt nicht dem Gerede derer zu, die verachten, was ihnen schwach scheint, und deshalb den Überfluß der göttlichen Gnade in Elisabeth nicht erkennen.

> »Jene nehmen daran Anstoß, daß der Herr in diesen Tagen ganz besonders im schwachen Geschlecht seine Gnade verherrlichen will. Aber warum denken sie nicht daran, daß ähnliches in den Tagen unserer Väter geschehen ist, als, weil die Männer nachlässig waren, heilige Frauen mit dem Geist Gottes erfüllt wurden, so daß sie prophezeiten, das Volk Gottes entschlossen lenkten oder sogar über die Feinde Israels ruhmreich triumphierten, wie Olda, Deborah, Judith, Jahel und ähnliche?«[141]

Ekbert rechtfertigt Elisabeths Auftreten, indem er eine Parallele zwischen der Gegenwart und den Tagen der Väter, der biblischen Vorzeit herstellt. Da die Männer damals nachlässig gewesen seien, habe der Geist Gottes Frauen erfüllt, so daß sie nicht nur prophezeiten, sondern auch in Kriegs- und Friedenszeiten anstelle der versagenden Männer politische Leitungsfunktionen übernahmen. Auch in der Gegenwart ist angesichts des moralischen Verfalls der Kirche und ihrer männlichen Repräsentanten, des Klerus, wieder das Auftreten göttlich inspirierter Frauen nötig

---

140 Ekbert schreibt an den Abt von Reinhausen über die Aufnahme, die Elisabeths Visionen finden: »*Scio plerosque hec gratanter audire et gratias agere gratie dei super his, que dicuntur de his de illa, multos quoque eadem diffidenter audire et spernere quasi figmenta mulierum ...*« (Roth 318).

141 »*Hoc illos scandalizat, quod in his diebus plurimum in sexu fragili misericordiam suam dominus magnificare dignatur. Sed cur in mentem non venit, quoniam simile factum est in diebus patrum nostrorum, quando viris socordie deditis, spiritu dei replete sunt mulieres sancte, ut prophetarent, populum dei strenue gubernarent, sive etiam de hostibus Israel gloriose triumpharent, quemadmodum Olda, Debora, Judith, Jahel et huiusmodi?*« (*Lib vis* II,I,41).

geworden. Elisabeth übernimmt also in einer Ausnahmesituation eine als männlich definierte Rolle, eine Konzeption, die an Hildegards *muliebre tempus* erinnert.

Elisabeth als Prophetin

Schon die Schilderung des Spannungsverhältnisses von göttlichem Auftrag und der Weigerung der Visionärin ist deutlich an den Berufungsgeschichten alttestamentlicher Propheten orientiert. Wo Jeremia (Jer 1,6ff) angesichts des göttlichen Auftrags aufgrund seiner Jugend verzagt, da führt Elisabeth ihr intellektuelles Ungenügen und ihre fehlende Beredsamkeit als Gründe für ihr Zögern an.[142]

Darüber hinaus ist auffällig, daß in den Visionen des *Liber visionum* ab Buch II zunehmend ein starker Akzent auf Elisabeths Sendung nach außen liegt. Elisabeth wirkt nicht allein durch ihr Beispiel, sie wird durch die Visionen beauftragt, in die Geschicke der christlichen Kirche ihrer Tage einzugreifen.

> »Diese Visionen und viele andere hast du in diesen Zeiten gesehen, aus keinem anderen Grund als wegen der Ungläubigkeit vieler und zur Stärkung des Glaubens ... Es ist jedoch notwendig und unumgänglich, solche (Visionen, C.E.) zu enthüllen, die angemessen dazu beitragen werden, den Glauben der Christenheit zu stärken. Denn viele nennen sich Christen, es gibt aber wenige, die demjenigen nachfolgen wollen, von dem sie den Namen angenommen haben.«[143]

Grund für Elisabeths Auftreten ist die Krisensituation der Kirche, die Ungläubigkeit vieler Menschen, die lediglich dem Namen nach Christen sind, ohne sich um eine wirkliche Nachfolge Christi zu bemühen. Angesichts des moralischen Verfalls der Kirche ruft sie zu Buße und Umkehr auf und warnt davor, daß das Reich Gottes und damit auch sein Gericht nahe seien. Nicht Elisabeth als einzelne und ihr Seelenheil ist Ziel der göttlichen Offenbarung, sondern durch sie sollen andere erbaut und getröstet, soll der Ruhm Gottes vergrößert werden. Damit sind in Elisabeths Offenbarungen die Merkmale gegeben, die nach BENZ für den Typ der prophetischen Vision kennzeichnend sind.[144]

Ein konkretes Beispiel für das Auftreten Elisabeths als Prophetin ist die Unheilsverkündigung für das Jahr 1154, um die es in einem der Briefe Elisabeths an Hildegard von Bingen geht. Elisabeth schreibt an Hildegard:

> »Wie ihr von anderen gehört habt, hat der Herr seine Barmherzigkeit in mir verherrlicht, mehr als ich verdient habe und jemals verdienen könnte, so sehr, daß er mir auch oft bestimmte himmlische Geheimnisse gnädig enthüllte. Er tat mir auch durch

---

142 *Lib vis* I,LXVIII,33 und I,LXX,33.

143 »*Has visiones et alias multas vidisti in istis temporibus, non ob aliud nisi propter increduli-tatem multorum, et ad confirmazionem fidei ... Oportet autem et necesse est tales revelare, que convenienter venient ad confirmationem fidei Christianitatis. Multi enim Christiani vocantur, pauci vero sunt, qui eum sequi cupiunt, a quo nomen acceperunt*« (*Lib vis* II,XVIII,48). Vgl. I,LXVIII,33.

144 1969:131.

seinen Engel oft kund, was in diesen Tagen über sein Volk kommen werde, wenn sie nicht Buße täten für ihre Sünden, und befahl mir, dies öffentlich zu verkünden.«[145]

Im folgenden beschreibt Elisabeth, wie der Abt des Klosters Schönau diese Ankündigung eines nahen göttlichen Strafgerichts, das bald über die ganze Welt hereinbrechen würde, über Schönau hinaus bekannt macht und mit durchschlagendem Erfolg zur Buße aufruft.[146] Es ist für Elisabeth charakteristisch, daß sie es als peinlich empfindet, als sich ihre Prophezeiung nicht erfüllt, und daraufhin von Selbstzweifeln gequält wird. Sie fürchtet nun unglaubwürdig und zum Gespött geworden zu sein. Der Engel des Herrn tröstet sie:

>»... Sei nicht traurig und beunruhige dich nicht, wenn an dem Tag, den ich dir gegenüber festgesetzt habe, nicht eintreten wird, was ich dir vorausgesagt habe, weil der Herr durch die Buße vieler versöhnt worden ist.«[147]

Geschickt wird hier Elisabeths scheinbares Versagen als Prophetin umgedeutet: Aufgrund ihrer Botschaft, ihres Auftretens sind die verhärteten Herzen der Ungläubigen erschüttert worden, und der Zorn Gottes konnte besänftigt werden.[148]

Bezogen auf die Frage nach der Legitimation weiblicher Autorität heißt Elisabeths Orientierung am Modell des alttestamentlichen Prophetentums zum einen, daß sie auf Vorbilder für ihr eigenes Handeln verweisen kann und damit in einer Sukzession steht, ihren Platz im Ablauf der Heilsgeschichte findet. Zum anderen liegt die Bedeutung dieses Konzepts darin, daß auf diese Weise immer wieder auf den göttlichen Ursprung dessen verwiesen wird, was Elisabeth verkündet.

Die Aktualisierung neutestamentlichen Geschehens

Elisabeths Sendungs- und Erwählungsbewußtsein gründet sich nicht nur darin, daß sie von Gott als mahnende Prophetin gesandt ist, sondern daß sie gleichzeitig auch die Botschaft des Neuen Testaments erneuert. Dinzelbacher stellt fest:

>»Ganze Passagen aus der Bibel, wie die Passion des Herrn von Palmsonntag bis Pfingsten werden zu den entsprechenden Zeitpunkten des liturgischen Jahres visionär nachgezeichnet« (1986c:473).[149]

---

145 »*Sicut per alios audistis, magnificavit dominus misericordiam suam mecum supra, quam meruerim, aut mereri ullatenus possim, in tantum, ut et celestia quedam sacramenta michi frequenter revelare dignatus est. Significavit etiam michi per angelum suum frequenter, qualia ventura essent super populum suum in his diebus, nisi agerent penitentiam de inquitatibus suis, atque, ut palam hec annuntiarem, precepit*« (*Lib vis* III,XIX,71).

146 *Lib vis* III,XIX,71.

147 »*Noli contristari neque perturberis, si non in die, quem determinavi tibi, venerint, que tibi predixi, quoniam multorum satisfactione placatus est dominus*« (*Lib vis* III,XIX,73f).

148 Bezeichnenderweise ist die Schilderung der Vision, in der Elisabeth das drohende Strafgericht offenbart und die in einer früheren Redaktion des *Lib vis* auch mitgeteilt wird, durch die Bearbeitung Ekberts aus dem *Lib vis* getilgt worden. Vgl. dazu KÖSTER 1965:34.

149 *Lib vis* I,XLIII,22 bis I,LII,26. Ähnlich ist Elisabeth auch Zeugin für die Passion des Hl. Petrus (*Lib vis* II,XXIX,52).

Elisabeth selbst formuliert ihrem Bruder gegenüber: »Und was fragst du weiter, Bruder? Beinah alles, was, wie man in den Evangelien liest, zu jener Zeit geschehen ist, wurde mir gezeigt.«[150]

Zentral ist dabei, daß Elisabeth das neutestamentliche Geschehen miterlebt und zur Zeugin für die Wahrheit dessen wird, was in den Evangelien festgehalten ist. Sie legt also nicht die heiligen Schriften aus, wie es Aufgabe des priesterlichen Lehramtes wäre, sondern vergegenwärtigt unmittelbar ihren Inhalt.

> »Der Visionär ist also zugleich Zeuge der Wahrheit und der Geschichtlichkeit der evangelischen Zeugnisse, wie der Gegenwart und Gleichzeitigkeit der Ereignisse und Gestalten selbst« (BENZ 1969:451).

Erwählung der Schwachen

Ähnlich wie Hildegard von Bingen betont Elisabeth in ihren Selbstaussagen immer wieder, daß sie sich dem göttlichen Auftrag nicht gewachsen fühlt. Sie empfindet sich als ungebildet und meint, nicht über die nötige Einsicht in den Inhalt der Offenbarungen zu verfügen. Deutlich wird dabei, daß nach Elisabeths Verständnis der Schritt in die Öffentlichkeit – und sei es auch nur dadurch, daß ihre Visionen aufgezeichnet werden – eine spezifisch männliche Rolle ist. Damit liegt Elisabeths Sendung also ein inverses Rollenverständnis zugrunde. Sie als Frau kann diese Rolle nur in dem Bewußtsein ausfüllen, von Gott gesandt zu sein, um der Welt seine Botschaft zu verkünden. Wesentlich ist, daß ihr dabei der göttliche Trost oder der Beistand ihres Engels zuteil wird. Und so spricht ihr Engel zu ihr:

> »Oh Mensch, erhebe dich und steh auf deinen Füßen, und ich will mit dir sprechen, und fürchte dich nicht, weil ich alle Tage deines Lebens bei dir bin. Spiel den Mann und fasse Mut ...«[151]

Gleichzeitig wird hier auf den Topos von der Erwählung der Schwachen, der schon bei Hildegard begegnet war, rekurriert. In einem der wenigen Texte des *Liber visionum*, in dem die göttliche Stimme direkt und nicht durch Vermittlung des Engels oder anderer himmlischer Gestalten zu Elisabeth spricht und dem deshalb auch eine besondere Bedeutung zukommt, wird Elisabeths Erwählung mit ihrer *fragilitas*, ihrer Schwäche, begründet, die in diesem Kontext zum entscheidenden Vorzug wird. Die Erwählung der Schwachen soll Zeichen sein für die Starken, die sich überlegen glauben. Ausschlaggebendes Kriterium für die Erwählung ist nicht der äußere Schein, die *persona* – also sozialer Status, Bildung oder Amt –,

---

150 »*Et quid amplius requiris frater? Omnia pene, que circa tempus illud gesta fuisse in evangeliis leguntur, mihi demonstrata sunt*« (*Lib vis* I,L,25).

151 »*O homo surge et sta supra pedes tuos, et loquar tecum, et noli timere, quia ego tecum sum omnibus diebus vite tue. Viriliter age et confortetur cor tuum ...*« (*Lib vis* I,LXVII,32). Die Übersetzung ist angelehnt an NEWMAN: »Play the man (*viriliter age*) and let your heart take courage« (1987b:37).

sondern der *timor Dei*, die Gottesfurcht. Und in dieser Hinsicht erweist sich Elisabeth, die schwache, ungelehrte Frau, den Männern überlegen.

> »... ich hörte eine laute und furchteinflößende Stimme, die vom Himmel zu mir sprach: Ich habe dich erwählt, auch wenn du in deinen Augen klein warst, weil du schwach bist, und ich habe dich wie ein Zeichen für die gesetzt, die stärker sind als du, und ich habe in dir ein großes Wunder gewirkt ... und niemand hat es erkannt, weil ich in meiner Güte nicht die Person ansehe, sondern ich will den lieben, der mich von ganzem Herzen gesucht hat und mich liebt, und ich werde mich selbst ihm offenbaren.«[152]

Wer Anstoß daran nimmt, daß Gott sich eine Frau als Werkzeug erwählt hat, der ist durch teuflische Einflüsterungen verblendet.

> »Wehe, was wird mit diesen geschehen, die an denjenigen Anstoß nehmen, in denen ich wohnen wollte. Jener alte Verführer jedoch gibt es diesen Menschen ein, diejenigen, die ich liebe, zu verachten und zu lästern, um sie irre zu leiten und zugrunde zu richten.«[153]

Bildung und göttliche Inspiration

Immer wieder wird im *Liber visionum* davon berichtet, daß Elisabeth damit beschäftigt sei, sich die Psalmen ins Gedächtnis zurückzurufen[154], oder etwa den Text der Passion Jesu Christi liest.[155] Elisabeth dürfte also zumindest über elementare Lateinkenntnisse verfügt haben, mit großer Wahrscheinlichkeit konnte sie lateinisch lesen, sich in dieser Sprache verständlich machen und sie vielleicht auch schreiben.[156]

In deutlichem Widerspruch dazu stehen die zahlreichen Beteuerungen von Elisabeths Unkenntnis der lateinischen Sprache und ihrer fehlenden Bildung. In der Einleitung des *Liber visionum*, in der die Charakteristika von Elisabeths visionärem Erleben beschrieben werden, wird auch die Frage nach ihrer Bildung angesprochen.

> »Als sie nach einer Entrückung allmählich wieder zu sich gekommen war, sprach sie plötzlich göttliche Worte in lateinischer Sprache, die sie weder jemals von einem an-

---

152 »... *audivi vocem magnam et tremendam de celo dicentem mihi: ... Ego elegi te, ut esses parvula in oculis tuis, quia fragilis es, et constitui te sicut signaculum his, qui fortiores te sunt, et operatus sum in te grande miraculum ... et nemo cognovit, quia ego bonus sum non accipiens personam, sed qui me quesierit in toto corde suo et me diligit, ego diligam eum et manifestabo ei me ipsum«* (*Lib vis* II,XVIII,47).

153 »*Heu, quid fiet de his, qui eos scandalizunt, in quibus habitare debueram? ille autem antiquus deceptor inspiravit quosdam homines invidendo, detrahendo eis, quos diligo, ut eos decipiat et perdat«* (*Lib vis* II,XVIII,47).

154 Lib vis I,I,3; I,II,4; I,L,25.

155 *Lib vis* I,III,5.

156 KÖSTER 1965:22; GÖSSMANN 1985:26.

deren gelernt hatte, noch von sich aus hatte erfinden können, da sie ja ungebildet war und keine oder nur sehr geringe Kenntnisse der lateinischen Sprache hatte.«[157]

Demnach gehört es zum typischen Verlauf von Elisabeths Visionen, daß sie nach dem Erwachen aus der Ekstase Worte spricht, die göttlichen Ursprungs sind. Auf wunderbare Weise geschehe dies in lateinischer Sprache, von der sie doch, wie Ekbert ausdrücklich betont, keinerlei Kenntnis hat.[158] Eben deshalb bedarf sie auch der Hilfe ihres Bruders, weil er die Teile der Visionen, die ihr in deutscher Sprache zuteil werden, ins Lateinische, die Sprache der Gebildeten übersetzt.[159] Die Tatsache, daß Elisabeth angeblich des Lateinischen nicht mächtig ist, illustriert dabei ihre Unbildung insgesamt.

Das Bild von Elisabeth, der Ungebildeten, wird im *Liber visionum* auf vielfältige Weise ausgestaltet: So wird bezeichnenderweise nie geschildert, daß Elisabeth die Aufzeichnung ihrer Visionen selbst übernimmt oder schreibt. Immer wieder wird deutlich, daß Elisabeth nicht das rechte Zutrauen zu ihren Fähigkeiten hat, sie beruft sich in Zweifelsfällen auf die Autorität anderer.[160] Mitunter ist sie auch unsicher in bezug auf die Inhalte des ihr Offenbarten und fragt Personen, die ihr kompetenter erscheinen, wie die *magistra*, den Abt oder ihren Bruder, um Rat.[161]

Wenn es von Elisabeth heißt, sie sei ungebildet und habe keine oder nur eine geringe Kenntnis der lateinischen Sprache, erscheint dies als ein für mittelalterliche Autoren typischer Bescheidenheitstopos. Im übrigen liegt DINZELBACHERs Vermutung, daß dieser Topos wohl aus der Perspektive ihres hochgelehrten Bruders gesprochen sein dürfte, nahe. Was Elisabeth fehlt, ist die gelehrte Bildung ihrer Ordensbrüder.

»So dürfte der Bescheidenheitstopos ›inerudita et latine locutionis nullam vel minimam habens peritiam‹ mehr auf das im Vollbesitz der klerikalen Bildung begründete Selbstbewußtsein des männlichen Schreibers schließen lassen als auf Elisabeths wirkliche Kenntnisse, denn auch daß sie lateinisch lesen konnte, ist mehrfach bezeugt« (1986c:468).

---

157 »*Post longum vero excessum resumpto paulatim spiritu, subito verba quedam divinissima latino sermone proferebat, que neque per alium aliquando didicerat, neque per se ipsam adinvenire poterat, utpote inerudita et latine locutionis nullam vel minimam habens periciam*« (*Lib vis* I,I,1f).

158 Ähnlich entwirft Ekberts auch gegenüber dem Abt von Reinhausen ein Bild von Elisabeth als ungelehrter Prophetin, die angeblich nicht über die *pericia dictandi et latine loquendi* verfügt: »*Illud autem latere vos nolo, quod preter visiones celestium secretorum et allucutiones angelorum et sanctorum, quibus frequenter potitur, hanc illi gratiam prestitit deus, ut cum sit indocta et nullam dictandi ac latine loquendi periciam unquam ab homine acceperit, sepe absque omni premeditatione subito profert epistolas ad ecclesias sive ad personas, quas vult salutare, et de aliqua re necessaria commonere*« (Roth 318f).

159 *Lib vis* Prolog,1.

160 *Lib vis* I,I,3.

161 *Lib vis* I,XII,8 und I,XIX,11.

Zwar spiegelt der *Liber visionum* theologische Diskussionen ihrer Zeit wider[162], aber GÖSSMANN sagt zu Recht: »Die zeitgenössische Theologie ist an Elisabeth von außen herangetragen, sie reflektiert sie nicht eigenständig wie Hildegard ...« (1985:41).

Die Betonung ihrer Unbildung ist jedoch nicht nur Demutstopos, sondern hat ihren Platz innerhalb von Elisabeths Selbstkonzept. Hier konkretisiert sich ihre *fragilitas*, ihre Schwäche. Sie wird erwählt als diejenige, die nach menschlichem Urteil den gebildeten Männern unterlegen ist, nach göttlichem Maßstab aber den Vorzug verdient. Ihr Unvermögen, ihr Ungenügen nach menschlichen Maßstäben macht sie empfänglich für die göttliche Inspiration, durch die alle menschlichen Fähigkeiten und Kenntnisse überflüssig werden.

Elisabeths Auftreten wird damit dem Bild der ungelehrten Prophetin angeglichen. Auf Elisabeths Einwand, der ihr von Gott zugedachten Aufgabe nicht gewachsen zu sein, weil sie weder über ausreichende Bildung noch über die nötige Beredsamkeit verfügt, erklärt ihr der Engel des Herrn, daß sie menschlicher Bildung und Eloquenz nicht bedarf, denn ihr ist göttliche Gnade zuteil geworden, und Gott selbst wird durch ihren Mund sprechen (Lk 10,16).

> »Und ich sprach: Mein Herr, ich weiß nicht, was ich sagen oder tun soll, weil ich nicht in den heiligen Schriften gelehrt bin. Und er sprach zu mir: Meine Gnade ist für dich genug.«[163]
> »Und ich sprach: Herr, ich weiß nicht zu sprechen und bin schwerfällig beim Sprechen. Und er sprach: Öffne deinen Mund, und ich werde sprechen, und wer dich hört, hört auch mich.«[164]

Nicht Elisabeth selbst spricht, sondern Gottes Stimme in ihr, sie hat keinen eigenen Anteil an dem, was sie sagt, sie ist lediglich ein Werkzeug, dessen Gott sich bedient.

Ihre Passivität kommt in Formulierungen wie »der Herr legte das Wort in meinen Mund«[165] oder »zu diesen Worten wurde mein Mund geöffnet«[166] zum Ausdruck. Gott legt ihr die Worte in den Mund, sie hat das Offenbarte lediglich an die jeweiligen Adressaten weiterzugeben. Das gilt nicht nur für ihre Briefe, sondern auch für ihre Visionsschriften. Ganz deutlich wird dabei ihre Position zwischen Gott und Mensch, sie ist Vermittlerin zwischen Himmel und Erde. Sie ist nicht die eigentliche Ansprechpartnerin Gottes, gezielt sind die Offenbarungen auf das Seelenheil der Nächsten. Insbesondere sind es aber die *doctores*, die Gebildeten, an die Gott sich mit Hilfe Elisabeths wendet. Im Gegensatz zu Elisabeth verfügen sie über die nötigen Kenntnisse, um den Inhalt der Visionen verstehen und einordnen zu

---

162 Insbesondere gilt dies für die letzten Teile des *Lib vis*, die von Ekbert stark beeinflußt sind.

163 »*Et dixi: Domine mi nescio, quid dicam vel quid faciam, quia indocta sum in scripturis divinis. Et dixit mihi: sufficit tibi gratia mea*« (*Lib vis* I,LXVIII,33).

164 »*Et dixi: Domine, nescio loqui, et tarda sum ad loquendum. Et dixit: Aperi os tuum, et ego dicam, et qui audit te, audivit et me*« (*Lib vis* I,LXX,33).

165 *Lib vis* I,LXIX,33.

166 *Lib vis* I,LIV,27. Vgl. *Ep* IV,140.

können. Wie weit sie selbst das Gesehene versteht[167], ob es vielleicht ihr Fassungsvermögen übersteigt, bleibt dabei letztlich sekundär.

So erbittet Elisabeth vom Hl. Gregor eine Erklärung für ein Visionsbild, dessen Verständnis sich ihr nicht erschließt.

> »Ich ersuchte also jenen heiligen Mann Gottes inständig, daß er für mich vom Herrn das ersehnte Verständnis der Vision erbat, und zu mir gewendet, sprach er diese Worte zu mir: Du kannst nicht verstehen, worauf dies hindeutet, aber sag es den Gelehrten, die die Schriften lesen, sie wissen es.«[168]

Elisabeth wird hier von ihrem himmlischen Gesprächspartner an eine andere Autorität verwiesen, an die *doctores*, die im Unterschied zur ungebildeten Elisabeth sich mit den *scripturae sacrae*, den heiligen Schriften, beschäftigen und folglich in der Lage sein werden, das Gesehene angemessen zu interpretieren. Folgerichtig wendet sich Elisabeth an ihren Bruder, damit er – vertraut mit Theologie und Bildung seiner Zeit – sich um die Deutung dieser Vision bemüht,

> »... damit du in den heiligen Schriften nachforschst und versuchst, in ihnen eine passende Interpretation für diese Vision zu finden, denn vielleicht ist sie dir vom Herrn vorbehalten.«[169]

Umgekehrt benutzen die Gelehrten, insbesondere Ekbert, Elisabeth als Medium, mit dessen Hilfe sie Fragen an ihre himmlischen Gesprächspartner richten. In den letzten beiden Büchern des *Liber visionum* heißt es bei Visionsschilderungen immer wieder, Elisabeth sei aufgefordert oder ermahnt worden, die folgende Frage zu stellen. Als Beispiel sei hier der Visionszyklus angeführt, der sich mit der Himmelfahrt Marias beschäftigt.[170] Elisabeth erhält von einem der Brüder des Schönauer Klosters den Auftrag, am Fest der Assumptio[171] Maria darüber zu befragen, ob auch ihr Leib in den Himmel aufgenommen worden sei.[172] Es handelt sich dabei um eine theologische Streitfrage, die, wie Elisabeth selbst sagt, jenseits ihres Erfahrungshorizontes und Wissensstandes liegt. »Dies sagte ich jedoch deshalb,

---

167 Eher selten ist die Rede davon, daß sie selbst aufgrund eigener Kenntnisse und Überlegungen in der Lage ist, eine Offenbarung auszudeuten: »*Et cogitabam apud me, hos esse illos infantes, qui occisi sunt pro domino Jesu ...*« (*Lib vis* I,XXXVII,19).

168 »*Postulavi igitur a beato viro dei devotissime, ut impetraret mihi a domino intelligentiam visionis, quam desiderabam, et conversus ad me hec verba mihi respondit: Non potes intelligere, quid ista significent, sed dic doctoribus, qui legunt scripturas, ipsi sciunt*« (*Lib vis* III,XXX,79).

169 »*... ut divinas scripturas scruteris, et congruam ex eis interpretationem visionis huius coneris invenire, tibi enim fortasse a domino reservata est*« (*Lib vis* III,XXXI,79).

170 *Lib vis* II,XXXI/XXXII,53-55. Dieser Visionszyklus fand im Mittelalter eine große Verbreitung. Vgl. die *Legenda aurea* CXIX, S.510.

171 Es ist auffällig, daß Elisabeth mehrfach nicht von der *assumptio*, sondern von der *resurrectio Mariae*, also der Auferstehung Marias, spricht (GÖSSMANN 1990:30).

172 »*Tunc, sicut ab uno ex senioribus nostris premonita fueram, rogavi illam dicens: Domina mea placeat benignitati tue, ut de hoc certificare nos digneris, utrum solo spiritu assumpta sis in celum, an etiam carne*« (*Lib vis* II,XXXI,53). Elisabeth befragt Maria auch über den Zeitpunkt ihrer Himmelfahrt und wie alt sie war, als ihr die Geburt Christi verkündet wurde.

weil sich, wie man sagt, darüber in den Büchern der Väter Unklares findet.«[173] Auch der gesamte Visionszyklus über die heilige Ursula und ihre Jungfrauen geht auf eine Anfrage von außen, nämlich des Kölner Klerus, zurück. Allerdings gibt es Dinge, die Elisabeth nicht an ihre Umwelt weitergibt. Auch wenn es auf den ersten Blick den Anschein haben mag, spielt dabei jedoch der Rückzug auf das *ineffabile*, auf das Unsagbare der Gotteserfahrung, die sich der Mitteilung durch menschliche Worte entzieht, keine Rolle.[174] Was Elisabeth sieht, ist in der Regel auch zur Weitergabe bestimmt, sie verschweigt es lediglich, wenn sie sich an das ihr Offenbarte nicht mehr erinnern kann[175], wegen der Ungläubigen[176] oder auf göttlichen Wunsch hin.[177] Ebenso kann es geschehen, daß sie auf eine ihrer Fragen keine Antwort bekommt, weil der rechte Zeitpunkt für eine Enthüllung zu diesem Thema noch nicht gekommen ist. So antwortet Maria auf eine Frage Elisabeths:»Was du fragst, kannst du noch nicht wissen, zukünftig wird jedoch dies durch dich offenbart werden.«[178] Insgesamt erscheint Elisabeth als Vermittlerin, die eine Kommunikation zwischen himmlischen Mächten und den Menschen ermöglicht. In diesem Sinn faßt Ekbert in seinem Trostbrief, den er nach Elisabeths Tod an die Andernacher Nonnen schreibt, ihre Rolle zusammen:

> »Durch dich war der Himmel für die Erde offen und die Geheimnisse Gottes, die vor der Welt verborgen sind, strömten durch das Instrument deiner Stimme zu uns, und kostbarer als Gold, süßer als Honig war deine Rede. Durch dich sprachen die Engel mit uns und wir mit den Engeln in vertrautem Ton, und durch deine Vermittlung waren für uns die höchsten Himmelsfürsten ansprechbar.«[179]

Vor dem Hintergrund dieser Konzeption ist eine ablehnende Haltung Elisabeths Auftreten gegenüber unmöglich, denn Elisabeths Worten keinen Glauben zu schenken heißt, Gottes Wort zu mißtrauen.

---

173 »*Hoc autem idcirco dicebam, quia ut aiunt, de hoc dubie in libris patrum scriptum invenitur*« (*Lib vis* II,XXXI,53).

174 Verglichen mit Elisabeth sieht und erlebt Gertrud mehr, als sie mitteilen kann, weil die menschliche Sprache sich als ein ungenügendes Medium zur Mitteilung erweist.

175 »*Preter hec et alia plura tanquam pater filiam benigne instruendo, adiecit, que propter intervenientem soporem heu! a memoria mea elapsa sunt*« (*Lib vis* I,LXXII,34). Vgl. *Lib vis* I,V,42.

176 *Lib vis* I,LIII,27.

177 *Lib vis* III,V,62.

178 »*Quod inquiris, nondum scire potes, futurum tamen est, ut per te hoc reveletur*« (*Lib vis* II,XXXI,53). Vgl. *Lib vis* III,V,62f.

179 »*Per te celum mundo erat apertum et affluebant abscondita a seculis archana dei per organum vocis tue ad nos, et erat preciosius auro, dulcius melle eloquium tuum. Per te angeli nobis et nos angelis familiariter loquebamur, et affabiles nobis erant te mediante altissimi principes celi*« (*Ep de obitu*, Roth 264).

Elisabeth scheint schon von Jugend an unter ihrer schwachen körperlichen Konstitution gelitten zu haben. Kurz vor ihrem Tod sagt sie selbst:

>»Habe Erbarmen deswegen, weil ich von meiner Jugend bis zu diesem Tag durch so zahlreiche Plagen, durch so unzählige Mühen erschöpft und geschwächt worden bin, und noch jetzt erleide ich ein so unerträgliches Martyrium in meinem armseligen Körper.«[180]

Besonders in den ersten beiden Büchern des *Liber visionum* nimmt die Beschreibung ihrer zahlreichen und teilweise lange dauernden Krankheiten, die sie selbst als *vexatio*[181], *imbecillitas*[182] oder *corporis languor*[183] bezeichnet, viel Raum ein. Mehrfach spricht sie von einem allgemeinen Schwächegefühl[184], alle Glieder tun ihr weh[185], ein Schmerz in der Brust[186] macht ihr zu schaffen, sie stürzt plötzlich leblos zur Erde und ist nicht mehr in der Lage, sich zu bewegen[187], und sie hat unter Fieberschüben zu leiden.[188] Dabei erstreckt sich die Dauer dieser Krankheiten mitunter auch über mehrere Tage.[189]

Oft schwächen Elisabeths Krankheiten sie so sehr, daß sie nicht in der Lage ist, den klösterlichen Pflichten nachzukommen. Zwar ist sie bemüht, sich etwa von der Lektüre der Psalmen nicht durch Krankheit abbringen zu lassen[190], doch oft kommt es vor, daß sie zu schwach ist, als daß sie das Offizium stehend hören könnte[191], oder daß sie nicht an der Eucharistiefeier teilnehmen kann.[192]

Daneben scheint Elisabeth eine ausgeprägte Neigung zur Askese gehabt zu haben. Ihr Neffe Symon schreibt, sie habe über die Schmerzen hinaus, die auf das göttliche Wirken an ihr zurückzuführen waren, immer auch das Opfer freiwilliger Askese auf sich genommen: So habe sie sich etwa in ein rauhes Bußgewand gekleidet und mit einer eisernen Kette gegürtet.[193]

---

180 »*Habeto misericordiam super hoc, quod ego contrita et afflicta tam multis laboribus, tam innumerabilibus erumnis a iuventute mea usque ad hanc diem, etiamnunc tam intolerabile martirium sustineo in hoc miserabili corpore meo*« (*Ep de obitu*, Roth 266).
181 *Lib vis* I,VIII,7 und II,XIII,50.
182 *Lib vis* I,XXVII,15.
183 *Lib vis* I,XL,20 und II,XXIX,78.
184 *Lib vis* I,XXV,14 und I,XXXV,18.
185 *Lib vis* I,VIII,7.
186 *Lib vis* I,I,1 und I,I,3.
187 *Lib vis* I,LXIV,32 und I,LXVII,32.
188 *Lib vis* I,LXV,31.
189 *Lib vis* I,XLI,21 und I,LXXVIII,37.
190 *Lib vis* I,II,4.
191 *Lib vis* III,XVI,68.
192 *Lib vis* I,LXVI,32. Sie spricht von einem Apostel, »*... cui minus attente servieram propter infirmitatem*« (*Lib vis* I,XXXIII,17).
193 Roth 154. Elisabeth selbst spricht von den »*... labores, quos sponte assumpsi*« (*Ep de obitu*, Roth 270).

Dieses Thema wird auch in einer von Elisabeths Visionen angesprochen, in der der *angelus* Elisabeth eine Waage zeigt, auf der ihre Verdienste und Vergehen gegeneinander abgewogen werden, und sie ermahnt:

>»Dir ist ein Zeitraum zu leben gegeben, mach dein Leben besser ... Dann ermahnte er mich zu einer bestimmten asketischen Praktik, über die ich bei mir selbst oft nachgedacht hatte.«[194]

Elisabeth wird also durch göttlichen Rat zur Askese bzw. zu einer bestimmten asketische Übung hingeführt, die dazu beitragen soll, ihr Leben moralisch besser zu machen. Damit haben die asketischen Übungen ihren Platz vor dem Hintergrund des Bildes vom richtenden und rächenden Gott.

Krankheit und Vision

Darüber hinaus besteht ein eindeutiger Zusammenhang zwischen visionärem Erleben und Krankheit: Die körperliche Schwäche ist Folge der *visitatio superna*, ein Zeichen dafür, daß Gottes Hand auf Elisabeth liegt: »Und nachdem der Herr begann, seine besondere Gnade in mich zu legen, litt ich schwereres als früher ...«[195] Krankheit und Schmerz haben ihren festen Platz im typischen Verlauf von Elisabeths visionärem Erleben, wie er immer wieder im *Liber visionum* beschrieben wird.»Es geschah, daß mich wie üblich eine plötzliche Ermattung des Körpers befiel und ich in Entrückung des Geistes geriet.«[196] An anderer Stelle spricht sie davon, daß gewöhnlich der Schau großer Dinge eine Kraftlosigkeit vorausgeht.[197]

Rein äußerlich wird Elisabeths visionäres Erleben von einer Starre und Bewegungslosigkeit begleitet.[198] Elisabeth erlebt den *excessus mentis* so, als würde ihr Geist vom Körper getrennt und in die Höhe gehoben.[199]

Dieser enge Zusammenhang von Vision und Krankheit wird auch in Elisabeths Visionen selbst thematisiert und gedeutet. So erscheinen ihr während einer Krankheit die Apostel Petrus und Paulus. Paulus läßt Elisabeth die Wahl, entweder von den körperlichen Schmerzen befreit zu werden, dann aber auch auf die weitere Begegnung mit dem Göttlichen zu verzichten, oder auch in Zukunft beides auf sich zu nehmen. Die körperlichen Schmerzen, von denen sie immer wieder heimgesucht

---

194 »*Datum est tibi spacium vivendi, emendatiorem fac vitam tuam ... Tunc erudivit me, et ad quandam carnis afflictionem me exhortatus est, de qua et ego apud me ipsam sepe tractaveram*« (*Lib vis* I,LXXVII,37).

195 »*Et postquam cepit dominus singularem gratiam suam ponere in me, graviora passa sum, quam prius ...*« (*Ep de obitu*, Roth 270).

196 »*Accidit ..., ut caderet super me repentinus corporis languor, ut solet, et veni in mentis excessum*« (*Lib vis* I,XL,20).

197 *Lib vis* I,LXXVIII,37.

198 *Lib vis* I,I,1f.

199 »*... visum est mihi, quasi abstraheretur spiritus meus a corpore, ac sublevatur in altum*« (*Lib vis* I,XLI,21. Vgl. I,XXXV,18).

wird, sind die Voraussetzung dafür, daß ihr die Geheimnisse Gottes offenbart werden.

»Der Apostelfürst jedoch sah mich an und sprach: Was ist dir angenehmer, so gequält zu werden und unseren Anblick zu genießen, oder gleichermaßen die Qual und die visionäre Schau zu entbehren? Ich antwortete ihm: Mein Herr, wenn es mit Gottes und eurer Gnade geschehen kann, will ich lieber diese Leiden ertragen, als eures süßen Trostes beraubt zu werden. Gut hast du gesprochen, sagte er, und daher wirst du von nun an während deiner Visionen an geringeren Schmerzen leiden.«[200]

Vor diese Wahl gestellt, entscheidet sich Elisabeth für Krankheit und Vision und wird dafür mit dem Zugeständnis belohnt, daß von nun an die Visionen mit geringeren Schmerzen verbunden sein sollen.[201] Hier wird der Eindruck vermittelt, daß Elisabeth sowohl die Gnade, die ihr durch die visionäre Begabung zuteil wird, annimmt, als auch die Krankheit als ein ihr von Gott bestimmtes Geschick ansieht, das sie demütig, ja fast dankbar trägt.[202]

An ihrem Körper vollzieht sich nicht der menschliche, sondern der göttliche Wille. Eine Heilung kann es nur geben, wenn sie sich vollkommen dem göttlichen Willen anvertraut, nicht aber durch menschliche Heilkünste.

»Einmal wendeten sie auch Heilmittel gegen meine Krankheiten an, aber ich wurde um so mehr geschwächt, und ich hörte nachts in einer Vision eine Stimme, die zu mir sprach: Unser Gott im Himmel jedoch hat alles getan, was er wollte. Dadurch verstand ich, daß das Heilmittel entfernt werden sollte, damit ich meinen Körper nicht den Heilmitteln der Menschen, sondern dem Willen meines Schöpfers anvertraue, und so tat ich es.«[203]

Das hier gezeichnete Bild erweist sich jedoch als hagiographische Stilisierung. Es zeigt sich, daß Elisabeths Verhältnis zu ihren Krankheiten doch nicht so ungebrochen ist. Oft meint sie, das Leiden nicht mehr ertragen zu können, fühlt sich hilflos und ausgeliefert und bedarf des Trostes ihres Engels.[204] Sie dankt Gott, der allein weiß, was Schmerz und Leid bedeuten, dafür, daß er ihr den *angelus* als Tröster[205] geschickt hat.

---

200 »*Intuens autem me princeps apostolorum ait: Quid magis tibi gratum est, sic vexari et visione nostra perfrui, an vexatione pariter et visione carere? Cui ego: Domine mi, si cum gratia dei et vestra esse potest, magis has passiones sustinere cupio, quam vestra dulci consolatione privari. Bene, inquit, dixisti, et idcirco ex hoc tempore minori passione in visionibus tuis laborabis*« (*Lib vis* I,IX,44).

201 In vergleichbaren Texten im *Leg*, in denen Gertrud zwischen Krankheit und Gesundheit wählen soll, wird ein derartiger Zusammenhang zwischen Krankheit und Vision nicht hergestellt.

202 *Lib vis* I,I,3.

203 »*Aliquando et medicamina infirmitatibus meis adhibuerunt, sed eo amplius infirmata sum, et audivi in visione nocturna vocem dicentem michi: Deus autem noster in celo omnia, quecumque voluit, fecit. Unde ammoveri me(dicinam?) intellexi, ut non medelis hominum, sed voluntati creatoris mei corpus meum committerem, et ita quidem feci*« (*Lib vis* I,I,3).

204 *Lib vis* I,LVII,28.

205 *Lib vis* I,LXXIX,38 und II,XII,45.

»Danach lobte ich den Herrn und sprach: Ich danke dir Herr, weil du deinen Engel zu mir geschickt hast, weil er mich in meiner Not getröstet hat, weil du allein Mühe und Schmerz ansiehst.«[206]

Ihre durchaus ambivalente Einstellung den körperlichen Leiden gegenüber wird besonders deutlich, wenn Elisabeth aus Angst vor Schmerzen nicht mehr bereit ist, die Last der Leiden auf sich zu nehmen, die üblicherweise ihr visionäres Erleben begleiten. Als ihr dies nicht gelingt und sie schließlich doch in Ekstase fällt, erscheint ihr der Engel des Herrn und tadelt sie für ihren Ungehorsam und ihre Undankbarkeit.

»... O du Törichte, warum erleidest du dies so unwillig? Wie viele gibt es, die dies gern ertragen würden, wenn ihnen gegeben würde, dies zu erreichen, was du errei- chen wirst.«[207]

Auch hier wird also wieder Krankheit zur Voraussetzung für ihr visionäres Erleben gemacht. Sie wird damit fast wie die visionäre Gabe selbst zu einer göttli- chen Gnade, einem Geschenk, das man mit Dankbarkeit entgegennehmen sollte, denn es bringt die Erwählung zum Ausdruck.

Vision und plötzliche Gesundung

Elisabeth spricht aber auch von der *quies extasis*[208], d.h., daß sie die Ekstase als einen Zustand der Ruhe erlebt, in dem sie ihre körperlichen Beschwerden vergißt oder auch von ihren Krankheiten geheilt wird.

So beschreibt sie eine sieben Tage dauernde, schwere Krankheit, die auf wun- derbare Weise ihr Ende findet.

»... um die Non herum begann ich in meinem Mund eine Flüssigkeit zu spüren wie Honig, durch deren Süße ich so gestärkt wurde, als ob ich ausreichend Speise zu mir genommen hätte, und ich wurde am ganzen Körper gestärkt ...«[209]

Während hier die Heilung durch eine überirdische honigsüße Medizin geschieht, die Elisabeth eingegeben wird und durch die ihre Kräfte wiederhergestellt werden, kann ihre Gesundung aber auch nach Art einer Wunderheilung erfolgen. Als Elisa- beth tagelang unter einem schweren Fieber zu leiden hat, das ihr unerträgliche Schmerzen verursacht, versetzt ihr Engel sie an einen Ort von überirdischer Schön- heit, führt sie zu einer Quelle und gibt ihr daraus zu trinken.

---

206 »*Post hec benedixi dominum dicens: Gratias ago tibi domine, quia misisti ad me angelum tuum, quia consolatus est me in tribulatione mea, quia tu solus laborem et dolorem consi- deras*« (*Lib vis* I,LVII,28).

207 »*... O misera, cur hec tam invita pateris? Quam multi sunt, qui libenter hec sustinerent, si daretur illis consequi hec, que tu consequeris*« (*Lib vis* I,LXXVI,35).

208 »*Post multos labores agonis mei tandem ad quietem extasis deveni*« (*Lib vis* I,XXXV,18). Vgl.: »*Et post pusillum requievit caro mea in extasi*« (*Lib vis* I,LVII,28).

209 »*... circa Nonam cepi habere in ore meo liquorem tanquam favum mellis, cuius dulcore ita refecta sum, quasi cibum sufficientem accepissem, et confortata sum toto corpore ...*« (*Lib vis* I,XLI,21).

»Und als ich getrunken hatte, machte er über mir das Kreuzeszeichen und segnete mich und sprach: Deine Krankheit hat dich verlassen, sie wird dich nicht weiter berühren. Und als ich aus der Ekstase erwacht war, fühlte ich mich sofort erleichtert, und ich begann mit festem Schritt einherzugehen, was ich lange Zeit nicht getan hatte, und später kehrte jene Schwäche nicht zu mir zurück.«[210]

Dabei handelt es sich hier um »eine Dauerheilung nicht nur von der augenblicklichen Fieberattacke, sondern von dem Tertianfieber überhaupt auch für alle spätere Zeit« (BENZ 1969:20). Der Heilende ist in diesem Fall, wie auch in anderen, der *angelus*.[211]

Auch als Elisabeth wegen einer Krankheit nicht an der Eucharistiefeier teilnehmen kann, wird sie wieder vom Engel des Herrn geheilt – diesmal durch Handauflegen und Zuspruch, an biblischen Heilungsgeschichten orientiert.[212]

Ähnlich gibt ihr auch Paulus mit den Worten: »Erhebe dich daher und sei gesund« ihre Gesundheit wieder. Auch hier erfolgt die Heilung durch einen formelhaften Zuspruch, diesmal ohne eine Berührung.[213] Bezeichnend ist, daß es in keinem der Texte Christus ist, der Elisabeth heilt oder sie vor die Wahl zwischen Gesundheit und Krankheit stellt. Auch hier wird Elisabeths Distanz zum Jenseitigen deutlich, ihr Engel bzw. Paulus nimmt eine Mittlerposition ein.

Krankheit als Zeichen der Erwählung

Krankheit und visionäres Erleben sind bei Elisabeth unmittelbar verbunden, die körperlichen Leiden, von denen sie immer wieder heimgesucht wird, sind die Voraussetzung dafür, daß ihr die göttlichen Geheimnisse offenbart werden. Sie sind Zeichen göttlicher Erwählung, ein sichtbarer Beweis für das, was Gott Elisabeth im Verborgenen zeigt.

So antwortet Paulus auf Elisabeths Frage nach dem Grund für ihr körperliches Leiden mit dem Hinweis darauf, daß sie deshalb leide, damit durch eine plötzliche Heilung das Wunder, das der Herr an ihr tut, noch offensichtlicher wird. »Du bist aus keinem anderen Grund so sehr geschwächt worden, außer, damit das Wunder deiner plötzlichen Genesung umso ruhmvoller in dir offenkundig wird.«[214] Krank-

---

210 »*Cumque bibissem, fecit super me signaculum crucis, et benedixit mihi ac dixit: Dimissa es ab infirmitate tua, non te amplius tanget. Cumque ab extasi expergefacta fuissem, statim me sensi alleviatam, et cepi incedere firmo gressu, quod non feceram longo tempore, nec ultra ad me rediit infirmitas illa*« (*Ep* XIV, Roth 148).
211 BENZ geht davon aus, daß der Heilende in diesem Text Christus ist: »Hier erfolgt die Heilung als Wunderheilung durch Christus in der Vision selbst ...« (1969:131). Diese Annahme erscheint schon allein vor dem Hintergrund von Elisabeths Christusbild unhaltbar und läßt sich auch aus dem Kontext nicht begründen.
212 *Lib vis* I,LXVI,32.
213 *Lib vis* II,IX,44.
214 »*Non ob aliud tam graviter infirmata es, nisi ut subite sanitatis tue miraculum eo gloriosius in te appareat*« (*Lib vis* II,IX,44).

heit und Heilung werden also als Hinweise auf die göttliche Macht eingesetzt, die in Elisabeth wirkt.[215]

Ähnlich äußert Elisabeth kurz vor ihrem Tod den Schwestern des Schönauer Konvents gegenüber, sie habe Schmerzen und Krankheiten während ihres Lebens ertragen müssen,

> »... damit durch meine Leiden, die ihr von außen gesehen habt, in mir das bewiesen wurde, was der Herr mir im Verborgenen gezeigt hat, damit es für euch wie für andere Menschen, die es hören werden, um so glaubwürdiger wäre.«[216]

Der mirakulöse Wechsel zwischen Gesundheit und Krankheit, körperliche Symptome wie tagelange Bettlägerigkeit und Schwächeanfälle sind ein für Außenstehende sichtbares Zeichen, das Elisabeths Erwählung deutlich macht und sich im Gegensatz zu ihren Schauungen einer Prüfung unterziehen läßt. Je schwerer diese Krankheiten sind, desto glaubwürdiger ist Elisabeth für ihre Umwelt.

Gleichzeitig grenzt Elisabeth sich auch gegen eine mögliche Interpretation ab, die in ihren Krankheiten lediglich die Strafe für Sünden sieht und damit ihre Erwählung bezweifelt. Maria bestätigt ihr in einer Vision: »Kein Weiser ... wird dies tun.«[217]

Krankheit als Heilung und Reinigung

Zusätzlich bedeutet die Krankheit eine Reinigung, sie heilt den Menschen, bringt ihn Gott näher. Innerhalb des *Liber visionum* hat dieser Gedanke eine starke Ausrichtung auf das Jenseits. Das Leiden, das Elisabeth in der Gegenwart erträgt, wird sie nach ihrem Tod im Jenseits nicht mehr ertragen müssen. Und so ruft Maria sie dazu auf, Geduld zu haben:

> »Unser Herr hat dies Leben für dich so eingerichtet, daß du in ihm viele Qualen, viele Schmerzen und großen Mangel leidest. Er wird sich jedoch deiner erbarmen und dich vollkommen über alles trösten. Es ist sein Wille, dich dadurch zu reinigen und dich in den Zustand zu versetzen, daß du, wenn du von der Welt hinübergegangen bist, danach keine Pein leidest. Habe bei allem Geduld.«[218]

---

215 Entsprechend sagt auch der Engel zu Elisabeth: »*Possibile quidem fuerat domino passiones, quas hactenus sustinuisti, leniores tibi efficere, sed quo melius tibi crederetur, affligi ita te voluit*« (*Lib vis* I,LXVI,32).

216 »*... ut per meos labores, quos foris vidistis, in me conprobarentur ea, que occulte dominus michi demonstravit, ut tanto magis credibilia essent tam vobis quam aliis hominibus, qui erant percepturi*« (*Lib vis* II,270).

217 »*Nemo ... sapientium faciet hoc*« (*Ep de obitu*, Roth 270).

218 »*Dominus noster ita tibi hanc vitam constituit, ut contingat tibi pati in ea multas molestias multasque afflictiones ac magnam parvitatem, miserebitur autem tui et de omnibus bene consolabitur te. Voluntas eius est, ut per ista te purificet, ac talem te efficiat, ut cum transieris de mundo, nichil de cetero molestie patiaris. Habeto patientiam inter omnia*« (*Ep de obitu*, Roth 266).

139

Darauf weist auch ihr Engel sie hin, als Elisabeth ihre Krankheiten nur widerwillig auf sich nimmt.

> »Wenn du dies nicht in der Gegenwart erleidest, wirst du es dort erleiden, wo du härter leiden mußt, bevor du verdienst zu sehen, was du jetzt im Begriff bist zu sehen.«[219]

Die Krankheit in der Gegenwart wird so zu einer besonderen Vergünstigung und göttlichen Gnade: sie ermöglicht Elisabeth schon im irdischen Dasein die Schau himmlischer Mysterien, die sie sich im Jenseits erst durch sehr viel härtere Leiden – wohl im Fegefeuer – verdienen müßte.

Krankheit und Martyrium

Elisabeths Bruder Ekbert vergleicht nach ihrem Tod ihr Leben, das so reich an Krankheiten und Entbehrungen anderer Art war, mit einem Martyrium.

> »Du hast nämlich einen guten Kampf gekämpft, du hast den Weg deines Martyriums glücklich vollendet. Denn dein ganzes Leben, von den zarteren Lebensjahren an, kann, wenn man es recht bemerkt, als Martyrium bezeichnet werden.«[220]

Zentral ist in diesem Zusammenhang eine Marienvision Elisabeths, in der auch Elisabeths Krankheiten thematisiert werden. Maria begründet, warum Elisabeth in ihrem Leben so viele Leiden hat ertragen müssen. Abschließend weist sie Elisabeth auf die Frauengestalten hin, von denen sie begleitet wird:

> »Sieh diese, die mich umgeben, wie sie gekrönt sind, und wie groß ihr Schmuck ist. Sie haben wegen des Herrn viele Qualen und sehr entbehrungsreiche Martyrien erlitten, und daher haben sie nicht nur Ehre vor Gott, sondern werden auch von den Menschen geehrt, und weit und breit dient man ihnen auf der Welt.«[221]

Diese Märtyrinnen – es handelt sich dabei um Ursula und Jungfrauen aus ihrer Schar – sollen Elisabeth zum Vorbild dienen, ihr Martyrium ist das Modell, das Elisabeth ein tieferes Verständnis des eigenen Leidens ermöglicht. So wie sie ihre Leiden geduldig auf sich genommen haben und deshalb mit göttlicher und menschlicher Hochschätzung belohnt werden, so soll auch Elisabeth ihr Leiden in der Sicherheit ertragen, daß sie dafür belohnt werden wird. PETROFF geht deshalb soweit, im Martyrium das Modell zu sehen, das der gesamten Beschreibung von Elisabeths visionärem Erleben zugrundeliegt. »She describes the combination of

---

219 »*Si non in presenti hec pateris, illic utique patieris, ubi durius patiendum tibi est, antequam videre merearis, que nunc visura es*« (*Lib vis* I,LXXVI,35).

220 »*Bonum quippe certamen certasti, et cursum martirii tui feliciter consumasti. Tota enim vita tua ab annis tenerioribus, si recte animadvertatur vere martirium dici potest*« (*Ep de obitu*, Roth 264).

221 »*Aspice istas, que stant in circuitu mei, quomodo coronate sunt et quantus est decor earum. Perpesse sunt angustias multas, et valde dura martiria propter dominum, et ideo non solum habent honorem ante deum, sed ab hominibus multum honorificantur, et late eis in mundo servitur*« (*Ep de obitu*, Roth 266).

illness and visionary experience as martyrdom, and her language echoes that of Perpetua« (1986:141). Gegen diese Einschätzung ist jedoch einzuwenden, daß, wie vieles anderes im *Liber visionum*, auch der Rekurs auf das Martyrium als Grundlage für Elisabeths Selbstkonzept sehr unkonkret bleibt und nicht näher ausgeführt wird.

humanitas Christi

Während für Hildegard die *fragilitas mulieris*, die Schwäche der Frau, einen zentralen Aspekt ihres Selbstkonzepts darstellt, der mit ihrer Geschlechteranthropologie und Christologie zusammenhängt, scheint es zunächst so, als gäbe es keine Verbindung von Elisabeths Sendungsbewußtsein hin zur inhaltlichen Ausgestaltung ihres Gottes- bzw. Christusbildes.

Auffällig ist, daß der Gedanke einer *imitatio Christi* durch Leiden für Elisabeth keine Bedeutung hat. Die Distanz zwischen Gott und Mensch, die sich nur durch Vermittlung anderer himmlischer Gestalten, sei es nun ihr Engel oder Maria, überbrücken läßt, bleibt für sie immer erhalten. Auch wenn sie Jesus blutüberströmt, als wenn er gerade gekreuzigt worden wäre, sieht, identifiziert sie sich nicht mit den Leiden seiner gequälten Menschheit, sondern er ist für sie stets der fremde, fordernde Gott.

> »Ich sah jedoch in jener Entrückung meines Geistes die Himmel offen und den Herrn Jesus Christus mit zahllosen Heiligen in diese Himmelsgegend kommen. Und er war weder schön noch geschmückt, sondern erschien so elend, als sei er gerade gekreuzigt worden. Und als er der ganzen Welt das Kreuz zeigte, an dem er gehangen hatte, und die Wunden seiner Passion wie naß von frischem Blut, rief er mit lauter und allzu schrecklicher Stimme und sprach: Solches habe ich deinetwegen erlitten, du aber, was hast du meinetwegen ertragen?«[222]

Er tritt als *dominus*, als himmlischer Herrscher auf und bleibt trotz seines mitleiderregenden Äußeren ehrfurchtgebietend und furchteinflößend. Bezeichnenderweise sieht Elisabeth ihn in einer der folgenden Visionen als *iudex*, als endzeitlichen Richter, der den *benedicti* das Reich Gottes zuspricht und die *maledicti* ins ewige Feuer schickt.[223]

Mit diesem Christusverständnis scheint eine Parallele zwischen der Schwäche der Frau und der *humanitas Christi*, wie sie Hildegard von Bingen herstellt, nicht

---

222 »*Vidi autem in illo excessu meo celos apertos, et dominum Jesum cum infinitis milibus sanctorum venientem in regionem aëris huius. Et non erat ei species neque decor sed tanquam recenter cruxifixus fuisset, sic miserandus apparuit. Cunque demonstraret universo mundo crucem, in qua pependerat, et vulnera passionis sue quasi recenti cruore madentia, clamabat voce magna ac nimium terribili dicens: Talia propter te sustinui, tu vero, quid pro me sustinuisti?*« (*Lib vis* I,XLI,21).

223 »*Venite benedicti patris mei percipite regnum, quod vobis paratum est ab origine mundi. ... Ite maledicti in ignem eternum, qui paratus est diabolo et angelus eius*« (*Lib vis* I,XLVII,22).

vereinbar. Dennoch knüpft auch Elisabeth an das bei Hildegard entwickelte Verständnis der menschlichen Natur Christi an. So heißt es am Schluß des *Liber visionum* in der Ausdeutung einer Vision über die Menschheit Christi:

> »... alle Macht und Stärke der Kirche hat ihren Ursprung wie aus einer Wurzel aus der Schwäche des Erlösers, durch die er gemäß dem Fleisch geschwächt wurde ... Dies ist bei den Ureltern vorgezeichnet worden, als die Kraft der Rippe von Adam genommen wurde, damit Eva geschaffen wurde, und die Frau dadurch gestärkt wurde, wodurch der Mann geschwächt wurde.«[224]

Paradoxerweise gehen also *virtus* und *fortitudo ecclesie*, also Macht und Stärke der Kirche, aus der Schwäche Christi, aus seiner menschlichen Natur hervor. Verglichen wird das mit der Schöpfung Evas aus dem Fleisch Adams. Der Starke wird geschwächt, damit aus ihm die Frau als die schwache Starke[225] hervorgehen kann. Die in der mittelalterlichen Theologie an sich gängige typologische Gleichsetzung der Schöpfung der *Ecclesia* aus der Seite Christi mit der Schöpfung Evas aus der Rippe Adams[226] klingt hier an, wird aber neu akzentuiert. NEWMAN konstatiert: »Here Elisabeth, like Hildegard, associated the paradox of saving weakness with the reversal of normal gender roles, whereby men become weak and women strong« (1987b:41).

Noch deutlicher wird eine Beziehung zwischen der menschlichen Natur Christi und der weiblichen Schwäche in einer weiteren Vision hergestellt, in der Elisabeth die *humanitas Christi* als Frauengestalt erscheint.

> »Als wir die Vigil der Geburt des Herrn feierten, geriet ich ungefähr zur Stunde der Eucharistiefeier in Geistesentrückung und sah gleichsam eine Sonne von wunderbarem Glanz am Himmel, und in der Mitte der Sonne das Bild einer Jungfrau, deren Gestalt sehr schön war, und die einen lieblichem Anblick bot. Sie saß jedoch da, die Haare über die Schultern ausgebreitet, auf dem Kopf eine Krone von glänzendem Gold und in der rechten Hand einen goldenen Becher. Und sie schritt aus der Sonne hervor, von der sie von allen Seiten umgeben war, und von ihr selbst schien ein Glanz von großer Helligkeit sich zuerst über unsere Wohnstatt, dann, indem er sich nach einer gewissen Zeit allmählich ausbreitete, über die ganze Erde zu legen.«[227]

---

224 »... *omnis virtus et fortitudo ecclesie a salvatoris infirmitate, qua secundum carnem infirmatus est, velut ex radice originem traxit ... Quod bene in primis parentibus figuratum est, quando subtractum est robur ossis ex Adam, ut fieret Eva, et inde firmaretur mulier, unde infirmatus est vir*« (*Lib vis* III,XXXI,87).

225 GÖSSMANN 1985:42.

226 Vgl. etwa Rupert von Deutz, *In Gen.* II,37; CCCM 21,S.231f oder Bruno von Segni, *Expos. in Gen.* II,10; PL 164,165B.

227 »*Nativitatis dominice vigiliam nobis celebrantibus circa horam divini sacrificii veni in excessum mentis et vidi quasi solem mire claritatis in celo, et in medio solis similitudinem virginis, cuius forma speciosa valde, et aspectu desiderabilis erat. Sedebat autem diffusis per humeros capillis habens in capite coronam de auro splendidissimo, et in manu dextra poculum aureum. Et egrediebatur a sole, quo undique circumfusa erat, et ab ipsa splendor magne claritatis, primo quidem super locum habitationis nostre, deinde post aliquod spacium temporis paulatim se dilatans totam terram occupare visus est*« (*Lib vis* III,IV,60).

Der *angelus domini*, von Elisabeth wie üblich befragt, deutet die Jungfrau, die auf der Sonne steht – im übrigen ganz eindeutig ein Hinweis auf die apokalyptische Frau, die mit der Sonne bekleidet ist (Apoc 12,1) –, als Verkörperung der *humanitas Christi*, die Sonne dagegen bezeichne die *divinitas*. Die *humanitas* wird von der *divinitas* umschlossen und beleuchtet, so wie Göttliches und Menschliches in Christus eins sind.

>»Und er antwortete mir bezüglich jener Jungfrau, von der die ich besonders wissen
>wollte, wer sie sei, und sagte: Jene Jungfrau, die du siehst, ist die heilige Menschheit
>des Herrn Jesus Christus. Die Sonne, in der die Jungfrau sitzt, ist die Gottheit, die die
>Menschheit des Erlösers ganz umschließt und erleuchtet.«[228]

Damit ist jedoch die Visionsreihe zu diesem Thema noch nicht abgeschlossen, denn drei Tage später erscheinen ihr während der Messe Johannes Evangelista und Maria.

>»Und ich fragte ihn, wie ich aufgefordert worden war, und sprach: Warum, mein
>Herr, wurde mir die menschliche Natur des Herrn, des Erlösers in Gestalt einer Jung-
>frau und nicht in männlicher Gestalt gezeigt? Und er antwortete auf meine Frage und
>sprach: Der Herr wollte, daß dies deshalb geschehe, damit die Vision um so leichter
>auf seine Mutter hin ausgelegt werden kann.«[229]

Was Elisabeth zunächst unwidersprochen hingenommen hatte, wird also nun zum Problem: Wie kann eine weibliche Gestalt die menschliche Natur Christi bezeichnen, der doch ein Mann war? Als sie Johannes darüber befragt, gibt dieser der Vision plötzlich eine mariologische Ausdeutung: Mit der Frau in der Sonne sei die Mutter Gottes gemeint.

>»Denn sie selbst ist in Wahrheit die Jungfrau, die in der Sonne sitzt, weil die Majestät
>des allerhöchsten Gottes sie vor allen ganz verherrlicht hat, die vor ihr auf der Erde
>gewesen sind und durch sie die Gottheit herabstieg, um das Dunkel der Welt zu auf-
>suchen.«[230]

Elisabeth selbst sagt, sie habe diese Frage gestellt, weil sie *premonita* gewesen sei, d.h., eine außenstehende Person hat sie damit beauftragt. JARON LEWIS geht davon aus, daß es sich dabei um Ekbert gehandelt habe. Er, nicht Elisabeth, nimmt Anstoß an der Gleichsetzung von Frau und *humanitas Christi*. Die zweite Interpretation dagegen, die traditionelle Vorstellungen mittelalterlicher Theologie aufnimmt, dürfte seinen Erwartungen eher entsprochen haben.

---

228 »*Et respondit michi super virgine illa, de qua maxime desiderabam scire, quenam esset, et
ait: Virgo illa, quam vides, domini Jesu sacra humanitas est. Sol, in quo sedet virgo, divinitas
est, que totam possidet et illustrat salvatoris humanitatem*« (*Lib vis* III,IV,61).

229 »*Et interrogavi eum, sicut premonita fueram, ac dixi: Quare mi domine in specie virginis et
non in forma virili demonstrata est michi domini salvatoris humanitas? et respondit interro-
gationi mee dicens: Hoc idcirco fieri dominus voluit, ut tanto congruentius etiam ad signifi-
candam beatam matrem eius visio posset aptari*« (*Lib vis* III,IV,61).

230 »*Nam et ipsa vere est virgo sedens in sole, quia eam maiestas dei altissimi totam illustravit
pre omnibus, qui ante ipsam fuerunt in terra, et per eam divinitas descendit visitare tenebras
mundi*« (*Lib vis* III,IV,62).

»Während Elisabeth also bis zu diesem Punkt die Weiblichkeit Christi, die ihr der Engel sogar bestätigte, ohne jeden Zweifel als ganz natürlich akzeptierte, ist anzunehmen, daß Ekbert, der ihre Visionen sammelte und niederschrieb, sich diesem Verstehen Christi als einer Frau widersetzte. Fügsamerweise, so möchte man fast sagen, paßt der befragte Evangelist Johannes Elisabeths Gesicht der konventionellen Theologie an« (1983:79).[231]

Trotz der isolierten Stellung, die dieser Text im *Liber visionum* und in Elisabeths gesamtem Werk einnimmt, dürfte es kaum zufällig sein, daß sie eben diese Verbindung zwischen Frau und der *humanitas Christi* herstellt. Sie steht damit in einer Tradition, die bei Hildegard von Bingen beginnend, sich in den folgenden Jahrhunderten – etwa in der Theologie Gertruds von Helfta – weiter fortsetzen wird.[232]

Gertrud von Helfta

Modelle für das Auftreten der Visionärin

Identifikation mit biblischen Gestalten und Heiligen

Die Vorbilder, mit denen Gertrud[233] sich bei der Entwicklung ihres Selbstkonzepts identifiziert, die Modelle, an denen sie sich orientiert, sind außerordentlich zahlreich und lassen sich nicht einem bestimmten Bereich zuordnen. Auffällig ist, daß bei diesen Vergleichen die Größe »Geschlecht« keine ausschlaggebende Rolle spielt. BYNUM stellt zu Recht fest: »She identifies with female saints or Old Testament figures who taught or were characterized by wisdom; she also identifies with male saints« (1982:208). Unter den alttestamentlichen Frauengestalten sind Rahel und Lea (Gen 29 und 30, bes. 29,31), die in der mittelalterlichen Tradition als biblische Personifikationen der *vita contemplativa* und der *vita activa* gelten[234], von besonderer Bedeutung. Gertrud vergleicht sich sowohl mit Rahel als auch mit Lea, wenn sie schreibt, Gott habe für ihr Heil gesorgt,

---

231 GÖSSMANN schließt sich dieser Vermutung an (1985:47, Anm.59). Vgl. NEWMAN 1987b:40.

232 Wie DINZELBACHER lediglich festzustellen, daß die *humanitas Christi* deshalb als Frau erscheine, »... da Personifikationen in der lateinischen Sprache – und deshalb auch in der mittelalterlichen Kunst – fast immer femini generis sind« (1986c:470, Anm.85), erscheint mir nicht als ausreichende Erklärung.

233 Anders als bei Hildegard und Elisabeth gibt es keine zeitgenössischen Quellen, in denen das Auftreten Gertruds reflektiert wird.

234 Die neutestamentlichen Personifikationen der *vita activa* und der *vita contemplativa* sind Martha und Maria. Zu Maria und Martha in der religiösen Frauenbewegung vgl. WEHRLI-JONES 1986.

»... weil ich, während ich mich der Muße hingab, mich wie Rahel an den angenehmen Umarmungen freuen konnte, ohne jedoch die ruhmreiche Fruchtbarkeit Leas zu entbehren ...«[235]

An anderer Stelle wird von ihr gesagt, sie liege nicht wie eine Kranke auf dem Bett,

»... sondern wie eine Braut, die die Freuden im Ehegemach genießt, oder noch mehr wie eine nach Gott dürstende Seele, die nach den Küssen Leas in lange erwünschter Umarmung gierig die Küsse trinkt, die Rahel empfangen hat.«[236]

Wie Rahel genießt sie die Küsse und Umarmungen ihres göttlichen Bräutigams, seine Nähe und ist doch gleichzeitig durch ihr Wirken auch nach außen fruchtbar wie Lea. Daß sie beides in ihrem Leben umsetzen kann, macht deutlich, wie groß die göttliche Gnade ist, die ihr zuteil wird. Ihr mystisches Erleben verleiht ihren asketischen Bestrebungen erst ihren eigentlichen Wert, belebt und befruchtet sie.[237] Weiter wird Gertrud mehrfach mit der Königin Esther verglichen. Wichtig für das Verständnis dieses Vergleichs ist, daß in der Auslegungstradition des Mittelalters Esther als Präfiguration Marias in ihrer Rolle als Mittlerin zwischen Christus und den Menschen gesehen oder auch als eine Personifikation der *Ecclesia* verstanden wird, während Ahasver auf Christus hindeutet, den Bräutigam der Kirche.[238] Innerhalb des *Legatus* werden insofern beide Auslegungstraditionen verbunden, als Gertrud dort, wo sie als der Königin Esther ähnlich beschrieben wird, wie Maria[239] für alle, die sich ihrem Gebet anvertraut haben[240], für ihre Kongregation[241] oder für die ganze Kirche Fürbitte leistet.

»... als sie an der Vigil des Festes der Kirchweihe wie die Königin Esther, durch die Hilfe des Herrn mit den königlichen Gewändern geistlicher Übungen geziemend geschmückt, vor dem Herrn selbst, dem König der Könige, stand, um für sein Volk, das heißt die Kirche, zu bitten, wurde sie vom wahren König Ahasver selbst mit so großer Liebe aufgenommen, daß es ihr schien, er lasse sie in das Heiligtum seines überaus süßen Herzens.«[242]

---

235 »... *dum indulgens moram qua Rachelis amplexibus jucundis valeam gaudere, nec tamen Liae gloriosa foecunditate carere ...*« (*Leg* II,X; SC 139,S.276).

236 »... *sed sicut sponsa delectans in thalamo, immo sicut Deum sitiens anima, quae post Liae basia Rachelis suavia inter diu optatos amplexus avidissime haurit ...*« (*Leg* V,XXX; SC 331,S.244).

237 »Sainte Gertrude souligne ici avec beaucoup d'à-propos et de profondeur que l'état d'union mystique où elle est parvenue, non seulement lui obtient le pardon de ses negligences passeés, mais valorise ses efforts d'ascèse, jusque-là assez infructueux peut-être, mais soudain vivifiés et rendus féconds par la qualité de sa vie mystique actuelle« (SC 331, S.244).

238 WEBER 1968.

239 Maria taucht im *Leg* mehrfach als *perpetua interventrix* (IV,XVI; SC 255,S.298) oder als *mediatrix mediatoris Dei et hominum* (IV,VII; SC 255,S.260) auf.

240 *Leg* III,XXXV; SC 143,S.294.

241 *Leg* III,LXXXI; SC 143,S.332f.

242 »... *dum in vigilia Dedicationis in similitudine Hester reginae, indumentis regalibus spiritualium studiorum Domino cooperante decenter exornata, ipsi regi regum Domino adstaret pro*

Gleichzeitig wird hier ihr enges Verhältnis zu ihrem göttlichen Bräutigam dargestellt, der ihr – jede Bitte gewährend – zum wahren Ahasver wird.[243]

>»... sie selbst schien sich gemäß ihrem Verlangen Fortschritte zu machen und stand vor dem König der Könige, dem Herrn, wie Esther vor dem König Ahasver gestanden haben soll.«[244]

In einem weiteren Schritt kann Gertrud auch als Königin umgeben von einem himmlischen Hofstaat[245] erscheinen oder aber sich sogar mit Maria, der Himmelskönigin, identifizieren.[246]

Von den Heiligen schätzt sie besonders Bernhard von Clairvaux[247] und Augustin, die ihr beide mehrfach erscheinen. Dabei kommt jeweils auch ihre Verkündigungstätigkeit in Wort und Schrift oder auch ihre Beredsamkeit, die Gertrud als besonderes Verdienst Bernhards von Clairvaux ansieht[248], zur Sprache. Als Bernhard ihr erscheint, sind seine Hände, seine Brust und sein Hals mit goldenen Blättern umgeben, die auf die besondere Schönheit seiner Lehre vom Heil hinweisen

>»... die er mit demütigem Herzen sorgfältig bedachte und durch den Dienst seiner heiligen Kehle mit geheiligtem Mund aussprach und mit seinen heiligen Händen zuverlässig für alle niederschrieb, die dadurch zum Heil fortschreiten wollen.«[249]

Ähnlich sieht sie in einer anderen Vision Augustin, von dem es heißt, sie habe ihn von Jugend an verehrt[250], neben dem heiligen Bernhard vor dem göttlichen Thron stehend:

>»... er sandte aus dem Innern seines Herzens feurige Strahlen in das Innere des göttlichen Herzens. Dadurch wurde seine feurige Rednergabe bezeichnet, die ganz besonders die Herzen der Menschen zur Liebe entflammte. Und aus seinem Mund streute er

---

populo suo, scilicet ecclesia, supplicatura, suscepta est ab ipso vero Assuero in tantae blanditatis exhibitione, quod admissa sibi videbatur intra sacrarium dulcissimi Cordis sui« (*Leg* IV,LVIII; SC 255,S.470). Vgl. auch *Leg* III,XI; SC 143,S.48.

243 Vgl. auch *Leg* V,I; SC 331,S.22.

244 »*... tandem gratuita miseratione Domini, per communionem sanctissimae conversationis Christi Jesu promota est sic, quod ipsa sibi videbatur procedere pro modulo desiderii sui et Regi regum Domino assistere in ea forma qua Esther aestimatur astitisse regi Assuero*« (*Leg* III,XI; SC 143,S.48).

245 *Leg* IV,XLIV; SC 255,S.344.

246 *Leg* IV,XLVIII; SC 255,S.392. BENZ schreibt:»Diese Vision stellt einen der seltenen Fälle dar, in der die Marienmystik bei einer Frau bis zur Identifizierung mit der Maria selbst führt« (1969:478).

247 Zur Rezeption Bernhards von Clairvaux in der Frauenmystik vgl. KÖPF 1985.

248 *Leg* IV,XLIX; SC 255,S.396.

249 »*... quam corde devoto sedulo retractans per gutturis sacri ministerium, ore sacrato edidit et manibus sanctis fideliter conscripsit omnibus in eis proficere volentibus in salutem*« (*Leg* IV,XLIX; SC 255,S.396).

250 *Leg* IV,L; SC 255,S.402.

gleichsam Sonnenstrahlen aus, über die ganze Weite des Himmels, als Sinnbild für den Überfluß seiner heiligen Lehre, die er in der ganzen Kirche verbreitet hat.«[251]

Gerade durch die Betonung ihrer *eloquentia*, ihrer Beredsamkeit, und die Bedeutung ihrer Schriften erscheinen beide als Vorbilder Gertruds, denen sie durch ihr Leben und Werk nachzueifern sucht.

Unter den weiblichen Heiligen sind es die Märtyrinnen Agnes und Katharina, die Gertrud schon von Kindheit an besonders verehrt.[252] Sie sind Vorbild durch ihre Jungfräulichkeit, die Radikalität ihres Leben in der Nachfolge Christi, ihren Gehorsam. Agnes steht Gertrud, die ja seit ihrem fünften Lebensjahr im Kloster lebt, vielleicht auch gerade durch ihre Jugend nahe. Beide, Agnes und Katharina, gehen laut Legende ein Verlöbnis mit Christus ein[253] bzw. feiern eine mystische Vermählung mit ihm.[254]

Die heilige Katharina, die Schutzpatronin der Philosophen, nimmt eine ganz besondere Stellung unter allen Heiligen, denen Gertrud in Verehrung zugetan ist, ein.

>»Als am Fest des Heiligen Augustin der Herr ihr unter anderem jenes Wort auslegte: ›Es ist niemand gefunden worden ihm ähnlich‹ und ihr auch die Verdienste mehrerer Heiliger zeigte, da wünschte sie auch etwas über den Ruhm und die Verdienste der glorreichen Jungfrau Katharina zu erfahren, die sie von Kindheit an besonders liebte.«[255]

In einer visionären Vergegenwärtigung der Katharina-Legende sieht Gertrud daraufhin die heilige Katharina auf einem prachtvollen Thron sitzend, umgeben von den fünfzig Philosophen, die sie durch göttliche Gnade widerlegte und zum christlichen Glauben bekehrte. BENZ schreibt über diese Vision:

>»Man wird den Eindruck nicht los, daß diese Vision eine bewußte Korrektur des superlativischen Lobpreises Augustins darstellt, und daß Gertrud sich ein wenig darüber geärgert hatte, wenn sie in der Liturgie über ihn singen mußte: ›Non est inventus similis illi‹« (1969:480).

Gleichzeitig wird auch hier wieder der Gegensatz von weltlicher und geistlicher Bildung thematisiert, der schon bei der Darstellung von Gertruds *conversio* ange-

---

251 »... *emittens ... de cordis sui intimis igniformes splendores ad penetralia Cordis divini. Per quod notabatur ignita eloquentia, et specialius corda hominum ad amorem incitantia. Spargebatque ab ore suo quasi quosdam solares radios per totam amplitudinem caeli, signantes affluentiam sacrae doctrinae ejus, quam tam large sparsit in totam latitudinem ecclesiae*« (*Leg* IV,L; SC 255,S.402).

252 *Leg* IV,L; SC 255,S.412/414 und IV,VIII; SC 255,S.106.

253 Auf Agnes' Verlöbnis mit Christus wird auch im *Leg* Bezug genommen (IV,VIII; SC 255,S.106).

254 Vgl. die *Legenda aurea* zur Hl. Agnes (S.113f) und zur Hl. Katharina (S.789ff).

255 »*Dum in die sancti Augustini inter caetera Dominus, exponens isti verbum illud: Non est inventus similis illi, etiam plurimorum sanctorum ipsi merita demonstraret, desiderabat etiam aliqua agnoscere de gloria et meritis sibi a pueritia specialius dilectae gloriosae virginis Catharinae*« (*Leg* IV,LVII; SC 255,S.463/465).

sprochen worden war. So wie sich die Gelehrsamkeit Katharinas, die sie zum Lobe Gottes einsetzt, der weltlichen Bildung, die durch die Philosophen repräsentiert wird, als überlegen erweist, so wendet sich auch Gertrud der Theologie, der Wissenschaft im Dienste Gottes zu, weil sie die Nichtigkeit weltlichen Wissens erkannt hat.[256]

In einer anderen Vision verweist sie der Herr auf das Beispiel der heiligen Katharina, als Gertrud ihr Widerstreben und ihre Bedenken angesichts des göttlichen Auftrags, der sie zur Aufzeichnung ihrer Visionen verpflichtet, anspricht.

> »Und welchen Nutzen scheint es dir zu bringen, daß man geschrieben liest, ich hätte die heilige Katharina im Kerker besucht und zu ihr gesagt: ›Sei standhaft, Tochter, weil ich bei dir bin‹; und daß ich meinen Lieblingsjünger Johannes besuchte und sagte: ›Komm zu mir, mein Geliebter‹; und noch vieles mehr über diese und über andere, außer daß dadurch die Andacht der Menschen vergrößert und meine Liebe zum Menschengeschlecht deutlich würde?«[257]

Gertruds Leben kann also genauso wie das der heiligen Katharina den Gläubigen zum Vorbild dienen und sie dazu bringen, ihr Leben zu bessern. Gertruds Leben legt Zeugnis ab für das Wirken Gottes am Menschen. In ihrer Demut ist sie ein *exemplum* für die wahre Nachfolge Christi, in ihrem radikalen Gehorsam ist sie Märtyrin wie Katharina.

Neben Katharina taucht in diesem Text als wichtige Identifikationsfigur Johannes Evangelista, der Lieblingsjünger Jesu, auf, den der Herr Gertrud in besonderer Weise zum Beschützer bestimmt:

> »Dazu, daß ich ihn dir in besonderer Freundschaft verbinde, und weil du keinen Apostel hast, weise ich ihn dir zu, damit du ihn immer als treuesten Beschützer im Himmel bei mir hast.«[258]

Neben der Gottesliebe und der Jungfräulichkeit, die in der Tradition als seine charakteristischen Eigenschaften gelten, ist es besonders die Erfahrung der göttlichen Nähe und seine schriftstellerische Fruchtbarkeit, die ihn für Gertrud zum Vorbild machen. Wie Gertrud hört er die Schläge des göttlichen Herzens, und sie erkundigt sich bei ihm, warum er, anders als sie selbst, die heilsame Wirkung der Herzschläge Christi nicht schriftlich festgehalten habe.[259]

---

256 *Leg* I,I; SC 139,S.120.
257 »*Et quid tibi videtur ex hoc utilitatis provenire quod scriptum legitur per beatam Catharinam visitans in carcere dixi ad eam: ›Constans esto, filia, quia tecum ego sum‹; et specialem meum Johannem visitavi et dixi: ›Veni, dilecte mi, ad me‹; et caetera plura tam de istis quam de aliis, nisi quod hominum inde devotio augmentatur et mea pietas erga humanum genus replicatur?«* (*Leg* I,XV; SC 139,S.204).
258 »*Ad quod,... ut ipsum speciali tibi adjungam amicitia, et cum nullum habeas apostolum, ego tibi assigno istum quem semper apud me habeas patronum in caelis fidelissimum*« (*Leg* IV,IV; SC 255,S.62).
259 *Leg* IV,IV; SC 255,S.64.

In einem weiteren Schritt deutet sich an, daß die Aufzeichnung von Gertruds Offenbarungen in Analogie zur Aufzeichnung der Worte Christi gesehen wird.[260] Die Offenbarung, die sich in neutestamentlicher Zeit vollzog, wirkt in der Zeit Gertruds lebendig weiter. Gertrud vergleicht mit großer Selbstverständlichkeit ihren Auftrag mit der Aussendung der Jünger Jesu.[261] Ähnlich wie bei Hildegard wird auch hier deutlich, daß die Vorstellung von der Abgeschlossenheit der Offenbarung noch nicht allgemein verbreitet ist.

Gertrud als Prophetin

Daneben finden sich mehrfach Texte, in denen der Auftrag Gertruds und die ihr von Gott verliehene Vollmacht in Anlehnung an Auftreten und Berufung der alttestamentlichen Propheten beschrieben werden.

Schon im Gesamtprolog zum *Legatus*, dem aufgrund seiner exponierten Stellung eine besondere Bedeutung zukommt, wird Gertrud in eine Reihe mit Propheten wie Jeremia und Jesaja gestellt: So tröstet der Herr Gertrud, als sie während der Aufzeichnung des zweiten Teils des *Legatus* zweifelt, und umreißt die ihr zugedachte Aufgabe, indem er Jes 49,6 zitiert: Er wolle sie zum Licht für die Völker machen.

> »Als aber der zweite Teil aufgezeichnet wurde,... und sie eines Nachts dies mit Klagen vor den Herrn brachte, tröstete er sie mit gewohnter Güte, und sprach unter anderem folgendes: ›Ich habe dich zum Licht für die Völker gemacht, damit du mein Heil bist bis zum Ende der Erde‹.«[262]

In Buch III verweist Gertruds göttlicher Gesprächspartner nochmals auf diesen Text. Die göttliche Absicht ist es, mit dem *Legatus* möglichst viele zu erleuchten. Gertrud wird als Beispiel zum Heil der Nächsten geformt und steht in dieser Funktion neben den alttestamentlichen Propheten.

> »Weil ich, wie ich am Anfang dieses Buches gesagt habe, beschlossen habe, dich zum Licht für die Völker zu machen, das heißt zur Erleuchtung vieler, ist es daher notwendig, daß in deinem Buch Verschiedene Verschiedenartiges zu ihrer Unterweisung und zu ihrem Trost finden.«[263]

Als sie vor der Ungeheuerlichkeit dieses Anspruches erschrickt – ist sie doch noch nicht entschlossen, das Aufgezeichnete auch zu veröffentlichen –, wird sie auf das Beispiel des Jeremia verwiesen, der sich wie sie der göttlichen Berufung

---

260 *Leg* II,X; SC 139,S.272/274.
261 *Leg* V,V; SC 331,S.90.
262 »*Secunda vero pars dum conscriberetur,... et ipsa hoc nocte quadam querulando Domino proponeret, ipse eam solita benignitate demulcens, inter caetera sic dixit: ›Dedi te in lucem gentium ut sis salus mea ab extremis terrae‹*« (*Leg* Prolog; SC 139,S.110).
263 »*Ideo,... quoniam secundum quod in principio hujus libri praedixi, ponere te disposui in lucem gentium, id est, multorum illuminationem, oportet ut in libro tuo diversi diversa sibi competentia inveniant ad eruditionem et consolationem sui ...*« (*Leg* III,LXIV; SC 143,S.256/258).

nicht gewachsen fühlte, und doch auserwählt wurde, damit durch ihn Völker und Königreiche zurechtgewiesen würden (Jer 1,5).

»Als ich Jeremia zum Propheten erwählt habe, schien es ihm, er wisse weder zu sprechen, noch habe er die entsprechende Klugheit, er, durch dessen Rede ich dennoch Völker und Königreiche zurechtgewiesen habe. In gleicher Weise wird, was ich nach meinem Beschluß im Licht der Erkenntnis und Wahrheit durch dich erleuchte, nicht verhindert werden, weil kein Mensch meinen ewigen Plan vereiteln kann, weil ich diejenigen, die ich vorherbestimmt habe, auch berufen werde, und die ich berufe, werde ich auch rechtfertigen, auf welche Weise auch immer es mir gefällt.«[264]

Auf den Berufungsbericht des Jeremia – genauer Jer 1,9 – wird in anderem Zusammenhang in einem thematisch sehr brisanten Text, in dem es um die Gertrud verliehene Binde- und Lösegewalt geht, noch ein zweites Mal angespielt. Wie bei Jeremia wird hier das äußere Zeichen mit der Verleihung einer äußeren Vollmacht verbunden. Während er ihre Zunge berührt, sagt der Herr zu Gertrud:

»... Siehe, ich habe meine Worte in deinen Mund gelegt, und ich bestätige in meiner Wahrheit alle Worte, die du, getrieben von meinem Geist, jemandem an meiner Stelle sagen wirst.«[265]

Auch Gertruds Befürchtung, eine Veröffentlichung ihrer Offenbarungen könnte weniger zur Erbauung ihrer Nächsten dienen, als vielmehr zahlreiche Gegner finden, wird mit einem Hinweis auf das alttestamentliche Prophetentum beantwortet (Ez 3,20). Der göttliche Auftrag schließt es ein, Stein des Anstoßes für andere zu sein.

»Wenn aber irgendjemand dieses mit bösem Herzen tadeln will, soll ihre Sünde über sie kommen, während du frei von Schuld bleibst, weil der Prophet aus mir gesprochen hat: Ich werde ihnen einen Anstoß geben.«[266]

Alle diese Texte finden sich mit einer Ausnahme im Prolog und in Buch I, die, wie bereits deutlich wurde, die jüngste, erst nach Gertruds Tod entstandene Bearbeitungsschicht des *Legatus* bilden. Einleitend wird hier der Versuch unternommen, die Legitimität von Gertruds Autoritätsanspruch zu unterstreichen. Die Orientierung von Gertruds Auftreten am Modell des alttestamentlichen Prophetentums, der Rekurs auf alttestamentliche Berufungsberichte ist in besonderer Weise dazu geeignet, das Problem der angefochtenen Autorität zur Sprache zu bringen. Nicht ohne Grund wird Gertrud etwa da in Anlehnung an Jeremia zur Prophetin

---

264 »*Cum ego Jeremiam in prophetam elegissem, ipse videbatur sibi nec loqui scire nec congruentem discretionem habere, cujus tamen eloquio ego correxi gentes et regna. Similiter quaecumque luce cognitionis et veritatis per te illustrare disposui, non frustrabitur, cum aeternam praedestinationem meam nullus hominum possit impedire, quia ego quos praedestinavi hos et vocabo, et quos vocavero hos et justificabo, qualicumque mihi complacet modo*« (Leg Prolog; SC 139,S.110).

265 »*... Ecce dedi verba mea in ore tuo, et confirmo in veritate mea omnia verba quaecumque, instigante spiritu meo, alicui ex parte mea dixeris*« (Leg I,XIV; SC 139,S.198).

266 »*Si qui vero ea maligno corde volunt calumniari, peccatum illorum sit super illos, te immuni permanente, quia Propheta dixit ex me: Ponam eis offendiculum*« (Leg I,XVI; SC 139,S.206).

stilisiert, wo es um die ihr göttlicherseits zugestandene Binde- und Lösegewalt geht. Auffällig ist, daß der prophetische Auftrag, der Gertrud in diesen Texten erteilt wird, nämlich das Licht der Völker zu sein, in einem gewissen Widerspruch zum Inhalt ihrer Offenbarungen steht. Anders als die Visionen Hildegards oder Elisabeths kann man die Offenbarungen Gertruds nicht dem Typus der prophetischen Vision zuordnen. Sie spricht nicht in eine konkret umrissene Krisenzeit der Kirche hinein, um die Gläubigen durch Ankündigung des Reiches Gottes zu Buße und Umkehr zu bewegen; ihr geht es vielmehr um das Heil der Einzelnen, um ihren spirituellen Fortschritt. Von Bedeutung sind in diesem Zusammenhang auch die ihr göttlicherseits verliehenen *privilegia*, wie etwa das Recht zur Sündenvergebung, auf die noch näher einzugehen sein wird.

Bildung und göttliche Inspiration

Ganz anders als bei Hildegard und Elisabeth und scheinbar im Widerspruch zu dem Konzept der ungelehrten Prophetin, die lediglich des Werkzeug Gottes darstellt, wird am Anfang des *Legatus* in Buch I die wunderbare Gelehrsamkeit Gertruds beschrieben. Schon im Kindesalter sei sie so gelehrig gewesen, daß sie alle in Erstaunen versetzte.

> »Denn als sie zur Schule geschickt wurde, fiel sie durch so schnelle Auffassungsgabe und Verstand auf, weil sie alle Gleichaltrigen und übrigen Gefährtinnen an Wissen und Gelehrsamkeit weit übertraf.«[267]

Nach dem Besuch der Klosterschule habe sie sich dann begierig den *artes liberales* zugewandt. Wie schon deutlich wurde, bedeutet ihre *conversio* dann insofern einen Einschnitt, als sie nun die Nichtigkeit des menschlichen Wissens erkennt.[268] Sie wird von der *grammatica* zur *theologa*, die sich durch ihr unermüdliches Studium eine reiche Kenntnis der heiligen Schriften erwirbt. Ihre Bildung setzt sie auch im Dienst am Nächsten ein, indem sie schwer verständliche Texte erklärt und Bücher mit Aussprüchen der Heiligen zusammenstellt.[269] Ihre eigenen Schriften sind von so großer stilistischer Gefälligkeit und bezeugen eine so profunde Kenntnis der heiligen Schriften, daß weder ein Gelehrter noch ein Theologe oder irgendein Frommer sie hätte zurückweisen können.

> »Sie hat auch mehrere Gebete süßer als Honig verfaßt und andere erbauende Schriften geistlicher Übungen, in so angemessenem Stil, daß keiner der Magister zustimmte, ihn zurückzuweisen, sondern man sich sogar an seiner Harmonie erfreute,

---

267 »*Nam cum ad scholas poneretur tanta sensuum velocitate ac intellectus ingenio praepollebat, quod omnes coaetaneas et caeteras consodales in omni sapientia et doctrina longe superabat*« (*Leg* I,I; SC 139,S.118/120).
268 *Leg* I,I; SC 139,S.120.
269 *Leg* I,I; SC 139,S.122. Vgl.: »*Instructionem valde utilem conscripserat, qualiter videlicet quilibet homo saltem semel in anno memoriam mortis suae devote peragat ...*« (*Leg* V,XXVII; SC 331,S.210).

und so ansprechend in der honigsüßen Sprache der heiligen Schrift abgefaßt, daß es keinem Theologen oder Andächtigen zukommt, sie zurückzuweisen.«[270]

Auch auf ihre große Beredsamkeit, die als Zeugnis dafür angesehen wird, daß der Geist Gottes aus ihr spricht, wird Bezug genommen.

»Sie hatte nämlich eine angenehme und eindringliche Ausdrucksweise, eine so gewandte Sprache, eine so überzeugende, wirksame und gefällige Redeweise, daß die meisten, die ihre Worte hörten, in der Tat durch wunderbare Erweichung des Herzens und Veränderung des Willens ein ersichtliches Zeugnis für den Geist Gottes gaben, der in ihr sprach.«[271]

So wie Elisabeth und Hildegard jede Kenntnis der lateinischen Sprache abgesprochen wird, um das Wunderbare ihrer Visionen und ihren göttlichen Ursprung hervorzuheben, wird hier Gertruds Gelehrsamkeit, ihre unermüdliche Beschäftigung mit den heiligen Schriften, ihre so überzeugende Rednergabe zum Beweis ihrer Erwählung. Zu dieser Konzeption gehört es dann auch, daß anders als bei Hildegard und Elisabeth die benutzten Quellen sich ohne weiteres rückschließen lassen. Die Autoren, die die Helftaer Nonnen lesen – zu nennen sind hier etwa Augustin, Bernhard von Clairvaux oder Hugo von St. Victor –, werden auch als Autoritäten zitiert.[272]

Dennoch bleibt Gertrud auch angesichts ihrer überreichen Begabung und Begnadung demütig. Nicht um den eigenen Ruhm[273] geht es ihr, sondern sie schreibt zum Lob und zum Ruhm Gottes[274]. Dementsprechend werden die Leser des *Legatus* davor gewarnt, ihr Werk lediglich für das Resultat menschlicher Begabung, geistiger Beweglichkeit oder literarischen bzw. theologischen Ehrgeizes zu halten, von Gertrud nach eigenem Belieben erdacht. Nicht intellektuelle Selbstgefälligkeit ist die Quelle dessen, was sie schreibt, sondern die göttliche Weisheit.

»... man darf keineswegs glauben, daß das folgende von ihr selbst aufgrund von Begabung oder geistiger Beweglichkeit nach eigener Vorstellung erdichtet wurde, oder daß sie es aufgrund intensiver Beschäftigung mit der Predigt oder aufgrund ihrer Beredsamkeit verfaßt hat; das sei fern. Sondern fest und ohne jeden Zweifel ist zu

---

270 »*Composuit etiam plures orationes favo mellis dulciores et alia aedificatoria documenta spiritualium exercitationum, stylo tam decenti quod nulli magistrorum refutare congruit quin delectetur in convenientia illius tamque mellitis sacrae Scripturae eloquiis condita, quod nullum theologorum sive devotorum decet ea fastidire*« (*Leg* I,I; SC 139,S.122).

271 »*Habebat enim dulce eloquium et penetrans, linguam tam disertam, sermonem tam suadibilem, efficacem et gratiosum, quod quamplures verba ipsius audientes revera testimonium evidens reddebant spiritui Dei qui loquebatur in ea, per mirabilem cordis emollitionem, et voluntatis mutationem*« (*Leg* I,I; SC 139,S.122/124).

272 Vgl. dazu den Index des citation patristique (SC 331, S.333).

273 Anders als die hagiographische Stilisierung in Buch I und V glauben machen will, scheint der Wunsch nach eigenem Ruhm, also die *vana gloria*, jedoch durchaus eine Versuchung gewesen zu sein, die Gertrud kannte und mit der sie zu kämpfen hatte. Vgl. *Leg* II,XI; SC 139,S.278 und II, XVIII; SC 139,S.300.

274 »*Ad laudem et gloriam Dei amatoris salutis conscriptus est liber iste ...*« (*Leg* V,XXXVI; SC 331,S.272).

glauben, daß in Wahrheit alles direkt aus der Quelle der göttlichen Weisheit ihr als gnädiges Geschenk eingegossen worden ist ...«[275]

Gertrud selbst empfindet angesichts des göttlichen Auftrags, ihre Offenbarungen aufzuzeichnen, ihre Fähigkeiten als ungenügend. Wie sie in Buch II schreibt, erscheint es ihr schwierig, ja fast unmöglich, dem menschlichen Verstand das bisher Geheimgehaltene mit Worten verständlich zu machen, ohne Anstoß zu erregen. Erst als der Herr der Verzagten verspricht, ihr die Worte ihrem Fassungsvermögen entsprechend einzugeben, kann Gertrud ihrer Aufgabe nachkommen.

> »... vier Tage lang hast du mir morgens zur geeignetsten Stunde einen Teil der genannten Rede so hell und angenehm eingeflößt, daß ich sie ohne jede Mühe, wie aus dem Gedächtnis, ohne Überlegen aufschreiben konnte; dies (geschah, C.E.) jedoch im rechten Maß, so daß ich, wenn ich den entsprechenden Teil aufgeschrieben hatte, auch mit der Anstrengung aller meiner Sinne darüber hinaus kein Wort von jenem zu finden vermochte, was mir am folgenden Tag so reichlich ohne jede Schwierigkeit gegenwärtig war ...«[276]

Deutlich kommt hier zum Ausdruck, wie sehr das Gottesbild Gertruds und damit auch die Grundstruktur des mystischen Gesprächs von dem Hildegards oder Elisabeths unterschieden ist. Das göttliche Gegenüber Gertruds, das sich so sehr bemüht, das, was er Gertrud eingibt, an ihr Fassungsvermögen anzupassen, läßt sich kaum dem fremden und distanzierten Gott Elisabeths vergleichen, der seine Botschaft durch sie an die Gelehrten richtet.

An anderer Stelle beklagt sich Gertrud nach dem Bericht ihrer Mitschwestern darüber, daß der Herr ihr die Beredsamkeit und die Fähigkeit, andere zu belehren, über die sie einst verfügte, genommen habe. Der Herr erklärt ihr, dies sei deshalb geschehen, um in ihr das Bewußtsein dafür zu wecken, daß sie nicht aufgrund eigener Fähigkeiten Menschen für Gott gewinne, sondern dies allein durch göttliche Gnade vermöge. Er sagt zu Gertrud:

> »... Wenn du die Gabe der Rede hättest, würdest du vielleicht glauben, daß du durch deine Redekunst die Menschen an mich zu ziehen vermagst. Daher habe ich dir dies

275 »... *nequaquam arbitrandum est quod ea quae sequuntur ex ingenio aut ex agilitate intellectus ipsa sibi ad placitum suum imaginata fuerit, sive ex industria sermonis aut ex habilitate eloquentiae composuerit, quod absit. Sed firmiter absque omni haesitatione credendum est quod vere omnia de ipso fonte divinae sapientiae sibi gratuito dono sint infusa* ...« (*Leg* I,I; SC 139,S.124).

276 »... *mane in convenientissima hora per quatuor dies semper mihi partem praefati sermonis tam luculenter tamque suaviter influxisti, ut absque omni labore, velut quod multo tempore memoriter retinuissem, impraecogitata scribere potuissem; ea tamen moderatione, ut cum partem congruentem descripsissem, omnium sensuum meorum exercitio, ultra unam dictionem investigare non valerem illorum quae sequenti die mihi tam affluenter absque omni difficultate praesto erant* ...« (*Leg* II,X; SC 139,S.274/276).

teilweise entzogen, damit du erkennst, daß du dies nicht aus dir vermagst, sondern aufgrund meiner besonderen Gnade.«[277]

Mehr noch als in der hagiographischen Stilisierung von Buch I wird hier deutlich, daß Gertrud ohne göttlichen Beistand nichts vermag. Nicht ihre eigenen intellektuellen Fähigkeiten sind es, mit denen sie zum Heil der Nächsten wirkt, sondern göttliche Gnade. Für die Abfassung des *Legatus* heißt dies, daß auch hier nicht der menschliche Verstand Gertruds mit seinem beschränkten Fassungsvermögen der Ursprung der Aufzeichnungen ist, sondern die göttliche Weisheit, die sich lediglich Gertruds bzw. ihrer Mitschwestern als Schreiberinnen bedient. Der *Legatus* ist damit nicht Menschenwort, sondern göttlich inspirierte Schrift.

Allerdings kennt auch Gertrud Zweifel an der Authentizität des ihr Eingegebenen. Wie kann sie sicher sein, daß es sich auch wirklich um göttliche Offenbarung handelt? Anders als Elisabeth, die mehrfach von der Unsicherheit gequält wird, ob das, was sie sieht, nicht Gott, sondern vielmehr den Teufel zum Urheber hat, fürchtet Gertrud die Schwäche der menschlichen Natur, die der Illusion erliegen und aus dem *sensus proprius*, dem Eigen-Sinn Entstandenes für göttliche Offenbarung halten könnte. Elisabeth wendet sich mit ihren Bedenken an andere, Gertrud erhält die Versicherung der Authentizität ihrer Offenbarung innerhalb der Vision: »... Fürchte dich nicht, weil dein Wille so vollkommen mit meinem göttlichen Willen in Einklang ist, daß du nichts wollen kannst als das, was ich will.«[278] Gertruds Wille ist so sehr eins mit dem göttlichen, daß sie keinen Eigen-Willen mehr haben, sondern nur dem göttlichen Willen entsprechen kann. Zusätzlich gelten als Kriterien dafür, daß es sich wirklich um authentisches göttliches Wort handelt, daß das Lob Gottes im Vordergrund steht, die Offenbarung durch die Heilige Schrift bestätigt wird und dem Heil der Nächsten dient.[279]

Diese Konzeption des *Legatus* als wahrhaft göttliches Wort und Gertruds als Werkzeug Gottes, das nicht durch menschliche Bildung, sondern allein durch das Wirken der göttlichen Gnade in ihr zur Aufzeichnung des Buches befähigt ist, findet eine eindrucksvolle Abrundung in den letzten Visionen des Buches V. Christus selbst erscheint ihr, das vollendete Buch an sein Herz gepreßt. Als sie ihn bittet, das Buch vor jedem Irrtum zu bewahren, segnet er es mit den Worten:

> »Mit der gleiche Kraft, durch die ich in dieser Messe Brot und Wein für alle zum Heil verwandelt habe, habe ich auch alles in diesem Buch Geschriebene mit meinem

---

277 »... *Si gratiam haberes loquendi, aestimares fortasse quod ex tua eloquentia hoc praevaleres, ut homines ad me traheres. Ergo tibi hoc ex parte subtraxi, ut non ex te, sed ex gratia mea speciali, cognoscas te hoc praevalere*« (*Leg* IV,XXX; SC 255,S.274).

278 »... *Noli timere, quia eo quod voluntas tua tam plene divinae voluntati meae unita est quod nihil velle potes quam quod ego volo ...*« (*Leg* IV,II; SC 255,S.44).

279 *Leg* IV,XIV; SC 255,S.158/160.

himmlischen Segen für alle geheiligt, die, wie ich oben gesagt habe, mit demütiger Andacht zum wahren Heil in ihm lesen wollen.«[280]

Christus vergleicht es in seiner Wirksamkeit für diejenigen, die darin lesen, der Eucharistie. Wer könnte da noch bezweifeln, daß das Buch wirklich göttlichen Ursprungs ist, frei von jedem menschlichen Irrtum und wirksam zum wahren Heil. Diejenigen aber, die dieses Buch nicht mit gebührender Ehrfurcht und Demut lesen, sondern es in stolzer Überheblichkeit durchforschen und verfälschen, warnt der Herr:

> »Wer aber von neugierigem Hochmut getrieben von rückwärts zu mir kommt und sich gleichsam von hinten über mich lehnt, um hineinzuschauen und den Text dieses meines Buches verfälschend zu durchforschen, diesen werde ich mich nicht scheuen, mit meiner göttlichen Kraft zu vernichten, weil ich seine Last nicht länger tragen will.«[281]

Der göttliche Segen am Schluß des Buches und die Warnung vor einer Verfälschung des Aufgezeichneten tauchten in ähnlicher Weise auch schon bei Hildegard auf. Gertrud übernimmt diese literarische Tradition und gestaltet sie neu.

Die Schwäche der Frau?

Ebenso wie Hildegard und Elisabeth hat Gertrud während ihres ganzen Lebens unter ihrer schwachen körperlichen Konstitution und zahlreichen Krankheiten zu leiden. Schon über Gertrud als Kind heißt es, sie sei *annis et corpore tenera*, also den Jahren und dem Körper nach zart wesen[282], was auf eine schwache körperliche Konstitution hindeutet. In allen Büchern des *Legatus* finden sich immer wieder Hinweise auf ihre Leiden und Krankheiten, ihre *tribulationes et infirmitates*[283]. So heißt es etwa, sie sei bettlägerig[284], schwach oder sogar sehr schwach[285], leide an Erschöpfung ihrer Kräfte[286]. Gertrud hat Kopfschmerzen[287] und Fieber[288], klagt

---

280 »*Eodem effectu quo in hac missa panem et vinum transubstantiavi omnibus in salutem, etiam omnia in libro isto conscripta caelesti benedictione mea modo sanctificavi omnibus, sicut supra dixi, cum humili devotione in ipsa legere volentibus in veram salutem*« (*Leg* V,XXXIII; SC 331,S.264).

281 »*Qui vero curiosa instigatur elatione, a tergo mihi adveniens, quasi dorso meo incubuerit ad introspiciendum, et invertendo perscrutando hujus libri mei textum, hunc certe cum pondus ejus amplius supportare noluero, divina virtute mea confusum deicere non verebor*« (*Leg* V,XXXIV; SC 331,S.268).

282 *Leg* I,I; SC 139,S.118.

283 Nach LANCZKOWSKI wird im *Leg* mehr als 40 Mal Krankheit erwähnt (1988a:104).

284 *Leg* IV,IX; SC 255,S.110.

285 *Leg* III,XXXVIII; SC 143,S.182 und III,LXI; SC 143,S.246.

286 *Leg* V,XXIV; SC 331,S.202. Vgl. auch *Leg* III,XXX; SC 143,S.160 und III,XLIXL; SC 143,S.218.

287 *Leg* III,XXX; SC 143,S.150.

288 *Leg* III,LIII; SC 143,S.228.

ähnlich wie Elisabeth mehrfach über Herzschmerzen[289] und soll sogar die Pest gehabt haben.[290] Darüber hinaus findet sich bei Gertrud eine Neigung zu asketischen Praktiken, wenn auch in geringerem Ausmaß, als es bei Elisabeth der Fall ist. Sie kann sich durch Meditation und Kontemplation bewußt auf Visionen vorbereiten. Mehrfach ist die Rede davon, daß sie, ohne Rücksicht auf ihre schwache körperliche Konstitution zu nehmen, ganze Nächte schlaflos in der Kontemplation zubringt.[291] Von anderen wird ihr sogar geraten, sich in der Kontemplation etwas zurückzuhalten, damit sie wieder zu Kräften kommen kann.[292]

Dabei sind diese asketischen Praktiken der sichtbare Ausdruck eines dualistischen Körper-Seele-Verständnisses. Der Mensch lebt zwar in der Körperlichkeit, ein Leben in der Nachfolge Christi heißt aber, daß der Körper dem Geist unterworfen werden muß. So formuliert es Christus, als er die zum Tod erkrankte Gertrud tröstet:

> »Wenn irgendjemand bei seinem Tod ersehnt, ähnlich durch den Trost meiner Ankunft erfreut zu werden, soll er sich täglich bemühen, sich in die erlesensten Gewänder, das heißt die Taten meines vollkommenen Lebenswandels, zu hüllen; er soll den Wagen seines Körpers besteigen, das heißt, er soll sich bemühen dadurch, daß er in allem dem Geist folgt, den Körper der Seele zu unterwerfen ...«[293]

Die Seele befindet sich im Körper wie ein Mensch in einer engen, dunklen Wohnung:

> »Ebenso hast du durch die Gnade deiner Liebe meinen Verstand erleuchtet und mir mehrere Male offenbart, wie die Seele, die im Körper ihrer menschlichen Schwäche bleibt, verdunkelt wird, vergleichbar einem, der mitten in einer engen Behausung steht und von allen Seiten, um sich, über sich und unter sich, den Nebel in sich aufnimmt, den jene Wohnung ausströmt, wie ein Topf Dampf ausströmt.«[294]

Jedes körperliche Leiden verleiht der Seele einen von sonnenhellem Licht umflossenen Hauch, befreit sie zumindest ein Stück aus der Vergänglichkeit des

---

289 *Leg* III,XLV; SC 143,S.202/204 und IV,XIV; SC 255,S.160.
290 *Leg* III,III; SC 143,S.22. Zu ihrem Tod führte wohl ein Leberleiden (*Leg* V,XXIX; SC 331,S.232).
291 »... *dum totam noctem meditationibus et desideriis incensa duxisset insomnem* ...« (*Leg* III,XLV; SC 143,S.202). Vgl. auch *Leg* III,XLVI; SC 143,S.206/208 und III,LII; SC 143,S.226.
292 *Leg* III,LIV; SC 143,S.232.
293 »*Si quis desiderat in extremis suis consimili adventus mei consolatione laetificari, studeat quotidie vestimentis exquisitissimis, id est, operibus meae perfectissimae conversationis, per imitationem amiciri; ascendatque vehiculum corporis sui, id est, sequendo in omnibus spiritum, studeat corpus spiritui subjugare* ...« (*Leg* V,XXVII; SC 331,S.225).
294 »*Item gratia pietatis tuae illustrante intellectum meum, pluries revelasti mihi qualiter anima manens in corpore humanae fragilitatis offuscatus ad instar unius qui stans in medio angustae inhabitationis, undique susciperet in se, tam circa quam supra et inferius, nebulam quam habitatio illa immitteret, velut olla vaporem emittit*« (*Leg* II,XV; SC 139,S.286).

Körpers. Je schwerer das Leiden ist, desto mehr wird die Seele erhellt.[295] Das Leiden bedeutet einen ersten Schritt aus der Vergänglichkeit des Fleisches, aus dem *carcer carnis* (Ps 142,8), die endgültige Befreiung wird aber erst der Tod bringen.

Vision und Krankheit

Auch für Gertrud besteht ein Zusammenhang zwischen Vision und Krankheit. Zwar beschreibt sie anders als Elisabeth ihr visionäres Erleben nie als eine Trennung von Körper und Seele, sondern als einen Rückzug auf das Innen.[296] Dennoch gilt es auch für sie, sich von der Außenwelt, dem Vergänglichen, was mit den Sinnen des Körpers erfaßt wird, zu lösen, um so frei zu sein für die Begegnung mit dem Göttlichen.[297]

Entsprechend werden von den *sensus corporales*[298], den äußeren Sinnen, die inneren unterschieden: die Ohren des Herzens, mit denen sie die göttliche Stimme hört, die Augen des Geistes, mit denen sie das Göttliche sieht.[299]

Oftmals wird der Empfang von Visionen von einer körperlichen Schwäche begleitet.[300] Allerdings ist dies anders als bei Elisabeth nicht immer der Fall und man kann oft nur schwer trennen, ob die körperliche Erschöpfung auf die Vorbereitung auf die Vision oder die Vision selbst zurückzuführen ist.

Gertruds visionäres Erleben kann aber auch eine plötzliche Gesundung bewirken. So nimmt sie am Fest der Himmelfahrt Marias in einer visionären Vergegenwärtigung der Liturgie an den himmlischen Feierlichkeiten zu Ehren der Gottesmutter teil und fühlt sich danach so gekräftigt,

> »... daß sie allen, die bei ihr standen, um sie wegzuführen, mit so großer Schnelligkeit voraneilte, als empfände sie überhaupt keine Schwäche. Und diese Kräftigung dauerte an, bis sie sich nach der Messe durch leibliche Speise stärkte.«[301]

---

295 »*Et rursum cum contigerit corpus per aliquam passionem affligi, ex parte membri patientis suscipit anima tamquam aerem solari luce perfusum et ex hoc miro modo clarificatur; et quanto universalior et gravior est passio, eo puriorem clarificationem animae praestat ...*« (*Leg* II,XV; SC 139,S.286f).
296 *Leg* IV,XXVI; SC 255,S.248.
297 *Leg* II,III; SC 139,S.236.
298 *Leg* IV,XV; SC 255,S.174.
299 *Leg* III,XXV; SC 143,S.120.
300 »*Alia quoque nocte, cum ex multimoda consolatione praesentiae Domini et spiritualium intellectuum exercitatione nimis esset debilitata ...*« (*Leg* III,LVII; SC 143,S.240). Vgl. auch *Leg* III,LVIII; SC 143,S.242 und III,XII; SC 143,S.52.
301 »*... quod omnes sibi assistentes ad deducendum se tanta velocitate praecessit quod omnino nullum sensit defectum. Et haec valetudo duravit usque dum post Missarum sollemnia corporali cibo est refecta*« (*Leg* IV,XLVIII; SC 255,S.378). Vgl. auch *Leg* IV,LV; SC 255,S.460.

Leiden und göttliche Nähe

Krankheit ermöglicht in besonderer Weise göttliche Nähe und kann als Zeichen göttlicher Erwählung gelten.[302]

> »Der Sohn Gottes ist vom Vater gesandt, um für die zu sorgen, die bekümmerten Herzens sind, er pflegt darum seine Auserwählten durch irgendein Leid – manchmal ein kleines oder auch von außend kommendes – zu bedrücken, damit er Gelegenheit hat, für sie zu sorgen.«[303]

Wenn der Herr im Menschen nichts findet, das diesen der göttlichen Nähe würdig macht, schickt er ihm körperliche und geistige Beschwerden, »... damit er Gelegenheit hat, bei ihm zu bleiben, denn die Schrift der Wahrheit sagt: Der Herr ist denen nahe, die geängstigten Herzens sind.«[304] Durch innere und äußere Leiden wird Gertrud gereinigt, Christus leidet gleichsam in ihr und mit ihr. Krankheit stellt damit einen besonderen Bezug zum Göttlichen her.

Inwiefern sich in der Krankheit eine Begegnung mit dem Göttlichen vollzieht, wird in einem der zentralen Texte des Buches II deutlich. Maria ermahnt Gertrud:

> »Ebenso, wie du dich nicht erinnern wirst, einen stärkeren körperlichen Schmerz ertragen zu haben, wisse, daß du niemals eine edleres Geschenk von meinem Sohn erhalten hast als das, zu dessen würdigem Empfang die vorangehende Schwäche des Körpers deinen Geist gestärkt hat.«[305]

Zum einen kehrt hier der Gedanke der Reinigung und Heiligung durch Krankheit wieder. Die Krankheit schwächt wohl den Körper, stärkt aber auch die Seele und macht sie bereit, ein besonderes Geschenk Christi aufzunehmen. Zum anderen wird aber das schwere Leiden Gertruds als Vorbereitung und Voraussetzung des im folgenden beschriebenen *unio*-Erlebnisses interpretiert.

Damit ist ein für die Reflexion von Krankheit innerhalb des *Legatus* zentraler Aspekt angesprochen: Krankheit ist nicht nur Voraussetzung für die *unio Dei*, sondern sie ist letztlich der Weg, dessen ersehntes Ziel die vollkommene Vereinigung mit dem göttlichen Bräutigam ist und der die wahre Hochzeit Christi mit der liebenden Seele ermöglicht. So deutet Christus selbst der auf den Tod erkrankten Gertrud ihr Leiden und ihren nahen Tod.

> »Und ich werde dich auf solche Weise voller Freuden in meiner engen Umarmung durch den reißenden Strom des zeitlichen Todes führen, und ich werde dich ganz hin-

---

302 Krankheit wird innerhalb des *Leg* bei Ungehorsam oder Widerstand gegen den göttlichen Auftrag nicht als Strafe eingesetzt.

303 »... *Filius Dei, cum missus sit a Patre ut medeatur contritos corde, electos suos soleat aliquo gravamine conterere quandoque parvo, etiam de exterioribus, ut inde habeat occasionem medendi eos*« (*Leg* III,XXX; SC 143,S.138).

304 »... *ut inde habeat opportunitatem manendi cum ipso, quia Scriptura veritatis dicit: Juxta est Dominus his qui tribulato sunt corde*« (*Leg* III,XXXII; SC 143,S.168).

305 »*Sicut non recolis te acerbiorem dolorem infirmitatum in corpore pertulisse, ita scias te nobilius donum a Filio meo nunquam percepisse, ad quod digne percipiendum spiritum tuum roboravit infirmitas corporis praecedens*« (*Leg* II,VII; SC 139,S.260).

einziehen und untertauchen und verschlingen im Meer meiner erhabenen Gottheit, wodurch du mit mir ein Geist werden und mit mir herrschen wirst in Ewigkeit.«[306]

Es kommt zu einer vollkommenen Identifizierung der mystischen *unio* und des Todes, als deren Ergebnis die Seele von der Gottheit verschlungen wird, im Meer der Gottheit ertrinkt. Sterben wird zum Synonym für die mystische Ekstase, für die Ent-Ichung, die *exinanitio* in der Gotteserfahrung.[307]

Dementsprechend wird auch Gertruds Todessehnsucht im *Legatus* immer wieder erwähnt.[308] Schon in Buch I wird sie als Zeichen ihres Gottvertrauens gewertet.

> »Aufgrund des häufig genannten Vertrauens ersehnte sie auch oft den Tod, dies jedoch in Übereinstimmung mit dem göttlichen Willen, weil ihr zu jeder Stunde Leben oder Sterben eins war; denn sie hoffte durch ihren Tod die Seligkeit und durch ihr Leben eine Vermehrung des göttlichen Ruhms zu gewinnen.«[309]

An anderer Stelle spricht Gertrud selbst davon, daß sie ein unmäßiges Verlangen danach gehabt habe, endlich aus dem *carcer carnis* erlöst zu werden.[310]

Leiden in Vereinigung mit der Passion Christi

Im *Legatus* spielt die Vorstellung eines Lebens in der Nachfolge Christi, die *imitatio Christi*, eine große Rolle. Auch daß Gertrud ihren Nächsten oft Grund zum Anstoß gibt, wird unter dem Gesichtspunkt der *imitatio* betrachtet zum Vorzug.

> »Und je mehr dein Lebenswandel ohne deine Schuld getadelt wird, desto mehr neigt sich mein Herz dir in liebevoller Zärtlichkeit zu, weil du dadurch mir sehr ähnlich wirst, der ich bei meinen Werken immer Verderber hatte.«[311]

Außerdem fordert Christus von Gertrud:

> »... Daß ihr alles, was ihr beim Fasten, bei den Nachtwachen und den übrigen Übungen gemäß der Regel tut, in Vereinigung mit meinem Leiden tut. Und wann immer ihr euch bei etwas enthaltet, sei es beim Sehen, beim Hören, beim Sprechen und ähn-

---

306 »*Sicque ego deliciis plenus inter strictos amplexus meos deducam te per torrentem mortis temporalis, et intraham penitus ac immergam et absorbebo te pelago meae excellentissimae divinitatis, quo unus spiritus mecum effecta, mihi conregnabis in saecula saeculorum*« (*Leg* V,XXVII; SC 331,S.224).

307 Vgl. auch *Leg* V,XXIII; SC 331,S.200/202.

308 Besonders zentral ist das Thema am Ende von Buch V, wo Gertrud schon auf den Tod erkrankt ist, so z.B. in *Leg* V,XXIII; SC 331,S.196/198 und V,XXIV; SC 331,S.202.

309 »*Ex saepe dicta etiam confidentia mortem frequenter habebat in desiderio, et hoc tamen in divinae voluntatis unione, quod singulis horis vel vivere vel mori pro eodem sibi erat; sperans per mortem suam lucrari beatitudinem, et per vitam divinae laudis incrementum*« (*Leg* I,X; SC 139,S.168).

310 »*... fluctuantem et vacillantem animum meum solidasti, cum secundum assuetiorem mihi morem importuno desiderio expeterem absolvi de carcere carnis miserae ...*« (*Leg* II,XIX; SC 139,S.302).

311 »*Et quanto plus conversatio tua sine culpa reprobatur, eo amplius Cor meum amatoria blanditate tibi condescendit, quia per hoc efficieris mihi simillima, qui in operibus meis semper habui perversores*« (*Leg* IV,LVIII; SC 255,S.466).

lichem, sollt ihr es mir in Vereinigung mit jener Liebe darbringen, durch die ich alle meine Sinne in meinem Leiden beherrscht habe ...«[312]

Weiter wird Gertrud als ein Werk, das sie in Gedenken an Christi Passion vollbringen kann, göttlicherseits angeraten, beim Beten durch Ausbreiten der Arme an Leiden und Kreuzigung Christi zu erinnern.[313]

Über die Identifikation mit dem Leiden Christi in der Passion ermöglicht auch hier wieder die Krankheit einen besonderen Bezug zum Göttlichen. Auch die Leiden des Körpers sollen geduldig und ohne Widerstreben ertragen werden, um die Leiden des Herrn zu vergegenwärtigen.

> »Zum Beispiel: Wenn ein Mensch, durch Unglück belastet, zur Ungeduld veranlaßt wird, soll er sich an die wunderbare Geduld des Gottessohnes erinnern, der wie ein zahmes Lamm zum Opfer für unser Heil hingeführt wurde und seinen Mund nicht zu einem einzigen Wort der Ungeduld öffnete.«[314]

Diese Orientierung am Beispiel seines Leidens ist Christus sehr viel wohlgefälliger als eine bloße Verehrung des Kreuzes.[315]

Letztlich gipfelt die *imitatio Christi* in dem absoluten Gehorsam dem göttlichen Willen gegenüber. So wie Christus sich vollkommen dem Willen Gottes unterwirft (Lk 22,42), soll auch Gertrud Angenehmes und Unangenehmes, Freuden und Leiden in ihrem Leben demütig und in dem Wissen, daß alles von Christus zu ihrem Heil gesandt ist, ertragen.

> »... und alle deine Werke und alles, was dich betrifft, empfiehl mir in Vereinigung mit jener Unterwerfung, mit der ich in diesem Gebet zum Vater gesprochen habe: Vater, nicht mein, sondern dein Wille geschehe. Und so sollst du alle Freuden und Leiden in jener Liebe annehmen, mit der ich dir alles zum Heil schicke.«[316]

Besonders deutlich wird ihr Wunsch, nach dem Willen Gottes zu leben und gegebenenfalls auch zu leiden, immer dann, wenn die geschwächte Gertrud vor die Wahl zwischen Krankheit und Gesundheit gestellt wird.[317] So überlegt sie, durch eine schwere Krankheit ans Bett gefesselt, nach einem heftigen Fieberschub ängst-

---

312 »... *Ut omnia quae facitis in jejuniis, vigiliis caeterisque regularibus disciplinis, faceretis in unione mea passionis. Et quandocumque in aliquo abstineretis sive visu, auditu, verbo et similibus, semper offeretis mihi in unione illius amoris quo ego omnes sensus meos continui in passione* ...« (*Leg* IV,XVI; SC 255,S.180).

313 *Leg* IV,XVI; SC 255,S.180.

314 »*Verbi gratia: cum homo gravatus adversis provocatur ad impatientiam, recolat Filii Dei admirandum patientiam, qui tamquam agnus mansuetissimus ad immolandum pro nostra salute deductus, non aperuit os suum vel ad unicum impatientiae verbum*« (*Leg* III,XLII; SC 143,S.194).

315 *Leg* III,XLIII; SC 143,S.198.

316 »... *et omnia opera tua omniaque circa te agenda mihi commendes in unione subjectionis illius qua ego in eadem oratione dixi ad Patrem: Pater, non mea, sed tua voluntas fiat. Et sic omnia prospera et adversa suscipias in illo amore quo tibi omnia immitto ad salutem*« (*Leg* IV,XXII; SC 255,S.208). In diesem Zusammenhang spielt auch der Gedanke des stellvertretenden Leidens eine Rolle. Vgl. *Leg* IV,XXVII; SC 255,S.260ff.

317 *Leg* III,XXX; SC 143,S.158 und V,XXIII; SC 331,S.200.

lich, ob ihre Krankheit besser oder schlimmer werden würde. In dieser Situation bietet ihr der Herr sowohl Krankheit als auch Gesundheit zur Wahl an.[318] Gertrud entscheidet sich nicht wie Elisabeth für die Krankheit, weil ihr sonst auch die damit verbundene göttliche Gnade nicht zuteil werden würde, sondern in demütiger Fügung unter den göttlichen Willen. Sie möchte von ihrem Leiden nur dann erlöst werden, wenn es dem Willen des Herrn entspricht.[319] An Christi Herzen ruhend wendet sie ihr Gesicht von ihm ab mit den Worten:

>»Siehe, Herr, ich wende jetzt mein Gesicht von dir ab, weil ich mit ganzem Herzen wünsche, daß du nicht auf meinen Willen Rücksicht nimmst, sondern dein ruhmwürdiges Wohlgefallen an mir vollziehst.«[320]

In Anlehnung an die Worte Jesu, die er in seinem Gebet auf dem Ölberg spricht, formuliert sie hier ihre Unterordnung unter den göttlichen Willen. Das Leiden Christi wird nicht erinnert, sondern vergegenwärtigt und teilnehmend nachvollzogen. Sie erträgt ihre Krankheiten, um den göttlichen Willen zu verherrlichen. Leid und Krankheit, der Verzicht auf den eigenen Willen bringt die leidende Person in einen besonderen Bezug zur *humanitas Christi*, denn wer das ihm zugedachte Leiden in Übereinstimmung mit dem göttlichen Willen erträgt, der tut dies *in unione Passionis Christi*, in Vereinigung mit dem Leiden Christi.[321]

Für die Schreiberin von Buch III wird Gertrud durch das Gottvertrauen, das sie in dieser Situation beweist, zum Vorbild für jede gläubige Seele.

>»Dadurch kann deutlich gemacht werden, daß die gläubige Seele ganz sich und alles Ihrige in so sorglosem Vertrauen der göttlichen Fügung anvertraut, daß sie sich auch daran freut, nicht zu wissen, was der Herr an ihr handelt, damit um so reiner das Wohlgefallen des göttlichen Willens an ihr geschehe.«[322]

Göttlicher Wille und Ordensregel

Die Tugend der *oboedientia*, des Gehorsams, die in Gertruds Befolgung des göttlichen Willens zum Ausdruck kommt, hat aber noch einen anderen Aspekt: Denn in

---

318 »*Et apparuit illi Dominus Jesus, totus instar floris amoenus, in dextra sua ferens sanitatem et in sinistra infirmitatem; praebuitque ei utrasque manus, ut eligeret quicquid magis optaret*« (*Leg* III,LIII; SC 143,S.228).

319 *Leg* III,LIII; SC 143,S.228.

320 »*Ecce nunc, Domine, faciem meam averto a te, toto corde desiderans ut non meam respicias voluntatem, sed tuam in omnibus circa me laudabilissimam placentiam perficias*« (*Leg* III,LIII; SC 143,S.230).

321 Sich dem göttlichen Willen zu fügen und das *propriam voluntatem abscindere*, heißt für Gertrud Martyrium. Vgl. *Leg* IV,LV; SC 255,S.456. Dabei mag die Orientierung am Vorbild der Märtyrerinnen Katharina und Agnes oder die Orientierung am Vorbild der demütigen Gottesmutter eine Rolle spielen, so wie LANCZKOWSKI es annimmt (1988b:157f).

322 »*Per quod notari potest, quod fidelis anima tam secura confidentia se totam et omnia sua divinae committit dispositioni, quod etiam delectetur nescire, quid circa ipsam Dominus agat, ut eo purius divinae voluntatis complacitum in se faciat esse perfectum*« (*Leg* III,LIII; SC 143,S.230).

gleicher Weise wie dem göttlichen Willen fühlt Gertrud sich auch der Ordensregel verpflichtet.

>>Denn mit so großer Freudigkeit des Geistes beobachtete sie die Ordensregeln: das heißt, häufiger Besuch des Chores, Fasten und gemeinsame Beschäftigungen, daß sie solches niemals ohne große Beschwernis unterließ.«[323]

In einem gewissen Widerspruch zu den Verpflichtungen der Ordensregel steht sie schon durch die Intensität, mit der sie sich ihren Frömmigkeitsübungen und der Kontemplation hingibt. So fürchtet Gertrud denn auch, man könne ihr vorwerfen, daß sie die Verpflichtungen der Ordensregel vernachlässige.

>>... Sie könnten vielleicht sagen, daß ich, weil ich die Ordensgelübde abgelegt habe, gewiß verpflichtet bin, die Glut der Andacht so zu mäßigen, daß ich mich der Strenge der Ordensregeln unterwerfen kann.«[324]

Auch Gertruds verschiedene Krankheiten hindern sie mitunter daran, die verschiedenen Pflichten wahrzunehmen, die sie gemäß der Ordensregel hat. Zwar ist die Krankheit ein ihr von Gott gesandtes Geschick, aber auch durch die Erfüllung der Ordensregel verherrlicht sie den göttlichen Willen. Für Gertrud entsteht damit ein Konflikt zwischen dem geduldigen Ertragen der Krankheit als Ausdruck des göttlichen Willens einerseits und der Befolgung der Ordensregel zum Lob Gottes andererseits.

>>Als sie einmal, durch eine Krankheit an der strengen Beobachtung der Ordenregel gehindert, sich niedergesetzt hatte, um die Vesper zu hören, sprach sie zugleich aus Sehnsucht und aus Trauer des Herzens zum Herrn: ›Herr, wäre es für dich nicht ruhmreicher, daß ich jetzt mit dem Konvent im Chor wäre und mich den Gebeten widmete und mich mit den übrigen Übungen der Ordensregel abmühte, als daß ich jetzt durch diese Schwäche gehindert, soviel Zeit nutzlos verbringe?‹«[325]

Christus löst diesen scheinbaren Widerspruch auf, indem er deutlich macht, daß Krankheit und das Streben nach guten Werken, also auch die Befolgung der Regel, zwei verschiedene Arten des Gottesbezuges darstellen. Bildlich gesprochen heißt Krankheit, daß die Braut beim Bräutigam im Haus weilt, die süße Ruhe und seine Umarmungen genießt. Durch das Streben nach guten Werken tritt aber die Seele, die Braut gleichsam an die Öffentlichkeit. Dennoch ist das körperliche Leiden, das die Seele an den guten Werken hindert, vorzuziehen, weil es den Menschen weg-

---

323 »Nam cum tanta delectatione mentis observabat statuta Ordinis, ut est frequentatio chori, jejunii et communia opera, quod talia nunquam sive magno gravamine omittebat« (Leg I,XI; SC 139,S.176).

324 »... Dicerent fortasse quod, cum in ordine coenobitali fecerim professionem, tenerer certe sic fervorem devotionis temperare, ut rigori Ordinis regularis velerem deservire« (Leg III,XLIV; SC 143,S.200).

325 »Vice quadam a rigore Ordinis causa infirmitatis impedita, cum ad audiendas Vesperas consedisset, ex desiderio simul et moerore cordis dixit ad Dominum: ›Nonne, Domine, tibi laudabilius foret quod nunc inter Conventum in choro essem, ac orationibus vacarem caeterisque regularibus exercitiis insudarem quam quod nunc ista debilitate detenta, tantum temporis consumo negligenter?‹« (Leg III,XXII; SC 143,S.114).

führt von den Eindrücken der eigenen Sinne und ihn freimacht für den göttlichen Willen.

> »Weil sie (die Seele, C.E.) dann aller Freuden der eigenen Sinne beraubt ist und sich allein dem göttlichen Willen überläßt. Und daher erfreut sich der Herr am Menschen umso mehr, je weniger der Mensch selbst in sich etwas findet, woran er sich in eitler Weise freuen und dessen er sich rühmen kann.«[326]

Der Vorzug der Krankheit vor dem Streben nach guten Werken und damit des göttlichen Willens vor der Ordensregel wird auch an anderer Stelle deutlich formuliert, als Gertrud sich wünscht, daß Christus ihre frühere Gesundheit wiederherstellt, damit sie der Strenge der Ordensregel eifriger nach kommen kann. Auch hier muß sie aber schließlich erkennen,

> »... daß wer nur, um Gott zu dienen, gesund sein möchte, gut handelt; aber weitaus vollkommener ist es, daß der Mensch sich ganz dem göttlichen Willen überläßt und vollkommen Gott vertraut, daß, was auch immer er über ihn beschließt, sei es Gutes oder Böses, für ihn sehr heilsam ist.«[327]

humanitas Christi

Sowohl Hildegard als auch Elisabeth stellen einen besonderen Bezug zwischen der weiblichen *fragilitas* und der *humanitas Christi* her. Wie wird dieses theologisch bedeutsame Thema ein Jahrhundert später aufgenommen? Wie stellt sich für Gertrud der Bezug zwischen Frau und Menschheit Christi dar?[328]

Auch wenn für die Theologie Gertruds *humanitas* und *divinitas Christi* in gleicher Weise wichtig sind, werden doch gerade die verschiedenen Aspekte der Menschheit *Christi* von ihr in besonderer Weise betont. So hat für Gertrud die Beschäftigung mit der *passio Christi*, also dem leidenden Christus, wie eben deutlich wurde, eine große Bedeutung. Die Verfasserin des Buches IV schreibt dazu:

> »... ich glaube nicht verschweigen zu dürfen, daß sie mit größter Andacht die Erinnerung an das süße Leiden Christi so brennend und gleichsam unmäßig verehrte, daß sie jenes nachzuerleben schien – für sie wie Honig im Mund, Gesang in den Ohren, Jubel im Herzen.«[329]

---

326 »*Quia tunc delectamentis propriorum sensuum privata, soli divinae relinquitur voluntati. Et inde Dominus in homine tanto magis delectatur, quanto minus homo ipse in se invenit unde possit vane delectari vel gloriari*« (Leg III,XXII; SC 143,S.114).

327 »*... quod qui desiderat esse sanus ad hoc tantum ut Deo serviat, bene quidem facit; sed longe perfectius est ut homo, se totum divinae voluntati committens, plene credat Deo quod quicquid circa ipsum ordinet, sive prosperum, sive adversum, hoc sibi saluberrimum esse*« (Leg III,L; SC 143,S.222). Vgl. auch Leg III,XXX; SC 143,S.159, III,LIX; SC 143,S.242/244 und IV,VIII; SC 255,S.104/106.

328 Ausführlicher zu dieser Thematik vgl. BYNUM 1982, 1984a und 1987.

329 »*... reticendum non arbitror quod summa devotione dulcissimae passionis Christi memoriam sic ardenter et velut incontinenter amplexata est, quod illam ruminare videbatur, ipsi quasi mel in ore, melos in aure, jubilus in corde*« (Leg IV,XXVI; SC 255,S.246). Es schließt sich

Auch finden sich mehrfach Belege für eine Verehrung der Wunden Christi.[330] Christus erscheint Gertrud auch als *infantulus* und *puerulus*, also als kleines Kind[331] – besonders zur Vergegenwärtigung der Geburt Christi in der Weihnachtsnacht – oder als *juvenis*, als jungen Mann, wie in ihrer ersten Vision.

> »... ich sah neben mir einen liebenswerten und zierlichen Jüngling stehen, von ungefähr 16 Jahren, von einer solchen Gestalt, wie ihn sich meine Jugend damals erwünscht, und wie er meinen äußeren Augen gefallen hätte.«[332]

In ihrer Betonung dieser verschiedenen Aspekte der *humanitas Christi* – Christus, das Kind, der Bräutigam und der Gekreuzigte[333] – spiegelt Gertruds Werk eine allgemeine Tendenz der Theologie des 13. Jahrhunderts wider, die insgesamt ein großes Interesse am Erdenleben Christi hat. Allerdings setzt Gertrud ihren Schwerpunkt insofern anders, als, wie BYNUM feststellt:

> »The point of Christ's humanity in these visions is not however, as it often is to Cistercians and Franciscans, that Christ had an actual, human, historical life that we can imitate, nor that that life moves us to effusions of tears and love. The point of Christ's humanity is that Christ is what we are: our humanity is in him and in him it is joined with divinity« (1982:191).

Im Vordergrund steht also die tatsächliche Begegnung, die Teilhabe an der *humanitas-divinitas Christi*, nicht der lediglich erinnernde Nachvollzug seines Erdenlebens.

Für die Frage danach, wie der Mensch mit in die Menschheit *Christi* hineingenommen wird, sind drei Aspekte von entscheidender Bedeutung: Zum einen vollzieht sich die Begegnung in der *imitatio Christi* durch Askese und Krankheit. Weiter kommt der *unio Dei*, der Verschmelzung der Seele mit dem Göttlichen, die letztlich das Fassungsvermögen des menschlichen Verstandes übersteigt, eine besondere Bedeutung zu. Bei der Beschreibung der *unio* ist die Brautmetaphorik zentral: Das Verhältnis der Seele zu Christus wird als Liebesverhältnis dargestellt, das seine Erfüllung in der ekstatischen Verschmelzung mit dem göttlichen Bräutigam findet.

---

eine lange Betrachtung über die Kreuzigung Christi an (3-7; S.250-254). Vgl. auch *Leg* III,XLI; SC 143,S.192 zu dem Thema, wie nutzbringend es sich mit der *passio Christi* zu beschäftigen.

330 So *Leg* II,IV; SC 139,S.242ff.

331 »*Cognovit quasi in momentaneo quodam ostento porrigi sibi et recipi a se tamquam in parte cordis tenerum quemdam puerulum velut sub ea hora natum, in quo certe latuit donum summae perfectionis ac vere optimum datum*« (*Leg* II,VI; SC 139,S.258). Vgl. auch *Leg* IV,III; SC 255,S.56 und II,XVI; SC 139,S.290ff.

332 »*... astantem mihi vidi juvenem amabilem et delicatum, quasi sedecim annorum, in tali forma qualem tunc juventus mea exoptasset exterioribus oculis meis placiturum*« (*Leg* II,I; SC 139,S.230). Vgl. auch *Leg* III,XV; SC 143,S.64.

333 Bemerkenswert sind auch die weiblichen Züge von Gertruds Christus vgl. *Leg* III,LXIII; SC 143,250/252, *Leg* III,XXX; SC 143,S.160, *Leg* IV,VIII; SC 255,S.132) und JARON LEWIS 1990:55.

164

Wie die *unio Dei* wird auch die Eucharistie als eine Begegnung mit der *humanitas Christi* verstanden. JARON LEWIS schreibt zu Recht:»The gist of Gertrud's understanding of the Eucharist is that the sacrament of communion is an encounter with Christ, a union with him, nothing less« (1986a:59).[334] Am prägnantesten äußert sich Gertruds Vorstellung von der Eucharistie im Bild des Pelikans, der sein eigenes Herz mit dem Schnabel durchbohrt, um seine Kinder zu nähren: So wird auch die Seele Gertruds durch das Blut Christi gestärkt zum ewigen Leben.[335] Wie sich hier schon andeutet, hat im Zusammenhang mit der Abendmahlsfrömmigkeit auch die Verehrung des Herzens Jesu eine große Bedeutung.[336]

Zwischen den drei geschilderten Aspekten lassen sich viele Verbindungen herstellen. So findet etwa auch bei der Beschreibung der Krankheit die Brautmetaphorik Verwendung, wird der Tod als die vollkommene Vereinigung mit dem lieben den Bräutigam verstanden. Insbesondere zeigt sich die inhaltliche Nähe von Eucharistie und *unio mystica*: Beides wird fast synonym gebraucht. So empfängt Gertrud bezeichnenderweise ihre Visionen oft im Kontext der Eucharistie.[337]

Insgesamt wird deutlich, daß der theologischen Reflexion von Krankheit für Gertruds Selbstkonzept eine große Bedeutung zukommt. Krankheit ist die Voraussetzung für eine besondere Art der Gottesbeziehung. Anders als in den Selbstaussagen Hildegards oder Elisabeths wird jedoch die körperliche Schwäche Gertruds nie als eine spezifisch weibliche Eigenschaft verstanden. Es ist nicht die Rede von der *fragilitas mulieris*, der Schwäche der Frau, sondern von der menschlichen Schwäche. Gertrud ignoriert damit die übliche Zuschreibung von Geschlechtereigenschaften und nimmt dementsprechend auch den Topos von der Erwählung der Schwachen, der insbesondere für Hildegard so zentral ist, nicht auf.

Zusammenfassung

Wir waren von der Frage ausgegangen, wie die Autorität Hildegards, Elisabeths und Gertruds in ihren Visionsschriften legitimiert, und inwiefern dabei das Problem einer spezifisch weiblichen Autorität angesprochen wird.

Hildegard und Elisabeth sehen sich als Prophetinnen in einer besonderen Krisenzeit der Kirche, dem *muliebre tempus*, ohne explizit eine Parallele etwa zu biblischen Frauengestalten herzustellen. Auf göttlichen Auftrag hin übernehmen sie mit ihrer Verkündigungstätigkeit eine ursprünglich als männlich definierte Aufgabe. Für Hildegard ist dabei von ganz entscheidender Bedeutung der Gedanke von

---

334 Zur Bedeutung, die die Eucharistie für Gertrud hat, vgl. *Leg* III,XXXVI; SC 143,S.176 und IV,XIII; SC 255,S.150.

335 *Leg* III,XVIII; SC 143,S.92.

336 Zur Verehrung des *cor Jesu* vgl. *Leg* III,XXVI; SC 143,S.12; III,LIII; SC 143,S.230 und IV,II; SC 255,S.28 und BYNUM 1982:191ff.

337 »*Sed tamen non recordor me fruitionem talium habuisse extra dies illos in quibus me ad delicias regalis mensae tuae vocabas*« (*Leg* II,II; SC 139,S.234). Vgl. auch *Leg* II,XI; SC 139,S.276.

der Erwählung der Schwachen. Gott hat nicht die Mächtigen erwählt, sondern sie, die schwache, ungebildete Frau. Damit greift sie in ihren Selbstaussagen das mittelalterliche Bild von der Schwäche der Frau auf, füllt es jedoch mit neuem Inhalt. Auch für Gertrud ist das Modell des alttestamentlichen Prophetentums von entscheidender Bedeutung. Allerdings ist die Autorität, die ihr verliehen wird, nach ihrem Verständnis keine spezifisch weibliche. Das kommt auch insofern zum Ausdruck, als für sie sowohl männliche als auch weibliche Identifikationsfiguren und Vorbilder – sowohl Heilige als auch alt- und neutestamentliche Gestalten – von Bedeutung sind.

Ein weiterer entscheidender Aspekt, um die ihnen verliehene Autorität zu legitimieren, ist die Verhältnisbestimmung von Bildung und göttlicher Inspiration, die Hildegard, Elisabeth und Gertrud vornehmen. Sie heben hervor, daß Ursprung der Visionen und damit auch der Visionsbücher die göttliche Weisheit ist, die sich der Visionärinnen lediglich als Werkzeug bedient.

Die fehlende Bildung und Gelehrsamkeit, die Hildegard und Elisabeth in ihren Selbstaussagen immer wieder betonen, ist Konkretisierung der weiblichen Schwäche. Sie wird in diesem Kontext zum Vorzug, denn sie macht aufnahmebereit für die göttliche Inspiration. Wesentlich ist dabei die Unterscheidung, die hinsichtlich der Qualität zwischen menschlicher und göttlicher Bildung getroffen wird. Die göttliche Bildung macht die menschliche überflüssig, ist ihr weit überlegen, weil sie eine neue Art der Erkenntnis ermöglicht.

In der Vision erhalten die drei die Bestätigung dafür, daß die aufgezeichneten Visionen authentisches göttliches Wort sind, dem der göttliche Segen zuteil wurde und das deshalb unverletzlich und unveränderbar ist. Dem jeweiligen Werk bzw. der jeweiligen Visionärin als der Trägerin der göttlichen Offenbarung wird damit eine unumschränkte Autorität verliehen.

Als entscheidend, um eine besondere Beziehung der Visionärinnen zum Göttlichen zu begründen, erweisen sich die schwache körperliche Konstitution, die Krankheiten Hildegards, Elisabeths und Gertruds.

Krankheit ist nicht nur Begleiterscheinung des visionären Erlebens, sondern gilt als Zeichen der Erwählung, als Möglichkeit zur Reinigung und Heiligung. Für Hildegard ist darüber hinaus die schwache körperliche Konstitution der Frau, ihre *fragilitas*, Voraussetzung für den Empfang der Visionen. Die Schwäche der Frau ist es, die sie prädestiniert zum Prophetenamt, zur Überschattung im Guten wie im Bösen.

Obwohl *fragilitas* von Gertrud nie als spezifisch weibliche Eigenschaft verstanden wird, nähert sie sich den Gedanken Hildegards und Elisabeths an: Auch für sie ermöglichen Krankheit und Leiden göttliche Nähe. In der Krankheit wird das Leiden Christi teilnehmend vergegenwärtigt. Gleichzeitig ist sie ein Schritt auf dem Weg zur endgültigen Befreiung vom *carcer carnis*, dem Tod, der gleichzeitig die Hochzeit mit dem göttlichen Bräutigam bedeutet.

Zentral ist, daß man hier insofern von einer Traditionsbildung unter Frauen sprechen kann, als nicht nur für Gertrud der Bezug zur *humanitas Christi* von entscheidender Bedeutung ist. Schon Hildegard stellt eine Parallele zwischen der Schwäche der Frau und der *humanitas Christi* her, und Elisabeth erscheint die *humanitas Christi* als Frauengestalt.

Bezeichnend ist, wie Frauen hier Bezug auf das mittelalterliche Frauenbild und die soziale Realität von Frauen nehmen. So wie Hildegard die Schwäche der Frau in ihrer Interpretation neu ausdeutet, ist es für Gertrud etwa die an sich passive Rolle der Braut, die hier zur Möglichkeit wird, aktiv an der *humanitas Christi* teilzuhaben. Die Gleichsetzung von Frau und Körper bedeutet in diesem Kontext keine negative Sicht des Weiblichen. Es findet eine Umwertung und Umkehrung der sozialen und gesellschaftlichen Strukturen und Gegebenheiten statt. Was auf der symbolisch-metaphorischen Ebene oder im gesellschaftlichen Kontext die Unterordnung der Frau impliziert, wird hier zum Vorzug und begründet die göttliche Erwählung.

Gemeinsam ist Hildegard, Elisabeth und Gertrud, daß sie ein starkes Erwählungs- und Sendungsbewußtsein zum Ausdruck bringen. Durch sie, durch ihr Auftreten bleibt die göttliche Kraft, die im Handeln und in der Lehre der Propheten und Apostel wirksam war, auch in der Gegenwart lebendig.

Visionäres Sendungsbewusstsein: Aktion und Kontemplation

> »... Siehe, ich habe meine Worte in deinen Mund gelegt, und ich bestätige in meiner Wahrheit alle Worte, die du, getrieben von meinem Geist, in meinem Namen jemandem sagen wirst; und wenn du jemandem etwas auf Erden von meiner Güte versprechen wirst, so wird es im Himmel gewiß als gültig gehalten werden.«
> *Gertrud von Helfta, 13. Jahrhundert*[1]

Das visionäre Erleben bedeutet für Hildegard, Elisabeth und Gertrud nicht einen Rückzug von der Außenwelt, sondern ihr Leben ist gleichermaßen von Kontemplation und Aktion, der Begegnung mit dem Göttlichen und dem Dienst am Nächsten bestimmt. Hildegard weist darauf hin, daß sowohl die aktive als auch die kontemplative Lebensweise von Gott eingerichtet und ihm deshalb wohlgefällig sind. Sie erwähnt in diesem Zusammenhang Maria und Martha, die als neutestamentliche Personifikationen der *vita contemplativa* und der *vita activa* angesehen werden[2]: »... Maria und Martha erwiesen dem Herrn verschiedene Dienste. Ihm gefiel dennoch beides, weil er selbst der Schöpfer beider Lebensformen ist.«[3] Dementsprechend schließt der Auftrag, der Hildegard, Elisabeth und Gertrud zuteil wird, ein, nach außen hin wirksam zu werden und eine soziale Verantwortung zu übernehmen.[4]

Schon für die Aufzeichnung der Visionen erweist sich die Orientierung am Heil der Nächsten als zentrales Motiv. Die Nächsten sollen belehrt, zu Buße und

---

1 *Leg* I,XIV; SC 139,S.198.
2 Zur Bedeutung, die Lea und Rahel als alttestamentliche Personifikationen der *vita activa* und *contemplativa* für Gertrud haben vgl. *Leg* II,X; SC 139,S.276 und V,XXX; SC 331,S.244.
3 »... *Maria et Martha diversa servitia Deo exhibuerunt, cui tamen utrumque placuit, quia ipse constitutor utriusque vitae est*« (*LDO* II,V,27; PL 197,925B).
4 Zu einer Betrachtung der mittelalterlichen Frauenmystik unter diesem Gesichtspunkt vgl. LAGORIO 1983.

Umkehr aufgerufen und zu einem gottgefälligen Leben angeleitet werden. Dabei entfaltet sich das nach außen gerichtete Handeln der Visionärinnen jeweils in sehr unterschiedlichen Formen und Kontexten. Zunächst ist danach zu fragen, welche Aufgaben sie innerhalb der Klostergemeinschaft übernehmen. Weiter ist von Bedeutung, ob und in welcher Form sie in ihrer Rolle als von Gott gesandter Prophetin die Klostermauern überschreiten. Zentral ist die Frage, wie dabei jeweils das Verhältnis von charismatischer und institutioneller Autorität dargestellt wird. Da die Visionärinnen durch den direkten Zugang zum Göttlichen nicht auf die Vermittlung des Priesters angewiesen sind, der aufgrund seines Amtes zwischen Gott und den Gläubigen steht, besteht hier potentiell eine Spannung. Übernehmen sie – von Gott autorisiert – Funktionen des Priesteramtes, und werden die Aufgaben von Charisma und Amt komplementär gesehen?

Hildegard von Bingen

Hildegards Stellung im Kontext des Klosters

Schon bei der Frage danach, auf welche Weise Hildegard innerhalb der Visionsschriften die Tätigkeit ihrer MitarbeiterInnen darstellt, ist deutlich geworden, daß sie – im Unterschied zu Elisabeth oder Gertrud – diesen Gesichtspunkt kaum anspricht. Ähnlich erfahren wir auch über Hildegards Leben in der Klostergemeinschaft nichts, da sie den Kontext, in dem sie ihre Visionen hat, nicht beschreibt. Im Vordergrund steht die Beschreibung und allegorische Ausdeutung der visionären Bilder. Aufschlußreicher sind dagegen Hildegards Briefwechsel und die *Vita*, die insbesondere ihre Rolle als Äbtissin faßbar machen. Hier zeigt sich, daß Hildegard mit einzelnen Schwestern, wie etwa Richardis von Stade, durch eine enge Beziehung verbunden ist.[5] Der Schmerz, den Hildegard empfindet, als Richardis den Rupertsberger Konvent verläßt, um ihrerseits Äbtissin in Bassum bei Bremen zu werden, läßt sich nicht lediglich damit erklären, daß sie in ihr eine wichtige Mitarbeiterin verliert.

Erhalten ist auch der Briefwechsel mit Adelheid von Gandersheim[6], die ebenso wie Richardis – allerdings mit dem Einverständnis Hildegards – Äbtissin in einem anderen Kloster wird. Auch Adelheid, die Hildegard schon als Kind zur Erziehung übergeben wird, hat ein herzliches Verhältnis zu ihr.[7]

Ebenso erlaubt die *Vita* Rückschlüsse darauf, daß insbesondere die Anfangszeit des Rupertsberger Konvents von Konflikten zwischen einem Teil der Nonnen und

---

5   *Vita* II,23; PL 197,107C/D.
6   *Ep* 96; PL 317C-318A und *Ep* CVIII, Pitra 554f.
7   Adelheid schreibt an Hildegard: »*Nolo ergo ut antiqui nutrimenti flos in corde tuo aruerit, qui quondam inter me et te floruit, cum me dulciter educasti*« (*Ep* 96; PL 197,317C).

ihrer Äbtissin bestimmt ist, da zunächst ein Mangel an lebensnotwendigen Gütern herrscht.[8]

Hildegard prägt aber den klösterlichen Alltag nicht nur in ihrer Funktion als Äbtissin, sondern auch aufgrund ihrer visionären Begabung. So scheint sie in ihrem Kloster bestimmte Bräuche hinsichtlich der Kleidung ihrer Nonnen an Festtagen eingeführt zu haben, die bei den Zeitgenossen Staunen und Befremden evozieren.[9] Darüber hinaus kann man davon ausgehen, daß auch die verschiedenen Kompositionen Hildegards dazu bestimmt sind, auf dem Rupertsberg aufgeführt zu werden. NEWMAN schreibt hierzu:

>»We know that the Ordo virtutum was intended for performance by Hildegard's nuns, and after that artistic triumph, she may well have prepared additional if less ambitious ›dramatic programs‹ to enhance the monastic liturgy« (1988:9).

Hildegards Wirksamkeit über die Klostermauern hinaus

Der eigentliche Schwerpunkt von Hildegards Wirksamkeit liegt jedoch jenseits der Klostermauern. Dort werden ihre Visionsschriften rezipiert, dort entfaltet sie über die Veröffentlichung ihrer Visionen hinaus zahlreiche Aktivitäten, die sie jeweils mit dem Rekurs auf ihre göttlichen Offenbarungen legitimiert.

So gründet Hildegard zwei Klöster: zunächst siedelt der Nonnenkonvent 1151 vom Disibodenberg auf den Rupertsberg über, 1165 folgt eine zweite Klostergründung in Eibingen.[10] Insbesondere die Übersiedlung auf den Rupertsberg wird durch die Auseinandersetzungen mit den Mönchen und dem Abt des Disibodenbergs erschwert, in deren Verlauf Hildegard sich immer wieder auf einen göttlichen Auftrag beruft.[11]

Bemerkenswert sind auch Hildegards Reisen, die sie weit über ihre nähere Umgebung hinaus bis nach Süddeutschland führen.[12] Auf diesen Reisen predigt sie ohne Rücksicht auf das kirchliche Lehr- und Predigtverbot für Frauen nicht nur dem Volk, sondern auch den Gebildeten und dem Klerus.[13] Auch hier beruft sie sich auf den göttlichen Auftrag, der sie dazu ermächtigt, öffentlich aufzutreten, und dem sie sich nicht habe widersetzen können. Zwei Jahre habe sie unter Krankheiten leiden müssen, bis sie sich endlich entschloß, die göttliche Botschaft auch in der Predigt zu verkünden.

---

8   Der Konflikt endet damit, daß ein Teil der Nonnen das Kloster verläßt (*Vita* II,23; PL 197,108A).

9   Vgl. dazu den Briefwechsel mit Tengswich von Andernach (*Ep* LII und LIIr; CCCM 91,S.125-130).

10   Zu Hildegards Klostergründungen vgl. FÜHRKÖTTER 1979:37ff.

11   *Vita* II,21/22; PL 197,105D-107B.

12   Insgesamt lassen sich vier größere Reisen Hildegards unterscheiden: die Mainfahrt (1158-1160), die rheinisch-lothringische Fahrt (1160), die Rheinfahrt (1161-1163) und eine Reise nach Schwaben (1170/71) (FÜHRKÖTTER 1979:49f).

13   Die Sprache, in der sie die Predigten hält, ist Latein, also die Sprache der Gelehrten.

»Ich furchtsame und armselige bin jedoch zwei Jahre lang sehr bedrängt worden, daß ich vor Magistern und Gelehrten und anderen Weisen an gewissen bedeutenden Orten, wo die Wohnung jener ist, von der lebendigen Stimme dies verkünde.«[14]

Insgesamt ist ihr Auftreten dabei stark kirchenkritisch ausgerichtet, wie die Predigten, die Hildegard im Rahmen ihrer zweiten und dritten Predigtreise in Trier und Köln hält, zeigen. Sie machen beide einen so großen Eindruck, daß man Hildegard jeweils um die Zusendung der Ansprache bittet.[15] Hildegard tadelt in scharfer Form die Verweltlichung und Trägheit der Kleriker.

»Der Südwind der Tugenden mit seiner Wärme ist in ihnen kalt wie der Winter, weil sie gute und vom feurigen Heiligen Geist entflammte Werke nicht in sich haben und weil sie ohne Grünkraft verdorrt sind.«[16]

Auch Hildegards umfangreicher Briefwechsel macht deutlich, daß sie sich unter ihren Zeitgenossen einer großen Wertschätzung erfreut und ihre charismatische Begabung von vielen anerkannt wird.[17] Der Kreis ihrer Korrespondenten und Korrespondentinnen ist denkbar groß, Hildegard wendet sich mit ihren Briefen an einzelne Nonnen, Äbte, Äbtissinnen, den höheren Klerus, weltliche Personen, Kaiser, Könige, aber auch an die vier Päpste ihrer Zeit.[18]

Dabei behandeln die Briefen u.a. Probleme der klösterlichen Disziplin und Organisation. So beantwortet Hildegard mehrfach Anfragen von Leiterinnen religiöser Gemeinschaften, die im Zweifel sind, ob sie nicht die Bürde ihres Amtes niederlegen sollen.[19] Hildegard gilt jedoch auch in theologischen Streitfragen als Autorität. Die Mönche von Villers z.B. legen ihr in einem Lehrstreit 38 theologische Fragen zur Entscheidung vor.[20]

Auch ihr Briefwechsel ist kirchenkritisch ausgerichtet, so bricht in einem Brief an Werner von Kirchheim die Kirche selbst in Klagen aus:»Höre Himmel, daß mein Gesicht beschmutzt ist; und trauere Erde, daß mein Kleid zerrissen ist; und

---

14 »*Ego autem timida et paupercula per duos annos ualde fatigata sum, ut coram magistris et doctoribus ac ceteris sapientibus in quibusdam maioribus locis, ubi mansio illorum est, uiuente uoce ista proferrem*« (*Ep* XVr; CCCM 91,S.43f).

15 »*... maternalem dilectionem vestram exoramus, ut ea quae viva voce nobis tunc propalasti per praesentem bajulum, scripta nobis transmittatis*« (*Ep* 49; PL 197,253C). Vgl. auch *Ep* XV; CCCM 91,S.33.

16 »*Auster enim virtutum cum calore suo in ipsis frigidus ut hiems est, quia bona opera et de igneo Spiritu sancto ignita, in se non habent et quoniam absque viriditate aridi sunt*« (*Ep* 49, PL 197,254B). In der Predigt, die Hildegard in Köln hält, geht sie auch auf das Auftreten der Katharer in Köln ein (*Ep* XVr, CCCM 91,S.34-44). Vgl. zu diesem Brief GÖSSMANN 1989a.

17 Vgl. FLANAGAN 1987.

18 Es handelt sich dabei um: Eugen III. (*Ep* II/III, CCCM 91,S.7-9, V/VI, CCCM 91,S.11-16), Anastasius IV. (*Ep* VIII, CCCM 91,S.19-22), Hadrian IV. (*Ep* IX, CCCM 91,S.22-23) und Alexander III. (*Ep* X, CCCM 91,S.23f).

19 *Ep* L; CCCM 91,S.121f.

20 PL 197,1039B-1054B. Anfragen zu theologischen Themen werden auch von Eberhard von Bamberg (*Ep* XXXI; CCCM 91,S.82) und Odo von Soissons (*Ep* XL; CCCM 91,S.102) an Hildegard gerichtet.

erbebe Abgrund, daß meine Schuhe ganz geschwärzt sind.«[21] Darüber hinaus schreckt Hildegard nicht davor zurück, auch kirchenpolitisch Stellung zu beziehen, wie etwa ihr Briefwechsel mit Friedrich I.[22] und den Päpsten, die sie als Repräsentanten der gesamten Christenheit anspricht, erkennen läßt. Während des Schismas – Victor IV. war 1159 zum Papst gewählt und von Friedrich I. anerkannt worden – steht Hildegard auf seiten Alexanders III. und droht dem Kaiser mit dem Strafgericht Gottes, wenn er nicht zur gottgewollten Ordnung zurückkehre.

> »Hüte dich also, daß dich nicht der höchste König niederwirft wegen der Blindheit deiner Augen, die nicht richtig sehen, wie du den Stab zum richtigen Regieren in der Hand hältst. Nimm dich auch in Acht, daß dich die Gnade des Herrn nicht verläßt.«[23]

Auch hier tritt Hildegard als gottgesandte Mahnerin auf, die ihre Briefe mit Formeln wie:»das lebendige Licht hat mir gesagt«[24] oder »vom höchsten Richter werden diese Worte an dich gerichtet«[25] einleitet. Oft handelt es sich um Visionsschilderungen, die von ihr lediglich in Briefform gekleidet werden.[26] DINZELBACHER schreibt:

> »Damit liegt die Verantwortung für den oft ausgesprochen kritischen Inhalt dieser Schreiben ausdrücklich nicht mehr bei der Visionärin, sondern bei der höchsten Instanz, gegen die es keinen Widerspruch gibt« (1988b:278f).

Ähnlich wie auch in den Visionsschriften wird auf diese Weise der göttliche Ursprung ihrer Schreiben und ihre Rolle als Werkzeug Gottes unterstrichen.

Charisma und Amt

Obwohl Hildegards Botschaft – insbesondere ihr Konzept des *muliebre tempus* – kirchenkritisch ausgerichtet ist, obwohl ihre Aufgabe als von Gott gesandte Prophetin darin besteht, Mißstände innerhalb des Klerus und den Mißbrauch des Amtes in scharfer Form zu kritisieren, stellt sie dennoch das Priesteramt als solches nicht in Frage. Sie betont seinen göttlichen Ursprung, es hat für sie einen festen Platz in der von Gott geschaffenen Ordnung von Kirche und Gesellschaft.[27] NEWMAN stellt zutreffend fest:

> »... Hildegard attacked only the abuse and not the very form and source of hierarchical power. With her unshakable faith in the divine ordering of society, and especially

---

21 »*Audi coelum quod facies mea sorditata est; et terra, luge, quod vestis mea scissa est; et abysse, contremisce, quod calceamenta mea denigrata sunt*« (*Ep* 52; PL 197,269D).

22 *Ep* 26 und 27, PL 197,185C-187B.

23 »*Cave ergo ne summus Rex prosternat te propter caecitatem oculorum tuorum, qui non recte vident, quomodo virgam recte regendi in manu tua habeas. Vide etiam, ne gratia Dei in te deficiat*« (*Ep* 27; PL 197,187B).

24 *Ep* VI; CCCM 91,S.14.

25 *Ep* 27; PL 197,186D.

26 Das Schreiben an Alexander III., in dem sie sich nicht auf eine göttliche Offenbarung beruft, ist als Ausnahme anzusehen (*Ep* X, CCCM 91,S.23f).

27 *LDO* II,V,36; PL 197,934C-935D.

of the church, she saw no conflict in principle between the prophetic and the priestly charisms« (1987b:253f).

Hildegard unterscheidet deutlich zwischen institutioneller und charismatischer Autorität. Ihr Auftreten macht das Priesteramt nicht überflüssig, sondern stellt eher eine Alternative oder Ergänzung dar. Ihre eigene Rolle ist die einer Mahnerin, Funktionen des Priesteramts nimmt sie als Frau jedoch nicht für sich in Anspruch. Dementsprechend bezieht sie in *Scivias* eindeutig Stellung gegen ein mögliches Priesteramt der Frau. Frauen könnten nicht am Altar dienen, »... weil sie eine schwache und gebrechliche Wohnung sind, dazu geschaffen, Söhne zu gebären und sie, wenn sie sie gebären, sorgfältig aufzuziehen.«[28] So wenig, wie die Frau allein ein Kind hervorbringen oder die Erde sich selbst pflügen und Frucht hervorbringen könne, ist es ihr möglich, etwa bei der Eucharistiefeier die Rolle des Priesters zu übernehmen. Da Mann und Frau sich nach göttlichem Willen durch die Kleidung unterscheiden müssen[29], fehlt der Frau die für das Priesteramt erforderliche sichtbare Männlichkeit.

>»Und weil eine Frau sich nicht mit einem männlichen Gewand bekleiden darf, wird sie deshalb auch nicht zum Dienst an meinem Altar herantreten, weil sie weder durch die Haartracht noch durch ihre Kleidung ein männliches Aussehen zeigen wird.«[30]

Auch wenn damit das Priesteramt den Frauen verschlossen ist, haben dennoch Jungfrauen als Bräute Christi nach Hildegards Verständnis auf besondere Weise daran teil. Sie bedürfen der institutionellen Autorität nicht, denn ihr Verlöbnis mit dem himmlischen Bräutigam begründet einen unmittelbaren Bezug zu Priesteramt und Altardienst.

>»Die meinem Sohn verlobte Jungfrau erhält ihn als Bräutigam, weil sie ihren Körper einem fleischlichen Mann versagt, und daher hat sie in ihrem Bräutigam das Priesteramt und jeden Altardienst und besitzt alle seine Reichtümer mit ihm.«[31]

Hildegard etabliert hier einen alternativen, qualitativ höherwertigen Zugang der Frau zum Priesteramt, die damit jenseits der kirchlichen Hierarchie gleichberechtigt neben ihrem göttlichen Bräutigam steht.

Die Stellung derjenigen Frauen, die nicht der Gewalt eines Ehegatten unterworfen sind, die den irdischen Bräutigam ablehnen und sich dem himmlischen verbinden, scheint Hildegard so einzigartig, daß sie sie auch von den Vorschriften von 1.Tim 2,9 ausnimmt.

---

28 »... *quoniam ipsae infirmum et debile habitaculum sunt, ad hoc positae ut filios pariant et eos parientes diligenter enutriant*« (*Sci* II,VI,76; CCCM 43,S.260).

29 *Sci* II,VI,77; CCCM 43,S.291.

30 »*Et quoniam femina uirili habitu uestiri non debet, ideo etiam ad officium altaris mei non accedet, quia uirilem personam nec in capillis nec in uestitu suo demonstrabit*« (*Sci* II,VI,77; CCCM 43,S.291).

31 »*Virgo desponsata Filio meo sponsum eum accipit, quoniam corpus suum carnali uiro conclusit et ideo in sponso suo sacerdotium et omne ministerium altaris mei habet atque omnes diuitias ipsius cum eo possidet*« (*Sci* II,VI,76; CCCM 43,S.290).

»Dies bezieht sich nicht auf die Jungfrau; sondern diese steht in der Einfalt und Unversehrtheit des schönen Paradieses, das niemals verdorrt erscheinen wird, sondern immer in der vollen Grünkraft der Blüte des Reises. Der Jungfrau ist es nicht vorgeschrieben, die Haare, das Zeichen ihrer Grünkraft, zu bedecken ...«[32]

Daher sei es richtig, daß die Jungfrau ein Kleid anzieht, als strahlendes Zeichen ihrer Verlobung mit Christus.[33]

Sichtbar wird dies in den Bräuchen, die Hildegard hinsichtlich Kleidung und Haartracht ihrer Nonnen an Festtagen auf dem Rupertsberg einführt: Sie tragen ihr Haar offen, sind mit weißen Seidenschleiern geschmückt, die bis auf die Erde reichen, und haben auf dem Kopf goldgeflochtene Kränze.[34]

Auf der symbolisch-allegorischen Ebene gestaltet Hildegard den Bezug zwischen Altardienst und dem Weiblichen noch weiter aus.[35]

So trägt in einer Vision, die sie in einem Brief an Heinrich, den Bischof von Beauvais, beschreibt, die *Pura Scientia*[36], die reine Erkenntnis – also eine als weiblich personifizierte Gotteskraft – das bischöfliche *pallium* um ihre Schultern.

»... ich habe gleichsam die schöne Gestalt einer Tugend gesehen, die war die reine Erkenntnis. Ihr Gesicht war sehr hell, ihre Augen blau wie Hyazinth, und ihre Kleider wie ein Seidengewand. Über ihren Schultern trug sie den Mantel eines Bischofs von der Farbe eines Sarders.«[37]

Die mahnende Rede, die die *Pura Scientia* an Heinrich richtet, hat das Amtsverständnis des Bischofs zum Inhalt.

»Schweige nicht aus Überdruß, sondern deine Stimme soll wie eine Trompete bei den Feierlichkeiten der Kirche ertönen, und deine Augen sollen rein sein in der Erkenntnis ...«[38]

---

32 »*Hec non pertinent ad uirginem; sed ipsa stat in simplicitate et in integritate pulchri paradisi, qui numquam aridus apparabit, sed semper permanet in plena uiriditate floris uirge. uirgo non habet tegmen crinum uiriditatis sue in precepto ...*« (*Ep* LIIr; CCCM 91,S.128).

33 *Ep* LIIr; CCCM 91,S.129

34 Tengswich von Andernach schreibt darüber an Hildegard:»*Aliud etiam quoddam insolitum de consuetudine vestra ad nos pervenit uirgines uestras festis diebus psallendo solutis crinibus in ecclesia stare ipsasque pro ornamento candidis ac sericis uti uelaminibus pre longitudine superficiem terre tangentibus, coronas etiam auro contextas capitibus earum desuper impositas et his utraque parte et retro cruces insertas, in fronte autem agni figuram decenter impressam ...*« (*Ep* LII; CCCM 91,S.126).

35 Zu einer umfassenden Darstellung dieser Thematik vgl. NEWMAN 1987b.

36 Vgl. die Darstellung der *Scientia Dei* (*Sci* III,IV,15; CCCM 43,S.400f).

37 »*... Vidi quasi pulchram formam uirtutis, que fuit pura scientia. Facies eius ualde clara erat, oculi eius uelut hyacinthus, ac indumenta ipsius quasi pallium sericum. Habebat quoque super humeros suos episcopale pallium simile sardio*« (*Ep* XXXIIIr; CCCM 91,S.89f).

38 »*Non habe silentium in tedio, sed uox tua sit sicut tuba resonans in ceremoniis Ecclesie, et oculi tui sint puri in scientia ...*« (*Ep* XXXIIIr; CCCM 91,S.90).

Die Aufgabe des Bischofs besteht darin, eine *tuba* zu sein, eine Posaune, die das Wort Gottes in der Kirche verkündet.[39] Die *Pura Scientia* verkörpert die Tugenden, die notwendig sind, um das Bischofsamt auszufüllen, gleichzeitig aber auch, wie NEWMAN schreibt:»... the grace that will enable him, if he so chooses, to fulfill it« (1987b:83). Während hier jener Aufgabenbereich des Bischofs im Mittelpunkt steht, der Lehre und Verkündigung umfaßt und in Analogie zum Prophetentum oder Apostolat gesehen wird[40], gebraucht Hildegard weibliche Symbolik auch im Zusammenhang mit verschiedenen sakramentalen Handlungen, wie der Taufe oder der Eucharistie.

So gilt ihr die Taufe als mütterliches Handeln der Kirche.

> »Daher ist die Kirche die jungfräuliche Mutter aller Christen, weil sie sie durch das Geheimnis des Heiligen Geistes empfängt und gebiert und Gott darbringt, so daß sie auch Söhne Gottes genannt werden.«[41]

Sie vergleicht dabei die Mutterschaft der *Ecclesia* mit der Marias, denn wie der heilige Geist Maria überschattet hat, erleuchtet er auch die Kirche, die durch die Taufe zur jungfräulichen Mutter der Gläubigen wird.[42]

Die *obumbratio Mariae*, die Überschattung Marias, und die Menschwerdung Christi werden jedoch nicht nur in der Taufe, sondern auch in der Eucharistie vergegenwärtigt,[43] »... weil, wie der Leib meines Sohnes im Schoß der Jungfrau entstand, so geht auch jetzt das Fleisch meines Eingeborenen bei der Konsekration auf dem Altar hervor.«[44] Im Handeln Marias bei der Verkündigung, in ihren demütigen Worten, mit denen sie sich unter den Willen Gottes fügt und die Inkarnation Christi ermöglicht, ist das Handeln des Priesters während der Eucharistie vorgezeichnet.

---

39 Ein anderes, ebenfalls weibliches Modell für das gottgefällige Verhalten des Bischofs ist die *Ecclesia*, über die Gott sagt:»*Vnde sic resonat: uidelicet timere Patrem, amare Filium et ardere in Spiritu sancto. Quomodo? Hic sonus de me Patre per Filium in sancto Spiritu ei datus, qui est uox in ipsa resonans quasi tuba in ciuitate*« (*Sci* I,IV,12; CCCM 43,S.168). Vgl. auch die Bedeutung der *tuba* für Hildegards Selbstkonzept (*Ep* 45; PL 197,218A).

40 NEWMAN weist darauf hin, daß weibliche Vorbilder für diese Rolle auch bei Hildegards Zeitgenossen nicht ungewöhnlich sind:»Abelard had praised the faithful women at Christ's tomb as ›apostolas super apostolos‹, and Rupert von Deutz hailed the Virgin as ›magistra magistrorum‹« (1987b:83).

41 »*Unde et ecclesia omnium Christianorum uirginea mater est; quoniam in secreto Spiritus sancti eos concipit et parit, illos Deo offerens, ita quod et filii Dei uocantur*« (*Sci* II,III,12; CCCM 43,S.142).

42 »*Et ut beatam Matrem Spiritus sanctus obumbrauit, ita quod sine dolore mirabiliter Filium Dei concepit et peperit et tamen uirgo permansit, sic et ecclesiam felicem matrem credentium Spiritus sanctus illustrat, ita quod sine ulla corruptione simpliciter filios concipit et parit et uirgo perdurat*« (*Sci* II,III,12; CCCM 43,S.142).

43 Zur Beziehung zwischen Menschwerdung Christi in Maria und Gegenwärtigwerden Christi in der Eucharistie vgl. GÖSSMANN 1957:113f.

44 »*... quia quemadmodum corpus Filii mei in utero Virginis surrexit, sic etiam et nunc caro eiusdem Unigeniti mei in sanctificatione altaris ascendit*« (*Sci* II,VI,14; CCCM 43,S.241).

»Daß aber diese selige Jungfrau in dieser Abgeschiedenheit durch die Worte des Engels eine wirkliche Anrede vernahm, so daß sie darauf gläubig Seufzer ihres Herzens nach oben richtete, als sie sprach: Siehe, ich bin die Magd des Herrn, mir geschehe nach deinem Wort, und so auch den Eingeborenen Gottes empfing, als der heilige Geist auf sie herabkam, deutet darauf hin, daß der allmächtige Gott durch die Worte des Priesters beim priesterlichen Dienst angerufen werden muß ...«[45]

Auch er muß Gott anrufen, um in der sichtbaren Gestalt von Brot und Wein Christus zu vergegenwärtigen. Damit nimmt der Priester bei der Feier der Eucharistie die Stelle Marias ein, sein Handeln sollte wie ihres von Glauben, Gehorsam und Demut bestimmt sein. Auch wenn Maria Hildegard nicht als Priester erscheint[46], so macht sie sie damit doch zum Urbild und Vorbild priesterlichen Handelns.

Elisabeth von Schönau

Elisabeths Stellung im Kontext des Klosters

Elisabeth lebt wie Hildegard in einem Kloster des Benediktinerordens und zahlreiche Aspekte des klösterlichen Alltags spiegeln sich auch innerhalb des *Liber visionum* wider. Einerseits wird dabei deutlich, wie Elisabeths Leben von der Liturgie, den Gottesdiensten und dem Wechsel der Feiertage bestimmt wird[47], die oftmals auch Anlaß für ihre Visionen und Erscheinungen sind. Andererseits zeigt sich, daß insbesondere das Miteinander der Schwestern für Elisabeths Leben eine bestimmende Größe darstellt, und auch ihr visionäres Erleben nur im Kontext dieser Gemeinschaft, die sie gleichzeitig trägt und auffängt, ihr eine Rückzugsmöglichkeit bietet, denkbar ist. Wie Elisabeth schreibt, nehmen die Schwestern *materno affectu*, mütterlich tröstend, Anteil an ihren Krankheiten:

»Meine vielfältigen und langedauernden Krankheiten quälten nicht nur mich, sondern auch alle Schwestern in meiner Umgebung. Der Herr sei jenen gnädig, weil sie die Last meines Unglücks mit mütterlicher Liebe mit mir getragen haben.«[48]

Mit ihren Gebeten stehen sie Elisabeth zur Seite. So bittet Elisabeth bei einem plötzlichen Schwächeanfall die *magistra*, »... mit den Schwestern in den Kapitel-

---

45 »*Sed quod eadem beata Virgo per angelicum sermonem in eodem secreto ueram allocutionem audiuit, ita quod exinde credula effecta suspiria mentis suae sursum tenuit cum diceret: Ecce ancilla Domini, fiat mihi secundum uerbum tuum, ita etiam Vnigenitum Dei Spiritu sancto superueniente concipiens, designat quod omnipotens Deus per uerba, sacerdotis in officio sacerdotali inuocandus est ...*« (*Sci* II,VI,15; CCCM,43,S.244).

46 Vgl. aber die Illustration zum *Sci*, wo Ecclesia als Priester vor dem Altar stehend dargestellt ist (CCCM 43, Tafel 15).

47 *Lib vis* I,LII,26, II,XXXII,55 und III,XVI,68.

48 »*Egritudines mee varie et diuturne non solum me vexaverunt, sed et omnes sorores, que in circuitu mei sunt. Det illis dominus misericordiam, quia onus calamitatis mee materno affectu mecum portaverunt*« (*Lib vis* I,I,3).

saal zu kommen und Gebete über ihr zu sprechen.«[49] Ihnen teilt Elisabeth zunächst ihre Offenbarungen mit[50], sie fertigen die ersten schriftlichen Aufzeichnungen ihrer Visionen an.[51] GÖSSMANN schreibt zu Recht:

> »Die relativ häufigere Erwähnung der Schwesterngemeinschaft, in der sie lebt, läßt erkennen, daß Elisabeth sich mehr von diesen Frauen mittragen läßt, mehr auf deren Hilfe angewiesen ist als die in ihrer Führungsposition eher das Gemeinschaftsleben aktiv gestaltende Hildegard« (1985:40).

Bezeichnend ist in diesem Zusammenhang, daß Elisabeth zwar 1157 *magistra* des Nonnenkonvents wird, wir aber im *Liber visionum* nichts darüber erfahren, wie sie ihr Amt ausübt.

Während für Hildegard die freundschaftliche Beziehung zur Einzelnen wichtig ist, wird keine der Schwestern des Schönauer Konvents hervorgehoben. Sie bleiben alle namenlos und Elisabeths Verhältnis zu ihnen merkwürdig unkonkret. Eine Ausnahme stellt lediglich die *magistra*[52] dar, die unter den anderen Schwestern insofern eine besondere Stellung einnnimmt, als Elisabeth offensichtlich Vertrauen zu ihr hat[53], sie in Zweifelsfällen um Rat fragt[54] oder in ihrem Schoß liegt, wenn sie in Ekstase fällt.[55]

So wie für Elisabeth die Klostergemeinschaft von großer Bedeutung ist, prägt umgekehrt ihre visionäre Begabung auch das Leben in Schönau. Ihre Autorität als Visionärin ist im Rahmen des Klosters anerkannt. Schwestern, Brüder und sogar der Abt sind jederzeit bereit, die Elisabeth in ihren Visionen auferlegten Gebete und Gottesdienste auch wirklich zu vollziehen. »Aber auch der Herr Abt, der von mir gemahnt worden war, kam am nächsten Tag nach den Vigilien, und feierte andächtig eine heilige Messe für die seligen Toten.«[56] Darüber hinaus wenden sich Ekbert oder andere Mitbrüder mit bestimmten Fragen, die durchaus auch theologische Probleme betreffen können, an Elisabeth, damit sie in ihren Visionen eine Antwort zu erhalten sucht.[57] Auch bei Problemen, die im Alltagsleben des Klosters

---

49 »... *ut assumptis sororibus veniret mecum in capitolium ibique orationes funderent super me*« (*Lib vis* I,III,5). Vgl. auch *Lib vis* I,LVII,28.

50 »*Cum enim essem in excessu meo solito more, ... omnem orationis mee tenorem sorores, que erant in circuitu mei, palam audierunt. Ego vero, cum redissem ad me, credere nolebam narrantibus hec, quousque eadem verba, quibus in oratione usa fueram, per ordinem replicuerunt*« (*Lib vis* I,LXIII,30). Vgl. auch *Lib vis* I,LXIV,31.

51 »*Ego autem signum feci sororibus, ut allatis tabulis verba ista scripto exciperent*« (*Lib vis* I,LXVII,33). Vgl. auch *Lib vis* III,VIII,65.

52 Bei der *magistra* handelt es sich um Elisabeths Vorgängerin in diesem Amt.

53 *Lib vis* I,LXIV,31 und I,LXXVIII,38.

54 *Lib vis* I,XII,8.

55 *Lib vis* I,XXV,14

56 »*Sed et domnus abbas ammonitus a me vigiliarum officio completo die proximo advenit, ac divinum officium pro fidelibus defunctis studiose celebravit*« (*Lib vis* II,VIII,43). Vgl. auch *Lib vis* II,VII,43.

57 Vgl. z.B. *Lib vis* II,XXXI,53.

auftauchen, fragt Elisabeth ihre himmlischen Gesprächspartner um Rat. So wendet sie sich an Maria, als bei einem Gottesdienst vom Priester Abendmahlswein verschüttet wird. »Und ich sagte: Herrin, was muß mit dem Korporale geschehen, das mit dem Blut des Herrn benetzt worden ist? Und sie sagte: Es muß bei den Reliqien aufbewahrt werden.«[58] Zusammenfassend betrachtet ist Elisabeths Rolle weniger die einer göttlich inspirierten Seelsorgerin, Predigerin oder Trösterin als vielmehr die einer Vermittlerin zwischen dem Göttlichen und der Klostergemeinschaft, der sie durch ihre visionäre Begabung den göttlichen Willen erschließt.

Elisabeths Wirksamkeit über die Klostermauern hinaus

Auch wenn der Kreis, in dem ihre Visionen zunächst rezipiert werden, der Konvent der Nonnen oder das Kloster insgesamt ist, ist Elisabeth doch schon zu ihren Lebzeiten über Schönau hinaus bekannt. Als sich die Nachricht verbreitet, daß sie im Sterben liegt, reisen viele von nah und fern nach Schönau, um die von ihnen verehrte Elisabeth noch einmal zu sehen.

> »Denn sowohl aus der Nähe als auch aus der Ferne strömten täglich viele herbei, die die Gnade des Herrn in jener erkannt hatten, mit großem Verlangen, sie zu sehen, weil sie das Gerücht hörten, das sich über ihren bevorstehenden Tod verbreitet hatte.«[59]

Wie bekannt Elisabeth ist, zeigen nicht zuletzt ihre Briefe[60], deren Adressaten nicht nur in der Nähe von Schönau zu finden sind.[61] Auch wenn sich ihr Briefwechsel hinsichtlich des Umfangs[62] und der Adressaten – die Briefpartner Elisabeths gehören in der Regel nicht dem höheren Klerus an – nicht mit dem Hildegards vergleichen läßt, ist ihnen gemeinsam, daß auch Elisabeths Briefe ihren Ursprung in ihren göttlichen Offenbarungen haben. Nicht Elisabeth selbst ist es, die schreibt und spricht, sondern sie ist Werkzeug der *vox divina*, der göttlichen Stimme.[63] Durch den Rekurs auf das göttliche Wort legitimiert, bezieht Elisabeth auch kirchenpolitisch Stellung und unterstützt während des Schismas – wohl beeinflußt von Ekbert und seiner Beziehung zu Rainald von Dassel – Victor IV..[64] Man

---

58   »*Et dixi: Domina, quid faciendum est de corporali, quod dominico sanguine tinctum est? Que ait: Inter reliquias debet reponi*« (*Lib vis* II,XXV,51).

59   »*Nam multi tam ex vicino quam ex longinquo, qui agnoverant gratiam domini in illa, audientes verbum, quod exierat de instanti fine eius, cottidie affluxerunt cum magno desiderio videndi eam*« (*Ep de obitu*, Roth 275).

60   Nach KÖSTER sind als zeitlicher Rahmen ihres Briefwechsels die Jahre 1154-1164 anzusetzen (1952:83).

61   Elisabeth beklagt sich auch darüber, daß unter ihrem Namen gefälschte Briefe kursieren (*Lib vis* III,XIX,70).

62   Bis heute sind 23 Briefe Elisabeths bekannt (KÖSTER 1965:34).

63   So z.B. in *Ep* VIII, Roth 143.

64   Die Stellungnahme für Victor IV. findet sich in einem Brief an Erzbischof Hillin von Trier (*Ep* IV, Roth 142).

kann annehmen, daß auch diese kirchenpolitische Stellungnahme Kritik an Elisabeths Visionen evozierte. DINZELBACHER vermutet,

> »... daß das Mißtrauen und die Kritik, die ihren Visionen von einigen Seiten entgegengebracht worden sind,... nicht nur aus einer prinzipiellen Skepsis solchen Phänomenen gegenüber erwachsen ist, sondern auch aus einer politischen Haltung heraus« (1986c:468).

Immer wieder werden auch Anfragen von außen an Elisabeth herangetragen, in denen sie z.B. um Auskünfte über bestimmte Heilige gebeten wird.[65] So entsteht der gesamte Visionszyklus über die hl. Ursula und ihre Jungfrauen aufgrund von Anfragen des Kölner Klerus.[66] Elisabeth selbst stellt fest:

> »Daß ich darüber schweige, erlaubten nämlich einige wohlmeinende Männer nicht, die durch langedauerndes Drängen mich trotz meines Sträubens dazu zwangen, dies zu erforschen.«[67]

Obwohl Elisabeth widerstrebt, wird sie geradezu bedrängt, einzelne Märtyrer zu identifizieren und Einzelheiten über ihr Leben zu enthüllen.[68] Dabei erweisen sich die Klostermauern aber nur als in einer Richtung durchlässig. Zwar kann die Umwelt ungehindert an Elisabeth herantreten, sie selbst jedoch verläßt Schönau nicht, um ihre Botschaft zu verkünden, anders als Hildegard predigt sie nicht öffentlich. Sie wirkt lediglich indirekt durch ihre Briefe oder Vermittlung des Abtes und ihres Bruders über die Mauern von Schönau hinaus.

Charisma und Amt

Auch Elisabeths Visionen haben kirchenkritische Züge, wie Hildegard schreckt sie nicht davor zurück, den Klerus, die männlichen Amtsträger, zu kritisieren oder sich mit Empfehlungen an sie zu wenden. So bittet sie Gott, er möge ihr offenbaren, »... welches denn sein Wille sei hinsichtlich des Klerus und der Nonnen, die vom rechten Weg abweichen.«[69] Daraufhin erhält sie den Auftrag zu verkünden: »... Wehe, wehe euch, die ihr unter der Macht des Teufels wohnt, hört auf zu sündigen und lernt, Gutes zu tun.«[70] Ohne Vermittlung eines Priesters hat sie unmittelbaren Zugang zum Göttlichen und kann deshalb für sich in Anspruch nehmen, göttli-

---

65 Der Abt von Steinfeld hat sich offenbar über Ekbert mit einem solchen Anliegen an Elisabeth gewandt (Roth 135).

66 Vgl. KÖSTER 1965:29f.

67 *»De his enim me silere non permittunt quidam bone opinionis viri, qui ad hec investiganda diutina me postulatione multum renitentem compulerunt«* (*Rev. Urs.* I, S.123).

68 Elisabeths Zögern hängt auch hier damit zusammen, daß sie, wie sie selbst schreibt, ablehnende Reaktionen fürchtet: »*Scio quidem, quoniam et hinc sumpturi sunt occasionem flagellandi me linguis suis hi, qui adversantur gratie dei in me* ...« (*Rev. Urs.* I, S.123).

69 »*... quenam esset voluntas eius super clero et monialibus non bona gradientibus via«* (*Lib vis* I,LVIII,29).

70 »*... Ve, Ve vobis qui habitatis sub potestate diaboli, quiescite agere perverse, discite benefacere«* (*Lib vis* I,LVIII,29). Vgl. auch *Lib vis* I,LXVIII,33.

ches Wort zu verkünden. Dennoch bezweifelt Elisabeth die priesterliche Autorität als solche nicht und nimmt auch für sich selbst priesterliche Funktionen nicht in Anspruch. Zwar argumentiert PETROFF, Elisabeth beschreibe die Verbindung von Krankheit und Vision als Märtyrertum und beziehe daraus eine priesterähnliche Autorität. Sie stellt fest:

> »No priestly mediation is necessary for her communion with the divine, for just as the experience of martyrdom gave women in the early church a status like that of priests, the visionary martyrdom gives her a priestly kind of authority« (1986:141).

Dagegen einzuwenden ist jedoch, daß – wie bereits deutlich wurde – der Deutung von Krankheit als Martyrium innerhalb des *Liber visionum* keine große Bedeutung zukommt. Elisabeths Autorität wird eindeutig von der priesterlichen unterschieden und steht nicht in Konkurrenz zu ihr. Die Tatsache, daß Frauen das Priesteramt verschlossen ist, wird im *Liber visionum* nicht in Frage gestellt. Vor diesem Hintergrund wirkt es überraschend, daß Elisabeth Maria, also eine Frau, neben dem Priester am Altar stehend erscheint. »... siehe, die ruhmreiche Himmelskönigin stieg, begleitet von einer großen Heerschar Engel, über diesen Lichtstrahl herab, kam heran und stand zur Rechten des Priesters.«[71] Anders als für Hildegard ist Maria für Elisabeth nicht nur Modell priesterlichen Handelns, sondern sie kann auch die Gewänder eines Priesters tragen und damit seine Rolle übernehmen. »Wieder sah ich jedoch meine Herrin beim Altar stehen in einem Gewand wie das Meßgewand des Priesters, und sie trug auf dem Kopf die Ruhmeskrone ...«[72] Dennoch heißt dies nicht, daß eine andere Frau – und sei sie auch visionär begabt – ähnliches für sich in Anspruch nehmen kann. Maria, die *virgo virginum*[73], ist einzigartig unter den Frauen.

Gertrud von Helfta

Gertruds Stellung im Kontext des Klosters

Anders als Hildegard oder Elisabeth ist Gertrud nicht durch ein Amt aus der Klostergemeinschaft herausgehoben. Ihr gilt die *oboedientia*[74], der Gehorsam den Ordensoberen gegenüber, als eine wichtige Tugend. So ermahnt Christus sie, sich trotz der Fehler der Ordensoberen diesen unterzuordnen.

---

71 »... *ecce gloriosa regina celorum multo exercitu angelorum comitata per eundem radium descendens venit, et astitit a dextris sacerdotis*« (*Lib vis* I,XXXV,18).
72 »*Iterum autem vidi dominam meam stantem secus altare in veste, qualis est casula sacerdotalis, et habebat in capite diadema gloriosum ...*« (*Lib vis* I,VI,6).
73 *Lib vis* I,XLII,21.
74 Zur Bedeutung der *oboedientia* für Gertruds Denken vgl. LANCZKOWSKI 1988b.

»Denn es ist Zeichen einer viel größeren Tugend, sich dem unterzuordnen, dessen Fehler man kennt, als einem anderen, dessen Werke anscheinend in allem gutgeheißen werden.«[75]

Darüber hinaus hat die Gemeinschaft und das Miteinander der Schwestern für sie eine große Bedeutung. Gertrud sucht den Austausch mit anderen und hat Vertraute unter ihren Mitschwestern. Das spiegelt sich überall im *Legatus* wider, auch wenn in Buch I – hagiographisch stilisiert – von Gertrud behauptet wird, sie habe aus Furcht, sie könne sich von Gott entfernen, jede menschliche Freundschaft gemieden: »Jede menschliche Freundschaft, die, soweit sie es erkennen konnte, ihr Fundament nicht in Gott hatte, mied sie wie etwas Todbringendes ...«[76] Außer Gertrud sind weitere Schwestern in Helfta, die im *Legatus* auch erwähnt werden[77], visionär begabt. Zu nennen sind hier Mechthild von Magdeburg und Mechthild von Hackeborn, zu der Gertrud ein vertrauensvolles Verhältnis hat.[78] Sie erscheint als Autorität, an die Gertrud sich wendet, als sie hinsichtlich ihrer visionären Gabe unsicher ist.[79]

Die Tatsache, daß die Aufzeichnung der Visionen ein gemeinschaftliches Werk der Schwestern ist, macht deutlich, daß ihre Umwelt auch Anteil an Gertruds Begegnung mit dem Göttlichen nimmt.[80]

Auch das göttliche Wirken an Gertrud ist in den Kontext der klösterlichen Gemeinschaft eingebunden und auf eine Wirksamkeit nach außen hin angelegt. Zwar bedeutet ihre visionäre Begabung einerseits den Rückzug auf das Innen, auf die Begegnung mit dem göttlichen Geliebten, die *fruitio Dei*. Andererseits wird jedoch betont, daß für Gertrud stets die Sorge um das Heil der Nächsten Vorrang vor der Selbstgenügsamkeit der *contemplatio* und dem individuellen spirituellen Fortschritt hat.

---

75 »*Nam multo majoris virtutis est subjici ei cujus defectus cognoscitur, quam alteri cujus opera per omnia comprobata videntur*« (*Leg* III,LXXXII; SC 143,S.334). Vgl. *Leg* V,XXII; SC 331,S.192.

76 »*Omnem enim amicitiam humanam quam non in Deo suum habere, utcumque potuit discernere, fundamentum, tanquam quoddam mortiferum declinabat* ...« (*Leg* I,VI; SC 139,S.151).

77 Visionär begabte Schwestern werden auch in *Leg* III,IX; SC 143,S.34, II,V; SC 139,S.250 und I,XVI; SC 139,S.212 erwähnt.

78 Neben Mechthild von Hackeborn scheint Gertrud auch deren Schwester Gertrud, die lange Jahre Äbtissin in Helfta war, sehr geschätzt zu haben. Sie wird als: »*Vere digna et Spiritu Sancto plena venerabilis memoriae, sinceraeque caritatis bracchiis amplectanda, veneranda Domna G., benignissima et omni laude et honore digna abbatissa* ...« bezeichnet (*Leg* V,I; SC 331,S.16).

79 *Leg* I,XVI; SC 139,S.206/208. Daß Gertrud andere um Rat bittet, ist auch ein Zeichen für ihre *humilitas*.

80 Ähnlich werden auch die Visionen Mechthilds von Hackeborn nicht von ihr selbst, sondern von Schwestern des Helftaer Konvents aufgezeichnet. Vgl. dazu PETERS 1988:126, KÖPF 1984:539, HAAS 1982:222.

»So wie nämlich Eisen, das man ins Feuer geworfen hat, tatsächlich ganz Feuer wird, so war sie selbst, von der Liebe Gottes entflammt, ganz Liebe geworden und verlangte nach dem Heil aller.«[81]

Von der Liebe zu Gott entzündet, erscheint Gertrud als Verkörperung der *caritas* selbst. Erst im Dienst am Nächsten wird ihre visionäre Begabung auf besondere Weise fruchtbar und bewährt sich.

Wie sieht nun der Dienst am Nächsten konkret aus? Da Gertrud über einen unmittelbaren Zugang zum Göttlichen verfügt, ist es ihre Aufgabe, Verborgenes und Unklares im Interesse der Klostergemeinschaft zu erforschen.[82] In göttlichem Auftrag tröstet und belehrt sie.[83] Wann immer sich die Gelegenheit bietet, jemanden zu ermahnen, legt sie ihre Scheu und Zurückhaltung ab:

> »... Sie tauchte dann die Schreibfeder der Zunge in das Blut des Herzens und bildete mit so demütiger Liebe und Weisheit Worte, daß es kaum jemanden geben konnte, dem – wenn er auch verhärteten und verdrehten Geistes war – dennoch ein Fünkchen Liebe innewohnte, der nicht durch ihre Worte erweicht worden wäre, wenigstens zum Willen oder zum Verlangen nach Besserung.«[84]

Dabei wohnt ihren Worten eine derartig wundersame Überzeugungskraft inne, daß es fast unmöglich ist, sich ihrer Wirkung zu entziehen.[85] Ausdrücklich wird in diesem Zusammenhang darauf hingewiesen, daß ihre Reden oft mehr Erfolg haben als die bewährter Prediger.[86]

Die Beschreibung Gertruds als Vorbild an Demut und Nächstenliebe stimmt nicht so recht mit der Tatsache überein, daß sie mitunter eine recht heftige und scharfzüngige Tadlerin zu sein scheint, deren allzu harte Worte ihre Vertrauten erzürnen.[87] So bittet sie sicherlich nicht ohne Grund eine Mitschwester, im Gebet Geduld und Sanftmut für sie zu erwirken.[88]

---

81 »*Ut enim immissum in ignem ferrum totum profecto ignis efficitur, sic ipsa charitate Dei succensa tota effecta est charitas, salutem desiderans universorum*« (*Leg* I,IV; SC 139,S.144). Vgl. auch *Leg* I,XVI; SC 139,S.214.

82 Als beim Falten des Altartuchs eine Oblate zu Boden fällt, befragt Gertrud beispielsweise Christus, ob sie konsekriert gewesen sei oder nicht (*Leg* III,XIII; SC 143,S.54).

83 *Leg* V,I; SC 331,S.28.

84 »*... calamum linguae tingens in sanguinem cordis, tam devoto affectu pietatis ac sapientiae gratia verba formabat, quod vix aliquis esse posset tam durae ac perversae mentis, cui tamen aliqua inesset scintilla pietatis, qui non per verba ejus emolliretur, saltem ad voluntatem vel desiderium emendationis*« (*Leg* I,VI; SC 139,S.150).

85 »*Nam tanta tamque efficax verbis ipsius inerat virtus, quod raro poterant ab aliquo non attendi, sed in quocumque et ad quodcumque intendebat, semper facilius praevalebant*« (*Leg* I,XII; SC 139,S.186).

86 »*Non minus etiam Deus dignatus est per verba ipsius electis suis gratiam irrogare, cum plures testarentur se quandoque plus ad unum verbum compungi quod audierant ab ore ejus, quam ad sermonem longum quorumdam probatorum praedicatorum*« (*Leg* I,XII; SC 139,S.186).

87 *Leg* I,XII; SC 139,S.186.

88 »*Item alia vice dum rogasset Domnam M. ut pro ea orans specialiter virtutem mansuetudinis et patientiae sibi a Domino studeret obtinere, quarum sibi videbatur indigere ...*« (*Leg* I,XVI; SC 139,S.214).

Auch Gertruds schriftstellerische Tätigkeit wird als Dienst am Nächsten verstanden, erklärt sie doch für andere, weniger Gebildete schwer verständliche Schriften und stellt für sie Florilegien zusammen.[89] Zentral ist in diesem Zusammenhang, daß Gertruds Schriften insgesamt verfaßt werden, um innerhalb des Helftaer Konvents rezipiert zu werden. Mitunter werden ihre Mitschwestern auch betont angesprochen.[90]

Darüber hinaus wird die in Gertrud wirksame Gnade Gottes für andere auch durch ihre Gebete erfahrbar.[91] Sie bittet nicht nur für die Schwestern und Laienbrüder des Helftaer Klosters um Gottes Hilfe, sondern betet auch stellvertretend für die Seelen im Fegefeuer oder nimmt körperliche Leiden auf sich, um diese von ihrer Strafe zu befreien.[92] Sie sagt von sich:»... ich glaubte wenig bewirkt zu haben, bis ich nicht für die Sünder, die Seelen im Fegefeuer oder auf andere Weise Angefochtene Worte des Gebets gesprochen hatte ...«[93] Zusammenfassend läßt sich feststellen, daß den Aufgaben, die Gertrud innerhalb der Klostergemeinschaft ausfüllt, eine große Bedeutung zukommt. Die verschiedenen Aspekte ihrer Wirksamkeit werden im *Legatus* ausführlich geschildert, und gerade diese Tätigkeit Gertruds ist es auch, die sie in besonderer Weise zum Beispiel für andere macht.

Gertruds Wirksamkeit über die Klostermauern hinaus

Eine Wirksamkeit Gertruds, die die Klostermauern überschreitet, läßt sich dagegen nicht nachweisen. Weder scheint sie Helfta je verlassen zu haben, um eine Hildegard von Bingen vergleichbare Predigttätigkeit zu entfalten, noch kann man auf einen ausgedehnten Briefwechsel schließen. Gertrud wirkt lediglich als Mahnerin und Tadlerin im beschränkten Rahmen ihres Klosters.[94] Mit hoher Wahrscheinlichkeit nehmen jedoch auch auswärtige Besucher ihre Beratung oder Fürbitte in Anspruch[95] und lassen sich durch ihre Predigtgabe beeindrucken.»Denn auch viele Besucher von auswärts, die nur einmal eine Ansprache von ihr hörten, bekannten,

---

89   *Leg* I,I; SC 139,S.122.

90   *Leg* IV,III; SC 255,S.54.

91   Zu der wunderbaren Wirksamkeit ihrer Gebete vgl. *Leg* II,XX; SC 139,S.312, *Leg* III,IX; SC 143,S.38/40 und III,LXXI; SC 143,S.288.

92   BENZ sieht hierin ein Spezifikum von Gertruds visionärem Wirken (1969:626).

93   »... *parum me sensi profecisse, donec pro peccatoribus, animabus purgandis, vel alio modo afflictis, movi verba orationis* ...« (*Leg* II,XVI; SC 139,S.292). Vgl. auch *Leg* III,XVIII; SC 143,S.102/104 und IV,XXXIX; SC 255,S.322. Zum Leiden für die Seelen Verstorbener vgl. *Leg* IV,XXVII; SC 255,S.260.

94   Die Außenwelt, die Lebensrealität jenseits der Klostermauern spiegelt sich lediglich als Bedrohung durch Krieg und Plünderung wider (*Leg* III,LXVII; SC 143,S.272 und III,XLVIII; SC 143,S.214.

95   Dafür, daß es eine solche Beratungstätigkeit in Helfta gegeben hat, finden sich auch Zeugnisse in Mechtilds von Hackeborn *Lib. spec. grat.* (IV, S.257-316).

daß sie daraus sehr reichen Trost genommen hätten.«[96] Auch an der Kirchenpolitik ihrer Zeit nimmt Gertrud keinen Anteil. Zwar spricht auch sie von der Welt, die unter der Macht des Bösen steht[97], tadelt Priester und Ordensangehörige[98] – so warnt sie die Priester davor, lediglich aus Gewohnheit, ohne rechte Andacht zu zelebrieren und die Kommunion zu empfangen[99] –, aber diese Kritik bleibt unspezifisch und wird nicht auf die konkrete Situation der Kirche bezogen.

Dementsprechend ist auch nicht faßbar, wie die Umwelt außerhalb Helftas Gertruds Auftreten aufgenommen hat. Anders als bei Hildegard oder Elisabeth läßt sich nicht erschließen, ob sich ihre Befürchtungen, sie könnte mit der Veröffentlichung ihrer Offenbarungen Anstoß erregen oder gar die Gläubigen verwirren, bewahrheitet haben.[100]

Charisma und Amt

Gertrud verfügt aufgrund ihrer visionären Begabung über einen unmittelbaren Zugang zum Göttlichen und damit auch zu den Sakramenten. So sieht Gertrud nicht nur während der Eucharistie Christus die Rolle des Priesters übernehmen – in Ergänzung der priesterlichen Handlungen reicht er den Schwestern die Hostie und segnet sie[101] –, sondern der *summus sacerdos et verus Pontifex*, der höchste Priester und wahre Bischof, kann ihr in Ausnahmefällen auch den Priester ersetzen. So reicht Christus ihr etwa das Abendmahl, als die Kommunion durch ein Interdikt verboten worden ist.[102]

Wie weiter vorn bereits deutlich wurde, hat für Gertrud die Abendmahlsfrömmigkeit, die Verehrung der Eucharistie eine große Bedeutung, da hier eine unmittelbare Begegnung mit der *humanitas Christi* möglich wird.[103] Wesentlich ist insbesondere die Verehrung des Herzens Jesu als dem zentralen Symbol für Fleisch und Blut Christi, zu dem Gertrud, wie mehrfach beschrieben wird, einen direkten Zugang hat.[104]

---

96 »*Nam plures etiam extraneorum qui vel semel ab ea sermonem audiebant, fatebantur se plurimum ex hoc consolationis recepisse*« (*Leg* I,I; SC 139,S.124).

97 *Leg* IV,XIII; SC 255,S.146.

98 *Leg* IV,XV; SC 255,S.170 und III,XIII; SC 143,S.54

99 *Leg* III,XXXVI; SC 143,S.176.

100 Gertruds Werk scheint im Mittelalter keine große Verbreitung gefunden zu haben. Zur Rezeption von Gertruds Werk vgl. JARON LEWIS 1986b, KÖPF 1984:539f.

101 *Leg* III,XXXVIII; SC 143,S.184.

102 *Leg* III,XVII; SC 143,S.74.

103 Dieses Phänomen ist vor dem Hintergrund zeitgenössischer Theologie und Frömmigkeit und der veränderten Stellung des Klerus am Ende des 13. Jahrhunderts zu verstehen. Vgl. BYNUM 1982:9-21 und 247-62.

104 *Leg* III,LXIII; SC 143,S.252. Deutlich werden in diesem Zusammenhang auch die weiblichen Züge, die Gertruds Christus hat – so wird er hier einer *mater benigna* verglichen (SC 143,S.250/52). Vgl. dazu auch III,XXX; SC 143,S.160 und III,LXXXIII; SC 143,S.336. Zum weiblichen Gottesbild bei Gertrud vgl. JARON LEWIS 1990:55.

Als Instrument, das eine direkte Kommunikation zwischen Christus und seiner Erwählten ermöglicht, erweist sich eine Röhre oder *fistula*[105], durch die ihr Süßigkeit und Wonne des göttlichen Herzens zuteil wird.[106] Mitunter wird Gertruds Herz selbst zur Röhre, durch die Christus denen, die erwählt sind, seine Gnade zuströmen läßt.

>Und sogleich sah sie, daß ihr Herz in Gestalt einer Röhre aufgerichtet und an das liebliche Herz des liebevollen Jesus, des Gottessohnes, angelegt wurde, der ihr auf seinem Königsthron sitzend erschien.«[107]

Die Aufgabe, die Gertrud dabei übernimmt, ihre vermittelnde Stellung zwischen Gott und Menschen, muß in Analogie zu Funktionen des Priesteramtes gesehen werden.[108]

Gertrud hat aber nicht nur einen direkten Zugang zur Eucharistie, sondern sie klagt dem Herrn auch ihr Leid, als ihr kein Beichtvater zur Verfügung steht. Daraufhin verspricht er ihr, alle sieben Sakramente an ihr zu vollziehen, sooft sie es möchte.

>Ich werde dich nämlich mit meinem kostbaren Blut taufen; in der Kraft meines Sieges werde ich dich firmen; in der Treue meiner Liebe werde ich dich mir vermählen, in der Vollkommenheit meines heiligsten Lebenswandels werde ich dich weihen, in der Liebe meiner Barmherzigkeit werde ich dich von jeder Sündenfessel lossprechen, im Überfluß meiner Liebe werde ich dich mit mir selbst speisen und dich mit Genuß sättigen, in der Süße meines Geistes werde ich dein ganzes Inneres mit so wirksamer Salbung durchdringen, daß die Salbe der Andacht durch alle deine Sinne und Bewegungen träufeln wird: So wirst du ohne Unterbrechung befähigt und zum ewigen Leben geheiligt werden.«[109]

Erstaunlicherweise wird in diesem Zusammenhang, wie BENZ bemerkt[110], auch das Sakrament der Weihe erwähnt, das Gertrud als Frau eigentlich verschlossen ist. Spricht Christus – wie es sich hier anzudeuten scheint – Gertrud tatsächlich eine priesterliche Autorität und mit dem Priesteramt verbundene Kompetenzen zu?

---

105 Bei der *fistula* handelt es sich um ein für den Empfang des heiligen Blutes bestimmtes silbernes Röhrchen (DÜRIG 1960:160).

106 *Leg* III,LIII; SC 143,S.230.

107 *»Statimque conspexit cor suum in specie cujusdam canalis erigi et apponi mellifluo Cordi amantissimi Jesu Filii Dei, qui apparuit ei sedens in solio suo regali«* (*Leg* III,LXXIII; SC 143,S.298). Vgl. auch III,LXVI; SC 143,S.270.

108 Gleichzeitig kann auch Gertrud selbst durch die *fistula* in das Herz Jesu hineingezogen werden und mit dem göttlichen Bräutigam verschmelzen (*Leg* III,XXVI; SC 143,S.126).

109 *»Ego enim te pretioso sanguine meo baptizabo; in virtute victoriae meae te confirmabo; in fide amoris mei te mihi desponsabo; in perfectione sanctissimae conversationis meae te consecrabo; in pietate misericordiae meae te ab omni vinculo peccatorum absolvam; in supereffluentia charitatis meae te meipso cibabo, teque fruendo satiabor; et in suavitate spiritus mei omnia interiora tua tam efficaci unctione penetrabo, quod per omnes sensus et motus tuos stillabor adeps devotionis: unde sine intermissione habilitaberis et sanctificaberis ad vitam aeternam«* (*Leg* III,LX; SC 143,S.244/246).

110 1969:255.

Schon im Prolog zum *Legatus* wird die Frage nach der Autorität der aufgezeichneten Offenbarungen aufgeworfen. Als Christus dem zweiten Teil des Werkes den Namen *Legatus divinae pietatis* gibt, fragt Gertrud ihn:

>»... da die Personen, die als Legaten bezeichnet werden, einen ziemlich großen Einfluß haben, welche Autorität willst du diesem Buch zugestehen, das du mit diesem Namen bezeichnest?«[111]

Die Autorität, die Christus dem *Legatus* zuerkennt, ist weitreichend: Wer gläubig und andächtig in diesem Buch liest, wird zum einen getröstet, gestärkt und erbaut, zum anderen kann er aber auch durch die Lektüre dieses Buches die Vergebung seiner läßlichen Sünden erlangen.

>»... Aus der Kraft meiner Gottheit gewähre ich dies, daß, wer auch immer zu meinem Lob mit rechtem Glauben und demütiger Andacht und andächtiger Dankbarkeit in ihm lesen wird und gestärkt zu werden sucht, der die Vergebung der läßlichen Sünden erlangen soll, und er wird die Gnade geistigen Trostes erlangen, und darüber hinaus wird er zu einer größeren Gnade befähigt werden.«[112]

Gertrud bzw. die Schreiberinnen des *Legatus* stimmen hier mit der zeitgenössischen Theologie überein, die davon ausgeht, daß eine Vergebung läßlicher Sünden auch ohne die Mitwirkung eines Priesters möglich ist.[113] In allen anderen Fällen gilt nach der Lehrmeinung der Zeit jedoch, daß lediglich diejenigen für die Sündenvergebung zuständig sind, die das Priesteramt innehaben und denen deshalb in Analogie zur Amtsgewalt Petri die Schlüsselgewalt, die *potestas ligandi et solvendi*, gegeben ist. Sie binden, indem sie den Beichtenden die Bußleistungen auferlegen, und lösen, indem sie sie wieder zur Eucharistie zulassen.

>»Auch binden die Priester, indem sie den Beichtenden eine Buße auferlegen; sie lösen, wenn sie von ihr etwas erlassen oder die durch sie Gereinigten wieder zu den Sakramenten zulassen.«[114]

Auch wer durch eine besondere göttliche Gnade ausgezeichnet ist wie Gertrud, kann also keine gültige Sündenvergebung erteilen.[115]

---

111 »*Cum personae illae quae nominantur Legati majori fungantur auctoritate, quid huic libello, quem tali denotas vocabulo, dignaris concedere auctoritatis?*« (*Leg* Prolog; SC 139,S.112).

112 »*Ex virtute divinitatis hoc concedo ut quicumque ad laudem meam cum recta fide et humili devotione devotaque gratitudine in ipso legerit, et aedificari quaerit, venalium peccatorum remissionem consequatur, et obtinebit gratiam spiritualis consolationis et insuper habilitabitur ad gratiam ampliorem*« (*Leg* Prolog; SC 139,S.112).

113 Petrus Lombardus, *Lib. Sent.* IV,16,6; Bd.II, S.844.

114 »*Ligant quoque sacerdotes, dum satisfactionem poenitentiae confitentibus imponunt; solvunt, cum de ea aliquid dimittunt, vel per eam purgatos ad Sacramentorum communionem admittunt ...*« (Petrus Lombardus, *Lib. Sent.* IV,18,6; Bd.II, S.863).

115 Petrus Lombardus verknüpft die Schlüsselgewalt mit dem Priesteramt (*Lib. Sent.* IV,19,1; Bd.II,S.866). Vgl. auch Hildegard von Bingen zum Thema: *Quod sacerdotes habent potestatem ligandi et solvendi* (*Sci* II,VI,96; CCCM 43,S.302).

Dennoch wird Gertrud von ihrem göttlichen Gegenüber mit besonderen Kompetenzen, *specialia privilegia*, ausgestattet, deren Nähe zu Aufgaben des Priesteramtes, insbesondere zur priesterlichen Binde- und Lösegewalt, groß ist.

Das erste *privilegium* besteht darin, daß Gertrud kraft der ihr von Gott verliehenen Autorität anderen zum Empfang des Abendmahls raten bzw. sie sogar dazu drängen kann, eine Vollmacht, die durchaus der priesterlichen Lösegewalt vergleichbar ist. Für Gertrud wirft dieses *privilegium* die Frage auf, inwieweit das, was sie verkündet, wirklich dem göttlichen Willen entspricht. Maßt sie sich nicht eine Autorität an, die ihr gar nicht zukommt? Sie wird jedoch göttlicherseits in ihrem Verhalten bestärkt:

> »Fürchte dich nicht, sondern freue dich, sei getrost und ohne Sorgen, weil ich selbst,
> dein Herr, Gott und Liebhaber, der ich dich mir aus unverdienter Liebe erschaffen
> und erwählt habe, um in dir zu wohnen und mich zärtlich an dir zu erfreuen, ohne
> Zweifel allen sichere Antwort geben werde, die durch dich andächtig und demütig
> fragen ...«[116]

Im übrigen werde Christus es nicht zulassen, daß jemand, der wirklich des Abendmahls nicht würdig sei, Gertrud um Rat frage.

Die inhaltliche Nähe zur *potestas ligandi et solvendi*, die sich hier schon andeutet, wird in einer weiteren Vision explizit gemacht. Gertrud ist angesichts der ungeheuren Größe der ihr zuteil gewordenen *privilegia* voller Staunen und Zweifel. Christus antwortet ihr mit einem Hinweis auf die Binde- und Lösegewalt, die er einst Petrus eingeräumt habe und kraft derer noch heute die Diener der Kirche wirkten.[117]

> »... Umfaßt nicht der Glaube der Kirche ganz, was ich einst als einzigem Petrus versprochen hatte, indem ich sprach: ›Was auch immer du auf Erden binden wirst, wird
> auch im Himmel gebunden sein‹, und glaubt sie nicht fest, daß dies bis heute durch
> alle Diener der Kirche geschieht? Warum glaubst du also nicht auch, daß ich vollbringen kann, was ich, getrieben von meiner Liebe, dir mit göttlichen Mund verspreche?«[118]

Ebenso wie die Vollmacht, die er Petrus und mit ihm jedem Priester verliehen habe, wirksam sei, sei auch das Gertrud verliehene *privilegium* gültig. Abschließend bekräftigt Christus seine Worte:

---

116 »*Ne formides, sed consolare, confortare et esto secura, quia ego ipse Dominus Deus amator tuus, qui ad inhabitandum et deliciose perfruendum mihi gratuito amore creavi et elegi te, indubitanter certum responsum do omnibus qui per te devote et humiliter inquirunt ...*« (*Leg* I,XIV; SC 139,S.196).

117 Bezeichnenderweise erscheint ihr an anderer Stelle Petrus in päpstlicher Pracht und mit Priestergewändern bekleidet und gibt ihr den Segen (*Leg* IV,XLIV; SC 255,S.342).

118 »*Nonne fides Ecclesiae universaliter continet quod olim soli promiseram Petro dicens: Quodcumque ligaveris super terram erit ligatum et in coelis, et firmiter credit idem adhuc per omnes ministros ecclesiasticos fieri? Ergo ob quam rem non aeque credis me posse vel perficere quidquid, instigante me amore, ore meo divino tibi promitto?*« (*Leg* I,XIV; SC 139,S.198).

»Und er berührte ihre Zunge und sprach: ›Siehe, ich habe meine Worte in deinen Mund gelegt, und ich bestätige in meiner Wahrheit alle Worte, die du, getrieben durch meinen Geist, in meinem Namen jemandem sagen wirst; und wenn du jemandem etwas auf Erden von meiner Güte versprechen wirst, so wird dies im Himmel als gültig gehalten werden.‹«[119]

Hier wird nicht nur wieder Bezug auf die Berufungsgeschichte des Jeremia (Jer 1,9) genommen, sondern Christus sichert Gertrud zu, daß das, was sie verspricht, auch im Himmel Gültigkeit haben soll – eine Formulierung, die eng an Mt 19,16 orientiert ist. Damit wird die Gertrud verheißene Vollmacht neben die *potestas ligandi et solvendi*, neben die Schlüsselgewalt des Petrus gestellt.

Tritt Gertrud hier an die Stelle des Apostels Petrus, ist es an anderer Stelle die Verleihung des Heiligen Geistes an die Jünger Jesu, die zum Vorbild des göttlichen Wirkens an ihr wird. Ein Text aus dem Johannesevangelium (Joh 20,12) ist Anlaß dafür, daß Gertrud Christus bittet, ihr ebenso wie den Jüngern den Heiligen Geist zu verleihen.[120] Der Herr gewährt ihr diesen Wunsch.

»Darauf hauchte der Herr sie an und gab auch ihr den Heiligen Geist mit den Worten: Empfangt den Heiligen Geist in euch: Deren Sünden ihr vergeben habt, denen werden sie vergeben.«[121]

Auch hier geht es um den Empfang der Schlüsselgewalt für Gertrud, die mit den Worten von Joh 20,22-23 als das Recht zur Sündenvergebung gedeutet wird. Gleichzeitig wird auch das problematische Verhältnis von institutioneller und charismatischer Autorität angesprochen, denn Gertrud fragt, wie dies geschehen könne, obwohl doch die *potestas ligandi et solvendi* allein den Priestern gegeben sei.

»... Herr, wie kann dies geschehen, obwohl die Binde- und Lösegewalt allein den Priestern gegeben ist? Der Herr antwortete: ›Wessen Sache du durch meinen Geist beurteilst und entscheidest, daß er unschuldig ist, jener wird mit Sicherheit bei mir als unschuldig erachtet werden, und wen du schuldig findest, der wird als Angeklagter vor mir erscheinen, weil ich durch deinen Mund spreche‹.«[122]

Die göttliche Antwort setzt zwar Priesteramt und charismatische Vollmacht nicht ausdrücklich gleich, die inhaltliche Umschreibung jedoch macht deutlich, daß hier das Recht auf Sündenvergebung gemeint ist. JARON LEWIS stellt fest: »Vom

---

119 »*Et tangens linguam ejus dicens: ›Ecce dedi verba mea in ore tuo, et confirmo in veritate mea omnia verba quaecumque, instigante spiritu meo, alicui ex parte mea dixeris; et si quid cuiquam promiseris in terris de bonitate mea, certe ratum tenebitur in coelis‹*« (*Leg* I,XIV; SC 139,S.198).

120 *Leg* IV,XXXII; SC 255,S.278.

121 »*Hinc insufflavit Dominus et dedit etiam huic Spiritum Sanctum, dicens: Accipite Spiritum Sanctum in vobis: quorum remiseris peccata, remittuntur eis*« (*Leg* IV,XXXII; SC 255,S.280).

122 »›*Domine, quomodo potest hoc fieri, cum haec potestas ligandi et solvendi solummodo data sit sacerdotibus?‹ Respondit Dominus: ›Cujuscumque causam tu per Spiritum meum discernendo judicaveris non esse culpam, ille certe innoxius apud me reputabitur, et cujus causam discreveris esse culpam, reus coram me apparabit, quia ego loquar per os tuum*« (*Leg* IV,XXXII; SC 255,S.280).

Text her scheint hier kein Zweifel zu bestehen, daß Gertrud der Auftrag eines Beichtvaters (einer ›Beichtmutter‹?) übergeben wurde« (1990:64). Weiter wird im zweiten Teil der Vision die Tatsache, daß Gertrud wiederholt von Christus zur Sündenvergebung autorisiert wird, mit der Übernahme verschiedener kirchlicher Ämter verglichen. So wie man nacheinander Diakonat und *sacerdotium* innehaben könne, werde Gertrud dieses Vorrecht mehrfach verliehen, ohne daß jeweils die Wirksamkeit aufgehoben würde.

Als ein weiteres *privilegium* verheißt Christus Gertrud,

>»... daß alle, die sich deinen Gebeten anvertrauen oder wenigstens mit irgendeinem Gedanken deine Fürbitte erwünschen, dadurch so großes Heil erlangen wie die von den Schlangen gequälten Juden beim Anblick der ehernen Schlange, die ich durch den Dienst des Moses in der Wüste habe aufrichten lassen ...«[123]

Jedem, der sich gläubig ihrem Gebet anvertraut, soll göttlicher Beistand zuteil werden. Wie JARON LEWIS festgestellt, wird in diesem Text Gertruds Autoritätsanspruch dadurch unterstrichen, daß sie als Stellvertreterin Christi erscheint:

>»Die erhöhte heilbringende Schlange (vgl. Num 21,4-8), die in der Exegese allgemein und bereits bei Johannes (Joh 3,14) als Vorausdeutung auf den am Kreuz erhöhten Erlöser gedeutet wird, ist an dieser Stelle mit Gertrud gleichgesetzt« (1990:62).[124]

Gertrud wird zur Vermittlerin zwischen Gott und Menschen, zur Fürsprecherin der Hilfsbedürftigen und übernimmt auch hier eine Rolle, die üblicherweise Priestern vorbehalten ist.

Als Zeugnis für die Gertrud von Christus verliehenen *privilegia* wird eine Vision Mechthilds von Hackeborn angeführt. Auf Mechthilds Nachfrage bekräftigt der Herr:

>»Ich habe sie gewiß mit diesen besonderen Vorrechten ausgezeichnet: Alles, was jemand hoffen kann, durch sie zu erreichen zu können, soll er ohne Zweifel erhalten, und wen sie der Kommunion würdig findet, den wird meine Barmherzigkeit niemals für unwürdig halten; wenn sie jemanden zur Kommunion anspornt, wird dieser von mir um so liebevoller angesehen werden, und sie wird gemäß meiner göttlichen Unterscheidungskraft die Fehler der einzelnen Ratsuchenden für schwerer oder leichter halten und beurteilen.«[125]

---

123 »... ut omnes qui se tuis commendant orationibus vel saltem aliquo cogitatu interventum tuum exoptant, exinde tantam consequantur salutem, quantam adepti sunt Judaei a serpentibus percussi ex aspectu serpentis aenei quod per ministerium Moysi feci in eremo exaltari« (*Leg* IV,II; SC 255,S.38).

124 Vgl. die Auslegung von Num 21,4-8 bei Rupert von Deutz, *In Numeros* II,11; CCCM 22, S.979. Ähnlich wird nach JARON LEWIS auch in einem Text aus Buch III (*Leg* III,XII; SC 143,S.52/54) eine Parallele zwischen Gertrud und Christus hergestellt (JARON LEWIS 1990:62).

125 »Ego certe his privilegiis specialibus eam insignivi ut omne quod aliquis sperare potest se per ipsam posse accipere indubitanter obtineat et quemcumque ipsa communionis judicat dignum, misericordia mea nunquam reputabit indignum; imo si quem ipsa ad communionem instigat, ipse a me affectuosius respicietur et quod secundum meam divinam discretionem ipsa singu-

Die ungeheuerlichen Ansprüche Gertruds werden also nicht allein innerhalb ihrer Visionen legitimiert, sondern auch andere, die in ähnlicher Weise Zugang zum Göttlichen haben, machen durch ihr Zeugnis Gertruds Offenbarungen glaubhaft.[126]

In einem Kontext, in dem die Visionärin wie Gertrud über den direkten Zugang zu den Sakramenten verfügt und selbstbewußt Funktionen des Priesteramtes übernimmt, wird die institutionelle Autorität, die Heilsvermittlung durch das Priesteramt scheinbar überflüssig. Dabei hat Gertruds Selbstbewußtsein seine Wurzeln zum einen in ihrem Gottesverhältnis, zum anderen in dem Rückhalt, den ihr die Klostergemeinschaft bietet. Darüber hinaus vermutet GÖSSMANN, daß sich hier »... die vielfach verbotene und dadurch bezeugte Sitte, daß Nonnen mit der Äbtissin oder auch Frauen, die zur Beratung ins Kloster kamen, mit Nonnen eine Art Beichtgespräch führten« (1987:19), widerspiegelt bzw. ihre Legitimation findet.

Zusammenfassend ist jedoch festzuhalten, daß es auch Gertrud nicht darum geht, die Bedeutung von Sakrament und Amt oder der kirchlichen Hierarchie infragezustellen, sondern für die Visionärin einen Platz innerhalb dieser kirchlichen Strukturen zu finden. BYNUM kommt deshalb zu dem Schluß:

> »The cumulative impact of Gertrude's visions is not to undermine the structures and rituals of monasticism or the church but rather to project women into those structures, the pastoral and mediating role, which is otherwise denied to them« (1982:207).

Damit stellt die Rolle Gertruds eine charismatische oder prophetische Alternative zum Priesteramt dar.[127]

Zusammenfassung

Insgesamt ist deutlich geworden, daß sich das Sendungsbewußtsein bei Hildegard, Elisabeth und Gertrud auf unterschiedliche Weise manifestiert. Hildegard und Elisabeth haben innerhalb ihres Klosters jeweils das Amt der Äbtissin inne. Während für Hildegards visionäres Erleben die Klostergemeinschaft von untergeordneter Bedeutung ist und auch der Schwerpunkt ihres Wirkens nicht innerhalb ihrer Klöster, sondern außerhalb der Klostermauern liegt, erscheint Elisabeth dagegen als schwach und auf den Rückhalt in der Gemeinschaft der Schwestern angewiesen. Zwar verbreiten sich auch ihre Offenbarungen über die Mauern von Schönau hinaus, sie selbst verläßt jedoch Schönau nicht, um in öffentlicher Predigt ihre Botschaft zu verkünden.

---

lorum requirentium defectus graviores seu leviores reputabit et judicabit« (*Leg* I,XVI; SC 139,S.208/210). Vgl. auch *Leg* I,XIV; SC 139,S.202 und I,XVI; SC 139,S.212.

126 In Buch II bedankt Gertrud sich für die ihr von Gott zuteil gewordenen *privilegia*: ihre Autorität die Zulassung zum Abendmahl und die Beurteilung der Schuld ihrer Nächsten betreffend, dafür, daß Gott halten wird, was sie verspricht, und für die Wirksamkeit ihrer Gebete und Worte (*Leg* II,XX; SC 139,S.308ff).

127 BYNUM 1984a:193.

Auch für Gertrud hat die Klostergemeinschaft eine große Bedeutung. Obwohl sie im Rahmen des Klosters kein offizielles Amt innehat, ist sie dennoch in ihrer Funktion als Seelsorgerin und göttlich inspirierter Lehrerin anerkannt. Dabei beschränkt sich ihr Einfluß lediglich auf den Rahmen des Helftaer Konvents. Ihr Sendungsbewußtsein treibt sie nicht dazu, die Klostermauern zu überschreiten. So erstaunt es auch nicht, daß Gertrud anders als Hildegard und Elisabeth kein Interesse für die Kirchenpolitik ihrer Zeit zeigt. Es ist wahrscheinlich, daß es sich hier weniger um eine bewußte Selbstbeschränkung handelt, als vielmehr um den Reflex der im Vergleich zum 12. Jahrhundert stark veränderten Situation der Frau.

Die Wirksamkeit Hildegards, Elisabeths und Gertruds innerhalb und außerhalb des Klosters muß jeweils in Beziehung dazu gesetzt werden, wie sie das problematische Verhältnis von institutioneller und charismatischer Autorität beschreiben und die Stellung der Frau zum Priesteramt bestimmen.

Wesentlich für alle drei Visionärinnen ist, daß ihr Auftreten nicht einen Ersatz für das Priesteramt bietet, es also überflüssig macht, sondern eine charismatische Alternative darstellt.

Es scheint, daß Hildegard und Elisabeth durch die stete Konfrontation mit ihrer männlichen Umwelt gezwungen sind, sowohl ihre Rolle als göttlich inspirierte Frau zu definieren, als auch deutlich zwischen Priesteramt und Prophetentum, zwischen institutioneller und charismatischer Autorität, zu differenzieren. Hildegard vergleicht ebensowenig wie Elisabeth ihre eigenen Aufgaben mit denen eines Priesters. Ihr scheint die Frau des Priesteramtes aufgrund ihrer unmittelbaren Verbindung zum Göttlichen nicht zu bedürfen. Gertruds Beschränkung auf den klösterlichen Kontext und der Rückhalt in der Frauengemeinschaft des Helftaer Konvents dagegen ermöglichen die Entwicklung eines Selbstkonzepts, das ihr selbstverständlich auch Kompetenzen zugesteht, die der priesterlichen Binde- und Lösegewalt vergleichbar sind. Zwar ist auch ihre Rolle im engeren Sinn keine sakramentale, sie verfügt aber über einen direkten Zugang zu den Sakramenten. Insbesondere in ihrer Verehrung des Herzens Jesu bzw. ihrer Abendmahlsfrömmigkeit deutet sich ein Thema an, das für die Frauenmystik des 13. und 14. Jahrhunderts von großer Bedeutung sein wird.

ERGEBNISSE

Ziel dieser Untersuchung war es, die theoretische Reflexion von Entwürfen und Konzepten historischer Frauenforschung und feministischer Geschichtswissenschaft bei der Analyse historischen Quellenmaterials exemplarisch umzusetzen und damit auf ihre Tragfähigkeit hin zu überprüfen. Dies hieß insbesondere, die Kategorie »Geschlecht« als Analysekriterium bei der Betrachtung von Texten einzuführen, die einer für die Frauengeschichtsschreibung wesentlichen Tradition, der Frauenmystik, zuzuordnen sind. Ausgangspunkt war die Annahme, daß auf diese Weise der Blick für die Glaubenserfahrungen von Frauen des Mittelalters geöffnet wird und sich eine frauenspezifische Art, theologische und literarische Traditionen der sie umgebenden männlichen Kultur zu verarbeiten, herauskristallisiert. Im Mittelpunkt stand dabei die Frage nach der Eigenreflexion schreibender Frauen im Mittelalter, also nach einem weiblichen Selbstverständnis.

Um eine erschöpfende Betrachtung dieser komplexen Thematik zu ermöglichen, wurde zunächst der Weg von der visionären Begegnung mit dem Göttlichen bis hin zur Aufzeichnung des Offenbarten nachgezeichnet. Darüber hinaus galt es zu untersuchen, wie innerhalb dieser Visionsschriften die weibliche Autorität und der Schritt in die Öffentlichkeit, die im Widerspruch zu dem kirchlichen Lehr- und Predigtverbot für Frauen stehen, legitimiert werden. Abschließend wurde die Frage danach aufgeworfen, in welcher Weise sich das weibliche Sendungsbewußtsein manifestiert und wie die Visionärinnen das Verhältnis zwischen charismatischer und institutioneller Autorität bestimmen.

Der Untersuchung zugrunde lagen die Visionsschriften Hildegards von Bingen und Elisabeths von Schönau, die am Anfang der Entwicklung einer frauenmystischen Tradition im 12. Jahrhundert stehen, und das Werk Gertruds von Helfta aus dem 13. Jahrhundert. Herangezogen wurden jeweils insbesondere solche Texte, in denen die Autorinnen Aussagen über ihren Bildungsstand, die Entstehung ihrer Schriften und ihr Selbstkonzept treffen.

Die Begrenzung auf drei Vertreterinnen der Frauenmystik erwies sich insofern als sinnvoll, als sie einerseits eine detaillierte Untersuchung der einzelnen Texte erlaubte. Andererseits war es aber durch eine vergleichende Betrachtung auch möglich herauszuarbeiten, wieweit innerhalb des überschaubaren Zeitraums eines

Jahrhunderts Traditionen unterschiedlich verarbeitet werden bzw. ob es zur Herausbildung einer weiblichen Tradition kommt.

Bei der ausführlichen Textbetrachtung zeigte sich, daß die angesprochenen Aspekte eines weiblichen Selbstverständnisses von Hildegard, Elisabeth und Gertrud in sehr unterschiedlicher Weise zur Sprache gebracht werden.

Wesentliches Merkmal der Visionsbücher Hildegards und Elisabeths ist, daß sich die Aufzeichnung ihrer Offenbarungen im Spannungsfeld von Kloster und Außenwelt vollzieht. Ihre visionäre Gabe wird von außen auf ihre Echtheit hin überprüft, beide haben männliche Mitarbeiter, die an der Gestaltung der Schriften dieser Frauen beteiligt sind bzw. auch Einfluß auf deren Inhalt nehmen. Die Visionsbücher entstehen zwar jeweils im Kontext einer religiösen Frauengemeinschaft, haben aber im engeren Sinn in diesem Rahmen keine Funktion, sondern sind über die Klostermauern hinaus an die gesamte Christenheit gerichtet, die zu Buße und Umkehr aufgerufen wird. Daraus erklärt sich auch die kirchen- und kleruskritische Ausrichtung der Schriften dieser Frauen. Dementsprechend entfalten beide – Hildegard allerdings in einem sehr viel größeren Ausmaß als Elisabeth – eine Tätigkeit über die Klostermauern hinaus, um dort ihre Botschaft zu verkünden.

Insofern als keine äußere Instanz Einfluß auf die Aufzeichnungen von Gertruds Offenbarungen nimmt, sei es nun durch Überprüfung ihrer visionären Gabe oder durch Mitarbeit an den Visionsbüchern – wirkt Helfta dagegen wie eine Insel, die weitgehend von der Außenwelt abgeschlossen ist. Die Aufzeichnung der Visionen vollzieht sich als eine gemeinsame Arbeit der Schwesterngemeinschaft und scheint auch primär für den Gebrauch in diesem Kontext bestimmt zu sein. Innerhalb des Klosters übernimmt Gertrud wichtige Aufgaben als göttlich inspirierte Seelsorgerin und Ratgeberin, Besucher aus der Welt außerhalb der Klostermauern werden jedoch in ihr Wirken einbezogen.

Die literarische Produktion von Frauen kann nicht losgelöst von der sie umgebenden Gesellschaft verstanden werden. Die Texte entstehen nicht in einem Vakuum, sondern in Wechselbeziehung mit der sie umgebenden männlich geprägten Gesellschaft und Kultur. Auch das Kloster – sei es nun Rupertsberg, Schönau oder Helfta – stellt keinen Freiraum dar, sondern ist mit seiner Umwelt verflochten, die durchaus Bedeutung für die Entstehung frauenmystischer Literatur hat und sie beeinflußt.

Das heißt zum einen, daß die Texte Hildegards, Elisabeths und Gertruds in ihrem jeweiligen historischen Kontext zu lesen und zu verstehen sind. Auch wenn Hildegard und Elisabeth nicht im engeren Sinn der religiösen Frauenbewegung zuzuordnen sind, fällt ihr Wirken doch in eine Zeit des gesellschaftlichen Aufbruchs, an dem Frauen in besonderer Weise teilhaben. Dies manifestiert sich darin, daß Frauen den im 12. Jahrhundert neu entstandenen Orden der Prämonstratenser und Zisterzienser in großer Zahl zuströmen. Dem steht die veränderte gesellschaftliche Situation von Frauen zur Zeit Gertruds gegenüber. Im 13. Jahrhundert verschließen sich die Orden allmählich gegen den Andrang von Frauen, die Ordensstrukturen von Zisterziensern, Prämonstratensern und Bettelorden bieten ihnen keinen Platz mehr. Gleichzeitig wird durch die Entstehung der Universitäten ein männliches Bildungsmonopol etabliert, das die Bildungsmöglichkeiten von Frauen beschränkt. Insgesamt spiegelt sich also in der Entwicklung hin zur Innerlichkeit und Abkehr von der Außenwelt, die sich in der Mystik Gertruds abzeichnet, die veränderte Situation der Frauen im 13. Jahrhundert wider.

Zum anderen manifestiert sich die Wechselbeziehung zwischen männlicher und weiblicher Kultur auch dadurch, daß die Charakteristika weiblicher Religiosität sich mit denen männlicher überschneiden, wie etwa jeweils beim Blick auf das Gottesbild des 12. und 13. Jahrhunderts oder die Entwicklung der Marienverehrung deutlich wird.

Darüber hinaus greifen Frauen von männlichen Zeitgenossen gebrauchte literarische Konventionen und Traditionen wie Demutstopoi oder den Topos des Schreibbefehls auf, um ihre Rolle als Autorin darzustellen.

Trotzdem haben die frauenmystischen Texte insofern spezifische Entstehungsbedingungen, als die Visionärinnen ihr Selbstbild und ihr Selbstverständnis in Auseinandersetzung mit den von Männern entworfenen Weiblichkeitskonstruktionen des 12. und 13. Jahrhunderts entwickeln. Indem sie schreiben und noch mehr, indem sie öffentlich auftreten, bewegen sie sich immer in einem Spannungsverhältnis zu diesen Bildern und Normen. Bei Hildegard und Elisabeth ist dieser Prozeß der Auseinandersetzung mit den zeitgenössischen Rollenentwürfen ganz deutlich spürbar. Sie sind sich der Tatsache bewußt, daß sie durch ihr Auftreten die Normen der sie umgebenden Gesellschaft durchbrechen, daß sie als Frauen eine als männlich definierte Aufgabe übernehmen. Dementsprechend schreiben sie unter einem starken Legitimationsdruck. Auffällig ist, daß es Gertrud durch das Geborgensein und den Rückhalt in der Gemeinschaft von Helfta, in der Visionen und Erscheinungen Gertruds und anderer Visionärinnen selbstverständlich zum klösterlichen Alltag gehören, ermöglicht wird, ihre Rolle als göttlich inspirierte Frau mit großem Selbstbewußtsein auszufüllen. Ihr fehlt das Problembewußtsein Hildegards und Elisabeths – die Frage des eigenen Geschlechts problematisiert sie bei der Entwicklung ihres Selbstkonzepts nicht.

Deutlich wird aber auch, daß Frauen als Autorinnen nicht lediglich das zeitgenössische Frauenbild internalisieren, sich also daran anpassen, sondern es unterwandern, modifizieren und umformen. Dies zeigt sich etwa in der Geschlechteranthropologie Hildegards, die in ihren Schriften die in ihrer Zeit übliche Geschlechtersymbolik zwar aufnimmt, sie aber verfremdet. Jedes der beiden Geschlechter hat sowohl einen negativen als auch einen positiven Symbolwert. Letztlich nimmt sie damit eine Umwertung der Geschlechterstereotype vor. Jede Frau – sei sie nun Jungfrau, Witwe oder Ehefrau – gilt ihr als *domus sapientiae*, als Haus der Weisheit. Damit entwirft sie ein Modell spezifisch weiblicher Autorität, das auf dem neutestamentlichen Topos von der Erwählung der Schwachen basiert.

Insgesamt kristallisiert sich nicht nur bei Hildegard ein weiblicher Gebrauch der übernommenen Traditionen und Topoi heraus, denn die Visionärinnen versuchen nicht, auf der symbolischen-metaphorischen Ebene ihr Geschlecht zu transzendieren, sondern sie bleiben, was sie nach gesellschaftlicher Rollenzuweisung sind: schwache, ungebildete Frau. Aus den Geschlechtereigenschaften und Rollen, die im gesellschaftlichen Kontext die Subordination der Frau implizieren, wie etwa der Rolle der Braut, leiten sie jedoch in einem zweiten Schritt ihre besondere Befähigung zur visionären Begabung, zur Begegnung mit dem Göttlichen ab. Insbesondere kann Krankheit, die *fragilitas* der Frau als ein spezifisch weibliches Thema angesehen werden, das sowohl in der theologischen Reflexion Hildegards und Elisabeths als auch Gertruds eine wichtige Rolle spielt. Zentral ist in diesem Zusammenhang, daß die weibliche Schwäche nicht wie bei männlichen Zeitgenossen als moralische oder intellektuelle verstanden, sondern als Vorzug gesehen wird, der einen besonderen Bezug von Frauen zur *humanitas Christi* begründet. Gerade hier zeichnet sich – mehr als es etwa bei der Marienverehrung der Fall ist – die Bildung einer weiblichen Tradition ab, die sich auch in den Werken anderer Mystikerinnen aus dem 13. und 14. Jahrhundert verfolgen läßt.

Ein wesentlicher Aspekt bei der Entwicklung eines weiblichen Selbstverständnisses ist die Frage danach, wie die Visionärinnen ihren Standort gegenüber dem männlichen Klerus, dem Priesteramt bestimmen. Auch wenn sie die kirchliche Hierarchie kritisieren, stellen sie sie doch nicht infrage. Wesentlich ist dabei, daß sie ihr Auftreten nicht als einen Ersatz für das Priesteramt, sondern als eine charismatische Alternative zur institutionellen Autorität sehen.

Insofern kann man das Auftreten Hildegards, Elisabeths und Gertruds – vielleicht das Phänomen der Frauenmystik insgesamt – als weibliche Reaktion auf Lehr- und Predigtverbot und den Ausschluß vom Priesteramt, als einen Versuch, einen Zugang zum Göttlichen jenseits der kirchlichen Hierarchie zu etablieren, verstehen. Durch den göttlichen Auftrag legitimiert haben sie zumindest bei der Ausdeutung ihrer Visionen die Möglichkeit, Stellung zu aktuellen theologischen Fragen zu beziehen oder auch – wie Hildegard von Bingen – in die Kirchenpolitik ihrer Zeit einzugreifen.

Insgesamt ist damit bei der Frage nach dem weiblichen Selbstverständnis in den Visionsschriften Hildegards, Elisabeths und Gertruds deutlich geworden, daß das Analysekriterium »Geschlecht« eine differenziertere Sichtweise und ein erweitertes Verständnis des Phänomens der Frauenmystik erlaubt. Die Betrachtung der frauenmystischen Texte aus feministischer Perspektive ermöglicht es, sie als »double-voiced-discourse« (SHOWALTER 1986:266) zu lesen, als einen zweistimmigen Diskurs. Dabei werden gleichzeitig zwei Traditionen sichtbar, die sich nur teilweise überschneiden: zum einen die dominante patriarchalische Kultur, zum anderen aber auch die Bruchstücke und Überreste einer weiblichen Kultur, die von der männlichen unterschieden werden muß. Es wird dabei möglich, die Wechselbeziehung zwischen männlicher und weiblicher Tradition, aber auch die Eigengesetzlichkeit der weiblichen Tradition zu erschließen. Damit wird ein Teil der Frauengeschichte innerhalb des Christentums wieder sichtbar gemacht.

Literaturverzeichnis

Quellen

ALANUS AB INSULIS: Distinctiones Dictionum Theologicalium, ed. J.P. Migne, in: Patrologia Latina 210, Sp.865-1012, Paris 1855

ANNALES PALIDENSES, in: Monumenta Germaniae Historica Scriptores, Supplementa XVI, Hannover 1859, S.48-98

DIE BENEDIKTUSREGEL. Lateinisch-Deutsch, ed. B.Steidle, Beuron [3]1978

BERNHARD VON CLAIRVAUX: S. Bernardi Opera, Bd. II: Sermones super Cantica canticorum 36-86, ed. J.Leclerq/C.H.Talbot/H.M.Rochais, Rom 1958

BERNHARD VON CLAIRVAUX: Dominica infra octavam Assumptionis, in: S. Bernardi Opera, Bd. V, ed. J.Leclerq/H.M.Rochais, S.263-274, Rom 1968

BERNHARD VON FONTECAUDE, Liber contra Waldenses, ed. J.P. Migne, Patrologia Latina 204, Sp.792-840, Paris 1855

BONAVENTURA: Libri I-IV Sententiarum, in: Bonaventurae opera theologica selecta iussu et auctoritate Leonardi M. Bello, Bd. 1-4, Florentiae, ad claras aquas, 1934-1949

BRUNO VON SEGNI: Expositio in Genesim, ed. J.P. Migne, in: Patrologia Latina 164, Sp.147-234, Paris 1854

ELISABETH VON SCHÖNAU: Die Visionen der heiligen Elisabeth und die Schriften der Äbte Ekbert und Emecho von Schönau, ed. F.W.E. Roth, Brünn [2]1886

ERNALDUS DE BONNEVAL: De operibus sex dierum, ed. J.P. Migne, in: Patrologia Latina 189, Sp.1515-1570, Paris 1855

GERTRUD VON HELFTA: Les Exercises, ed. J.Hourlier/A.Schmitt, Paris 1967 = Sources Chrétiennes 127

GERTRUD VON HELFTA: Le héraut. Livres 1 et 2, ed. P. Doyère, Paris 1968 = Sources Chrétiennes 139

GERTRUD VON HELFTA: Le héraut. Livres 3, ed. P. Doyère, Paris 1968 = Sources Chrétiennes 143

GERTRUD VON HELFTA: Le héraut. Livres 4, ed. J.M. Clément/B. de Vregille, Paris 1978 = Sources Chrétiennes 255

GERTRUD VON HELFTA: Le héraut. Livres 1 et 2, ed. J.M. Clément/B. de Vregille, Paris 1986 = Sources Chrétiennes 331

GODFRID VON ADMONT: Homilia 27 in festum Annunctionis Beatae Mariae Virginis, ed. J.P. Migne, in: Patrologia Latina 174, Sp.747-758, Paris 1854

GUIBERT VON NOGENT: Morilia in Genesim, ed. J.P. Migne, in: Patrologia Latina 156, Sp.31-338, Paris 1853

HERVE DE BOURG-DIEU: In Epistulam I ad Corinthios, ed. J.P. Migne, in: Patrologia Latina 181, Sp.815-1002, Paris 1854

HILDEGARD VON BINGEN: S. Hildegardis Abbatissae opera omnia, ed. J.P. Migne, in: Patrologia Latina 197, Sp.146-1352, Paris 1853

HILDEGARD VON BINGEN: Analecta S. Hildegardis Opera Spicilegio Solesmensi parata, ed. J.P. Pitra, Monte Cassino 1882 = Analecta Sacra 8

HILDEGARD VON BINGEN: Hildegardis Causae et Curae, ed. P. Kaiser, Leipzig 1903

HILDEGARD VON BINGEN: Hildegardis »Scivias«, ed. A. Führkötter, Turnholt 1978 = Corpus Christianorum, cont. med. 43-43A

HILDEGARD VON BINGEN: Saint Hildegard of Bingen. Symphonia. Critical Edition of the Symphonia armonie celestium revelationum, ed. B. J. Newman with Introduction, Translation and Commentary, Ithaca/London 1988

HILDEGARD VON BINGEN: Hildegardis Bingensis Epistolarium Pars Prima, ed. L. van Acker, Turnholt 1991 = Corpus Christianorum cont. med. 91

VITAE SANCTAE HILDEGARDIS auctoribus Godefrido et Theoderico monachis, ed. J.P. Migne, in: Patrologia Latina 197, Sp.91C-130C, Paris 1853

HONORIUS AUGUSTODUNENSIS: In Purificatione Sanctae Mariae, ed. J.P. Migne, in: Patrologia Latina 172, Sp.849-852, Paris 1854

HUGO VON ST. VICTOR: De sacramentis Christianae fidei, ed. J.P. Migne, in: Patrologia Latina 176, Sp.173-618, Paris 1854

INNOZENZ III.: Epistola CLXXXVII, ed. J.P. Migne, in: Patrologia Latina 216, Sp.356 A/B, Paris 1855

JACOB VON VITRY: The Historia Occidentalis of Jacques de Vitry. A critical edition, ed. J.F. Hinnebusch (Spicilegium Friburgense 17), Freiburg/Schweiz 1972

JACOBUS A VORAGINE: Legenda aurea vulgo historia lombardica dicta, ed. Th. Graesse, Nachdruck ³1890, Osnabrück 1969

MECHTHILD VON HACKEBORN: Revelationes Gertrudianae ac Mechtildianae. Bd. 2: Sanctae Mechtildis virginis ordinis sancti Benedicti Liber Specialis Gratiae, accedit sororis Mechtildis ejusdem ordinis Lux Divinitatis. Pictavii, Parisiis 1877, S. 1-421

PETRUS ABELARD: Expositio in Hexaemeron, ed. J.P. Migne, in: Patrologia Latina 178, Sp. 731-784, Paris 1855

PETRUS VON CELLE: De panibus, ed. J.P. Migne, in: Patrologia Latina 202, Sp.929-1047, Paris 1855

PETRUS COMESTOR: Historia Scholastica. Liber Genesis, ed. J.P. Migne, in: Patrologia Latina 198, Sp.1055-1142, Paris 1855

PETRUS LOMBARDUS: Libri I-IV sententiarum, Bd. I-II, Claras Augas: Collegium S. Bonaventurae, ²1916

PETRUS VENERABILIS: Petri Cluniacensis Abbatis. De miraculis libri duo, ed. D. Bouthillier, Turnholt 1983 = Corpus Christianorum, cont. med. 83

VITA PRIMA B. ROPERTI DE ABRISSELO auctore Balderico Episcopo Dolensi, ed. J.P. Migne, in: Patrologia Latina 162, Sp.1043-1058, Paris 1854

RUPERT VON DEUTZ: Commentarium in Genesim – De sancta Trinitate et operibus eius libri I-IX, ed. H. Haacke, Turnholt 1971 = Corpus Christianorum, cont. med. 21

RUPERT VON DEUTZ: In Numeros Commentarium – De sancta Trinitate et operibus eius liber XVI, ed. H. Haacke, Turnholt 1972 = Corpus Christianorum, cont. med. 22

RUPERT VON DEUTZ: In Danihelem Prophetam commentarium – De sancta Trinitate et operibus eius liber XXXII, ed. H. Haacke, Turnholt 1972 = Corpus Christianorum, cont. med. 23, S.1738-1781

STATUTA CAPITULORUM GENERALIUM ORDINIS CISTERCIENSIS, ed. J.-M. Canivez, Bd.1: 1116-1220, Louvain 1933

STATUTA CAPITULORUM GENERALIUM ORDINIS CISTERCIENSIS, ed. J.-M. Canivez, Bd.2: 1221-1261, Louvain 1934

STATUTA CAPITULORUM GENERALIUM ORDINIS CISTERCIENSIS, ed. J.-M. Canivez, Bd.3: 1262-1400, Louvain 1935

THOMAS VON AQUIN: Summa Theologica, vollständige ungekürzte dt.-lat. Ausgabe, übers. von Dominikanern und Benediktinern Deutschlands und Österreichs, Bd.7, Erschaffung und Urzustand des Menschen, München/Heidelberg 1941

THOMAS VON AQUIN: Summa Theologica, vollständige ungekürzte dt.-lat. Ausgabe, übers. von Dominikanern und Benediktinern Deutschlands und Österreichs, Bd.23, Besondere Gnadengaben und die zwei Wege menschlichen Lebens, Graz/Wien/Salzburg 1954

THOMAS VON AQUIN: Summa Theologica, vollständige ungekürzte dt.-lat. Ausgabe, übers. von Dominikanern und Benediktinern Deutschlands und Österreichs, Bd.29, Die Sakramente. Taufe und Firmung, Salzburg/Leipzig 1935

THOMAS VON AQUIN: S. Thomae Aquinatas Opera Omnia Bd.1. In Quattuor Libros Sententiarum, ed. R. Busa, Stuttgart-Bad Cannstadt 1980

Übersetzungen

BÖCKELER, Maura (1954): Hildegard von Bingen: Wisse die Wege. Nach dem Orginaltext des illuminierten Rupertsberger Codex ins Deutsche übertragen, Salzburg 1954

FÜHRKÖTTER, Adelgundis (1965): Hildegard von Bingen. Briefwechsel, Salzburg 1965

FÜHRKÖTTER, Adelgundis (1980): Das Leben der Heiligen Hildegard berichtet von den Mönchen Gottfried und Theoderich. Aus dem Lateinischen übersetzt und kommentiert, Salzburg 1980

LANCZKOWSKI, Johanna (1988): Legatus divinae pietatis, Heidelberg 1988

SCHIPPERGES, Heinrich (1965): Hildegard von Bingen: Das Buch »De operatione Dei«. Aus dem Genter Codex übersetzt und erläutert, Salzburg 1965

SCHIPPERGES, Heinrich (1967): Hildegard von Bingen: Das Buch von dem Grund und Wesen und der Heilung der Krankheiten. Nach den Quellen übersetzt und erläutert, Salzburg 1967

SCHIPPERGES, Heinrich (1972): Der Mensch in der Verantwortung. Das Buch der Lebensverdienste. Nach den Quellen übersetzt und erläutert, Salzburg 1972

STORCH, Walburga (1990): Hildegard von Bingen. Wisse die Wege. Eine Schau von Gott und Mensch in Schöpfung und Zeit, Augsburg 1990

Sekundärliteratur

ACHTERMANN, Waltraud (1985): »Mollior robur«: Das Frauenbild der Hildegard von Bingen, in: Itinera 2/3 (1985), S.149-165

ACKER, Lieven van (1991): Der Briefwechsel zwischen Elisabeth von Schönau und Hildegard von Bingen, in: Instrumenta Patristica 23 (1991), S.409-417

ACKLIN ZIMMERMANN, Beatrice W. (1993): Gott im Denken berühren. Die theologischen Implikationen der Nonnenviten, Freiburg/Schweiz 1993

ALBRECHT, Ruth (1986): Wir gedenken der Frauen, der bekannten wie der namenlosen. Feministische Kirchengeschichtsschreibung, in: SCHAUMBERGER/MAASSEN (Hg.) 1986, S.312-322

ALBRECHT, Ruth (1988): Kleider machen Leute. Entdeckungen feministischer Kirchengeschichtsforschung. Am Beispiel der Katharina von Siena (1347-1380) und der Euphrosyne (5.Jh. n. Chr.), in: WACKER, Marie-Theres (Hg.): Theologie feministisch: Disziplinen – Schwerpunkte – Richtungen, Düsseldorf 1988, S.80-114

d'ALVERNY, Marie-Thérèse (1977): Comment les théologiens et les philosophes voient la femme, in: Cahiers de civilisation médiéval X-XIIᵉ siecle 20 (1977), S.15-39

ALLEN, Prudence (1985): The Concept of Woman, Montreal 1985

ARNOLD, Klaus (1988): Die Frau als Autorin – und die Autorin als Frau. Transgressionen der Frauenrolle und weibliche Freiräume im europäischen Mittelalter, in: MARTIN, Jochen/ZOEPFFEL, Renate (Hg.): Aufgaben, Rollen und Räume von Frau und Mann, Freiburg i.Brsg. 1989, S.709-729

BAKER, Derek (Hg.) (1978): Medieval Women. Dedicated and presented to Prof. Rosalind M.T. Hill (Studies in Church History, Subsidia vol.I), Oxford 1978

BARSTOW, Anne L. (1982): Married Priests and the Reforming Papacy: The Eleventh-century Debates, New York 1982

BAUMGARDT, David (1948): The Concept of Mysticism: Analysis of a Letter Written by Hildegard of Bingen to Guibert of Gembloux, in: Review of Religion 12 (1948), S.282-283

BEAUVOIR, Simone de (1968): Das andere Geschlecht. Sitte und Sexus der Frau, Reinbek 1968

BECHER, Ursula A.J./RÜSEN, Jörn (Hg.) (1988): Weiblichkeit in geschichtlicher Perspektive. Fallstudien und Reflexionen zu Grundproblemen der historischen Frauenforschung, Frankfurt a.M. 1988

BECKER, Gabriele/BOVENSCHEN, Silvia u.a. (1980): Aus der Zeit der Verzweiflung. Zur Genese und Aktualität des Hexenbildes, Frankfurt a.M. 1980

BECKER-SCHMIDT, Regina (1985): Probleme einer feministischen Theorie und Empirie in den Sozialwissenschaften, in: Feministische Studien 2 (1985), S.93-104

BEER, Ursula (1989): Klasse – Geschlecht. Feministische Gesellschaftsanalyse und Wissenschaftskritik, Bielefeld ²1989

BENZ, Ernst (1969): Die Vision: Erfahrungsformen und Bilderwelt, Stuttgart 1969

BERNHARDS, Matthäus (1955): Speculum Virginum. Geistigkeit und Seelenleben der Frau im Hochmittelalter (= Forschungen zur Volkskunde 36-38), Köln/Graz 1955

BERNHART, Joseph (1930): Hildegard von Bingen, in: Archiv für Kirchengeschichte 20 (1930), S.249-260

BERTAU, Karl (1972): Deutsche Literatur im europäischen Mittelalter, Bd.1, München 1972

BEYER, Rolf (1989): Die andere Offenbarung. Mystikerinnen des Mittelalters, Bergisch Gladbach 1989

BIENVENU, Jean-Marc (1989): Art. Fontevrault in: Lexikon des Mittelalters, Bd. IV, München/Zürich 1989, Sp.627-629

BLANK, Walter (1962): Die Nonnenviten des 14. Jahrhunderts. Eine Studie zur hagiographischen Literatur des Mittelalters unter besonderer Berücksichtigung der Visionen und ihrer Lichtphänomene, Phil. Diss. Freiburg 1962

BLESSING, Elmar (1982): Frauenklöster nach der Regel des Hl. Benedikts in Baden-Württemberg, in: Zeitschrift für Württembergische Landesgeschichte 41 (1982), S. 233-249

BOCK, Gisela (1983): Historische Frauenforschung: Fragestellungen und Perspektiven, in: HAUSEN, Karin (Hg.): Frauen suchen ihre Geschichte, München 1983, S.22-60

BOCK, Gisela (1984): Der Platz der Frauen in der Geschichte, in: Methoden in der Frauenforschung (1984), S.51-75

BOCK, Gisela (1988): Geschichte, Frauengeschichte, Geschlechtergeschichte, in: Geschichte und Gesellschaft 14/3 (1988), S.364-391

BOCK, Ulla (1988): Androgynie und Feminismus. Frauenbewegung zwischen Institution und Utopie, Weinheim/Basel 1988

BOLTON, Brenda M. (1976): Mulieres Sanctae, in: STUARD (Hg.) 1976, S.141-158

BORRESEN, Kari (1976): Die anthropologischen Grundlagen der Beziehung zwischen Frau und Mann in der klassischen Theologie, in: Concilium 12 (1976), S.10-17

BORRIES, Bodo von (1985): Lernen und Forschen an Frauengeschichte – Versuch einer Zwischenbilanz, in: JOERES, Ruth-Ellen/KUHN, Annette (Hg.): Frauen in der Geschichte VI. Frauenbilder und Frauenwirklichkeiten, Düsseldorf 1985, S.49-89

BORRIES, Bodo von (1989): Frauengeschichte – Mode, Sekte, Wende? in: Friedrich Jahrheft 7 (1989), Feminin – Maskulin. Konventionen, Kontroversen, Korrespondenzen, S.76-82

BOSL, Karl (1972): Die Grundlagen der modernen Gesellschaft im Mittelalter. Eine deutsche Gesellschaftsgeschichte des Mittelalters, Stuttgart 1972

BOSL, Karl (1980): Europa im Aufbruch, München 1980

199

BOVENSCHEN, Silvia (1979): Die imaginierte Weiblichkeit. Exemplarische Untersuchungen zu kulturgeschichtlichen und literarischen Präsentationsformen des Weiblichen, Frankfurt a.M. 1979

BREDE, Maria L. (1979): Die Klöster der Heiligen Hildegard Rupertsberg und Eibingen, in: BRÜCK (Hg.) 1979, S.77-94

BRINKER-GABLER, Gisela (1988): Einleitung. Frauen schreiben. Überlegungen zu einer ausgewählten Exploration literarischer Praxis, in: BRINKER-GABLER (Hg.) (1988), S.11-36

BRINKER-GABLER, Gisela (Hg.) (1988): Deutsche Literatur von Frauen. Bd.I. Vom Mittelalter bis zum Ende des 18. Jahrhunderts, München 1988

BROOTEN, Bernadette J. (1985): Frühchristliche Frauen und ihr kultureller Kontext. Überlegungen zur Methode historischer Rekonstruktion, in: Einwürfe 2 (1985), S.62-93

BRÜCK, Anton Ph. (Hg.) (1979): Hildegard von Bingen. Festschrift zum 800. Todestag der Heiligen, Mainz 1979

BRUCKNER, Albert (1957): Zum Problem der Frauenhandschriften im Mittelalter, In: ENGEL, Josef/KLINKENBERG, Hans Martin (Hg.): Aus Mittelalter und Neuzeit. Gerhard Kallen zum 70. Geburtstag, Bonn 1957, S.171-183

BUGGE, John (1975): Virginitas. An Essay in the History of a Medieval Ideal, Den Haag 1975

BULLOUGH, Vern (1973): Medieval Medical and Scientific Views of Women, in: Viator 4 (1973), S.485-501

BYNUM, Caroline W. (1982): Jesus as Mother. Studies in the Spirituality of the High Middle Ages, Berkeley, Los Angeles, London 1982

BYNUM, Caroline W. (1984a): Women mystics and eucharistic devotion in the thirteenth century, in: Women's studies 11 (1984), S.179-214

BYNUM, Caroline W. (1984b): Women's Stories, Women's Symbols: A Critique of Victor Turner's Theory of Liminality, in: REYNOLDS, Frank/MOORE, Robert (Hg.): Anthropology and the Study of Religion, Chicago 1984, S.105-125

BYNUM, Caroline W. (1986): »... And Woman His Humanity«: Female Imaginery in the Religious Writings of the Later Middle Ages, in: BYNUM u.a. (Hg.): Gender and Religion: On the complexity of symbols, Boston 1986, S.257-288

BYNUM, Caroline W. (1987): Holy Feast and Holy Fast. The Religious Significance of Food to Medieval Women, Berkeley 1987

CADDEN, Joan (1984): It takes all kinds: Sexuality and gender differences in Hildegard of Bingen's Book of Compound Medicine, in: Traditio 40 (1984), S.149-174

CADDEN, Joan (1991): Wissenschaft, Sprache und Macht im Werk Hildegards von Bingen, in: Feministische Studien 9 (1991), S.69-79

CARDMAN, Francis (1978): The Medieval Question Of Women and Orders, in: The Thomist 42 (1978), S.582-599

COGNET, Louis (1980): Gottes Geburt in der Seele. Einführung in die Deutsche Mystik, Freiburg 1980

CURSCHMANN, Michael: Art. Herrad von Hohenburg (Landsberg), in: Die deutsche Literatur des Mittelalters. Verfasserlexikon, Bd. 3, Sp.1138-1144, Berlin/New York 1981

CURTIUS, Ernst R. (1948): Europäische Literatur und lateinisches Mittelalter, Bern 1948

DALARUN, Jacques (1987): Erotik und Enthaltsamkeit. Das Kloster des Robert von Abrissel, Frankfurt a.M. 1987

DEGLER-SPENGLER, Brigitte (1982): Einleitung, in: SOMMER-RAMER, Cécile/BRAUN, Patrick (Hg.): Die Zisterzienser und Zisterzienserinnen, die reformierten Bernhardiner, die Trappisten und Trappistinnen und die Wilhelmiten der Schweiz. Zweiter Teil (Helvetia Sacra Abt.III. Die Orden mit Benediktinerregel Bd.3. Zweiter Teil), Bern 1982, S.507-574

DEGLER-SPENGLER, Brigitte (1984): Die religiöse Frauenbewegung des Mittelalters. Konversen – Nonnen – Beginen, in: Rottenburger Jahrbuch zur Kirchengeschichte 3 (1984), S.75-88

DEGLER-SPENGLER, Brigitte (1985): »Zahlreich wie die Sterne des Himmels«. Zisterzienser, Dominikaner und Franziskaner vor dem Problem der Inkorporation von Frauenklöstern, in: Rottenburger Jahrbuch für Kirchengeschichte 4 (1985), S.37-50

DELIUS, Walter (1963): Geschichte der Marienverehrung, München 1963

DEMPF, Alois (1962): Sacrum Imperium. Geschichts- und Staatsphilosophie des Mittelalters und der politischen Neuzeit, München ^{3}1962

DEROLEZ, Albert (1972): The Genesis of Hildegard of Bingen's ›Liber divinorum operum‹. The codical evidence, in: Litterae textuales. Essays presented to G.I. Lieftink Bd.2, Amsterdam 1972, S.23-33

DEROLEZ, Albert (1973): Deux notes concernant Hildegarde de Bingen, in: Scriptorium 27 (1973), S.291-295

DEVLIN, Dennis (1984): Feminine Lay Piety in the High Middle Ages: The Beguines, in: NICHOLS/SHANK (Hg.) 1984, S.183-196

DINZELBACHER, Peter (1981): Vision und Visionsliteratur im Mittelalter, Stuttgart 1981

DINZELBACHER, Peter (1985): Europäische Frauenmystik des Mittelalters. Ein Überblick, in: DINZELBACHER/BAUER (Hg.) 1985, S.11-23

DINZELBACHER, Peter (1986a): Art. Ekbert von Schönau, in: Lexikon des Mittelalters Bd. III, München/Zürich 1986, Sp.1763

DINZELBACHER, Peter (1986b): Art. Elisabeth von Schönau, in: Lexikon des Mittelalters Bd. III, München/Zürich 1986, Sp.1842-1843

DINZELBACHER, Peter (1986c): Die Offenbarungen der heiligen Elisabeth von Schönau. Bildwelt, Erlebnisweise und Zeittypisches, in: Studien und Mitteilungen zur Geschichte des Benediktinerordens und seiner Zweige 97 (1986), S.462-482

DINZELBACHER, Peter (1988a): Elisabeth von Schönau, in: THIELE (Hg.) 1988, S.60-70

DINZELBACHER, Peter (1988b): Das politische Wirken der Mystikerinnen in Kirche und Staat: Hildegard, Brigitta, Katharina, in: DINZELBACHER/BAUER (Hg.) 1988, S.265-302

DINZELBACHER, Peter (1988c): Rollenverweigerung, religiöser Aufbruch und mystisches Erleben mittelalterlicher Frauen, in: DINZELBACHER/BAUER (Hg.) 1988, S.1-58

DINZELBACHER, Peter/BAUER, Dieter R. (Hg.) (1985): Frauenmystik im Mittelalter. Wissenschaftliche Studientagung der Akademie der Diözese Rottenburg/Stuttgart 22.-25.2 1984 in Weingarten, Ostfildern bei Stuttgart 1985

DINZELBACHER, Peter/BAUER, Dieter R. (Hg.) (1988): Religiöse Frauenbewegung und mystische Frömmigkeit im Mittelalter, Köln/Wien 1988

DISSELBECK-TEWES, Elke: Frauen in der Kirche. Das Leben der Frauen in den mittelalterlichen Zisterzienserklöstern Fürstenberg, Graefenthal und Schledenhorst, Köln/Wien 1989

DOERR, Otmar (1934): Das Institut der Inclusen in Süddeutschland, Münster 1934

DOYERE, Pierre (1968): Introduction, in: Gertrude d'Helfta. Le Héraut. Livres 1 et 2, ed. P. Doyère, Paris 1968 = Source Chrétiennes 139, S.9-91

DRONKE, Peter (1981): Women Writers in the Middle Ages, Cambridge 1984

DRONKE, Peter (1984): Problemata Hildegardiana, in: Mittellateinisches Jahrbuch 16 (1981), S.97-131

DROYSEN, Johann Gustav (1960): Historik. Vorlesungen über Enzyklopädie und Methodologie der Geschichte, ed. R.Hübner, Darmstadt ^{4}1960

DUBY, Georges/PERROT, Michelle (1993): Geschichte der Frauen. Bd.2: Mittelalter, Frankfurt a.M./New York 1993

DÜRIG, Walter (1960): Art. Fistula, in: Lexikon für Theologie und Kirche, Sp.160, Freiburg 1960

ECKENSTEIN, Lina (1896): Women Under Monasticism: Chapters on Saint-Lore and Convent Life Betwen A.D. 500 and A.D. 1500, Cambridge 1896

ELM, Kaspar/JOERISSEN, Peter u.a. (Hg.) (1980): Die Zisterzienser, Ordensleben zwischen Ideal und Wirklichkeit. Katalog zur Ausstellung des Landschaftsverbandes Rheinland, Rheinisches Museumsamt, Brauweiler, Aachen 3.7.-28.9.1980 (Schriften des Rheinischen Museumsamtes 10), Bonn 1980

ELM, Kaspar (Hg.) (1984): Norbert von Xanten. Adliger, Ordensstifter, Kirchenfürst, Köln 1984

ENNEN, Edith (1980): Die Frau in der mittelalterlichen Stadtgesellschaft Mitteleuropas, in: Hansische Geschichtsblätter 98 (1980), S.1-22

ENNEN, Edith (1984): Frauen im Mittelalter, München 1984

ENNEN, Edith (1988): Politische, kulturelle und karitative Wirksamkeit mittelalterlicher Frauen in Mission – Kloster – Stift – Konvent, in: DINZELBACHER/BAUER (Hg.) 1988, S.59-82

FARGE, Arlette (1989): Praxis und Wirkung der Frauengeschichtsschreibung, in: PERROT (Hg.) 1989, S.29-45

FAURÉ, Christine (1981): Absent from History, in: Signs 7 (1981), S.71-80

FELTEN, Franz (1984): Norbert von Xanten. Vom Wanderprediger zum Kirchenfürsten, in: ELM (Hg.) 1984, S.69-157

FERRANTE, Joan (1975): Woman as Image in Medieval Literature, New York/London 1975

FERRANTE, Joan (1980): The Education of Women in the Middle Ages in Theory, Fact and Fantasy, in: LABALME, Patricia (Hg.): Learned Women of The European Past, New York 1980, S.9-43

FLANAGAN, Sabina (1987): Hildegard of Bingen as Prophet: The Evidence of her Contemporaries, in: Tjurunga 32 (1987), S.16-45

FRANK, Karl S. (1981): Art. Cluny, in: Theologische Realenzyklopädie 8, Berlin/New York 1981, S.126-132

FREED, John B. (1972): Urban Development and the *Cura monalium* in Thirteenth-Century Germany, in: Viator 3 (1972), S.311-327

FÜHRKÖTTER, Adelgundis (1979): Hildegard von Bingen. Leben und Werk, in: BRÜCK (Hg.) 1979, S.31-54

FUHRMANN, Horst (1978): Deutsche Geschichte im hohen Mittelalter: Von der Mitte des 11. Jahrhunderts bis zum Ende des 12. Jahrhunderts, Göttingen 1978

FUMAGALLI, Vito (1988): Wenn der Himmel sich verdunkelt. Lebensgefühl im Mittelalter, Berlin 1988

Die ungeschriebene GESCHICHTE. Historische Frauenforschung. Dokumentation des 5. Historikerinnentreffens in Wien, 16. bis 19. April 1984, Himberg bei Wien 1984

GIES, Frances/GIES, Joseph (1978): Women in the Middle Ages, New York 1978

GILLMANN, F. (1913): Weibliche Kleriker nach dem Urteil der Frühscholastik, in: Archiv für katholisches Kirchenrecht 93 (1913), S.239-253

GLASER, Horst A. (Hg.) (1988): Deutsche Literatur. Eine Sozialgeschichte. Bd.1 : Aus der Mündlichkeit in die Schriftlichkeit: Höfische und andere Literatur 750 – 1320, Reinbek 1988

GÖSSMANN, Elisabeth (1957): Die Verkündigung an Maria im dogmatischen Verständnis des Mittelalters, München 1957

GÖSSMANN, Elisabeth (1964): Metaphysik und Heilsgeschichte. Eine theologische Untersuchung der Summa Halensis, München 1964

GÖSSMANN, Elisabeth (1979): Anthropologie und soziale Stellung der Frau nach Summen und Sentenzenkommentaren des 13. Jahrhunderts, in: ZIMMERMANN, Albrecht (Hg.): Soziale Ordnungen im Selbstverständnis des Mittelalters, S.281-297 (Miscellanea Medievalia 12/1), Berlin/New York 1979

GÖSSMANN, Elisabeth (1983a): Einige Bemerkungen zum Menschenbild Hildegards von Bingen, in: BENDKOWSKI, Halina/WEISSHAUPT, Brigitte (Hg.): Was Philosophinnen denken, Zürich 1983, S.191-200

GÖSSMANN, Elisabeth (1983b): Hildegard von Bingen, in: GRESCHAT, Martin (Hg.): Gestalten der Kirchengeschichte Bd.3/1, Stuttgart 1983, S.224-237

GÖSSMANN, Elisabeth (1983c): Theologische Frauenforschung: Das Menschenbild des Mittelalters und die Stellungnahme der zeitgenössischen Frau, in: Frauenstudien Frauenforschung, ed. Zentraleinrichtung zur Förderung von Frauenstudien und Frauenforschung an der FU Berlin/West 1983, S.64-87

GÖSSMANN, Elisabeth (1985): Das Menschenbild der Hildegard von Bingen und Elisabeths von Schönau vor dem Hintergrund der frühscholastischen Anthropologie, in: DINZELBACHER/BAUER (Hg.) 1985, S.24-47

GÖSSMANN, Elisabeth (1986a): Ipsa enim quasi domus sapientiae. Die Frau ist gleichsam das Haus der Weisheit. Zur frauenbezogenen Spiritualität Hildegards von Bingen, in: SCHMIDT/BAUER (Hg.) 1986, S.1-18

GÖSSMANN, Elisabeth (1986b): Zyklisches und lineares Geschichtsbewußtsein im Mittelalter: Hildegard von Bingen, Johannes von Salisbury, in: WENIN, Christian (Hg.), L'Homme et son univers au moyen-âge, Louvain-la-Neuve 1986, S.882-892

GÖSSMANN, Elisabeth (1987): Äußerungen zum Frauenpriestertum in der christlichen Tradition, in: GÖSSMANN, Elisabeth/BADER,Dietmar (Hg.): Warum keine Ordination der Frau? Unterschiedliche Einstellungen in den christlichen Kirchen, München/Zürich 1987, S.9-25

GÖSSMANN, Elisabeth (1989a): Der Brief Hildegards von Bingen an den Kölner Klerus zum Problem der Katharer, in: ZIMMERMANN, Albrecht (Hg.): Die Kölner Universität im Mittelalter (Miscellanea Mediaevalia 20), Berlin/New York 1989, S.312-320

GÖSSMANN, Elisabeth (1989b): Glanz und Last der Tradition. Ein theologiegeschichtlicher Durchblick, in: SCHNEIDER, Theodor (Hg.): Mann und Frau – Grundproblem theologischer Anthropologie, Freiburg/Basel/Wien 1989, S.25-52

GÖSSMANN, Elisabeth (1990): Reflexionen zur mariologischen Dogmengeschichte, in: RÖKKELEIN, Hedwig/OPITZ, Claudia/BAUER, Dieter R. (Hg.): Maria – Abbild oder Vorbild? Zur Sozialgeschichte mittelalterlicher Marienverehrung, Tübingen 1990, S.19-36

GÖSSMANN, Elisabeth (1991): Das Gottes- und Menschenbild in der Frauentradition als Korrektiv und Replik zur männlichen Schultheologie, in: Jahrbuch für Volkskunde, Neue Folge 14 (1991), S.127-142

GÖSSMANN, Elisabeth (1993): Religiös-theologische Schriftstellerinnen, in: DUBY/PERROT 1993, S.495-511

GÖTTNER-ABENDROTH, Heide (1984): Zur Methodologie von Frauenforschung am Beispiel Biographie, in: Beiträge zur feministischen Theorie und Praxis 11 (1984), S.35-39

GOETZ, Hans-Werner (1986): Leben im Mittelalter: Vom 7. bis zum 13. Jahrhundert, München 1986

GOLD, Penny S. (1985): The Lady and the Virgin: Image Attitude and Experience in Twelfth-Century France, Chicago/London 1985

GOODICH, Michael (1982): Vita perfecta. The Ideal of Sainthood in the 13th Century, Stuttgart 1982

GRABMANN, Martin (1926): Mittelalterliches Geistesleben. Abhandlungen zur Geschichte der Scholastik und Mystik I, München 1926

GRÜBEL, Isabel (1987): Bettelorden und Frauenfrömmigkeit im 13. Jahrhundert: Das Verhältnis der Mendikanten zu Nonnenklöstern und Beginen am Beispiel Straßburg und Basel (= Kulturgeschichtliche Forschungen Bd.9), München 1987

GRUNDMANN, Herbert (1936): Die Frauen und die Literatur im Mittelalter, in: Archiv für Kulturgeschichte 26 (1936), S.129-161

GRUNDMANN, Herbert (1961): Religiöse Bewegungen im Mittelalter. Untersuchungen über die geschichtlichen Zusammenhänge zwischen der Ketzerei, den Bettelorden und der religiösen Frauenbewegung des 12. und 13. Jahrhunderts und über die geschichtlichen Grundlagen der deutschen Mystik. Anhang: Neue Beiträge zur Geschichte der religiösen Bewegungen, Darmstadt 1961

GURJEWITSCH, Aaron J. (1980): Das Weltbild des mittelalterlichen Menschen, München 1980

HAAS, Alois M. (1979): Sermo Mysticus. Studien zu Theologie und Sprache der Deutschen Mystik, Freiburg (Schweiz) 1979

HAAS, Alois M. (1982): Mechtild von Hackeborn. Eine Form zisterziensischer Frauenfrömmigkeit, in: ELM/JOERISSEN (Hg.) 1982, S.221-239

HAAS, Alois M. (1986): Was ist Mystik? in: RUH (Hg.) 1986, S.319-341

HAUG, Walter (1986): Zur Grundlegung einer Theorie des mystischen Sprechens, in: RUH (Hg.) 1986, S.494-508

HAUSEN, Karin (1981): Women's History in den Vereinigten Staaten, in: Geschichte und Gesellschaft 7 (1981), S.347-363

HAUSEN, Karin/NOWOTNY, Helga (Hg.) (1986): Wie männlich ist die Wissenschaft?, Frankfurt a.M. 1986

HAVERKAMP, Alfred (1984a): Aufbruch und Gestaltung. Deutschland von 1056-1273, München 1984

HAVERKAMP, Alfred (1984b): Tengswich von Andernach und Hildegard von Bingen. Zwei »Weltanschauungen« in der Mitte des 12. Jahrhunderts, in: Institutionen, Kultur und Gesellschaft im Mittelalter. Festschrift für Josef Fleckenstein, Sigmaringen 1984

HEILER, Anne Marie (1929): Mystik deutscher Frauen im Mittelalter, Berlin 1929

HERHILY, David (1971): Women in Medieval Society. Pamphlet: The Smith History Lecture, University of St.Thomas, Houston 1971

HERWEGEN, Ildefons (1904): Les collaborateurs de Ste. Hildegarde, in: Revue bénédictine 21 (1904), S. 192-203, 302-315, 381-403

HERWEGEN, Ildefons (1912): Die hl. Hildegard und das Oblateninstitut, in: Studien und Mitteilungen des Benediktiner und Zisterzienserordens 33 (1912), S.543-552

HILPISCH, Stephan (1951): Die Geschichte der Benediktinerinnen, St.Ottilien 1951

HILPISCH, Stephan (1965): Elisabeth von Schönau und Hildegard von Bingen, in: Schönauer Elisabethjubiläum 1965, S.51-58

HORSTKÖTTER, Ludger (1984): Die Prämonstratenser und ihre Klöster am Niederrhein und in Westfalen, in: ELM (Hg.) (1984), S.247-265

IRSIGLER, Franz (1988): Epoche – Sozialgeschichtlicher Abriß, in: GLASER (Hg.) 1988, S.12-28

JARON LEWIS, Gertrud (1983): Christus als Frau. Eine Vision Elisabeths von Schönau, in: Jahrbuch für internationale Germanistik 15 (1983), S.70-80

JARON LEWIS, Gertrud (1986a): Gertrud of Helfta's legatus divinae pietatis und ein botte der götlichen miltekeit: A comparative Study of major Themes, in: LAGORIO, Valerie M. (Hg.): Mysticism: medieval and modern, Salzburg 1986, S. 58-71

JARON LEWIS, Gertrud (1986b): Zur Rezeption des Werkes Gertruds von Helfta, in: STEPHAN, Inge/PIETZKER, Carl (Hg.): Frauensprache – Frauenliteratur? Für und Wider einer Psychoanalyse literarischer Werke, Tübingen 1986, S.3-10

JARON LEWIS, Gertrud (Hg.) (1988): Bibliographie zur deutschen mittelalterlichen Frauenmystik, Berlin 1984-1988

JARON LEWIS, Gertrud (1990): Das Gottes- und Menschenbild im Werk der mittelalterlichen Mystikerin Gertrud von Helfta. Ein Beitrag zur Diskussion »Frau in der Kirche«, in: Geist und Leben 63/1 (1990), S.53-69

JOMBART, Émile/VILLER, Marcel (1953): Art. Clotûre, in: Dictionaire de spiritualité, ascetique et mystique, doctrine et histoire 2, Paris 1953, Sp. 979-1007

KAUFMAN, Michael (1973): Spare Ribs: The conception of Woman in the Middle Ages and the Renaissance, in: Soundings 56 (1973), S.139-163

KELLY-GADOL, Joan (1976): The Social Relations of the Sexes. Methodological Implications of Women's History in: Signs 1/3 (1976), S.809-823

KERBY-FULTON, Kathryn/ELLIOT, Dyan (1985): Self Image and Visionary Role in Two Letters from the Correspondence of Elisabeth of Schönau and Hildegard of Bingen, in: Vox Benedictina 2 (1985), S.204-213

KETSCH, Peter (1984): Frauen im Mittelalter, Bd.2: Frauenbild und Frauenrechte in Kirche und Gesellschaft, Düsseldorf 1984

KLAPISCH-ZUBER, Christiane (1989): Die Mediävisten, die Frau und die serielle Geschichtsschreibung, in: PERROT (Hg.) 1989, S.147-159

KÖPF, Ulrich (1984): Art. Gertrud von Helfta, in: Theologische Realenzyklopädie 12, Berlin/New York 1984, S.538-540

KÖPF, Ulrich (1985): Bernhard von Clairvaux in der Frauenmystik, in: DINZELBACHER/BAUER (Hg.) 1985, S.48-77

KÖSTER, Kurt (1951): Elisabeth von Schönau. Werk und Wirken im Spiegel der mittelalterlichen handschriftlichen Überlieferung, in: Archiv für mittelrheinische Kirchengeschichte 3 (1951), S.243-316

KÖSTER, Kurt (1952): Das visionäre Werk Elisabeths von Schönau. Studien zu Entstehung, Überlieferung und Wirkung in der mittelalterlichen Welt, in: Archiv für mittelrheinische Kirchengeschichte 4 (1952), S.79-119

KÖSTER, Kurt (1965): Elisabeth von Schönau, Leben und Persönlichkeit. – Das visionäre Werk, seine Überlieferung, Verbreitung und Wirkung in der mittelalterlichen Welt, in: Schönauer Elisabethjubiläum 1965, S.17-46

KÖSTER, Kurt (1980): Art. Elisabeth von Schönau, in: Deutsche Literatur des Mittelalters. Verfasserlexikon, Bd. 2, Berlin/New York 1980, Sp.488-494

KRAFT, Kent (1984): The German Visionary: Hildegard von Bingen, in: WILSON (Hg.) 1984, S.109-123

KRENIG, Ernst G. (1954): Mittelalterliche Frauenklöster nach den Konstitutionen von Cîteaux unter besonderer Berücksichtigung fränkischer Nonnenkonvente, in: Analecta Sacri Ordinis Cistercienis 10 (1954), S.2-105

KROHN, Rüdiger (1988): Kulturgeschichtliche Bedingungen, in: GLASER (Hg.) 1988, S.29-45

KROOS, Renate (1970): Niedersächsische Bildstickereien des Mittelalters, Berlin 1970

KUHN, Annette (1983): Das Geschlecht – eine historische Kategorie? Gedanken zu einem aus der neueren Geschichtswissenschaft verdrängten Begriff, in: BREHMER, Ilse (Hg.): Frauen in der Geschichte IV, Düsseldorf 1983, S.29-50

KUHN, Annette (1985a): Annäherung an eine feministische Geschichtstheorie, in: HELD, Jutta (Hg.): Kunst und Kultur von Frauen, Loccum 1985, S.9-24

KUHN, Annette (1985b): Die Frauengeschichtsforschung in der Bundesrepublik – der feministische Grundkonsens, Tendenzen, Perspektiven, in: Zeitschrift für Evangelische Ethik 9/1 (1985), S.86-98

KUHN, Annette (1990): Frauengeschichtsforschung. Zeitgemäße und unzeitgemäße Betrachtungen zum Stand einer neuen Disziplin, in: Aus Politik und Zeitgeschehen 34-35 (1990), S.3-15

KUHN-REHFUS, Maren (1971): Das Zisterzienserinnenkloster Wald. Grundherrschaft, Gerichtsherrschaft und Verwaltung, Sigmaringen 1971

KUHN-REHFUS, Maren (1980): Zisterzienserinnen in Deutschland, in: ELM/JOERISSEN (Hg.) 1980, S.125-148

KUHN-REFUS, Maren (1982): Die soziale Zusammensetzung der Konvente in den oberschwäbischen Frauenzisterzen, in: Zeitschrift für Württembergische Landesgeschichte 41 (1982), S.7-31

KUNZE, Georg (1953): Studien zu den Nonnenviten des deutschen Mittelalters. Ein Beitrag zur religiösen Literatur im Mittelalter, Diss. Hamburg 1953

LAGORIO, Valerie M. (1983): Social Responsibility And The Medieval Women Mystics On The Continent, in: Analecta Cartusiana 35/2 (1983), S.95-104

LAGORIO, Valerie M. (1984): The Medieval Continental Women Mystics: An Introduction, in: SZARMACH, Paul E. (Hg.) An Introduction to the Medieval Mystics of Europe, Albany 1984, S.161-193

LANGER, Otto (1987): Mystische Erfahrungen und spirituelle Theologie: Zu Meister Eckharts Auseinandersetzung mit der Frauenfrömmigkeit seiner Zeit, München 1987

LANCZKOWSKI, Johanna (1988a): Gertrud die Große von Helfta, in: THIELE (Hg.) 1988, S.100-109

LANCZKOWSKI, Johanna (1988b): Gertrud die Große von Helfta: Mystik des Gehorsams, in: DINZELBACHER/BAUER (Hg.) 1988, S.153-164

LECLERQ, Jean (1981): Medieval Feminine Monasticism: Reality Versus Romantic Images, in: ELDER, R. (Hg.): Benedictus. Studies in Honor of St. Benedict of Nursia, Kalamazoo 1981, S. 53-70

LECLERQ, Jean (1983): Feminine Monasticism in the Twelfth and Thirteenth Centuries, in: SKUDLAREK, W. (Hg.): The Continuing Quest for God, Collegeville 1983, S.114-26

LECLERCQ, Jean (1987): Solitude and Solidarity: Medieval Women Recluses, in: NICHOLS/SHANK (Hg.) 1987, S.67-84

LEHRBACH, Heike (1979): Katalog zur internationalen Ausstellung Heilige Hildegard von Bingen 1179-1979, Bingen am Rhein 1979

LEHRMAN, Sara (1975): The Education of Women in the Middle Ages, in: Roles and Images of Women in the Middle Ages and Renaissance, Pittsburgh 1975, S.133-144

LEISCH-KIESL, Monika: Eva als Andere. Eine exemplarische Untersuchung zu Frühchristentum und Mittelalter, Köln 1992

LERNER, Gerda (1979): The Majority Finds Its Past, New York/Oxford 1979

LERNER, Gerda (1984): Eine feministische Theorie der Historie, in: Die ungeschriebene GESCHICHTE, S.404-411

LIEBESCHÜTZ, Hans (1930): Das allegorische Weltbild der heiligen Hildegard von Bingen, Leipzig/Berlin 1930

LÖHR, Gabriel M. (1925): Drei Briefe Hermanns von Minden O.P. über die Seelsorge und die Leitung der deutschen Dominikanerinnenklöster, in: Römische Quartalschrift 33 (1925), S.159-167

LUCAS, Angela M. (1983): Women in the Middle Ages: Religion, Marriage and Letters, Brighton 1983

LÜERS, Grete (1923): Marienverehrung mittelalterlicher Frauen, München 1923

MAAS, Barbara (1988): »Eine andere Perspektive«. Historische Frauenforschung in Großbritannien, in: BECHER/RÜSEN (Hg.) 1988, S.478-501

McLAUGHLIN, Eleanor (1974): Equality of Souls, Inequality of Sexes: Women in medieval Theology, in: RUETHER, Rosemary R. (Hg.): Religion and Sexism: Images of Women in the Jewish and Christian Traditions, New York 1974

McLAUGHLIN, Mary (1975): Peter Abelard and the Dignity of Women, in: Pierre Abélard – Pierre le Venerable, Paris 1975

McLAUGHLIN, T.P (1956): Abelard's Rule for Religious Women, in: Medieval Studies 18 (1956), S.241-292

MEIER, Christel (1972): Die Bedeutung der Farben im Werk Hildegards von Bingen, in: Frühmittelalterliche Studien 6 (1972), S.245-355

MEIER, Christel (1979): Zwei Modelle von Allegorie im 12. Jahrhundert: Das allegorische Verfahren Hildegards von Bingen und Alans von Lille, in: HAUG, Walter (Hg.): Formen und Funktionen der Allegorie. Symposion Wolfenbüttel 1978, Stuttgart 1979, S.70-89

MEIER, Christel (1985): Eriugena im Nonnenkloster? Überlegungen zum Verhältnis von Prophetentum und Werkgestalt in den »figmenta prophetica« Hildegards von Bingen, in: Frühmittelalterliche Studien 19 (1985), S.466-497

MEIER, Christel (1987): »Scientia divinorum operum«. Hildegards von Bingen visionär-künstlerische Rezeption Eriugenas, in: BEIERWALTES, Werner (Hg.): Eriugena redivivus, Heidelberg 1987, S.89-141

MEIER, Christel (1988a): Hildegard von Bingen, in: GLASER (Hg.) 1988, S.94-103

MEIER, Christel (1988b): Prophetentum als literarische Existenz: Hildegard von Bingen (1098-1179). Ein Portrait, in: BRINKER-GABLER (Hg.) 1988, S.76-87

METHODEN in der Frauenforschung. Beiträge zum Symposion an der Freien Universität Berlin vom 30.11.-2.12.1983, hg. v. der Zentraleinrichtung zur Förderung von Frauenstudien und Frauenforschung an der FU Berlin, Frankfurt a.M. 1984

MEYER-WILMES, Hedwig (1990): Rebellion auf der Grenze. Ortsbestimmung feministischer Theologie, Freiburg 1990

MIES, Maria (1978): Methodische Postulate zur Frauenforschung – dargestellt am Beispiel der Gewalt gegen Frauen, in: Beiträge zur feministischen Theorie und Praxis 1 (1978), S.41-63

MIES, Maria (1984a): Methodische Postulate zur Frauenforschung, in: Beiträge zur Feministischen Theorie und Praxis 11 (1984), S.7-25

MIES, Maria (1984b): Frauenforschung oder feministische Forschung? Die Debatte um feministische Wissenschaft und Methodologie, in: Beiträge zur feministischen Theorie und Praxis 11 (1984b), S.40-60

MÜLLER, Ursula (1984): Gibt es eine »spezielle« Methode in der Frauenforschung? in: Methoden in der Frauenforschung, S.29-50

MÜLLER-REIFF, Willi (1921): Zur Psychologie der mystischen Persönlichkeit, Berlin 1921

MULACK, Christa (1985): Maria. Die geheime Göttin im Christentum, Stuttgart 1985

MULDER-BAKKER, A.B. (1991): Art. Inklusen, in: Lexikon des Mittelalters Bd. V, München/Zürich 1991, Sp.426-427

MUSCHG, Walter (1935): Die Mystik in der Schweiz. 1200-1500, Frauenfeld/Leipzig 1935

NEIDIGER, Bernhard (1981): Mendikanten zwischen Ordensideal und städtischer Realität. Untersuchungen zum wirtschaftlichen Verhalten der Bettelorden in Basel (Berliner Historische Studien, Bd. 5 Ordensstudien III), Berlin 1981

NEWMAN, Barbara J. (1981): O Feminea Forma: God and Woman in the Works of St. Hildegard 1098-1179, Diss. Yale Univ. 1981

NEWMAN, Barbara J. (1985): Hildegard von Bingen: Visions and Validations, in: Church History 54 (1985), S.163-175

NEWMAN, Barbara J. (1987a): Divine Power Made Perfect in Weakness: St. Hildegard on the Frail Sex, in: NICHOLS/SHANK (Hg.) 1987, S.103-122

NEWMAN, Barbara J. (1987b): Sister of Wisdom: St. Hildegard's Theology of the Feminine, Berkeley/Los Angeles/London 1987

NEWMAN, Barbara J. (1988): Introduction, in: Saint Hildegard of Bingen. Symphonia. Critical Edition of the Symohonia armonie celestium revelationum, Ithaca/London 1988, S.1-63

NICHOLS, John A./SHANK, Lillian T. (Hg.) (1984): Distant Echoes. Medieval Religious Women I, Kalamazoo 1984

NICHOLS, John A./SHANK, Lillian T. (Hg.) (1987): Peace Weavers. Medieval Religious Women II, Kalamazoo 1987

NOONAN, John T. (1973): Marriage in the Middle Ages: Power to Choose, in: Viator 4 (1973), S.419-434

OPITZ, Claudia (1984): Der »andere« Blick der Frauen in die Geschichte – Überlegungen zu Analyse und Darstellungsmethoden feministischer Geschichtsforschung, in: Methoden in der Frauenforschung (1984), S.76-93

OPITZ, Claudia (1988): Vom Familienzwist zum sozialen Konflikt. Über adlige Eheschließungspraktiken im Hoch- und Spätmittelalter, in: BECHER/RÜSEN (Hg.) 1988, S.116-149

OPITZ, Claudia (1990): Evatöchter und Bräute Christi. Weiblicher Lebenszusammenhang und Frauenkultur im Mittelalter, Weinheim 1990

PARISSE, Michel (1988): Der Anteil der lothringischen Benediktinerinnen an der monastischen Bewegung des 10. und 11. Jahrhunderts, in: DINZELBACHER/BAUER (Hg.) 1988, S.83-98

PERROT, Michelle (Hg.) (1989): Geschlecht und Geschichte. Ist eine weibliche Geschichtsschreibung möglich? Frankfurt a.M. 1989

PETERS, Ursula (1984): Frauenmystik im 14. Jahrhundert. Die ›Offenbarungen‹ der Christine Ebner, in: OPITZ, Claudia (Hg.): Weiblichkeit oder Feminismus? Weingarten 1984

PETERS, Ursula (1988): Religiöse Erfahrung als literarisches Faktum. Zur Vorgeschichte und Genese frauenmystischer Texte des 13. und 14. Jahrhunderts, Tübingen 1988

PETROFF, Elizabeth A. (1978): Medieval Women Visionaries: Seven Stages to Power, in: Frontiers 3 (1978), S.34-45

PETROFF, Elizabeth A. (1986): Medieval Women's Visionary Literatur, Oxford 1986

PLOTZEK-WEDERHAKE, Gisela (1980): Buchmalerei in Zisterzienserklöstern, in: ELM/JOERISSEN (Hg.) 1980, S.357-378

PREGER, Wilhelm (1962): Geschichte der deutschen Mystik im Mittelalter Bd.1, Geschichte der deutschen Mystik bis zum Tode Meister Eckharts, 1874, Neudruck Aalen 1962

PRIEUR, Jutta (1983): Das Kölner Dominikanerinnenkloster St.Gertrud am Neumarkt, Köln 1983

PUHLE, H.-J. (1981): Warum gibt es so wenige Historikerinnen? Zur Situation der Frauen in der Geschichtswissenschaft, in: Geschichte und Gesellschaft VII/3-4 (1981), S.364-393

QUINT, Josef (1965): Art. Mystik, in: Reallexikon der deutschen Literatur Bd.2, Berlin ²1965, S.544-568

RAMING, Ida (1973): Der Ausschluß der Frau vom priesterlichen Amt. Gottgewollte Tradition oder Diskriminierung, Wien 1973

RANKE, Leopold von (1885): Geschichte der romanischen und germanischen Völker von 1494 bis 1514. Sämtl. Werke, Bd.33, Leipzig 1885

RICH, Adrienne (1986): Macht und Sinnlichkeit. Ausgewählte Texte von Audre Lord und Adrienne Rich, ed. D. Schultz, Berlin ²1986

RIEHLE, Wolfgang (1977): Studien zur englischen Mystik des Mittelalters unter besonderer Berücksichtigung ihrer Metaphorik, Heidelberg 1977

RINGLER, Siegfried (1980): Viten- und Offenbarungsliteratur in Frauenklöstern des Mittelalters. Quellen und Studien, München 1980

RINGLER, Siegfried (1985): Die Rezeption mittelalterlicher Frauenmystik als wissenschaftliches Problem, dargestellt am Werk der Christine von Ebner, in: DINZELBACHER/BAUER (Hg.) 1985, S.178-200

ROSOF, Patricia J.F. (1987): The Anchoress in the Twelfth and Thirteenth Centuries, in: NICHOLS/SHANK (Hg.) 1987, S.123-144

RÜSEN, Jörn (1975): Werturteilsstreit und ERkenntnisfortschritt. Skizzen zur Typologie des Objektivitätsproblems in der Geschichtswissenschaft, in: RÜSEN, Jörn (Hg.): Historische Objektivität. Aufsätze zur Geschichtstheorie, Göttingen 1975, S.68-101

RÜSEN, Jörn (1983): Historische Vernunft: Grundzüge einer Historik, Göttingen 1983

RÜSEN, Jörn (1988): ›Schöne‹ Parteilichkeit. Feminismus und Objektivität in der Geschichtswissenschaft, in: BECHER/RÜSEN (Hg.) (1988), S.517-542

RUH, Kurt (1982): Vorbemerkungen zu einer neuen Geschichte der abendländischen Mystik im Mittelalter, in: Bayerische Akademie der Wissenschaften, Philosophisch-Historische Klasse, Sitzungsberichte, 7 (1982)

RUH, Kurt (Hg.) (1986): Abendländische Mystik im Mittelalter. Symposion im Kloster Engelberg 1984, Stuttgart 1986

SACKS, Oliver (1990): Der Mann der seine Frau mit einem Hut verwechselte, Reinbek 1990

SCHAUMBERGER, Christine (1988): Subversive Bekehrung. Schulderkenntnis, Schwesterlichkeit, Frauenmacht: Irritierende und inspirierende Grundmotive kritisch-feministischer Befreiungstheologie, in: SCHAUMBERGER, Christine/SCHOTTROFF, Luise: Schuld und Macht: Studien zu einer feministischen Befreiungstheologie, München 1988, S.153-288

SCHAUMBERGER, Christine/MAASSEN, Monika (Hg.) (1986): Handbuch Feministische Theologie, Münster 1986

SCHENK, Herrad (1980): Die feministische Herausforderung. 150 Jahre Frauenbewegung in Deutschland, München 1980

SCHIRMER, Eva (1984): Minne und Mystik: Frauen im Mittelalter, Berlin 1984

SCHMIDT, Margot (1979): Hildegard von Bingen als Lehrerin des Glaubens. Speculum als Symbol des Transzendenten, in: BRÜCK (Hg.) 1979, S.95-157

SCHMIDT, Margot (1981): Maria – »materia aurea« in der Kirche nach Hildegard von Bingen, in: Münchener Theologische Zeitschrift 32 (1981), S.16-32

SCHMIDT, Margot (1988): Mechthild von Hackeborn, in: THIELE (Hg.) 1988, S.87-99

SCHMIDT, Margot/BAUER, Dieter R. (Hg.) (1986): »Eine Höhe, über die nichts geht«. Spezielle Glaubenserfahrungen in der Frauenmystik, Stuttgart/Bad Canstadt 1986

SCHMITT-PANTEL, Pauline (1989): Die Differenz der Geschlechter, Geschichtswissenschaft, Ethnologie und die Griechische Stadt der Antike, in: PERROT (Hg.) 1989, S.199-223

SCHÖNAUER Elisabethjubiläum. Festschrift anläßlich des 800jährigen Todestages der heiligen Elisabeth von Schönau, Kloster Schönau 1965

SCHOLZ, Bernhard (1980): Hildegard von Bingen on the Nature of Woman, in: American Benedictine Review 31 (1980), S.361-383

SCHOTTROFF, Luise (1994): Lydias ungeduldige Schwestern. Feministische Sozialgeschichte des Christentums, Gütersloh 1994

SCHRADER, Marianna/FÜHRKÖTTER, Adelgundis (1956): Die Echtheit des Schrifttums der heiligen Hildegard von Bingen. Quellenkritische Untersuchungen, Köln/Graz 1956

SCHRAUT, Elisabeth/OPITZ, Claudia (1983): Frauen und Kunst im Mittelalter, Braunschweig 1983

SCHRÖTER, Michael (1985): »Wo zwei zusammenkommen in rechter Ehe...« Sozio- und psychogenetische Studien über Eheschließungsvorgänge vom 12. bis 15. Jahrhundert, Frankfurt a.M. 1985

SCHÜSSLER FIORENZA, Elisabeth (1988a): Brot statt Steine. Die Herausforderung einer feministischen Interpretation der Bibel, Freiburg/Schweiz 1988

SCHÜSSLER FIORENZA, Elisabeth (1988b): Zu ihrem Gedächtnis...: eine feministisch-theologische Rekonstruktion der christlichen Ursprünge, München/Mainz 1988

SCHULENBURG, Jane T. (1978): Sexism and the Celestial gynaeceum, from 500 to 1200, in: Journal of Medieval History 4 (1978), S.117-133

SCHULENBURG, Jane T. (1984): Strict Active Enclosure and Its Effects on the Female Monastic Experience 500 – 1100, in: NICHOLS/SHANK (Hg.) 1984, S.51-86

SHAHAR, Shulamith (1988): Die Frau im Mittelalter, Frankfurt a.M. 1988

SHANK, Lillian T. (1987): The God of My Life: St. Gertrude, A Monastic Woman, in: NICHOLS/SHANK (Hg.) 1987, S.239-274

SHOWALTER, Elaine (1986): Feminist Criticism in the Wilderness, in: SHOWALTER, Elaine (Hg.), The New Feminist Criticism. Essays on Women, Literature and Theory, London 1986, S.243-270

SIGNORI, Gaby (1990): Ohnmacht des Körpers – Macht der Sprache. Reklusion als Ordensalternative und Handlungsspielraum für Frauen, in: LUDI, Regula (Hg.), Frauen zwischen Anpassung und Widerstand: Beiträge der 5. Schweizrischen Historikerinnentagung, Zürich 1990, S.25-42

SILVAS, Anna (1985): Saint Hildegard of Bingen and the Vita sanctae Hildegardis, in: Tjurunga 29 (1985), S.4-25

SOUTHERN, Richard W. (1976): Kirche und Gesellschaft im Abendland des Mittelalters, Berlin/New York 1976

STEVENS, Martin (1978): The Performing Self in the 12th Century Culture, in: Viator 9 (1978), S.193-212

STUARD, Susan M. (Hg.) (1976): Women in Medieval Society, Pennsylvania 1976

STUARD, Susan M. (1981): The Annales School and Feminist History: Opening Dialogue with the American Stepchild, in: Signs 7 (1981), S.135-143

TERMOLEN, Rosel (1989): Hildegard von Bingen – Biographie, Augsburg 1989

TEUBNER, Maria M. (1980): Die mütterliche Liebe Gottes in der theologischen Sicht der heiligen Hildegard von Bingen, in: Die christliche Frau 69/1-2 (1980), S.10-54

THIELE, Johannes (Hg.) (1988): Mein Herz schmilzt wie Eis am Feuer. Die religiöse Frauenbewegung des Mittelalters in Porträts, Stuttgart 1988

THIELE, Johannes (1988): Die religiöse Frauenbewegung des Mittelalters, in: THIELE (Hg.) 1988, S.9-34

THOMPSON, Sally (1978): The problem of the Cistercian nuns in the twelfth and early thirteenth centuries, in: BAKER (Hg.) 1978, S.227-257

THUM, Bernd (1980): Aufbruch und Verweigerung, Waldkirch 1980

TOEPFER, Michael (1980): Die Konversen der Zisterzienserinnen von Himmelpforten bei Würzburg – Von der Gründung des Klosters bis zum Ende des 14. Jahrhunderts, in: ELM, Kaspar (Hg.): Ordensstudien I: Beiträge zur Geschichte der Konversen im Mittelalter, Berlin 1980, S.25-48

VALERIO, Adriana (1985): Die Frau in der Geschichte der Kirche, in: Concilium 21 (1985), S.428-434

VOLLMER, Ansgar (1937): Die heilige Gertrud die Große, Kevelaer 1937

210

WARNER, Marina (1982): Maria – Geburt, Triumpf, Niedergang – Rückkehr eines Mythos, München 1982

WATTENBACH, Wilhelm (1958): Das Schriftwesen im Mittelalter, Graz [4]1958

WEBER, Ingrid (1968): Art. Esther, in: Lexikon der Ikonographie, Bd.I, Rom/Freiburg/Basel/Wien 1968, Sp.684-687

WEHRLI-JONES, Martina (1986): Maria und Martha in der religiösen Frauenbewegung, in: RUH (Hg.) 1986, S.354-367

WEINMANN, Ute (1990): Mittelalterliche Frauenbewegungen: Ihre Beziehungen zur Orthodoxie und Häresie, Pfaffenweiler 1990

WEINSTEIN, Donald/BELL, Rudolph M. (1983): Saints and Society: The Two Worlds of Western Christendom 1000 to 1700, Chicago 1983

WENDEHORST, Alfred (1986): Wer konnte im Mittelalter lesen und schreiben, in: FRIED, Johannes (Hg.): Schulen und Studium im sozialen Wandel des Mittelalters, Sigmaringen 1986, S.9-33

WENTZLAFF-EGGEBERT, Friedrich-Wilhelm (1969): Deutsche Mystik zwischen Mittelalter und Neuzeit. Einheit und Wandlung ihrer Erscheinungsformen, Berlin [3]1969

WIETHAUS, Ulrike (1987): Gott als Mutter in mittelalterlicher Spiritualität. Methodologische Überlegungen zu Caroline Walker Bynums Buch »Jesus as Mother«, in: WACKER, Marie-Theres (Hg.): Der Gott der Männer und die Frauen, Düsseldorf 1987, S.93-100

WIGGERSHAUS, Renate (1979): Geschichte der Frauen und der Frauenbewegung in der Bundesrepublik Deutschland und der Deutschen Demokratischen Republik nach 1945, Wuppertal 1979

WILSON, Katherine M. (Hg.) (1984): Medieval Women Writers, Athens/Georgia 1984

WILSON, Katherine M. (1988): Hrotsvit of Gandersheim: The Ethics of Authorial Stance, Leiden/New York u.a. 1988

WINTER, Franz (1871): Die Cistercienser des nordöstlichen Deutschlands Bd.2, Gotha 1871

WUNDER, Heide (1986): Thesenpapier, in: CALLIESS, Jörn (Hg.): Frauen in der Geschichte. Fragen an eine feministische Perspektive in der historischen Orientierung, Loccum 1986, S.25

WOOLF, Virginia (1981): Ein Zimmer für sich allein, Frankfurt a.M. 1981